プリント形式のリアル過去問で本番の臨場感！

北海道

函館ラ・サール中学校

2025年春 受験用

解答集

本書は，実物をなるべくそのままに，プリント形式で年度ごとに収録しています。
問題用紙を教科別に分けて使うことができるので，本番さながらの演習ができます。

■ 収録内容

・解答集（この冊子です）

書籍ＩＤ番号，この問題集の使い方，最新年度実物データ，リアル過去問の活用，
解答例と解説，ご使用にあたってのお願い・ご注意，お問い合わせ

・2024（令和６）年度 ～ 2020（令和２）年度　学力検査問題

JN132053

○は収録あり	年度	'24	'23	'22	'21	'20	
■ 問題（第1次）		○	○	○	○	○	
■ 解答用紙		○	○	○	○	○	
■ 配点							

全教科に解説があります

☆問題文等の非掲載はありません

教英出版

■　書籍ＩＤ番号

入試に役立つダウンロード付録や学校情報などを随時更新して掲載しています。
教英出版ウェブサイトの「ご購入者様のページ」画面で，書籍ＩＤ番号を入力してご利用ください。

書籍ＩＤ番号　108101

（有効期限：2025年9月30日まで）

【入試に役立つダウンロード付録】
「要点のまとめ(国語／算数)」
「課題作文演習」ほか

■　この問題集の使い方

年度ごとにプリント形式で収録しています。針を外して教科ごとに分けて使用します。①片側，②中央のどちらかでとじてありますので，下図を参考に，問題用紙と解答用紙に分けて準備をしましょう（解答用紙がない場合もあります）。

針を外すときは，けがをしないように十分注意してください。また，針を外すと紛失しやすくなりますので気をつけましょう。

① 片側でとじてあるもの

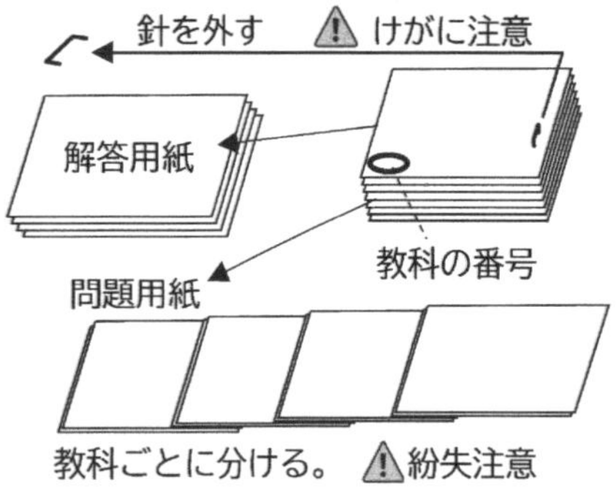

② 中央でとじてあるもの

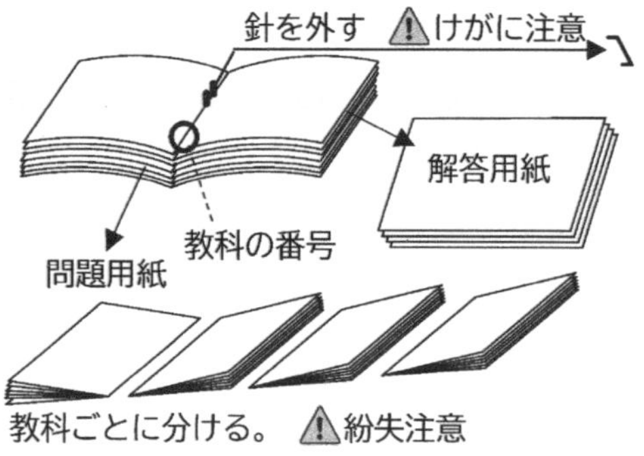

※教科数が上図と異なる場合があります。
解答用紙がない場合や，問題と一体になっている場合があります。
教科の番号は，教科ごとに分けるときの参考にしてください。

■　最新年度　実物データ

実物をなるべくそのままに編集していますが，収録の都合上，実際の試験問題とは異なる場合があります。実物のサイズ，様式は右表で確認してください。

問題用紙	Ｂ４片面プリント 国：Ｂ５冊子(二つ折り)
解答用紙	Ｂ４片面プリント

リアル過去問の活用

～リアル過去問なら入試本番で力を発揮することができる～

本番を体験しよう！

問題用紙の形式（縦向き / 横向き），問題の配置や余白など，実物に近い紙面構成なので本番の臨場感が味わえます。まずはパラパラとめくって眺めてみてください。「これが志望校の入試問題なんだ！」と思えば入試に向けて気持ちが高まることでしょう。

入試を知ろう！

同じ教科の過去数年分の問題紙面を並べて，見比べてみましょう。

① 問題の量

毎年同じ大問数か，年によって違うのか，また全体の問題量はどのくらいか知っておきましょう。どのくらいのスピードで解けば時間内に終わるのか，大問ひとつにかけられる時間を計算してみましょう。

② 出題分野

よく出題されている分野とそうでない分野を見つけましょう。同じような問題が過去にも出題されていることに気がつくはずです。

③ 出題順序

得意な分野が毎年同じ大問番号で出題されていると分かれば，本番で取りこぼさないように先回りして解答することができるでしょう。

④ 解答方法

記述式か選択式か（マークシートか），見ておきましょう。記述式なら，単位まで書く必要があるかどうか，文字数はどのくらいかなど，細かいところまでチェックしておきましょう。計算過程を書く必要があるかどうかも重要です。

⑤ 問題の難易度

必ず正解したい基本問題，条件や指示の読み間違いといったケアレスミスに気をつけたい問題，後回しにしたほうがいい問題などをチェックしておきましょう。

問題を解こう！

志望校の入試傾向をつかんだら，問題を何度も解いていきましょう。ほかにも問題文の独特な言いまわしや，その学校独自の答え方を発見できることもあるでしょう。オリンピックや環境問題など，話題になった出来事を毎年出題する学校だと分かれば，日頃のニュースの見かたも変わってきます。

こうして志望校の入試傾向を知り対策を立てることこそが，過去問を解く最大の理由なのです。

実力を知ろう！

過去問を解くにあたって，得点はそれほど重要ではありません。大切なのは，志望校の過去問演習を通して，苦手な教科，苦手な分野を知ることです。苦手な教科，分野が分かったら，教科書や参考書に戻って重点的に学習する時間をつくりましょう。今の自分の実力を知れば，入試本番までの勉強の道すじが見えてきます。

試験に慣れよう！

入試では時間配分も重要です。本番で時間が足りなくなってあわてないように，リアル過去問で実戦演習をして，時間配分や出題パターンに慣れておきましょう。教科ごとに気持ちを切り替える練習もしておきましょう。

心を整えよう！

入試は誰でも緊張するものです。入試前日になったら，演習をやり尽くしたリアル過去問の表紙を眺めてみましょう。問題の内容を見る必要はもうありません。どんな形式だったかな？受験番号や氏名はどこに書くのかな？…ほんの少し見ておくだけでも，志望校の入試に向けて心の準備が整うことでしょう。

そして入試本番では，見慣れた問題紙面が緊張した心を落ち着かせてくれるはずです。

※まれに入試形式を変更する学校もありますが，条件はほかの受験生も同じです。心を整えてあせらずに問題に取りかかりましょう。

2024 解答例 令和6年度　函館ラ・サール中学校

《国　語》

〔問題一〕 一. A. 余計　B. 事前　C. 有用　D. 才能　E. 独自　二. a. 目　b. 場　c. 役　d. 身　e. 頭　三. 最初…昼飯を　最後…うな愚　四. ウ　五. イ　六. ア　七. エ　八. エ
九. 事実を正しく理解し、十分に考えてから行動しなければ、なにもしないでいるのと同じことになるという意味。

〔問題二〕 一. ア，オ　二. 義理　三. エ　四. くちびるはだらしなくゆるませて　五. エ　六. ア　七. イ　八. ウ

〔問題三〕 九. A. 利益　B. 編成　C. まどべ　D. むぞうさ　十. a. が　b. の　c. は
十一. 小柳さんの家族の一員として一緒に助け合いながら生きていこう

《算　数》

1 (1)$\frac{23}{50}$　(2)2.6　(3)55　(4)226　(5)48　(6)6　(7)2060年5月15日…土　1960年5月15日…日

2 (1)①450　②9　(2)①10時34分　②3　③11時41分15秒

3 (1)①289　②17　(2)188.56

4 (1)100　(2)48　(3)3.4

5 (1)16　(2)$13\frac{13}{44}$〔別解〕0　(3)2070

6 (1)1　(2)5　(3)8547

《理　科》

[問題1] 問1. ブラキストン　問2. サバンナ…ウ　ツンドラ…カ　問3. ウ　問4. 500　問5. ア，ウ　問6. 0.014　問7. 1，2，4

[問題2] 問1. ①2　②2　問2. 20　問3. 10　問4. エ　問5. ウ　問6. 13　問7. 21

[問題3] 問1. 13400　問2. 6400　問3. 0.8　問4. ウ　問5. 2680　問6. 5.3　問7. ①8000　②8900

[問題4] 問1. エ　問2. ア　問3. 室内機…イ　室外機…ア　冷媒…ウ，カ　問4. ドライアイス　問5. ウ　問6. ア，ウ，エ　問7. 20　問8. 34　問9. 11.5　問10. 70

《社　会》

[1] 問1. ウ　問2. ウ　問3. ア　問4. 三方を山に，一方を海に囲まれて，防御しやすかったから　問5. イ　問6. ウ　問7. エ　問8. イ　問9. 祇園祭　問10. 遠国奉行　問11. イ　問12. イ　問13. ウ

[2] 問1. カ　問2. (1)讃岐　(2)高松　(3)ウ　問3. ウ　問4. (1)1　(2)イ　(3)博物館や図書館があるから　問5. エ→ウ→ア→イ　問6. エ　問7. 条例

[3] 問1. ウ　問2. ウ　問3. ウ　問4. (1)オーバー　(2)エ　問5. あ. 虫　い. 山火事　問6. (1)25　(2)ア　(3)義務　(4)ア，オ

《2024　国語　解説》

〔問題一〕

二 a　「目に留まる」は、見て心がひかれること。「目に入る」は、視野に入ること。　b　「泥縄」（泥棒を捕まえてから縄をなう、つまり、事が起きてからあわてて対策を考える）では間に合わない、「事が起こってから対策を考えようとしても～時間はないし～準備する時間がない」ということを言っているので、「その場で考えたのでは間に合わない」となる。　c　「空転する（何の成果もなく、むだに進行する）ばかりで」に続いていること、直後の文の「きわめて有用である（役に立つ）」の反対であることから、「役に立たない」となる。　d　「身に染みる」は、痛切に感じること。　e　「頭に入れる」は、理解してしっかり覚えておくこと。

三　直接的には、直前の段落の「昼飯を食べよう～いろいろな店をめぐるが～決められない。探せば探すほど～迷ってしまう。最後は、もう何でもいいや～いまいちだった」という失敗を指す。このことを22字で表現しているのは、――線部①の２行後の「昼飯を求めて当てもなくさまようというような愚」。「愚」は、愚かなこと。

四　「泥縄」は、――線部②のある段落内に「泥棒を捕まえてから縄をなって」とあるとおり、事が起きてからあわてて対策を考えること。よって、ウが適する。

五　――線部③「そのような『机上』の緻密な計画」とは、直前で「それはまさに『机上』で綿密に」と述べている、「家具の配置換え～部屋の図面を書いて、どこに～置くかを書きこみ～どの順にどのルートで動かすかを具体的かつ詳細に決め」というような計画のこと。つまり、「現実としっかり噛み合った思考」に基づく計画である。これを言い換えると、イの「失敗を避けるためにできるかぎり～こまかいところまで想定して練り上げた計画」ということになる。それとは反対に「現実と噛み合わない思考」であると、「机上の空論」だ（机の上〔頭の中だけ〕の考えで、実際には役に立たない）と言われてしまうのである。

六　「場当たり」は、目先のことだけ考えてその場の思いつきで行うこと。つまり、計画性がないということ。「場当たり」でうまくいく例が、――線部④の直後の「汚れた食器を洗浄機に～どの順にどこに置くか～非常にむずかしい～あれこれ考えるより、適当に入れて、うまく行かなければやり直す～早いし、楽である」というもの。これを言い換えると、アの「とにかくなりゆきにまかせて～手間がかからない」ということになる。

七　「無視」せずに「きわめて確率の低い事柄」まで考えていたらどうなるかを読みとる。「生じる可能性のあることは、きわめて確率の低いものまで含めれば、ほとんど無限にある」のであり、「ほとんど無数の起こりうる事柄をすべて考慮することは、私たち人間には実際上不可能」「完全な計画を立てることは不可能」なのである。つまり、「きわめて確率の低い事柄」への対策や準備まで考えていたら、計画そのものが成り立っていかない、前に進めないということ。よって、エが適する。筆者は、「計画を立てることは重要だが、完全な計画を立てることはできないというジレンマ（板ばさみ）」のなかで、計画を成功させるには「（生じる）確率と妨害量を掛けあわせた値（妨害の期待値）」から「どの事柄を無視するか」を判断する必要があるということを言っている。

八　「このような」が指す内容を読みとる。――線部⑥の直前の段落は具体例を用いて説明しているので、その前の段落に着目する。「どの事柄を無視するか～確率だけで決まるわけではない～それが生じたときにどれだけ成功を妨害するかが異なる～『妨害量』の違い～妨害量の大きい事柄ほど、それが生じたときに成功を大きく妨げる」と述べていることに、エが合う。アの「どの程度～妨げになる事柄があるのか～成否がきまる」、イの「重要度の違い～手順がきまる」、ウの「起こる確率と起こらない確率～実行するかどうかがきまる」などは適さない。

九　「下手の考え休むに似たり」は、下手な人が考えるのは、時間をむだに使うだけでなんの効果もない、何もしないで休んでいるのと同じだという意味。この「下手な人が考える」にあたるのが、〰〰線部の直後の「現実と噛み合わない思考」である。「現実としっかり噛み合った思考」でなければ意味がないということ。現実にそくした方法をしっかり考えて(しっかりした計画を立てて)から実行することの重要性を説いている。

〔問題二〕

一　「空けて」は「あけて」と読む。アの「明けて」とオの「開けて」が同じ読み方。イは「欠けて」、ウは「賭けて」、エは「受けて」、カは「付けて」。

二　「やさしく理解ある[B]の父」(小柳さん)は、レモンの母の再婚相手である。「答える[B]もないし」は、関係上答えなければならないわけではないし、という意味になる。よって、「義理」が入る。

三　ここでの「対等」とは、小柳さんの「まずは友だち～中年なのに説教じみたところがない」というような付き合い方のこと。母との関係はそうではない、つまり、母からは「こうしなさい」などと言われるのである。よって、エが適する。

四　「娯楽」は、ひまな時間にする遊びや楽しみ。「消費された」は、欲望を満たすために使われたということ。「例の近所のおばさん」は、母の再婚直後は「そんな他人行儀な呼びかた、どうなのよ？」と言っていたが、数か月後には「あんまりお義父さんにべたべたしたらだめよ」とも言ってきた。いろいろと口を出してくるのは、レモンたちのことを心配しているからではなく、おもしろがっているからだとわかったのである。真剣な助言ではなく興味本位であることが、おばさんの「くちびるはだらしなくゆるませて」という様子からうかがえる。

五　自分が非行化すれば責められる人(悪者)がいなくなると、当時のレモンが考えたということ。よって、エが適する。

六　小柳さんは、「クビ、というあたし(レモン)の表現をそのまま採用しない(使わない)」で、「仕事、辞めちゃったんでしょう」と言い換えた。「クビ」になった(辞めさせられた)という言い方をさけて、レモンが辞めたというニュアンスの言い方にしている。よって、アが適する。

七　レモンは小柳さんのことが好きだが、周囲の人からへんな噂を立てられないように、小柳さんとふたりきりになることを避けてきた。だから「あたし家、出ていく」のである。小柳さんを傷つけたくないが、「小柳さんがお父さんじゃないからだよ」という傷つけるような発言をする際の心情なので、イが適する。

八　――線部⑤の直前に「近所のおばさんの時と一緒だと思った」とある。四の解説を参照。ずけずけと不快な問いかけをしてくる店長も、興味本位で他人の事情に立ち入って自分が楽しんでいる点で、「例の近所のおばさん」と同類である。よって、ウが適する。

〔問題三〕

十a　「虫が好かない」は、何となく気にいらないという意味。　b　[b]の前で「目的は～『生きていく』こと～生きていくって～おおごとなんだから」と言ったのを、「生きていく[b]は大事業だよ」と言い換えている。つまり、「生きていくこと」の「こと」を代用する一字なので、「の」が適する。　c　小柳さんが「社員がかっこわるかったら～僕のことを～『私のお父さんです』って言いたくないなら『うちのクルーです』って紹介したらいいんだ」「じゃあ……キャスト？」と提案してくることにたえられず、レモンが「小柳さんは小柳さんでしょ」と言い切ったのである。

十一　母が発言の最後に呼びかけた「小柳さん」は、レモンのこと。寝たふりをして小柳さんとレモンの会話を聞いていた母が、レモンのことを「小柳さん」と呼んだ意味を考える。「小柳さんがお父さんじゃないから」「あたし家、出ていく」と言ったレモンに、小柳さんは「お父さんじゃなくてもいいよ～だけど～同じ思いを抱く社員同士なんだから、助け合ってやっていけないかな」と話した。その後レモンは「あたしもみんなに、小柳さんって呼ばれてるよ」「けっこう、気に入ってる。その呼ばれかた」と言っていた。二人の会話の流れを受けて、母は、レモンも「小柳さん」として、つまり一つの家族として、一緒に生きていこうという意味で言ったのだと考えられる。

《2024　算数　解説》

1 (1)　与式$=\{(\frac{15}{20}-\frac{4}{20})-(\frac{4}{6}-\frac{3}{6})\}\times\frac{6}{5}=(\frac{11}{20}-\frac{1}{6})\times\frac{6}{5}=(\frac{33}{60}-\frac{10}{60})\times\frac{6}{5}=\frac{23}{60}\times\frac{6}{5}=\mathbf{\frac{23}{50}}$

(2)　与式より，$(1.2+1.5-\square)\times 38=\frac{19}{5}$　　$2.7-\square=\frac{19}{5}\times\frac{1}{38}$　　$\square=2.7-\frac{1}{10}=2.7-0.1=$**2.6**

(3)　**【解き方】過不足算を利用する。**

1脚に座る人数を5－4＝1(人)増やすと，座ることができる人数が3＋5×2＝13(人)増える。

長いすは13÷1＝13(脚)あるので，子どもは4×13＋3＝**55**(人)いる。

(4)　**【解き方】面積図を利用する。**

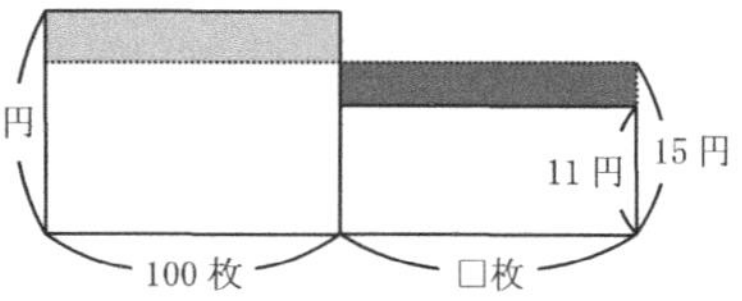

最初の100枚は1枚あたり2000÷100＝20(円)である。100枚を□枚超えたときに1枚あたり15円になるとすると，右のように作図できる。うすい色の長方形とこい色の長方形は面積が等しく，縦の辺の比が(20－15)：(15－11)＝5：4だから，横の辺の比は4：5である。

したがって，$\square=100\times\frac{5}{4}=125$だから，100＋125＝225(枚)印刷したとき1枚あたり15円になる。

よって，求める枚数は，225＋1＝**226**(枚)

(5)　**【解き方】1×2×3×……×100を3で割り切れる回数が，ふくまれる3の個数である。**

1から100までの整数のうち，3の倍数は，100÷3＝33余り1より33個あり，1回ずつ3で割ることで，3で割った回数は33回となる。割った結果できた数のうち33÷3＝11(個)の数(もとは9の倍数)はさらに3で割ることができるので，3で割った回数はさらに11回増える。同様に，11÷3＝3余り1より，さらに3回割ることができ，最後に3÷3＝1(回)割ることができる。よって，求める個数は，33＋11＋3＋1＝**48**(個)

(6)　鶴と亀の頭の数の合計は4＋3＝7の倍数であり，13以下の7の倍数は7だけだから，鶴と亀の頭の数の合計は7である。よって，カブトムシは13－7＝**6**(匹)いる。

(7)　**【解き方】365÷7＝52余り1より，1年後の同じ日の曜日は1つ後の曜日となる。ただし，うるう年の2月29日をまたぐ場合は，2つ後の曜日となる。**

2024年はうるう年だから，2024年5月15日は2024年1月8日の，(31－8)＋29＋31＋30＋15＝128(日後)である。128÷7＝18余り2より，曜日は月曜日から2つ後ろにずれるから，2024年5月15日は水曜日である。

2060年5月15日は2024年5月15日のちょうど2060－2024＝36(年後)である。この間に100の倍数の年はなく，うるう年の2月29日を36÷4＝9(回)またぐ。したがって，曜日は36＋9＝45後ろにずれるから，45÷7＝6余り3より，2060年5月15日の曜日は水曜日の3つ後の**土**曜日である。

1960年5月15日は2060年5月15日のちょうど2060－1960＝100(年前)である。この間に100の倍数で400の倍数でない年は1回もない。したがって，うるう年の2月29日を100÷4＝25(回)またぐ。曜日は100＋25＝125前にずれるから，125÷7＝17余り6より，1960年5月15日の曜日は土曜日の6つ前の**日**曜日である。

2 (1)①　**【解き方】AとCを混ぜた操作の方がわかっている数値が多いので，そちらから考える。**

AからCに移した食塩水の重さと，Cに加えた食塩の重さの比は5：1であり，Aの濃さが10%だから，Aから

Cに移した食塩水の重さを5と10の最小公倍数の⑩とすると，Cに加えた食塩は②となる。最終的にCの中にできた食塩水は，重さが180g＋⑩＋②＝180g＋⑫…㋐で，食塩を，$180\times\frac{15}{100}+⑩\times\frac{10}{100}+②=27\text{g}+③$ふくんでいる。この濃さが20%だから，この食塩水の重さは，$(27\text{g}+③)\div\frac{20}{100}=135\text{g}+⑮$…㋑である。

㋐と㋑を比べると，⑮－⑫＝③が180－135＝45(g)にあたるとわかる。よって，AからCに移した食塩水は，$45\times\frac{⑩}{③}=150$(g)だから，はじめにAに入っていた食塩水は，$150\div(1-\frac{2}{3})=$ **450**(g)

② AからBに移した食塩水は$450\times\frac{2}{3}=300$(g)で，この中には食塩が$300\times\frac{10}{100}=30$(g)ふくまれている。最終的にBの中にできた食塩水の重さは，200＋300＋(450＋10)＝960(g)で，この中には食塩が$960\times\frac{5}{100}=48$(g)ふくまれている。よって，はじめにBにふくまれていた食塩の重さは48－30＝18(g)だから，このときのBの中の食塩水の濃さは，$\frac{18}{200}\times100=$ **9**(%)

(2)① B駅を10時に出発した列車をP，B駅を10時10分に出発した列車をQとする。

Pは10時30分にA駅を出発し，20分後にB駅に着く。このときの速さは，20÷20＝1より，分速1㎞である。

Qは10時40分にA駅に到着しているから，このときの速さは，$20\div30=\frac{2}{3}$より，分速$\frac{2}{3}$㎞である。

Pが10時30分にA駅を出発したとき，PとQは$20-\frac{2}{3}\times20=\frac{20}{3}$(㎞)はなれている。さらに，$\frac{20}{3}\div(1+\frac{2}{3})=$4(分後)にすれ違うから，求める時刻は，10時30分＋4分＝**10時34分**

② **【解き方】グラフにさとし君の移動の様子をかきこむ。**

さとし君の速さは，$\frac{12}{60}=\frac{1}{5}$より分速$\frac{1}{5}$㎞だから，5分で1㎞進む。したがって，グラフは右図のようになる。さとし君がB駅を出発した列車とすれ違うのは○をつけたところだから，求める回数は**3**回である。

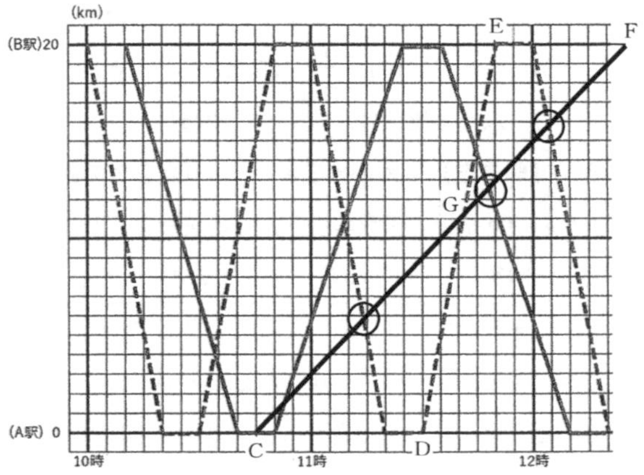

③ **【解き方】右図のように記号をおき，図形問題として解く。さとし君がA駅を出発した列車に最後に追い越されたのを表すのは，Gである。**

三角形CDGと三角形FEGは同じ形だから，

DG：EG＝CD：FE＝9：7

D(11時30分)でA駅を発車した電車がEでB駅に着くのは20分後であり，この道のりの$\frac{9}{9+7}=\frac{9}{16}$を進んだときが求める時刻だから，求める時刻は，

11時30分＋20分×$\frac{9}{16}$＝**11時41分15秒**

3 (1)① **【解き方】49＝7×7だから，EH＝7㎝である。したがって，三角形AHDにおいて，AE＋DH＝23－7＝16(㎝)である。**

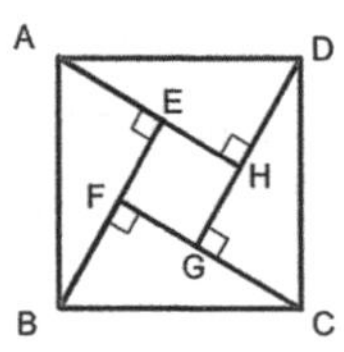

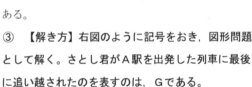

三角形AHDと三角形BEAは合同だから，DH＝AEなので，DH＝AE＝16÷2＝8(㎝)

したがって，三角形AHDの面積は，(8＋7)×8÷2＝60(㎠)

よって，正方形ABCDの面積は，60×4＋49＝**289**(㎠)

② 求める長さは図2の正方形ABCDの1辺の長さであり，289＝17×17だから，㋐＝**17**㎝

(2) **【解き方】円が通過する部分は右図のうすい色をつけた部分であり，黒い部分は通過しないことに注意する。**

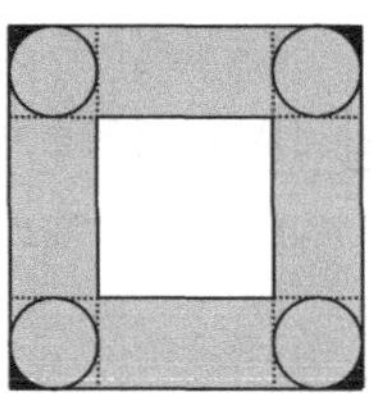

真ん中の白い正方形の1辺の長さは，16－2×4＝8(㎝)だから，

うすい色つきの部分と黒い部分を合わせた面積は，$16\times16-8\times8=192$(㎠)

４つの黒い部分の面積の合計は，１辺が４㎝の正方形の面積から半径２㎝の円の面積を引いた値(あたい)に等しいから，$4\times4-2\times2\times3.14=3.44$(㎠)

よって，求める面積は，$192-3.44=$**188.56**(㎠)

4 (1) **【解き方】水そうを満水にするのにかかる時間の比は，ＡとＢで$\frac{3}{5}$：１＝３：５だから，ＡとＢから一定時間に出る水の量の比は，この逆比の５：３である。**

水そうの底面から高さ３ｍまでの部分の容積は，$1\times5\times3=15$(㎥)

1 ㎥$=100$ ㎝$\times100$ ㎝$\times100$ ㎝$=1000000$ ㎤$=1000$ Lだから，15 ㎥$=15000$ L

ＡとＢで15000 Lの水を入れるのに１時間33分45秒$=\frac{375}{4}$分かかるから，ＡとＢを合わせて１分間あたり，$15000\div\frac{375}{4}=160$(L)の水が出る。よって，１分間あたりＡから出る水の量は，$160\times\frac{5}{5+3}=$**100**(L)

(2) **【解き方】図４で四角柱の右側に入っている水の体積と左側に入っている水の体積を別々に求める。**

三角形アは直角二等辺三角形で，アとイの面積が等しいから，アの直角をはさむ２辺の長さは２ｍとわかる。

アの面積は$2\times2\div2=2$(㎡)，イの面積は$2\times1=2$(㎡)であり，ウの面積は$2\div2=1$(㎡)だから，ウの直角をはさむ２辺のうち２ｍでない方の辺の長さは，$1\times2\div2=1$(m)である。

したがって，図４について右図のように長さがわかる。

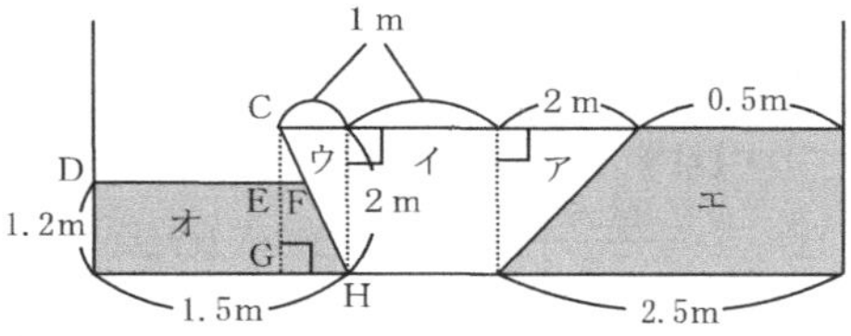

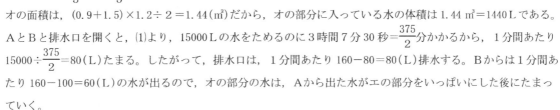

エの面積は，$(0.5+2.5)\times2\div2=3$(㎡)だから，エの部分に入っている水の体積は3 ㎥$=3000$ Lである。

三角形ＣＥＦと三角形ＣＧＨが同じ形だから，

ＥＦ：ＧＨ＝ＣＥ：ＣＧ＝$(2-1.2):2=2:5$

$EF=GH\times\frac{2}{5}=1\times\frac{2}{5}=0.4$(m)　　$DF=DE+EF=(1.5-1)+0.4=0.9$(m)

オの面積は，$(0.9+1.5)\times1.2\div2=1.44$(㎡)だから，オの部分に入っている水の体積は1.44 ㎥$=1440$ Lである。

ＡとＢと排水口を開くと，(1)より，15000 Lの水をためるのに３時間７分30秒$=\frac{375}{2}$分かかるから，１分間あたり$15000\div\frac{375}{2}=80$(L)たまる。したがって，排水口は，１分間あたり$160-80=80$(L)排水する。Ｂからは１分間あたり$160-100=60$(L)の水が出るので，オの部分の水は，Ａから出た水がエの部分をいっぱいにした後にたまっていく。

エをいっぱいにするのにかかる時間は，$3000\div100=30$(分)　　その後，オに１分間あたり80 Lの割合でたまるので，さらに$1440\div80=18$(分)かかる。よって，求める時間は，$30+18=$**48**(分後)

(3) **【解き方】水そうの中にたまった水の体積と，四角柱の体積の合計が，水そう全体の容積である。**

44分30秒$=\frac{89}{2}$分だから，(2)より，図４の後に，$80\times\frac{89}{2}+160\times25=7560$(L)の水が入って水そうがいっぱいになった。四角柱の体積は，$(2+2+1)\times1=5$(㎥)→5000 Lだから，水そう全体の容積は，

$3000+1440+7560+5000=17000$(L)→17 ㎥　　よって，水そうの高さは，$17\div5=$**3.4**(m)

5 (1) **【解き方】2024の約数の個数を求めるので，2024を素数の積で表すと，$2024=2\times2\times2\times11\times23$となる。**

2024の約数は，２を０～３個(４通り)，11を０～１個(２通り)，23を０～１個(２通り)かけあわせるとできる。ただし，２，11，23すべて０個の場合にできる約数は１と考える。よって，約数は全部で，$4\times2\times2=$**16**(個)でき，これが求める個数である。

(2) **【解き方】求める数をＤとする。Ｄを分数として考え，分母と分子に分けて求める。**

Ｄの分母は2024と308の最大公約数の44である。Ｄの分子は45と195の最小公倍数の585である。

よって，求める数は，$\frac{585}{44}=13\frac{\mathbf{13}}{\mathbf{44}}$である。

なお，0は整数だからB＝0のときも問題の条件に合うので，**0**でも正解である。

(3)　**【解き方】面積を表す式が，ある整数を２回かけてできる数になればよい。したがって，面積を表す式を素数の積で表し，同じ数で２個ずつのペアを作ることができるようになるCの値を考える。**

$$\frac{2024}{7}\times\frac{308}{5}\times C=\frac{2\times2\times2\times11\times23\times2\times2\times11\times C}{5}=(2\times2)\times(2\times2)\times(11\times11)\times\frac{2\times23\times C}{5}$$

したがって，C＝２×23×５×k×kならばよい(kは0より大きい整数)。このようなCのうち３番目に小さい数は，kが３番目に小さい値である３のときの，C＝２×23×５×３×３＝**2070**

6　(1)　$\boxed{1}$＝10 を 13 で割ると 10 余る。$\boxed{2}$＝100 を 13 で割ると，100÷13＝７余り９となる。

したがって，$\boxed{3}$＝10×100 を 13 で割った余りは，右図より，10×９＝90 を 13 で割った余りと等しくなるので，90÷13＝６余り 12 より，**12** である。

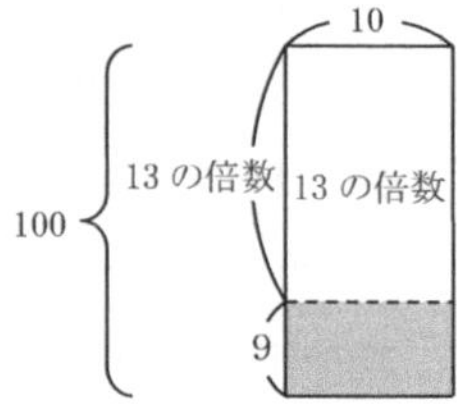

図

このように２数の積を 13 で割った余りは，２数それぞれを 13 で割った余りをかけあわせて，さらにそれを 13 で割ったときの余りに等しくなる。

$\boxed{4}$＝100×100 を 13 で割った余りは，(９×９)÷13＝６余り３より，**3**である。

$\boxed{5}$＝10×10000 を 13 で割った余りは，(10×３)÷13＝２余り４より，**4**である。

$\boxed{6}$＝100×10000 を 13 で割った余りは，(９×３)÷13＝２余り１より，**1**である。

(2)　与式より，$\boxed{n}$－１＝11111×９　　$\boxed{n}$＝99999＋１＝100000＝10×10×10×10×10　　よって，n＝**5**

(3)　**【解き方】(2)より，$\boxed{n}$－１を９で割ると 111…11 となる。これが 13 の倍数になればよい。**

111…11＝$\frac{\boxed{n}-1}{9}$が 13 の倍数になればよいので，$\boxed{n}$－１が 13 の倍数になればよい。(1)より，$\boxed{n}$－１が 13 の倍数となるのは，$\boxed{n}$を 13 で割った余りが１のときだから，n＝６が条件に合う。n＝６のとき，$\frac{\boxed{6}-1}{9}=\frac{999999}{9}=$ 111111 であり，これが 13 の倍数だから，111111÷13＝8547 となる。よって，求める整数の１つは **8547** である。

なお，(1)の続きを計算していくと，$\boxed{n}$を 13 で割った余りは，nを１ずつ増やしていくと，10，９，12，３，４，１……と６つの数がくり返される。したがって，nが６の倍数のとき 13 で割った余りは１になる。よって，nが６の倍数のとき$\boxed{n}$－１は 13 の倍数になるが，n＝６のときを求めれば十分である。

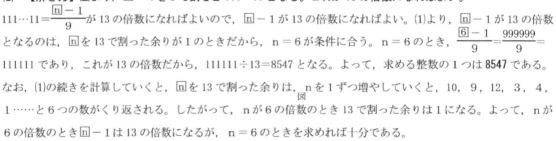

《2024　理科　解説》

［問題１］

問１　クロスワードパズルを解くと，右図のようになる。よって，ブラキストンが正答となる。

問２　サバンナは熱帯雨林気候地域の周辺，ツンドラは主にシベリア北部などの北極海沿岸の寒帯地域に見られる。

問４　「群れの全頭数としるしをつけた動物９の頭数」の比と，「後日捕(つか)まえた頭数としるしが確認できた動物９の頭数」の比が等しいと考えられるから，

「群れの全頭数」：50＝50：５が成り立つ。よって，「群れの全頭数」は，$50\times\frac{50}{5}$＝500(頭)と推定される。

問５　動物１(鳥類のニワトリ)はアとウとエの特ちょうをもち，動物２(両生類のサンショウウオ)はアとウの特ちょうをもつ。よって，アとウが正答となる。

問６　海水の塩分濃度(のうど)は，$\frac{3.5}{100}\times100$＝3.5(%)だから，塩分が 0.05%の汽水域は塩分濃度が海水の$\frac{0.05}{3.5}$＝0.0142…

→0.014倍になった水域のことである。

問7　動物1は鳥類，動物2は両生類，動物4は無せきつい動物の節足動物の昆虫類である。

［問題2］

問1①　震央における震源からの距離は震源の深さに等しく 12 kmだから，P波が届くのにかかる時間は$\frac{12}{6}$＝2(秒)である。　②　①より，初期微動が始まるのは地震発生から2秒後であり，主要動が始まる(S波が届く)のは$\frac{12}{3}$＝4(秒後)だから，初期微動継続時間は4－2＝2(秒)である。

問2　深さと震央からの距離の比が 72：96＝3：4だから，図より，深さと震源からの距離の比は3：5とわかる。よって，震源からの距離は 72×$\frac{5}{3}$＝120(km)であり，初期微動継続時間は震源からの距離に比例するから，(1)②より，2×$\frac{120}{12}$＝20(秒)である。

問4　マグニチュードが1大きくなると放出されるエネルギーは約 32 倍になるから，マグニチュードが6から8に，2大きくなると放出されるエネルギーは約 32×32＝1024(倍)になる。

問5　アが震度3，イが震度4，ウが震度5弱，エが震度5強である。

問6　AでP波を検出したのが地震発生から 24÷6＝4(秒後)だから，緊急地震速報が発表されたのは地震発生から4＋3＝7(秒後)である。Bで主要動が始まる(BにS波が届く)のは地震発生から$\frac{60}{3}$＝20(秒後)だから，緊急地震速報が出されてから主要動が始まるまで 20－7＝13(秒)かかる。

問7　緊急地震速報の発表と同時に主要動が始まる(S波が届く)のは震源から3×7＝21(km)の地域だから，震源から 21 kmまでの地域では，緊急地震速報の発表より前に主要動が始まる。

［問題3］

問1　図1で，立方体の水に入っている部分の高さは20－4＝16(cm)だから，その体積は20×20×16＝6400(cm³)である。また，水面の高さは6＋16＝22(cm)だから，注いだ水と立方体の水に入っている部分の体積の和は 30×30×22＝19800(cm³)である。よって，注いだ水の体積は 19800－6400＝13400(cm³)である。

問2　立方体がおしのけた水は6400 cm³→6400 gだから，立方体が水から受ける浮力の大きさは6400 gである。立方体が浮いているから，立方体の重さは浮力の大きさに等しく 6400 gである。

問3　立方体の体積は20×20×20＝8000(cm³)だから，1cm³あたり$\frac{6400}{8000}$＝0.8(g)である。

問4　水に食塩をとかすと，1cm³あたりの重さが大きくなるから，立方体が水に入っている部分の体積は小さくなる。よって，ウが正答となる。

問5　おもりと立方体の重さの和は 3200＋6400＝9600(g)だから，このとき 8000 cm³の立方体がおしのけている水(食塩水)の重さは 9600 gである。したがって，食塩水の1cm³あたりの重さは 9600÷8000＝1.2(g)だから，食塩水全体の重さは1.2×13400＝16080(g)である。よって，とかした食塩は 16080－13400＝2680(g)である。

問6　1cm³あたりの重さが立方体の方が軽いから，立方体は油に浮く。立方体が油から受ける浮力の大きさは 6400 gだから，1cm³あたり 0.93 gの油に入っている立方体の体積は$\frac{6400}{0.93}$＝$\frac{640000}{93}$cm³である。したがって，立方体の油に入っている部分の高さは$\frac{640000}{93}$÷($\overset{\text{立方体の底面積}}{20\times20}$)＝$\frac{1600}{93}$(cm)である。また，油と立方体の油に入っている部分の体積の和は 13400＋$\frac{640000}{93}$＝$\frac{1886200}{93}$(cm³)だから，油面の高さは$\frac{1886200}{93}$÷($\overset{\text{水そうの底面積}}{30\times30}$)＝$\frac{18862}{837}$(cm)である。よって，立方体の底面と水そうの床との距離は$\frac{18862}{837}$－$\frac{1600}{93}$＝5.33…→5.3(cm)となる。

問7　①のときに，はじめて立方体がおしのけた水の重さが立方体の重さと等しくなった。つまり，水面の高さが 16 cmになったから，注ぎ入れた水の体積は 30×30×16－20×20×16＝8000(cm³)である。②は，①のときより水が30×30×1＝900(cm³)多い 8900 cm³である。

［問題４］

問３　室内機では，問２と同じ現象（液体（水）が気体（水蒸気）に変化する現象）を利用して空気中の熱をうばう。このときに生じた気体が管を通って室外機に移動すると，室外機で気体を液体にもどす。さらに，その液体が管を通って室内機に移動する。

問５　ア○…ドライアイスがとけると二酸化炭素が発生する。二酸化炭素は空気より重いから，二酸化炭素の入ったシャボン玉は空気中で下に落ちる。　イ○…ドライアイスがとけたときに発生する白いけむりは，水がドライアイスによって急激に冷やされてできた，水や氷の粒（つぶ）である。したがって，しばらく待つと空気があたたまって，水や氷の粒は水蒸気になって見えなくなる。　ウ×…空気中にあるシャボン玉はこおらない。なお，できたシャボン玉をドライアイスの上においておくとこおる。

問６　アとウとエでは二酸化炭素が発生する。なお，イでは水素，オでは酸素が発生する。

問７　$100\times\frac{1}{1+4}=20(\mathrm{L})$

問８　メタノールを完全に燃焼させるのに必要な空気の体積は，メタノールの重さに比例するから，$18\times\frac{6}{3.2}=\frac{135}{4}$ 33.75→34Ｌである。

問９　エタノールを完全に燃焼させたときに生じる二酸化炭素の重さは，エタノールの重さに比例するから，$8.8\times\frac{6}{4.6}=11.47\cdots\rightarrow11.5$ｇである。

問10　６ｇのエタノールを完全に燃焼させるのに必要な空気は$36\times\frac{6}{4.6}=\frac{1080}{23}(\mathrm{L})$である。したがって，燃料用アルコールにふくまれるエタノールが６ｇだとすると，必要な空気は$\frac{1080}{23}$Ｌで実際より$\frac{1080}{23}-37.7=\frac{2129}{230}(\mathrm{L})$多い。エタノール６ｇをメタノール６ｇにおきかえると，必要な空気は$\frac{1080}{23}-\frac{135}{4}=\frac{1215}{92}(\mathrm{L})$少なくなるから，燃料用アルコールにふくまれるメタノールは$6\times(\frac{2129}{230}\div\frac{1215}{92})=\frac{8516}{2025}(\mathrm{g})$である。よって，$\frac{8516}{2025}\div6\times100=70.0\cdots\rightarrow70\%$である。

《2024　社会　解説》

［１］

問１　図は平城京である。Ｘ．誤り。大内裏に向かって右の方が左京，左の方が右京である。大内裏から見て右が右京，左が左京である。Ｙ．正しい。西大寺，東大寺などの寺院や東市，西市の市場も設けられている。

問２　貴族の地位は主に世襲であって，試験を受けてなるものではない。

問３　平城京が都として使用されたのは奈良時代である。アは平安時代中頃の国風文化についての記述。

問４　鎌倉は，東，西，北の三方を山に囲まれ，南を海に臨んだ地形であった。

問５　エ（富士川の戦い　静岡県）→イ（一の谷の戦い　兵庫県）→ウ（屋島の戦い　香川県）→ア（壇の浦の戦い　山口県）　源平合戦は，戦場を東から西に移していった。

問６　Ｘ．誤り。元軍が集団戦法や火薬を使った武器で戦った。鎌倉幕府の御家人たちは，弓や刀による一騎打ちで臨んだ。Ｙ．正しい。鎌倉幕府は，御家人以外に，全国の荘園・公領の武士も動員する権利を朝廷から認められていた。

問７　Ｘは足利義満が建てた鹿苑寺金閣（北山文化），Ｙは足利義政が建てた慈照寺銀閣（東山文化）である。
Ｘ．誤り。砂や石で自然をあらわした庭園（＝枯山水）は，東山文化でつくられた。Ｙ．誤り。北山文化が発展した頃，能を大成した観阿弥・世阿弥を保護したのは，３代将軍であった足利義満である。

問８　足利義満は将軍を辞した後，明の皇帝から「日本国王源道義」として朝貢形式での日明貿易を許された。日明貿易は，倭寇と正式な貿易船を区別するために，勘合と呼ばれた合い札を使用したため，勘合貿易とも呼ばれる。

問９　８代将軍の足利義政のあとつぎ問題と管領をめぐる守護大名の権力争いから応仁の乱が起き，祇園祭が一時中断した。その後，乱が収まると，京都の有力な町衆が中心となって祇園祭が復活した。

問 10　写真は，日光東照宮(陽明門)である。日光東照宮は徳川家康の遺言をもとに建てられ，関東を見下ろす日光に徳川家康を神(大権現)として祀っている。遠国奉行の役割に「日光などの取りしまり」とあることから判断する。

問 11　X．正しい。江戸時代初頭の朱印船貿易についての記述である。Y．誤り。全国でキリスト教を禁止し，中国船以外の外国船の入港地を平戸・長崎に限定した。

問 12　ウ(廃藩置県　1871 年)→イ(国会開設の勅諭　1881 年)→ア(大日本帝国憲法の発布　1889 年)→エ(八幡製鉄所操業開始　1901 年)

問 13　ア．誤り。1873 年の男子の就学率は約 40%である。イ．誤り。初めて衆議院議員選挙がおこなわれたのは 1890 年であり，その頃の女子の就学率は約 30%，男子の就学率は約 65%であり，男子の３分の２をこえていない。エ．誤り。19 世紀末の 1898 年頃には，すでに女子の就学率は５割をこえている。

［２］

問１　a．誤り。農業用水としてのため池は人口的につくられたものである。b．正しい。c．誤り。ため池の水は，地下でろ過されてミネラルが溶け込んだものではなく，よどんで水質が良くないことも多いので，基本的に飲み水には使用されない。

問２(3)　高松は，１年を通して降水量が少なく比較的温暖な瀬戸内の気候である。アは，夏の降水量が多い太平洋側の気候の東京，イは，冬の冷え込みが厳しく梅雨がない北海道の気候の札幌，エは，１年を通して降水量が少なく冬に冷え込む内陸の気候の松本。

問３　昼間人口比率が最も低いエは，東京都に隣接し，昼間に東京都へ通勤・通学する人が多い千葉県，柿の生産量が圧倒的に多いイは和歌山である。残ったア・ウが島根県か三重県のどちらかであり，愛知県に隣接している三重県は，昼間人口比率が 100%を下回ると考えられるから，アが三重県であり，ウが島根県である。各県の面積の大小がわかれば，最も面積が大きいウを島根県と判断することもできる。

問４(1)　(実際の距離)＝(地図上の直線の長さ)×(縮尺の分母)より，４×25000＝100000(㎝)＝1000(m)＝１(㎞)

(3)　博物館()が２つ，図書館()が１つある。

問５　エ(1949 年)→ウ(1956 年)→ア(1964 年)→イ(1978 年)

問６　ア．誤り。バスの保有台数は 1990 年以降微減を続けており，新型コロナウイルス感染症が流行した 2020 年以降に急激な減少に転じたとはいえない。イ．誤り。2022 年の軽自動車の割合は約 37%であり，40%をこえていない。ウ．誤り。法律により，トラックドライバーの時間外労働が設定されたのは，2024 年以降である(いわゆる物流の 2024 年問題)。

問７　条例は，法律の範囲内で地方議会が制定する。

［3］

問１　アは 2023 年，イは 2011 年，ウは 1973 年(第１次石油危機)，エは 2008 年。

問２　X．誤り。中国では，一人っ子政策は廃止されたが急激に少子高齢化が進んでいて，2022 年からは人口が減少に転じている。Y．正しい。

問３　③焼き物の総称として使われる「せともの」は，瀬戸市でつくられる瀬戸焼を由来としている。⑤五街道については右図参照。

問４(2)　外国人がパスポートなしで日本に入国することはできない。

問５　写真から，木の虫食い，消火にあたるようすが読み取れる。

問６(1)　被選挙権の年齢については右表参照。

種類	被選挙権年齢
衆議院議員・都道府県の議会議員 市(区)町村長・市(区)町村の議会議員	満 25 歳以上
参議院議員・都道府県知事	満 30 歳以上

※2024 年５月現在

(3)　日本国憲法に明記されている義務は，普通教育を受けさせる義務，勤労の義務，納税の義務である。

(4)　イ．誤り。６～７行目に「最後には多数決で決定することもあります」とある。ウ．誤り。７～８行目に「市民は話し合いを傍聴することができます」とあり，その場で自由に意見を述べられるとは書かれていない。エ．誤り。補助金の使い道の制限については書かれていない。

2023 解答例 令和5年度　函館ラ・サール中学校

《国　語》

〔問題一〕 一．自分の責任で物事を考えていくため、今まで自分をしばりつけていたものからはなれていくようにさせる教育。　二．A．批判　B．危　C．不幸　三．1．エ　3．ア　四．Ⅰ．イ　Ⅱ．ウ　Ⅲ．オ　五．一人前　六．ウ　七．ア　八．ア　九．イ　十．エ　十一．ウ

〔問題二〕 一．a．ぎょうそう　b．くちょう　二．A．イ　B．ウ　C．ウ　三．1．エ　3．ア　4．イ　四．単刀直入　五．存在感　六．ア　七．イ　八．ウ　九．いつか自分　十．ア　十一．イ　十二．きちんと話すのに必要な元気をとりもどしに来る

《算　数》

1 (1)5　(2)1　(3)$\frac{7}{8}$　(4)兄…23000　弟…22000　(5)300　(6)①44　②8　(7)3：7

2 (1)①3，5　②720　③3，21　(2)450

3 (1)18　(2)21.195　(3)225

4 (1)80　(2)16　(3)96

5 (1)①150.72　②1808.64　③301.44　(2)①2：3　②36　③$23\frac{1}{3}$

6 (1)$\frac{13}{7}$　(2)63　(3)1117341

《理　科》

[問題1] 問1．ワクチン　問2．エ
問3．(1)64　(2)4096　(3)オ　(4)LASALLE　(5)LA　(6)LAFSPSG　(7)LASALLE

[問題2] 問1．1　問2．$\frac{1}{2}$　問3．1　問4．イ　問5．ア
問6．豆1…1　豆2…$\frac{1}{2}$　豆3…$\frac{1}{2}$　豆4…1　問7．豆1…1　豆2…0　豆3…1　豆4…1

[問題3] 問1．蒸発　問2．砂糖水　問3．ア，カ　問4．砂糖水…エ　食塩水…エ　問5．0.99
問6．250　問7．2.0　問8．273　問9．2.5

[問題4] 問1．ジェームズ・ウェッブ　問2．金星　問3．温室　問4．1.03　問5．(1)90　(2)99
問6．あ．イ　い．ア　う．ア　え．イ　お．イ　か．ア　問7．水蒸気　問8．海面

《社　会》

[1] 問1．イ　問2．唐　問3．(1)正倉院　(2)琵琶　問4．ア　問5．ウ　問6．守護　問7．歌川広重（下線部は安藤でもよい）　問8．ポルトガルとの交易がなくなり，生糸の輸入が少なくなったから
問9．ウ　問10．エ　問11．イ　問12．B，C

[2] 問1．ウ　問2．ウ　問3．ア　問4．ア　問5．(1)筑紫　(2)二毛作　問6．輸出量の多いロシアとウクライナで戦争がおこっているため　問7．ア　問8．成田国際空港　問9．エ

[3] 問1．ウ　問2．(あ)厚生労働　(い)経済産業　(う)国土交通　問3．(1)公約　(2)エ　問4．ウ
問5．ウ　問6．エ　問7．(a)18　(b)25　問8．国民

《2023 国語 解説》

〔問題一〕

(一) ――線部①の直前の「そのようにならせる教育」とは、どのようにならせる教育なのか、「そのように」が指す内容を読みとる。「いちばん大事なこと～自分の責任において物事を考えて歩んでいくこと～そのために、今まで自分をしばりつけていたものに無関心になる、そういうものからはなれていくこと」ができるようにさせるということ。

(四) Ⅰ 「生徒の健康について」「親と先生が相談する」内容の具体例をあげている。 Ⅱ 直前の「そういうことであれば、何も打ち合わせる必要はありません。わかりきったことです」ということを根拠(こんきょ)に、当然のこととして述べた一文である。これをふまえて、筆者が本当に言いたいことを、逆接でつないだ「しかし」以降で述べている。 Ⅲ 直前の二文の理由を「～からです」と述べている。

(五) 子供がどうなることが教育の目的なのかを読みとる。(一)で読みとったとおり、「自分の責任において物事を考えて歩んでいくこと」ができるようになること、つまり、「一人前」になること。本文最初の一文に「親や先生にすがって、その助けによって、指導によって一人前になり」とある。

(六) ――線部②に続く３段落で、そのように考える理由を説明している。「家で親が自分に対して無理解な態度を示す場合には、学校に行って先生に訴(うった)え、いろいろ慰(なぐさ)められたり、教えられたりして～理不尽(りふじん)な先生がいれば～家にとんで帰って親に話す～そのようなことによって子供は、家には学校と別の社会があり、学校には親と別の人間がいて自分を導いてくれることを知る～その親と先生とが結託(けったく)したら、子供は行く所がありません」とあることから、ウのようなことが読みとれる。

(七) ――線部③のある一文の最初の「これ」が指す内容を読みとる。それは、「すべて他人は自分にとって汝(なんじ)であり、自分は他人にとって汝であり、みんな、あなた―あなたの関係であり、みんなが連絡しようとしています」ということ。このことが「人間関係の大きな問題」だと言っている。そのような関係について、――線部④の５行後からの段落で「みんな互(たが)いにあなたという名前で呼び合っている～あなたというのは、親しい関係の人たちです。日本で重大なことは、その互いの関係というものが、このような内容を持っているということです」と述べている。これらの内容から、アのようなことだと読みとれる。

(八) ――線部④の例として、飛行機の中で好き放題にふるまっていた日本の子供のことをあげ、「このことは日本人は飛行機の中であろうと、みな自分の家の庭のように考えているからです。つまり自分と親とが特別な関係であり～自分をかばってくれるということであり」と述べている。よって、アが適する。このあり方は、ヨーロッパの「バスや電車の中で、子供には絶対席を譲(ゆず)りません」という厳しいあつかいと対照的。

(九) 「法律は社会生活、社会組織の根本です。社会は、その法律によって規定されています。法律で規定されているということは、一人称(いちにんしょう)である自分と三人称である他人が集まって、生活しているということです」より、イの「社会」。そのような社会、つまり、ヨーロッパで実現している社会では、日本のような人間関係は「通用しない」と述べている。

(十) 英語は相手が「誰(だれ)であっても同じ」言い方をするが、日本語は相手によって「全部違(ちが)う」と述べている。そして、「これはけっして言い方だけの違いではなくて、内容にまで及(およ)んでくるのです。つまり自分とあなたという関係で、規定しているわけです。私というのはあなたに対する私になっていて、本来の自分がどこかにいってしまう」

と述べている。これらの内容から、エのような特徴(とくちょう)だと言える。

(十一) ヨーロッパで「個人の独立、個人の好みの自由、個人の責任というものと共に、一人一人の人間がこうなのだということを考える」、つまり、個を尊重する考え方が確立している理由は、最後の3段落で述べられている。「なぜヨーロッパが、進歩しているのか～自己の確立、また他人の自我(じが)の確立が進んでいるからだ～そのような深いヨーロッパの人間関係～キリスト教によって養われてきた～唯一(ゆいいつ)の神～その神の前にはすべての人間が平等であるということを考えることによって、できあがっています」とあることに、ウが適する。

〔問題二〕

(三) 1　直後に「黙(だま)り込(こ)んでいる」とあるので、エの「むっつり」(おし黙って、愛想(あいそう)がない様子)。　3　直後に「震(ふる)わせていた」とあるので、アの「わなわな」(怒(いか)り、恐怖(きょうふ)、寒さなどで体がこきざみにふるえる様子)。

4　前後に「寂(さび)しさが消えて～笑い声を上げる」とあるので、イの「からから」(さわやかに高く笑う声を表す)。

(五) ～～～線部Dのある一文の前半部と後半部は、対照的にえがかれている。

(六) 弘晃(ひろあき)が——線部①の4～5行後で「駅蕎麦(そば)を食べに来る客ってさ、別に、料理に期待してるワケでもないし……。手っ取り早く食欲満たしてるだけじゃん」と言っているので、アが適する。路男(みちお)が「ええやんか、それで」と言っても、「でも、やっぱ～ちゃんとした食堂とは違う。虚(むな)しいよ、やっぱ』と、挑(いど)む口調で」言っている。

(七) それまでは「『ふーん』　興味の湧(わ)かない声で応えて」蕎麦を食べていた弘晃だが、——線部②を聞いているうちに、真剣(しんけん)になった。ここから、イのような心情が読みとれる。

(八) 「『ちゃんとした食堂』ばかりなら、世の中、窮屈(きゅうくつ)で味気ない」、世の中には「帰れば～時間さえあれば～懐(ふところ)に余裕(よゆう)があったら～でも今は、そういうわけにいかん。せやから、取(と)り敢(あ)えず駅蕎麦で虫養いして、力を補う」ということを求める客がいるのだということ。それを聞いて、駅蕎麦は虚しいと思っていた考えが改められたのである。「実力以上の中学～入ってみたら秀才(しゅうさい)がゴロゴロ。授業についていくのがやっとだった」「親父(おやじ)には努力が足りない、と殴(なぐ)られてばかり～三年通ってそれ(自分に能力がないこと)が身に沁(し)みた」という窮屈な思いをしていた弘晃にとって、ひびくものがあっただろう。「ちゃんとした食堂」も「駅蕎麦」も、それぞれに人々から求められている。これは人のあり方や生き方についても言えることである。そのことに気付いた表情だと考えられるので、ウが適する。

(九) ——線部④の直前で言った「自分が恐(こわ)い」ことを具体的に述べている一文を探す。——線部④の8～9行前の「いつか自分で自分をコントロール出来なくなる。」

(十) 親父の言う「努力」では補えないもの。「三年通ってそれが身に沁(し)みた」とある。通っている中学は、弘晃には「実力以上の中学」だった。よって、アの「能力」が適する。

(十一) 弘晃は「目の前に包丁があると、親父を刺(さ)しそうな気がして息が出来ない」と打ち明け、包丁を目の前にして「ジィちゃん、オレ、包丁は……(さわりたくない)」と言っていた。その弘晃が「とんとんとん、と軽(かろ)やか音色」で「正確な厚み」のネギを刻めるようになったのである。路男が、——線部⑤の3行前で「上手(うま)いこと使えるようになったな。——もう大丈夫や」、同2行後で「包丁は、ひと刺すもんと違う。ネギ切るもんや。この手ぇが、弘晃の手ぇが覚えよった」と言っている。ここから、イのような気持ちが読みとれる。

(十二) 路男のところに来たおかげで「親父とちゃんと話すよ」という気持ちになって、東京に帰る場面である。「ムシヤシナイ」は、「軽うに何ぞ食べて、腹の虫を宥(なだ)めとく」「でも今は、そういうわけにいかん。せやから、取り敢えず駅蕎麦で虫養いして、力を補う」というもの。東京に戻った後の「父親にはこれからも反発を感じ続けることになるだろう」という生活で、また「ムシヤシナイ」が必要になることを想定して言っているのである。

《2023　算数　解説》

1 ⑴　与式$=(2.3+2.75-3.25)\div 0.24\times\frac{2}{3}=(1.8\times\frac{2}{3})\div 0.24=1.2\div 0.24=$ **5**

⑵　与式より，$\{\frac{1}{2}+\frac{1}{3}\times(\square-\frac{3}{4})\}\div\frac{7}{2}=\frac{17}{8}-\frac{47}{24}$　　$\frac{1}{2}+\frac{1}{3}\times(\square-\frac{3}{4})=(\frac{51}{24}-\frac{47}{24})\times\frac{7}{2}$

$\frac{1}{3}\times(\square-\frac{3}{4})=\frac{1}{6}\times\frac{7}{2}-\frac{1}{2}$　　$\frac{1}{3}\times(\square-\frac{3}{4})=\frac{7}{12}-\frac{6}{12}$　　$\square-\frac{3}{4}=\frac{1}{12}\times 3$　　$\square=\frac{1}{4}+\frac{3}{4}=$ **1**

⑶　与式$=\frac{1}{2}+\frac{1}{2\times 3}+\frac{1}{3\times 4}+\frac{1}{4\times 5}+\frac{1}{5\times 6}+\frac{1}{6\times 7}+\frac{1}{7\times 8}=$

$\frac{1}{2}+(\frac{1}{2}-\frac{1}{3})+(\frac{1}{3}-\frac{1}{4})+(\frac{1}{4}-\frac{1}{5})+(\frac{1}{5}-\frac{1}{6})+(\frac{1}{6}-\frac{1}{7})+(\frac{1}{7}-\frac{1}{8})=1-\frac{1}{8}=$ $\mathbf{\frac{7}{8}}$

⑷　**【解き方】昨年の兄のお年玉の15％と昨年の弟のお年玉の10％の和が5000円なので，10倍して考えると，昨年の兄のお年玉の150％と昨年の弟のお年玉の和が50000円である。**

昨年の兄と弟のお年玉の合計金額は40000円だから，昨年の兄のお年玉の150－100＝50(％)が50000－40000＝10000(円)にあたる。よって，今年の兄のお年玉は$10000\times\frac{115}{50}=$**23000**(円)，弟のお年玉は40000＋5000－23000＝**22000**(円)である。

⑸　**【解き方】54000を素因数分解すると，54000＝2×2×2×2×3×3×3×5×5×5となり，2を4個，3を3個，5を3個ふくむ。売り上げが54000円のとき，値段と個数の素因数を合わせるとこれと同じにならなければならない。**

値段は350円から5円ずつ下げるので，5の倍数になる。個数は150個から3個ずつ増えるので，3の倍数になる。値上げを奇数回行うと値段は奇数になり，個数も奇数になるから，素因数に2がふくまれないので条件に合わない。したがって，値上げの回数は偶数で，値段と個数はともに偶数になる。

5の個数に注目すると，個数が5をふくまない場合，値段が5×5×5＝125の倍数でなければならず，350以下の偶数で125の倍数は，125×2＝250(円)だけである。このとき個数は，$150+3\times\frac{350-250}{5}=210$(個)となり，素因数に7をふくむので，適さない。

値段が5を2個ふくみ，個数が5を1個ふくむ場合，個数を3×5×2＝30(個)ずつ変化させて考える。このとき値段は$5\times\frac{30}{3}=50$(円)ずつ変化させる。350－50＝300(円)と150＋30＝180(個)の場合，売り上げが300×180＝54000(円)となり，適する。よって，求める値段は**300**円である。

⑹① **【解き方】9，27，81を3の積のみで表すと，9＝3×3，27＝3×3×3，81＝3×3×3×3である。**

［9；5］＝［3；5×2］＝［3；10］，［27；4］＝［3；4×3］＝［3；12］，［81；3］＝［3；3×4］＝［3；12］となるから，［3；10］×［9；5］×［27；4］×［81；3］＝［3；10］×［3；10］×［3；12］×［3；12］＝［3；(10＋10＋12＋12)］＝［3；44］　　よって，x＝**44**

②　**【解き方】［5；18］×［25；3］＝［125；y］となるようなyを求める。**

25＝5×5より，［25；3］＝［5；3×2］＝［5；6］である。

よって，［5；18］×［25；3］＝［5；18］×［5；6］＝［5；24］

また，125＝5×5×5より，［125；y］＝［5；3×y］となるから，3×y＝24　　y＝24÷3＝**8**

⑺　**【解き方】白玉6個と赤玉2個の組み合わせと，白玉3個と赤玉5個の組み合わせは合計の個数が同じだから，白玉3個を赤玉3個におきかえたときの平均の重さの変化に注目する。また，最後にてんびん図を利用する。**

白玉6個と赤玉2個の組み合わせから，白玉3個を赤玉3個におきかえると，平均が2.25－1.875＝0.375(g)減った。したがって，さらに白玉3個を赤玉3個におきかえて白玉0個と赤玉8個にすると，平均は1.875－0.375＝1.5(g)になる。つまり，赤玉1個の重さは1.5gである。また，赤玉8個を白玉8個におきかえる

と平均が $0.375\times\frac{8}{3}=1$（g）増えるから，白玉１個の重さは，1.5＋１＝2.5（g）である。
白玉と赤玉の平均が 1.8 g になるときについて，右のようなてんびん図がかけるから，白玉と赤玉の個数の比は 0.7：0.3＝７：３の逆比の**３：７**である。

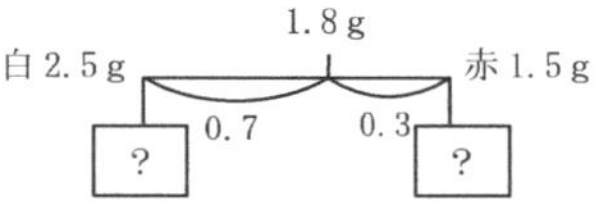

[2] ⑴① 兄が家から駅に移動するのにかかる時間は 1350÷90＝15（分）だから，
兄が家を出たのは，午後３時 20 分－15 分＝午後**３時５分**である。

② **【解き方】兄が家を出たとき，弟は５分間進んでいた。このときの家から弟のいる場所までのきょりを兄と弟が両方向から進むと考えればよい。**
兄が家を出たとき，弟が家に向かってすでに進んだきょりは 60×５＝300（m）だから，家から 1350－300＝1050（m）のところにいる。ここから兄は駅に向かって出発するので，２人は 1050÷（90＋60）＝７（分後）にＰ地点で出会う。
よって，駅からＰ地点までのきょりは弟が５＋７＝12（分）で進んだきょりだから，60×12＝**720**（m）である。

③ 家からＰ地点までのきょりは 1350－720＝630（m）だから，630÷70＝９（分後）に家にもどる。よって，求める時刻は午後３時５分＋７分＋９分＝午後**３時 21 分**である。

⑵ **【解き方】食塩水Ｄの濃度（のうど）→食塩水Ａの濃度→食塩水Ａの量の順に求める。食塩水の濃度の比は食塩水の重さの比と逆比になることを利用する。**
食塩水Ｄは食塩水Ｂと食塩水Ｃの重さの比を３：２になるように混ぜて作るから，食塩水Ｂを 300 g，食塩水Ｃを 200 g 混ぜるとすると，食塩水Ｄの濃度は $\frac{300\times0.07+200\times0.12}{300+200}\times100=9$（%）である。
食塩水Ａと食塩水Ｄの重さの比を１：５になるように混ぜると 10%の食塩水ができるから，食塩水Ａを 100 g，食塩水Ｄを 500 g 混ぜるとすると，食塩水Ａにふくまれる食塩は（100＋500）×0.1－500×0.09＝15（g）だから，食塩水Ａの濃度は $\frac{15}{100}\times100=15$（%）である。
□ g の食塩水Ａと 150 g の水を混ぜて濃度が 10%になるとすると，水を加えることで濃度が $\frac{10}{15}=\frac{2}{3}$（倍）になり，ふくまれる食塩の量は変わらないから，食塩水全体の量が $\frac{3}{2}$ 倍になったことになる。したがって，□の $\frac{3}{2}-1=\frac{1}{2}$（倍）が 150 g だから，□＝150÷$\frac{1}{2}$＝300 である。よって，はじめの食塩水Ａの重さは，300＋150＝**450**（g）

[3] ⑴ 右図のように半円の面積を移動すると，斜線（しゃせん）部分の面積は２辺の長さが３cm と３×２＝６（cm）の長方形の面積と等しい。よって，求める面積は３×６＝**18**（cm²）である。

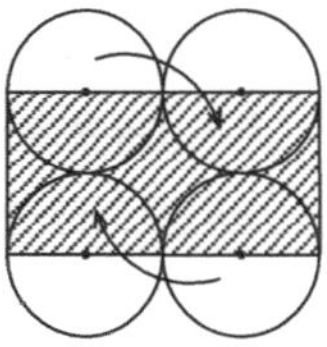

⑵ 斜線部分の面積は半径６cm の円の面積の $\frac{1}{4}$ と三角形アの面積の和から，三角形アの面積と半径３cm の円の面積の $\frac{1}{4}$ の和を引いた値に等しい。よって，求める面積は
$\{6\times6\times3.14\times\frac{1}{4}+$（三角形アの面積）$\}-\{$（三角形アの面積）$+3\times3\times3.14\times\frac{1}{4}\}=(36-9)\times3.14\times\frac{1}{4}=$ **21.195**（cm²）である。

⑶ **【解き方】正方形の対角線の長さを a cm とすると，正方形の面積は 15×15＝225（cm²）だから，$a\times a\times\frac{1}{2}=225$ より，a×a＝450 となる。**
斜線部分の面積は，半径が $\frac{15}{2}$ cm の半円の面積４つ分と１辺の長さが 15 cm の正方形の面積の和から，直径が a cm の円の面積を引いた値である。よって，$\frac{15}{2}\times\frac{15}{2}\times3.14\times\frac{1}{2}\times4+225-a\times\frac{1}{2}\times a\times\frac{1}{2}\times3.14=$
$\frac{225}{2}\times3.14+225-450\times\frac{1}{4}\times3.14=\frac{225}{2}\times3.14-\frac{225}{2}\times3.14+225=$ **225**（cm²）

[4] ⑴ **【解き方】連続する４つの積が 15 の倍数となるとき，その積の中に３の倍数と５の倍数が１つ以上ある。ただし，３の倍数は連続する４つの整数に必ずふくまれるので，５の倍数がふくまれるかを考えればよい。**
例えば，５がふくまれる積は２×３×４×５，３×４×５×６，４×５×６×７，５×６×７×８の４つであり，これは 100 までの５の倍数すべてにおいても同様である。１から 100 までの５の倍数の個数は 100÷５＝20（個）だ

から，15 の倍数は 4 ×20＝**80**(個)である。

⑵ **【解き方】200＝ 2 × 2 × 2 × 5 × 5 である。2 の倍数は偶数だから，連続する 4 つの数のうち 2 つの数が 2 の倍数であり，1 つは必ず 4 の倍数である。したがって，並んでいる数のうちどの数にも必ず 2 が 3 個ふくまれる。また，連続する 4 つの整数の中に 5 の倍数は 0 個または 1 個しかないので，5 の倍数が 25 の倍数であればよい。**

1 から 100 までの整数の中に 25 の倍数は 100÷25＝ 4 (個)だから，⑴と同様に考えて，200 の倍数は

4 × 4 ＝**16**(個)である。

⑶ **【解き方】0 の並ぶ個数は，積の中に 10＝ 2 × 5 が何回かけられているかに等しい。積の中の 2 と 5 は明らかに 2 の方が多いため，積にふくまれる 5 の個数がそのまま 0 の並ぶ個数になる。**

⑴⑵の解説をふまえる。5 の倍数は 80 個あり，そのうち 25 の倍数は 16 個ある。5 × 5 × 5 ＝125 の倍数はない。

5 の倍数 80 個には少なくとも 5 が 1 個ずつふくまれ，そのうち 16 個はさらに 1 個ずつ 5 をふくむから，全体でふくまれる 5 の個数は，80＋16＝96(個)　　よって，0 は連続して **96** 個並ぶ。

5 ⑴① 点線の円の周の長さは，底面の円周の 6 倍だから，4 × 2 ×3.14× 6 ＝48×3.14＝**150.72**(cm)

② 点線の円の周の長さが 48×3.14(cm)だから，半径は 48÷ 2 ＝24(cm)なので，面積は，24×24×3.14＝**1808.64**(cm²)

③ 点線の円の面積は円すいの側面積 6 つ分なので，円すいの側面積は，1808.64÷ 6 ＝**301.44**(cm²)

⑵① **【解き方】水の量が一定のとき，底面積の比は高さの比と逆比になることを利用する。**

図 3 と図 4 の水の量は等しく，高さの比は $1:\frac{1}{3}=3:1$ となる。よって，水の底面積の比は 3 : 1 の逆比の 1 : 3 である。このとき，棒の底面積の比の数は 3 － 1 ＝ 2 にあたるから，求める比は **2 : 3** である。

② **【解き方】図 2 から図 3 にするときに棒がおしのけた水の量と，そのうち容器の中に残った水の量を考える。**

棒の底面積が 4 × 4 ＝16(cm²)だから，容器の底面積は $16\times\frac{3}{2}=24$(cm²)，図 3 で水が入っている部分の底面積は 24－16＝ 8 (cm²)である。

図 2 から図 3 にするときに棒がおしのけた水は，16×20＝320(cm³)で，そのうち容器に残った水は 320－272＝48(cm³)である。したがって，図 3 で水が入っている部分のうち，高さが $1-\frac{5}{6}=\frac{1}{6}$ にあたる部分の水の体積は 48 cm³だから，この部分の高さは 48÷ 8 ＝ 6 (cm)である。よって，容器の深さは，$6\div\frac{1}{6}=$**36**(cm)

③ **【解き方】図 1 から図 2 にするときに棒がおしのけた水は，右図の色をつけた部分であり，それが斜線の部分に移動したと考える。**

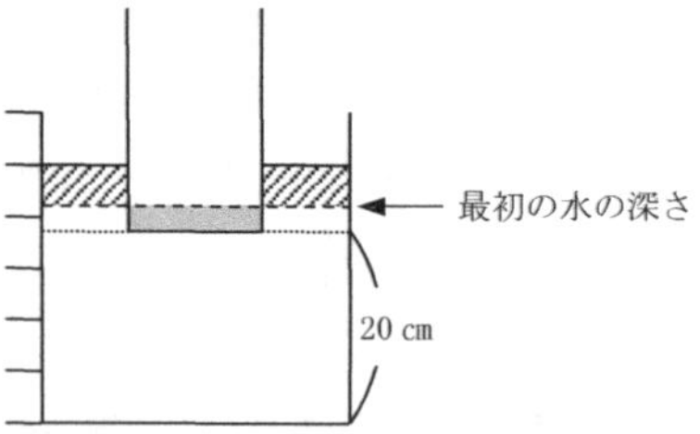

図 2 の水の深さは，$36\times\frac{5}{6}=30$(cm)だから，斜線部分と色をつけた部分の高さの和は，30－20＝10(cm)

斜線部分と色をつけた部分の底面積の比は 1 : 2 だから，高さの比はこの逆比の 2 : 1 なので，色をつけた部分の高さは，

$10\times\frac{1}{2+1}=\frac{10}{3}=3\frac{1}{3}$(cm)　　よって，図 1 の水の深さは，$20+3\frac{1}{3}=$ $\mathbf{23\frac{1}{3}}$(cm)

6 ⑴ **【解き方】〈a〉を 3 回かけると a になる。数が大きい場合は，3 回かけたときの一の位に注目する。**

$6\frac{139}{343}=\frac{2197}{343}$ で，3 回かけて一の位が 3 になる数の一の位は 7 だから，343＝ 7 × 7 × 7 とわかる。

3 回かけて一の位が 7 になる数の一の位は 3 だから，13 を 3 回かけてみると，13×13×13＝2197 になる。

よって，$\frac{2197}{343}=\frac{13\times13\times13}{7\times7\times7}$ より，$\langle 6\frac{139}{343}\rangle=$ $\mathbf{\frac{13}{7}}$

⑵ **【解き方】1 × 1 × 1 ＝ 1 より，〈1〉＝ 1 ，2 × 2 × 2 ＝ 8 より，〈8〉＝ 2 ，3 × 3 × 3 ＝27 より，〈27〉＝ 3 である。**

〈1〉＝ 1 より，〔〈1〉〕＝〔1〕＝ 1

〈1〉＝1，〈8〉＝2だから，〈2〉から〈7〉までの数は1より大きく2より小さい数なので，〔〈2〉〕から〔〈7〉〕までの7－2＋1＝6(個)の数はすべて2である。また，〔〈8〉〕＝〔2〕＝2だから，式の中に2になる数は6＋1＝7(個)ある。

同様に，〈9〉から〈24〉までの数は2より大きく3より小さい数なので，〔〈9〉〕から〔〈24〉〕までの24－9＋1＝16(個)の数はすべて3である。よって，式の中に3になる数は16個ある。

以上より，求める和は，1＋2×7＋3×16＝**63**

(3)　【解き方】【x】は小数部分の数だから，xの値(あたい)に関わらず0以上1未満の数である。よって，〔【x】〕＝0または1となる。

〔【〈x〉】〕＝0となるのは，〈x〉が整数となる場合，つまりxが整数を3回かけた値となる場合である。

10×10×10＝1000，11×11×11＝1331，12×12×12＝1728，13×13×13＝2197だから，

1000から1800までの整数の中には同じ整数を3回かけた数が1000，1331，1728の3個ある。

xが整数を3回かけた値以外の場合は，〔【〈x〉】〕＝1となる。

よって，求める和は1001から1800までの800個の数の和から1331と1728を引いた値だから，

$\frac{(1001+1800)\times 800}{2}-(1331+1728)=2801\times 400-3059=1120400-3059=$**1117341**

《2023　理科　解説》

[問題1]

問2　白米にふくまれる栄養素のほとんどは炭水化物である。

問3(1)　3枚のカードのいずれも4種類出る可能性があるので，4×4×4＝64(通り)となる。　**(2)**　6枚のカードのいずれも4種類出る可能性があるので，4×4×4×4×4×4＝4096(通り)となる。　**(3)**　アはＴＥＡ，イはＴＲＥＥ，ウはＴＥＮＴ，エはＴＡＣＴ，オはＴＥＳＴ，カはＡＰＰＬＥとなる。　**(4)**　表1を使ってマークの並びをアルファベットに変換するとＬＡＳＡＬＬＥとなる。　**(5)**　3組目のマークの並びが♤♧♡となる。表1より，このマークの並びは「終」となるので，それ以降のマークの並びはアルファベットに変換しない。

(6)　カードの並びは ◇♤◇♡◇♤♤♤◇♧♡◇◇◇♤♤◇♤♡♡♧ となる。よって，表1よりＬＡＦＳＰＳＧとなる。　**(7)**　9番目のカードを♧から♡に取りかえても，3組目のマークの並びをアルファベットに変換するとＳのまま変わらないので，アルファベットの並びは(4)と同じになる。

[問題2]

問1　図1はかん電池1個と豆電球1個の回路だから，かん電池と豆電球に同じ強さの電流が流れる。

問2　図2はかん電池1個と豆電球2個が並列つなぎの回路だから，それぞれの豆電球に流れる電流の合計がかん電池を流れる電流と等しい。よって，Ａに流れる電流の強さは$\frac{1}{2}$である。

問3　図3はかん電池1個と豆電球2個が直列つなぎの回路だから，それぞれの豆電球には，かん電池と同じ強さの電流が流れる。よって，Ｂに流れる電流の強さは1である。

問4　図２のそれぞれの豆電球の明るさは図１と同じで，図３のそれぞれの豆電球の明るさは図１よりも暗くなる。よって，図３のかん電池を流れる電流は図２よりも小さいので，図３のかん電池の方がより長く豆電球を光らせることができる。

図ｉ

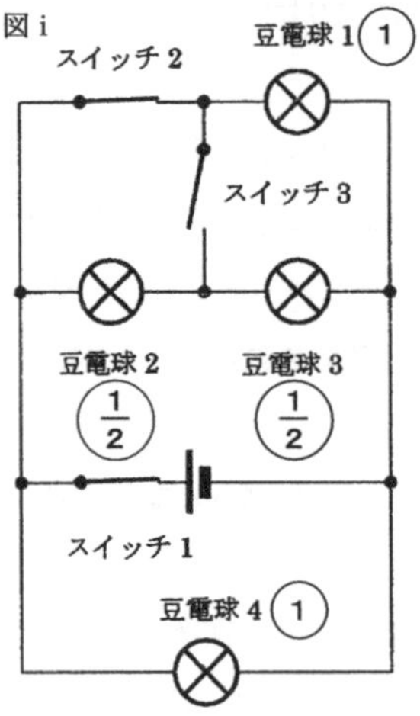

図ⅱ

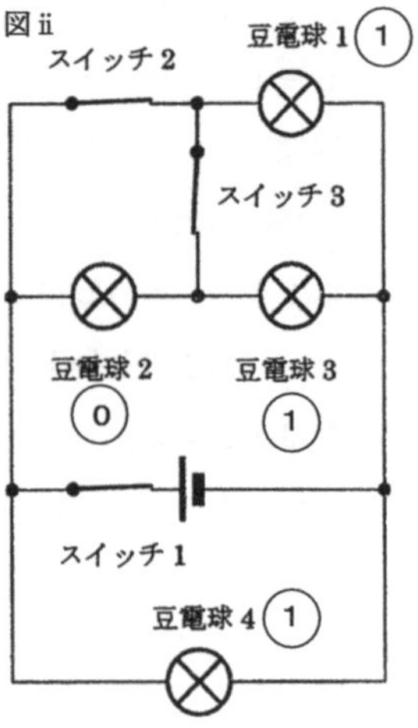

問5　イ×…電流計では，＋端子(たんし)をかん電池の＋極側につなぎ，－端子をかん電池の－極側につなぐ。

ウ×…計器がこわれないように，－端子は最も大きな値の端子から使用する。

問6　図ｉのような回路ができる。電流の大きさを○で囲んだ数値で表す。豆電球１，２と３の直列部分，４が並列つなぎの回路になる。

問7　図ⅱのような回路ができる。スイッチ２，スイッチ３をとじたので，豆電球２に電流が流れない。豆電球１，３，４が並列つなぎの回路になる。

［問題３］

問2　食塩は加熱しても変化しないが，砂糖は加熱すると黒く変色する。

問3　炭素をふくむ物質(有機物という)は強く加熱すると黒くなる。小麦粉とデンプンは有機物である。

問4　アルカリ性の水よう液を赤色リトマス試験紙につけると青色に変化し，酸性の水よう液を青色リトマス試験紙につけると赤色に変化する。中性の水よう液をつけても，どちらのリトマス試験紙の色も変化しない。食塩水と砂糖水はいずれも中性である。

問5　〔質量パーセント濃度(のうど)(%)＝$\dfrac{\text{とけているものの重さ(g)}}{\text{水よう液の重さ(g)}}$×100〕より，$\dfrac{5}{500+5}$×100＝0.990…→0.99%となる。

問6　表より，圧力計のめもりと空気の体積は反比例の関係にあることがわかる。よって，２つの値をかけると250になるので，250÷1.0＝250となる。

問7　問６と同様に考えて，250÷125＝2.0となる。

問8　表より，圧力計のめもりが50のとき，温度が０℃であれば空気の体積は5.0である。温度が１℃上がるごとに体積が$\dfrac{5.0}{273}$めもりずつ大きくなっていくので，体積が5.0めもり増えて10.0になる温度は，5.0÷$\dfrac{5.0}{273}$＝273(℃)となる。

問9　０℃の空気の圧力計が300のとき，空気の体積は250÷300＝$\dfrac{5}{6}$(めもり)である。温度が546℃になると０℃のときの体積の$\dfrac{546}{273}$＝２(倍)大きくなるので，$\dfrac{5}{6}+\dfrac{5}{6}\times 2=\dfrac{15}{6}$＝2.5(めもり)となる。

［問題４］

問2　大きさと平均密度が最も地球に近いわく星は金星である。

問3　金星の大気はほとんどが二酸化炭素である。二酸化炭素は熱をとじこめて宇宙空間へにがしにくくする温室効果をもつ。

問4　1 hPa→10.2 kg/㎡，1 ㎡→10000 ㎠より，10.2×1013÷10000＝1.033…→1.03 kgとなる。

問5(1)　地上から高度16 kmまでに大気圧が1013－103＝910(hPa)減ったので，地上から高度16 kmまでの部分が占める割合は$\dfrac{910}{1013}$×100＝89.8…→90%となる。　(2)　地上から高度32 kmまでに大気圧が1013－９＝1004(hPa)減ったので，地上から高度32 kmまでの部分が占める割合は$\dfrac{1004}{1013}$×100＝99.1…→99%となる。

問6　大気圧が大きい方(高気圧)から大気圧が小さい方(低気圧)へ向かって風がふくので，大気圧が大きいＢ地点上空から大気圧が小さいＡ地点上空へ風がふく。その結果，Ａ地点上空の気柱は重くなり，Ｂ地点上空の気柱は軽くなるので，A地点が高気圧，B地点が低気圧となる。その一方で，B地点上空からA地点上空へ空気が移動したので，A地点上空が低気圧，B地点上空が高気圧となる。

問7　上陸した台風は，海面から水蒸気を取りこむことができないので，勢力が弱まる。

問8　海面の温度が高い海では，海面から蒸発する水蒸気の量が多くなるので，台風が発達しやすい。

《2023　社会　解説》

［1］

問1　Aは聖武天皇，Bは源頼朝である。Ⅰ．仏教の力で国を守ろうとする考えを鎮護国家という。Ⅱ．鎌倉幕府の初代執権は，源頼朝の妻である北条政子の父の北条時政であり，執権の職は代々，北条氏が引き継いだ。

問2　中国の王朝が唐であったのは 618 年～907 年である。聖武天皇の治世の頃は奈良時代であり，この頃に送られていた遣唐使などから判断できる。

問3⑴　当時の唐には，シルクロードを通って西アジアから様々な宝物が渡っていた。その一部が遣唐使によって日本に持ちこまれ，東大寺の正倉院に納められた。

⑵　写真は「螺鈿紫檀五絃琵琶」である。

問4　鏑矢は戦闘用の征矢と違い，矢じりではなく，角・木・竹根製の球状の部品が取り付けられている。部品の形が野菜のかぶ(ら)に似ていることから「かぶら」とよばれた。

問5　ア．「ご恩」は将軍が御家人らの以前からの領地を保護したり，新たな領地を与えたりすることである。イ．「奉公」は御家人が京都や幕府の警備についたり，命をかけて戦ったりすることである。エ．元との戦い(元寇)は防衛戦であったため，幕府は新しい土地を得ることができず，御家人に十分な恩賞(ご恩)を与えることができなかった。

問6　1232 年，鎌倉幕府３代執権の北条泰時によって御成敗式目が定められた。資料に「警備」「犯罪人の取りしまり」とあるので，軍事・警察の役割であった守護と判断する。地頭は荘園や公領ごとにおかれ，年貢の取り立てなどを行った。

問8　江戸幕府は，キリシタン(キリスト教徒)の増加がヨーロッパによる日本侵略のきっかけとなり，また神への信仰を何よりも大事とする教えが幕府の支配のさまたげになると考え，キリスト教を禁止し，キリスト教の布教を行うポルトガルやスペインの船の来航を禁止した。資料から，鎖国前にはポルトガル商船から生糸(中国産)を輸入していたことがわかる。

問9　bのみ誤り。大日本帝国憲法は皇帝の権力が強いドイツ(プロイセン)の憲法を参考にしてつくられた。

問10　エ．日露戦争は 1904 年のことであり，ラジオ放送が開始されたのは 1925 年のことである。ア．秩父事件は自由民権運動が行われていた 1884 年に起こった激化事件。イ．新婦人協会は大正デモクラシーを背景に 1920 年に設立され，参政権の要求など，女性の地位の向上を求める運動を行った。ウ．ノルマントン号事件は1886年に起きた。この事件をきっかけに，領事裁判権の撤廃(てっぱい)を求める声が強まった。

問11　日韓基本条約は，1965 年に佐藤栄作内閣のもとで締結された。日本国憲法の公布は 1946 年，自衛隊の発足は 1954 年，沖縄の日本復帰は 1972 年，阪神淡路大震災は 1995 年のことである。

問12　Eはコロンブスである。コロンブスは大航海時代，1492 年にアメリカ大陸に連なる西インド諸島に到達した。鎌倉時代のBと江戸時代のCの間が正しい。

［2］

問1　日本は原油の輸入のほとんどを西アジア諸国から行っていることは覚えておこう。アは世界の原油生産国，イは世界の米の生産国，エは日本の鉄鉱石の輸入相手国のグラフ。

問2　高度経済成長期，日本は原料を輸入し製品を輸出する加工貿易が主体であったが，近年では，安い人件費を求めて国内から海外に工場を移す動きが見られ，海外で生産された工業製品の輸入が増加している。

問3　aは1960年には100%に近いが，だんだんと減っているので肉類である。食の多様化などによって肉類の消費が急増したことで，国内での生産が追い付かなくなり，輸入の自由化などを行って不足分を輸入で補うようになった。小麦・大豆ともに自給率はかなり低いが，大豆のほうが低いことは覚えておこう。大豆の食品自給率は，食品用では20%程度，サラダ油などの精油用を含めた全体では６%程度である。

問4　本文や問３のグラフからもわかるように，日本の米の自給率はほぼ 100%を維持してきた。戦後，米づくりが効率化され，米の収穫量は増えたが，食の多様化によって米の消費量は減って米が余るようになったため，1960年代の終わり頃から米の作付面積を減らす減反政策が行われた。よって，米不足を補うというのは明らかにあやまっている。

問5　筑紫平野では，冬でも温暖な気候を生かして，夏には米，冬には小麦や大麦を栽培する二毛作が行われている。

問6　小麦を多く輸出していたロシアは，各国からの経済制裁への対抗や国内自給の安定のために，小麦の輸出を制限した。また，戦場となったウクライナでは，小麦の生産量が減少した。

問7　大分市には日本製鉄の工場がある。九州地方では北九州市や大分市で鉄鋼がさかんであることは覚えておこう。

問8　成田国際空港の貿易額が日本最大であることは覚えておきたい。集積回路は小型軽量で高価なため，航空輸送が適している。

問9　アは韓国の前大統領の文在寅（ムンジェイン），イは北朝鮮の最高指導者の金正恩（キムジョンウン），ウは中国の最高指導者の習近平。

［3］

問1　イはデフレーションについての説明。

問3(1)　公約はマニフェストともいう。　(2)　アは公明党，イは共産党，ウは立憲民主党である。

問4　１ドルに交換できる円の金額が下がる(＝円の価値が上がる)と円高，１ドルに交換できる円の金額が上がる(＝円の価値が下がる)と円安である。円安は輸出に有利で，円高は輸入に有利である。また，円安になると，同じドルの金額で交換できる円の金額が上がるので，海外からの旅行者にとっては好都合となり，日本に来る海外からの旅行客(インバウンド)が増加する。

問5　安全保障理事会の常任理事国はアメリカ合衆国，イギリス，中国，フランス，ロシア連邦の５か国である。これらの国は第二次世界大戦の戦勝国である。

問6　アは社会保障関係費，イは国債費，ウは地方交付税交付金等。

問7　投票できる人＝選挙権がある人，立候補できる人＝被選挙権がある人。被選挙権年齢は参議院議員と都道府県知事が満30歳以上で，その他は満25歳以上であることは覚えておこう。

問8　自民党・公明党・日本維新の会の新勢力の合計は，119＋27＋21＝167(人)なので，177－167＝10より，新勢力が10人である国民(民主)党と判断できる。

函館ラ・サール中学校

《国　語》

〔問題一〕一．A．起点　B．耕作　C．組織　E．形成　G．課　二．花　三．この形式段落…手がかり　次の形式段落…ひっかかり　四．1．エ　2．ウ　3．ア　五．エ　六．正解　七．ウ　八．世界を学び～くりかえる　九．ア　十．何かを本当に学ぶということは、単なる好きや嫌いの感覚から距離を置き、学ぼうとすることを対象としてよく考えることから始まるということ。

〔問題二〕一．a．ア　b．ウ　二．矢　三．ウ　四．イ　五．最初…まず、　最後…ない。　六．イ，オ

〔問題三〕七．ぼんにかえらず　八．ウ　九．イ　十．エ　十一．Ⅰ．お互いを大切に思っていながら、相手にうまく伝わらずにいた　Ⅱ．文太の言葉

《算　数》

1　(1)10　(2)112　(3)12，21　(4)24，45　(5)84　(6)54　(7)1130.4　(8)$1011\frac{1}{2}$

2　(1)①8　②15　③32　(2)①12.5　②27.3

3　(1)24.56　(2)36.56　(3)2080

4　(1)$4\frac{3}{7}$　(2)①$2\frac{2}{337}$　②672

5　(1)14.13　(2)17.17

6　(1)400　(2)72　(3)1056　(4)18048

《理　科》

［問題1］問1．ア　問2．イ　問3．肺　問4．(1)ウ，エ　(2)ア，エ　問5．ア　問6．(1)93　(2)ＥＣＭＯ

［問題2］問1．ウ　問2．(1)おひつじ　(2)ア　問3．星1…デネブ／はくちょう　星2…アルタイル／わし　問4．コンパス　問5．あ42　い180　う48　え42　問6．お15　か動かない

［問題3］問1．ア，イ，カ　問2．イ　問3．43　問4．(1)70　(2)30　(3)89　(4)100　(5)115　問5．二酸化炭素分子…2　水分子…3　酸素分子…3　問6．4

［問題4］問1．18.0　問2．0.9　問3．32.0　問4．C，A，B　問5．46.8　問6．400　問7．150　問8．130　問9．10

《社　会》

［1］問1．ウ　問2．エ　問3．ア　問4．ア　問5．イ　問6．ウ　問7．エ　問8．エ　問9．鹿鳴館　問10．ア　問11．(東京)オリンピック

［2］問1．ウ　問2．(1)農作業の負担が軽くなること。　(2)イ　問3．ウ　問4．根釧　問5．オ　問6．ウ　問7．エ　問8．ア　問9．ア，ウ　問10．交通事故　問11．ウ

［3］問1．ウ　問2．エ　問3．(1)社会保障　(2)ウ　問4．イ　問5．衆議院は参議院に比べ，任期が短く，解散もあるので，国民の意見を反映しやすいから。　問6．ウ　問7．ア　問8．4

2022 解説 令和４年度 ▶ 函館ラ・サール中学校

←解答例は前のページにありますので，そちらをご覧ください。

《2022　国語　解説》

〔問題一〕

㈢　「特異点」は、数学や物理の専門用語であり、ここでは比ゆ的に使われている。シャーロックホームズは、現場全体を見ながら、特異点を見つけ、考えを進めようとする。Fをふくむ形式段落でこれと同じ構図なのが、人間は「全体のコンテクストをぼんやりと視野に入れながら、その中で手がかりを見つけて考えを進める」という部分。また、次の形式段落でこれと同じ構図なのが、「文章全体を見ていながら、どこかに～ひっかかりがあるはずだ。それをつかむ～考え始めることができる」である。

㈤　直前の「それ」が指すのは、人間が「自由に、世界を学び、世界を自分に合うようにつくりかえる努力を積み重ねてきた」ことである。このような、何千年(あるいは何万年)にもわたる人類全体の努力の積み重ねを指す言葉としては、エの「歴史」が適する。

㈥　学校の勉強で、「誤った答案を書けば、間違いを指摘される」のは、最初から正しい答え、つまり正解が用意されているからである。

㈦　――線部①は、直前の数行に書かれていることを言い換えたものである。直前に、人間は「自分の住む世界を対象としてとらえ」ていて、「世界と自分をはっきりと分けて認識している」が、鳥や魚はそうではないということが書かれている。よって、ウが適する。

㈧　直前の「これ」が指す内容は、「森を切り拓き、田畑をつくる」といった、自分が生きる世界をつくりかえていくことである。これと同じような表現が「世界を学び、世界を自分に合うようにつくりかえる」という部分である。この部分の直前に「自由に」とあるのもヒントになる。

㈨　同じ段落に、「若者は～誤った理解をすることもしばしばある」とある。失敗しがちであるということが、「若さ」の「弱点」である。一方で、「新発見は、それまでの常識からすればエラー、あるいはアクシデントと呼ばれる事態の中でなされることが多い」ともある。つまり、エラーや失敗は、それまでの常識を打ち破る新発見につながることもあるのである。これが、「若さ」が「世界を変えていく力でもある」と言える理由である。よって、アが適する。

㈩　「第一歩」とは、物事の始まり、最初の段階という意味。――線部④の「それ」が指す内容は、「好き嫌いの感覚を、さしあたり停止して、どうして好きなのか、どうして嫌いなのかを正視」することである。――線部④では、ここから「何かを本当に学ぶ」ことが始まるということを言っている。

〔問題二〕

㈢　子どもを残し、何年も東京に働きに行っていた母が突然戻ってきたのだから、何か大きくて大事な理由があるはずである。しかし、直前の２行に書かれているように、それが何なのかまったく見当がつかない。そのため、どう答えればよいのか迷い、無難な答えを探している。よって、ウが適する。

㈣　――線部①の前に「答えた直後に、我ながら気持ちが入ってないなと思った」とある。「母ちゃん」は「私」の話し方から同じことを感じていたと思われる。そんな「私」が、癌の話になったとたんに関心を示し始め、畳みかけて質問をしてきたので、うれしかったのである。また、「母ちゃん」は、癌の話を「バアバ」にしないのは、「余計なことで心配かけたくない」からだと言っている。当然「私」に対しても心配をかけたくないと思っているので、あえておどけてみせることで、心配はいらないということを示そうとしている。よって、イが適する。

(五) 後の方に「この沈黙の時間を利用して私は頭を整理してみた」とあり、この後に、「母ちゃん」の話をきちんと整理した内容が書かれている。

(六) ――線部④の時点では、まだ「母ちゃん」が癌かどうかは確定していないが、もし癌であれば残された命はあまり長くはないかもしれない。「母ちゃん」が沈黙している間にどうにか頭を整理した「私」は、まずこのことに大きな衝撃を受けている。前文にあるように、これまで「私」は「母ちゃん」とはなれて暮らしていても「格別つらい思いもせず」、落ち着いた日々を送っていた。それが、「母ちゃん」の死を意識したとたんに、急に「母ちゃん」への思いがこみあげてきたのである。よって、イは適する。また、――線部④の直前の会話で、「母ちゃん」は「バアバ」に癌の話をしないつもりだと言っている。「私」と「バアバ」はいっしょに暮しているので、「バアバ」とは一日に何度も顔を合わせるはずである。このような重大な話を秘密にしておくということは、「バアバ」の顔を見たり話をしたりするたびにこの話を意識し、バレないように気をつかうということであり、気が重いと感じている。よって、オは適する。

〔問題三〕

(八) 最初の段落の内容から、「家中がよそよそしくなって」、お互い本心を出せない状態になっていることが読み取れる。「私」は「この居心地の悪い家庭内環境を改善するため」に、他者の力を借りようとした。それは、かつてジイジが友達に来てもらってバアバとの関係を元に戻していたように、他者(＝今回は文太)に来てもらって、それをきっかけに三人の関係を元に戻そうというものである。

(九) この後の話から、文太はこの時点で、「母ちゃん」が癌かもしれないという話を知っていたが、鴨川病院での検査の結果は知らなかったことが読み取れる。そのため、癌かもしれないはずの「母ちゃん」が、台所で元気に家事をしているのを見て、起きていて大丈夫なのかとおどろいた。文太は「母ちゃん」の予想外の姿、行動におどろいているので、イが適する。

(十) 3行前に「どうせ夏休みだけだろ？」とあるので、文太は「私」が東京にいるのは夏休みだけだと思っている。それに対して「私」は、「そのままずっと東京に居座っちゃったりして」と返した。少し冗談めかした軽い言い方をしているので、本当にそのまま東京にいようと思っているわけではない。このことから、自分の言葉に対する文太の反応を見てみようという気持ちが読み取れる。よって、エが適する。

(十一) Ⅰ 「百重なす　心は思えど　ただに逢わぬかも」は、「幾重にもあなたを心に思っているけれど、直接には逢うことができないよ」という意味である。「私」たち家族3人は、直接会えないわけではないが、お互いを大切に思いながらもなかなかうまくいかない。そんなところが、歌にある人間関係と似ていると考えられる。

Ⅱ ――線部②の前までは、センテンスになっていない文太の言葉を、「私」は理解できなかった。しかし、このあと「私」は、「浜木綿」という言葉を聞いただけで、文太の言いたいことを理解できた。全てを言葉にしなくても言いたいことが伝わるようになったことから、「私」と文太の心が通い始めていることが読み取れる。

《2022　算数　解説》

1 (1) 与式＝17×6－12×6－20＝(17－12)×6－20＝5×6－20＝30－20＝10

(2) 与式より，(□÷4－20)×6＝48　□÷4－20＝8　□÷4＝28　□＝28×4＝112

⑶　**【解き方】右表で，エの数を最大にすると，イとウの数が最小になり，アは最大になる。また，エの数を最小にすると，イとウの数が最大になり，アは最小になる。**

		国語		計
		○	×	
算数	○	ア	イ	36
	×	ウ	エ	9
計		21	24	45

エは０以上９以下の数である。エ＝０のとき，イ＝24，ウ＝９だから，ア＝12

エ＝９のとき，イ＝15，ウ＝０だから，ア＝21

⑷　**【解き方】Ａ側に近い橋の端（はし）をＰ，Ｂ側に近い橋の端をＱとして，太郎君がＰ地点とＱ地点を通る時刻を考える。**

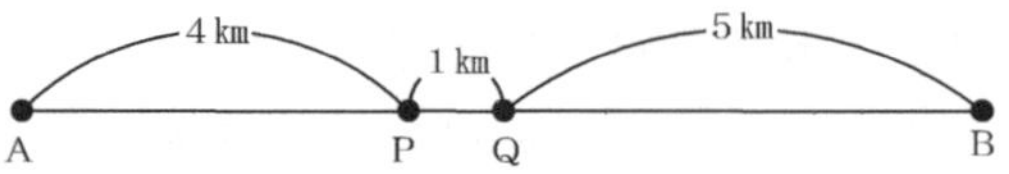

太郎君は，時速４㎞の速さでＡ地点を出発するから，Ｐ地点に着くまでに，４÷４＝１(時間)かかり，10 時にＰ地点を通る。橋の長さは 1000m＝１㎞だから，橋を渡っている時間は，１÷４＝$\frac{1}{4}$(時間)＝($\frac{1}{4}$×60)分＝15 分である。よって，太郎君がＱ地点を通るのは，10 時 15 分である。次郎君がＢＰ間を進むのにかかる時間は，(１＋５)÷10＝$\frac{3}{5}$(時間)＝($\frac{3}{5}$×60)分＝36 分だから，10 時－36 分＝９時 24 分より後に出発しなければならない。次郎君がＢＱ間を進むのにかかる時間は，５÷10＝$\frac{1}{2}$(時間)＝30 分だから，10 時 15 分－30 分＝９時 45 分より前に出発しなければならない。よって，次郎君は午前９時 24 分から 45 分の間に出発しなければならない。

⑸　**【解き方】分子の式の中にある７の個数を数えていく。100 を７で割ると７の倍数の個数が求められ，そのときの商を再び７で割ると７×７＝49 の倍数の個数が求められる。**

100÷７＝14 余り２より，１から 100 までの中に７の倍数は 14 個ある。

14÷２＝７より，１から 100 までの中に 49 の倍数は２個ある。１から 100 までの中に７×７×７＝343 の倍数はないから，１から 100 までの整数をかけたとき，式の中には７が 14＋２＝16(個)ある。よって，約分すると，分母の７の個数は，100－16＝84(個)になる。

⑹　**【解き方】決勝に進んだ人数と進めなかった人数の比は，25：(100－25)＝１：３だから，全員の得点の合計を，61.5×(１＋３)＝246(点)とする。**

決勝に進んだ人の得点の合計は 84×１＝84(点)だから，決勝に進めなかった人の得点の合計は 246－84＝162(点)で，平均点は 162÷３＝54(点)になる。

⑺　**【解き方】底面の周囲の長さが 37.68 ㎝であることがわかるので，底面の半径を求める。**

円周が 37.68 ㎝の円の直径は 37.68÷3.14＝12(㎝)，半径は 12÷２＝６(㎝)である。

円柱の高さは，34－12×２＝10(㎝)だから，体積は，６×６×3.14×10＝1130.4(㎤)

⑻　**【解き方】ａからｂまで等間隔（とうかんかく）に並ぶｎ個の数の和は，(ａ＋ｂ)×ｎ÷２で求められることを利用する。**

１から 2022 まで等間隔に並ぶ 2022 個の数の和は，(１＋2022)×2022÷２＝2023×1011 だから，

与式＝$\frac{2023\times1011}{2022}$＝$\frac{2023}{2}$＝$1011\frac{1}{2}$

2　⑴①　**【解き方】電車Ａと電車Ｂで比較（ひかく）する。**

電車Ａと電車Ｂの車両の数の差は 12－８＝４(両)で，車両の長さの差は，76－44＝32(m)だから，

１両の電車の長さは，32÷４＝８(m)

②　**【解き方】ホームの長さから求めていく。**

ホームの長さは，８×８＋76＝140(m)である。人の前を６秒で通過するということは，電車Ｃの車両の長さ分だけ進むのにかかる時間が６秒ということである。駅のホームを通過するために進む長さは，(ホームの長さ)＋(車両の長さ)だから，駅のホームの長さ分だけ進むのにかかる時間が，13－６＝７(秒)である。したがって，電車Ｃの進む速さは，秒速(140÷７)m＝秒速 20m であり，車両の長さは 20×６＝120(m)だから，120÷８＝15(両)編

成である。

③　**【解き方】電車Dの速さは時速 50.4 km＝秒速(50.4×1000÷3600)m＝秒速 14mであり，車両の長さは 8×9＝72(m)である。**

電車Cが電車Dに追いついてから完全に追いこすまでに進む道のりの差は，120＋72＝192(m)である。

電車Cの速さは秒速 20m，電車Dの速さは秒速 14mだから，電車Cは1秒当たり 20－14＝6(m)多く進む。

よって，電車Cが電車Dに追いついてから，完全に追いこすまでに，192÷6＝32(秒)かかる。

⑵①　**【解き方】最初の男性の人口を 1000 人，女性の人口を 1025 人として考える。**

ある年の初めの人口を 1000＋1025＝2025(人)とすると，5年後の人口は 2025×(1＋0.20)＝2430(人)になる。

5年後の男性の人口は，$2430\times\frac{1000}{1000+1160}=1125$(人)だから，1125－1000＝125(人)増えた。

これは，125÷1000×100＝12.5(%)増えたことになる。

②　**【解き方】①と同様に考える。**

5年後の女性の人口は 2430－1125＝1305(人)になったから，1305－1025＝280(人)増えた。

これは，280÷1025×100＝27.31…より，27.3%増えたことになる。

3　⑴　**【解き方】右のように作図して，直線部分と曲線部分に分けて考える。**

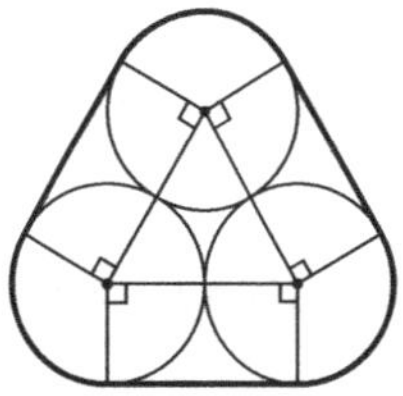

3つの円の中心を結んでできる図形は，1辺の長さが2×2＝4(cm)の正三角形で，半径と直線部分で囲まれた図形は長方形になる。1つのおうぎ形の中心角は，360°－90°×2－60°＝120°になるから，3つの曲線部分を合わせると，半径が2cmの円の周囲になる。よって，直線部分の長さの和が4×3＝12(cm)で，

曲線部分の長さの和が2×2×3.14＝12.56(cm)だから，全部で 12＋12.56＝24.56(cm)になる。

⑵　**【解き方】⑴をふまえると，2段から3段に増えると，直線部分だけが増えていることがわかる。**

⑴と同じように作図すると，1辺の長さが8cmの正三角形ができる。したがって，2段の図形と3段の図形のまわりの長さの差は，8×3－12＝12(cm)だから，3段目まで並べた図形のまわりにピンと張ったひもの長さは，24.56＋12＝36.56(cm)

⑶　**【解き方】⑵をふまえると，1段増えるごとに，ひもの長さは 12 cm増えることになる。**

3段目まで並べた図形のまわりにピンと張ったひもの長さとの差は，768.56－36.56＝732(cm)だから，

全部で，3＋732÷12＝64(段)まで並べていることがわかる。n段目にはn個の円が並ぶから，1段目から 64 段目までの円の個数は，1＋2＋…＋64＝(1＋64)×64÷2＝2080(個)である。

4　⑴　**【解き方】$\frac{1}{n\times(n+k)}=\frac{1}{k}\times(\frac{1}{n}-\frac{1}{n+k})$を利用する。**

与式$=\frac{1}{2}\times(1-\frac{1}{3})+\frac{1}{2}\times(\frac{1}{3}-\frac{1}{5})+\frac{1}{2}\times(\frac{1}{5}-\frac{1}{7})+\{\frac{1}{2}\times(\frac{1}{2}-\frac{1}{4})+\frac{1}{2}\times(\frac{1}{4}-\frac{1}{6})+\frac{1}{2}\times(\frac{1}{6}-\frac{1}{8})+\frac{1}{2}\times(\frac{1}{8}-\frac{1}{10})\}\times20=\frac{1}{2}\times(1-\frac{1}{7})+\frac{1}{2}\times(\frac{1}{2}-\frac{1}{10})\times20=\frac{1}{2}\times\frac{6}{7}+10\times\frac{2}{5}=\frac{3}{7}+4=4\frac{3}{7}$

⑵①　**【解き方】2022＝2×3×337 である。**

2022 の約数は，{1，2，3，6，337，674，1011，2022}だから，これらの数の逆数の和は，

$1+\frac{1}{2}+\frac{1}{3}+\frac{1}{6}+\frac{1}{337}+\frac{1}{674}+\frac{1}{1011}+\frac{1}{2022}=\frac{2022+1011+674+337+6+3+2+1}{2022}$になる。

分子は 2022 の約数の和だから，素因数分解を利用して，約数の和を求める。2の約数の和は1＋2＝3，3の約数の和は1＋3＝4，337 の約数の和は1＋337＝338 だから，2×3×337＝2022 の約数の和は，3×4×338＝4056 である。よって，$\frac{4056}{2022}=2\frac{12}{2022}=2\frac{2}{337}$

② 【解き方】2022＝２×３×337 だから，２でも３でも 337 でも割り切れない数は，2022 との最大公約数が１になる。

右図において，３つの円の外側の個数を求める。

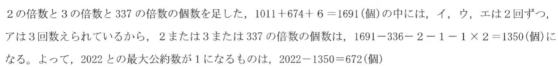

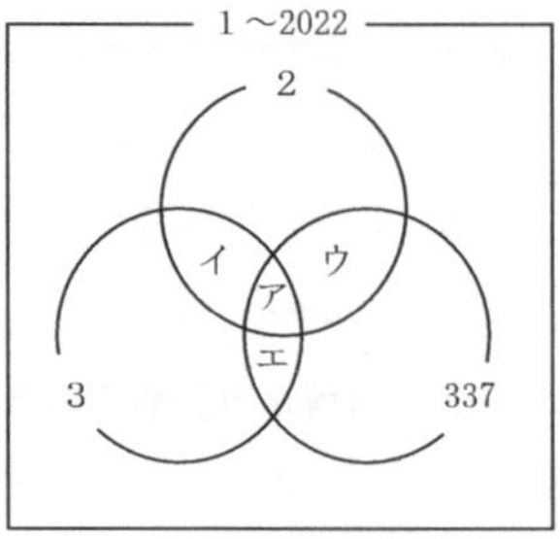

２の倍数は 2022÷２＝1011(個)ある。３の倍数は 2022÷３＝674(個)ある。

２×３＝６の倍数は 2022÷６＝337(個)，337 の倍数は 2022÷337＝６(個)，

２×337＝674 の倍数は 2022÷674＝３(個)，３×337＝1011 の倍数は

2022÷1011＝２(個)ある。２×３×337＝2022 の倍数は 2022÷2022＝１(個)ある。

右図で，ア＝１個で，ア＋イ＝337 個，ア＋ウ＝３個，ア＋エ＝２個だから，

ア＝１個，イ＝336 個，ウ＝２個，エ＝１個である。

２の倍数と３の倍数と 337 の倍数の個数を足した，1011＋674＋６＝1691(個)の中には，イ，ウ，エは２回ずつ，アは３回数えられているから，２または３または 337 の倍数の個数は，1691－336－２－１－１×２＝1350(個)になる。よって，2022 との最大公約数が１になるものは，2022－1350＝672(個)

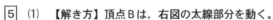

5 (1) 【解き方】頂点Ｂは，右図の太線部分を動く。

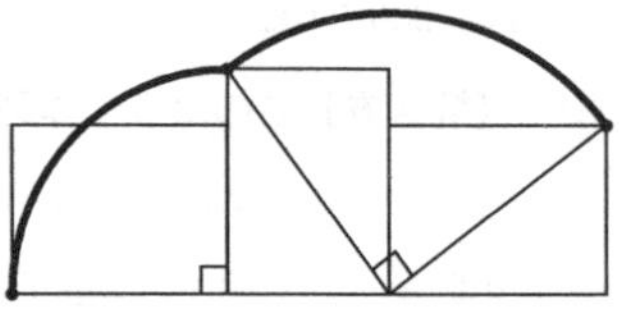

右図の太線部分は，半径が４cmで中心角が 90°のおうぎ形の曲線部分と，

半径が５cmで中心角が 90°のおうぎ形の曲線部分に分けられるから，

求める長さは，$4\times2\times3.14\times\frac{90°}{360°}+5\times2\times3.14\times\frac{90°}{360°}=14.13$(cm)

(2) 【解き方】右のように記号をおくと，ＢＥが通過する部分は，右図の色をつけた部分と斜線を引いた部分になる。このとき，太線で囲まれた部分の面積が等しいことから，斜線を引いた部分の面積は，おうぎ形ＦＩＪの面積から，おうぎ形ＦＧＨを引いた面積に等しい。

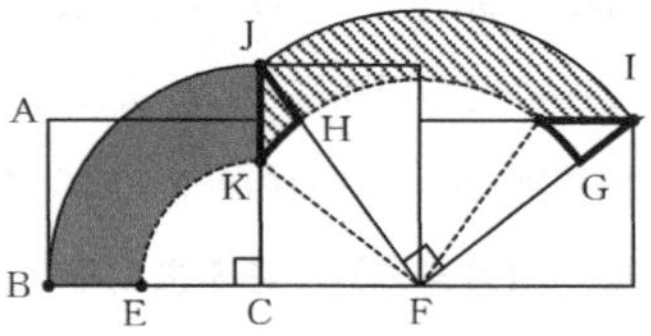

三角形ＫＣＦにおいて，ＫＣ＝ＥＣ＝$\frac{9}{4}$cm，ＣＦ＝３cm，角ＫＣＦ＝90°である。

直角をはさむ２辺の長さの比が，$\frac{9}{4}$：３＝３：４だから，三角形ＫＣＦは，３：４：５の直角三角形になる。

よって，ＫＦ＝ＣＦ×$\frac{5}{4}=\frac{15}{4}$(cm)である。

求める面積は，$4\times4\times3.14\times\frac{1}{4}-\frac{9}{4}\times\frac{9}{4}\times3.14\times\frac{1}{4}+5\times5\times3.14\times\frac{1}{4}-\frac{15}{4}\times\frac{15}{4}\times3.14\times\frac{1}{4}=\frac{175}{8}\times3.14\times\frac{1}{4}=$

$\frac{549.5}{32}=17.171\cdots$より，17.17 cm²

6 (1) 【解き方】立体①は，立体(＊)を８＋４＋８＝20(個)使っている。

同じように考えると，立体②は，立体①を 20 個使うから，立体(＊)を 20×20＝400(個)使っている。

(2) 【解き方】外側と内側に分けて考える。真ん中以外の空いた部分を穴と呼ぶことにする。

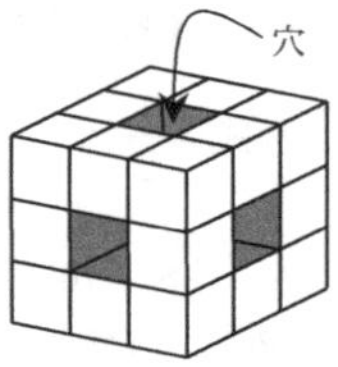

立体(＊)の面を構成する１辺の長さが１cmの正方形に注目する。

立体①の外側は，１つの面の面積は８cm²で，６つの面があるから，外側の面積の和は，

８×６＝48(cm²)である。

内側には，１辺が１cmの立方体の形をした穴が６か所あり，１つの穴について４cm²の面積ができるから，

内側の面積の和は，４×６＝24(cm²)である。よって，立体①の表面積は，48＋24＝72(cm²)

(3) 【解き方】(2)と同じように考える。

立体②の外側は，１つの面の面積は８×８＝64(cm²)で，６つの面があるから，外側の面積の和は，64×６＝384(cm²)である。立体②は，立体①を 20 個使っているから，１辺が１cmの穴は６×20＝120(個)，１辺が３cmの穴は６個ある。１辺が１cmの穴は１つにつき４cm²，３cmの穴は１つにつき８×４＝32(cm²)の面積ができるから，

内側の面積の和は，4×120＋32×6＝672(㎠)である。よって，表面積は，384＋672＝1056(㎠)

(4)　**【解き方】(3)をふまえる。**

立体③の外側は，1つの面の面積は64×8＝512(㎠)で，6つの面があるから，外側の面積の和は，512×6＝3072(㎠)である。内側について，まず穴の個数を数える。立体③は，立体②を20個使っているから，1辺が1㎝の穴は，120×20＝2400(個)，1辺が3㎝の穴は120個，1辺が9㎝の穴は6個ある。

1辺が1㎝の穴は1つにつき4㎠，3㎝の穴は1つにつき32㎠，9㎝の穴は1つにつき64×4＝256(㎠)の面積ができるから，内側の面積の和は，4×2400＋32×120＋256×6＝14976(㎠)である。

よって，立体③の表面積は，3072＋14976＝18048(㎠)

《2022　理科　解説》

［問題1］

問1　ゴム膜(まく)を下に引くと，ペットボトルの中の空気は引きのばされて，ペットボトルの外の空気よりも気圧が低くなる。このため，ガラス管から風船の中に空気が吸いこまれ，風船がふくらむ。

問2　問1の状態からゴム膜を上にもどすと，ペットボトルの中の気圧は元にもどり(ペットボトルの外の空気と同じになり)，風船の中の空気が押し出されて，風船はしぼむ(ゴム膜を引く前の状態にもどる)。

問3　ゴム膜が横かく膜，風船が肺，ガラス管が気管(支)と同じはたらきをしている。

問4(1)　ヒトの心臓を正面から見た図では，Aが右心房，Bが右心室，Cが左心室，Dが左心房である。心房は血液がもどってくる部屋，心室は血液を送り出す部屋であり，血液は，全身→A→B→肺→D→C→全身の順に流れる。　**(2)**　肺で，血液中に酸素がとりこまれ，血液中から二酸化炭素が排出(はいしゅつ)される。よって，肺を通る直前のAとBには二酸化炭素を多く含(ふく)む血液が流れ，肺を通った直後のCとDには酸素を多く含む血液が流れる。

問5　アが赤血球，イが白血球，ウが血小板，エが血しょうである。

問6(1)　ヘモグロビン1gにつき酸素1.34mLを運ぶときの酸素飽和(ほうわ)度が100%であり，血液100mL中の15gのヘモグロビンは最大で1.34×15＝20.1(mL)の酸素を運ぶことができる。よって，血液100mLのヘモグロビンが18.7mLの酸素を運んでいるときの酸素飽和度は18.7÷20.1×100＝93.0…→93%である。

［問題2］

問2(2)　2月19日～3月20日生まれの人がうお座であり，春分は3月20日ごろである。なお，問題文にあるように，この時期には太陽がうお座の前を通過する(地球から見て太陽とうお座が同じ方向にある)ので，夜空にうお座を見ることはできない。この時期の夜空に一晩中見えるのは，この時期の6か月後(6か月前)生まれの人の星座のおとめ座である。

問3　夏の大三角に対し，オリオン座のベテルギウス，こいぬ座のプロキオン，おおいぬ座のシリウスを結んでできる三角形を冬の大三角という。

問5　あ．アの対頂角が42度だから，アも42度である。　い，う．三角形の内角の和は180度になるから，(アの角度)＋(イの角度)＋90度＝180度となり，イの角度は180－42－90＝48度となる。

え．(ウの角度)＝180度－90度－(イの角度)＝180度－90度－48度＝42度

問6　お．図3で，南極と北極を結んだ直線を地軸(ちじく)という。星が動いて見えるのは，地球が地軸を中心に約1日(24時間)で360度回転しているためである。よって，星は1時間で360÷24＝15(度)動いて見える。

[問題3]

問2　アには「スチール」，イには「プラ」，ウには「紙」，エには「アルミ」という文字が描(えが)かれている。

問3　とけている物質の重さが100ｇで，質量パーセント濃度(のうど)が70%になるとき，水溶液(すいようえき)全体の重さは100÷0.7＝142.8…→143ｇになる。よって，加える水は143－100＝43(ｇ)である。

問4(1)　100×0.7＝70(ｇ)　(2)　水の密度は1ｇ/㎤だから，30ｇの水の体積は30㎤である。　(3)　密度と体積と質量の関係は，〔密度(ｇ/㎤)＝$\frac{\text{質量(g)}}{\text{体積(cm}^3\text{)}}$〕という関係で表せる。よって，エタノールの密度は0.79ｇ/㎤だから，70ｇのエタノールの体積は70÷0.79＝88.6…→89㎤である。　(4)　30＋70＝100(ｇ)　(5)　(4)のエタノール水溶液の質量パーセント濃度は70÷100×100＝70(%)である。この水溶液の密度は0.87ｇ/㎤だから，(3)と同様に考えて，その体積は100÷0.87＝114.9…→115㎤である。

問5　1個のエタノール分子中には炭素原子が2個あるから，1個の炭素原子を必要とする二酸化炭素分子は2個できる。このとき必要な酸素原子は4個である。また，1個のエタノール分子中には水素原子が6個あるから，2個の水素原子を必要とする水分子は3個できる。このとき必要な酸素原子は3個である。よって，1個のエタノール分子から2個の二酸化炭素分子と3個の水分子ができるとき，1個のエタノール分子中に1個の酸素原子があることに注意すると，必要な酸素原子は4＋3－1＝6(個)だから，必要な酸素分子は6÷2＝3(個)である。

問6　それぞれの原子の結合の腕(うで)の数が決まっていることと，結合の腕は必ず他の原子の結合の腕と結合していることに注意して組み合わせを考えよう。水素原子2個が結合したもの〔H_2／水素〕，水素原子2個と酸素原子1個が結合したもの〔H_2O／水〕，炭素原子1個と水素原子4個が結合したもの〔CH_4／メタン〕，炭素原子1個と水素原子2個と酸素原子1個が結合したもの〔CH_2O／ホルムアルデヒド〕を作ることができる。

[問題4]

問1　実験1より，Aは10ｇで22.5－21.0＝1.5(cm)のびるから，20ｇではその2倍の3.0cmのびる。よって，おもりをつるしていないときのAの長さは，20.0ｇのおもりをつるしたときの21.0cmよりも3.0cm短い18.0cmである。

問2　実験2のようにAとBを連結させると，AとBの両方に30ｇの重さがかかる。実験1より，このときAの長さは22.5cmだから，Bの長さは43.2－22.5＝20.7(cm)である。また，AとBのもとの長さは同じ(18.0cm)だから，Bは30ｇで20.7－18.0＝2.7(cm)のびることがわかる。よって，10ｇではその3分の1の0.9cmのびる。

問3　問2と同様に考えると，Cに30ｇのおもりをつるしたときの長さは64.1－22.5＝41.6(cm)であり，実験1より，Cに20ｇのおもりをつるしたときの長さは38.4cmである。よって，Cは30－20＝10(ｇ)で41.6－38.4＝3.2(cm)のびることになり，20ｇでは6.4cmのびるから，おもりをつるしていないときのCの長さは38.4－6.4＝32.0(cm)である。

問4　問1～3解説より，10ｇでののびを比べると，Aは1.5cm，Bは0.9cm，Cは3.2cmである。同じ重さのおもりをつるしたときののびが長いばねほどやわらかいから，やわらかい順にC，A，Bである。

問5　実験3では，上のAには40＋20＝60(ｇ)，下のBには20ｇの重さがかかる。10ｇで1.5cmのびるAは60ｇでその6倍の9.0cmのびて18.0＋9.0＝27.0(cm)になり，10ｇで0.9cmのびるBは20ｇでその2倍の1.8cmのびて18.0＋1.8＝19.8(cm)になる。よって，2本のばねの長さの和は27.0＋19.8＝46.8(cm)になる。

問6　実験4では，棒とおもりの重さの和が等しく分かれて左右のばねにかかる。また，ばねの長さを半分にすると，のび方も半分になるので，Cを半分にしたばね(Dとする)は，長さが32.0÷2＝16.0(cm)，10ｇでののびが3.2÷2＝1.6(cm)である。よって，AとDでは，おもりをつるしていないときの長さはAの方が18.0－16.0＝2.0(cm)長く，10ｇでののびはDの方が1.6－1.5＝0.1(cm)大きいから，2.0cmの長さの差がなくなる(2本のばねの長さが等しくなる)のは，AとDのそれぞれに$10\times\frac{2.0}{0.1}=200$(g)の重さがかかったときである。したがって，棒とおもりの重さの和は200×２＝400(g)である。

問７　おもりの重さはすべて台ばかりにかかるので，120＋30＝150(g)を示す。

問８　実験１より，Aの長さが21.0cmのとき，Aには20gの重さがかかっているから，台ばかりの目盛りは問７よりも20g小さい130gを示す。

問９　おもりの重さが30gで，問８より，ばねからは20gの上向きの力を受けているから，水中にあることで受ける上向きの力(浮力(ふりょく)という)は30－20＝10(g)である。よって，おもりは10gの水をおしのけたことになるので，おもりの体積は10gの水の体積と同じ10cm³である。

《2022　社会　解説》

［１］

問１　ウが正しい。Xは誤り。飛鳥時代には摂政は置かれたが関白は置かれていない。初めて関白が置かれたのは，平安時代の藤原基経のときである。Yは正しい。

問２　エが誤り。遣唐使の廃止は，菅原道真が遣唐大使に任じられた９世紀末である。

問３　アが正しい。どちらの正文である。Xは保元の乱である。

問４　アが正しい。どちらも正文である。図は，慈照寺銀閣と同じ敷地にある東求堂同仁斎である。

問５　イがあてはまらない。能(能楽)の成立は室町時代である。足利義満の保護を受けた観阿弥・世阿弥によって，能が大成された。

問６　ウが正しい。Xと「い」が長崎，Yと「あ」が横浜である。

問７　エが正しい。イ(生麦事件・1862年)→エ(大政奉還・1867年)→ア(戊辰戦争・1868～1869年)→ウ(徴兵令・1873年)

問８　エが正しい。どちらも誤文である。X．第一次世界大戦の時点で日本とアメリカは同盟を結んでいない。日本は日英同盟を理由に，中国のドイツ領に侵攻した。Y．日本は，国際連盟の発足時に加盟し，常任理事国となった。

問９　外務大臣の井上馨が進めた欧化政策の中で，鹿鳴館が建てられた。

問10　アが正しい。大正時代になると女性が働きだし，職業婦人と呼ばれた。イ．北里柴三郎に師事し伝染病研究に取り組んだのは志賀潔であり，赤痢菌を発見したことで知られる。ウ．20歳以上の男女に選挙権が与えられたのは，1945年のことである。エ．平塚らいてうが設立したのは，全国水平社ではなく新婦人協会である。

問11　東京オリンピック・パラリンピックに合わせて，高速道路や東海道新幹線が整備された。

［２］

問１　ウが正しい。2010年から2018年までの期間の減少数は261－175＝86(万人)，1990年から2000年までの期間の減少数は482－389＝93(万人)だから，1990年から2000年までの期間の方が減少している。ア．折れ線グラフを見ると，65歳以上の割合は年々増加している。イ．2010年の農業就業人口は261万人，1990年の農業就業人口は482万人だから，半分の482÷２＝241(万人)より多い。エ．折れ線グラフと右側の縦軸を見ると，2000年の時点での65歳以上の人の割合は52%程度である。

問２(1)　重いものを持ち上げるとき，アシストスーツを使えば，小さな力で持ち上げることができるようになる。

(2)　イが和歌山県である。和歌山県は，みかん・うめ・柿の生産量が日本一。アは佐賀，ウは福岡，エは愛媛。

問３　ウがあてはまらない。「熟練者が経験や匂いで判断」の部分は，個人の能力でＡＩ技術ではない。

問４　根釧台地周辺地域は，夏になると，寒流である千島海流上空を吹く季節風が冷やされて，海霧や濃霧が発生する。そのため，日照時間が少なくなり，気温も上がらないので，稲作に向かない。

問５　オが正しい(右図参照)。親潮は千島海流とも呼ばれる。黒潮は太平洋側を北上する暖流，リマン海流は日本海側を南下する寒流，赤潮は富栄養化によって発生する。

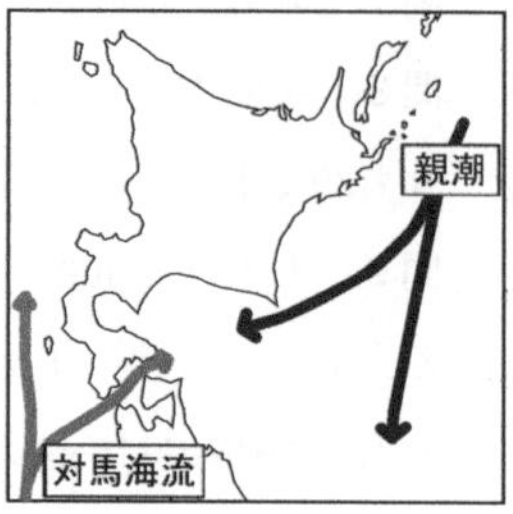

問６　ウが正しい。１海里＝1852ｍだから，1852×200＝370400(ｍ)≒370(㎞)

問７　エが正しい。ア．グラフは国内スマートフォン出荷台数のシェアだから，海外での値段や海外での販売数などはわからない。イ．円グラフからは年ごとの推移は読み取れない。ウ．円グラフの中に中国メーカーの情報はない。

問８　アが誤り。1985年のプラザ合意を受けて1986年には，１ドル＝150円まで円高が進み，日本の輸出産業に打撃を与えた。

問９　アとウが正しい。イ．ガソリンの給油は数分で終わるが，ＥＶ(電気自動車)の充電には，少なくとも30分かかる。エ．現在の自動車の割合ではガソリン車(55％程度)が多く，次いでハイブリッド車(37％程度)と続き，ＥＶの割合は１％に満たない。

問11　ウが自動車工場である。アは製紙工場，イはセメント工場，エは半導体工場の分布である。

［３］

問１　ウが正しい。臨時会は，内閣が必要と認めたとき，および，いずれかの議院において，総議員の４分の１以上の要求があったときに開かれる。常会は毎年１月から開かれ，特別会は衆議院が解散総選挙を行った後に開かれる。参議院の緊急集会は，衆議院が解散している間に国会の議決を必要とした場合に開かれる。

問２　エが誤り。吉田茂が周辺国と結んだ条約は，日中平和友好条約ではなく，サンフランシスコ平和条約である。日中平和友好条約を結んだときの首相は，福田赳夫であった。

問３⑵　ウが正しい。2019年度の歳出総額は約101兆円，2021年度の歳出総額は約106兆円であった。

問４　イが誤り。地方議会は一院制である。

問５　「任期が参議院より短いこと」，「解散があること」から，民意がより反映しやすいことを盛り込む。

問６　ウが正しい。年齢が高いほど，「医療・介護」「年金」に対する数値が高まると判断する。

問７　アが正しい。面積の順は，北海道＞岩手県＞福島県＞長野県＞新潟県。鹿児島県は10位，兵庫県は12位。

問８　４議席が正しい。Ａ党に４，Ｂ党に３，Ｃ党に１の議席が配分される。

2021 解答例 令和3年度

函館ラ・サール中学校

《国　語》

〔問題一〕一．A．対照　B．起因　C．助長　D．格好　F．典型　　二．ウ　　三．1．エ　2．イ
四．ⅰ．ア　ⅲ．エ　　五．ウ　　六．イ　　七．最初…他人の目の　最後…閉じこもる　　八．ア
九．1．責任や期待が親よりはうすいので、気楽につき合うこと　2．兄弟姉妹ほど日ごろぶつかり合うこと　3．直接比べられるプレッシャー

〔問題二〕一．A．エ　D．エ　　二．イ　　三．日〔別解〕陽　　四．ウ　　五．エ　　六．1．つらいこと　2．平然

〔問題三〕七．1．切られた傷口から腐ってしまう。　2．ア　3．Ⅰ．逆　Ⅱ．頭　4．多摩川の河川敷に移植されて　5．カナハギさんの美しさに圧倒されていた。

《算　数》

[1] (1)37　(2)25　(3)266，274　(4)13　(5)528　(6)右図

[2] (1)40　(2)①8　②2　(3)ア．420　イ．720　ウ．8　エ．5　オ．3　カ．17　キ．663

[3] (1)32　(2) $7\frac{1}{2}$　(3) $2\frac{1}{22}$

[4] (1)314　(2)1256

[5] (1)1011　(2)ON　(3)44

[6] (1) 1　(2)9994　(3)70950

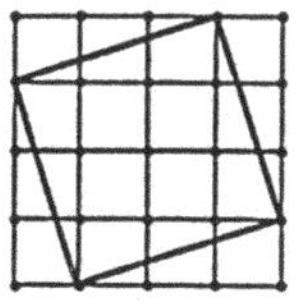

《理　科》

[問題1] 問1．1675　問2．(1)1　(2)258　問3．イ　問4．おとめ　問5．ふたご　問6．いて
問7．星…北極星〔別解〕ポラリス　星座…こぐま
問8．星…シリウス　温度が最も低い星…ベテルギウス

[問題2] 問1．[あ]動物　[い]植物　問2．キ　問3．エ　問4．[え]密閉　[お]密集　[か]密接　問5．6
問6．[く]35　[け]15

[問題3] 問1．130　問2．イ，カ　問3．石灰水　問4．オ，コ　問5．3　問6．イ　問7．1.8
問8．1.4　問9．330　問10．80

[問題4] 問1．21.4　問2．25.6　問3．336　問4．A．3　B．6　C．9　D．$\frac{9}{4}$　問5．1
問6．B，5　問7．$\frac{6}{5}$

《社　会》

［1］ 問1．ア　問2．税やおくり物につけられた荷札として使われた。(下線部は調でもよい)　問3．ア
問4．ア　問5．イ　問6．千利休　問7．エ　問8．イ　問9．ア　問10．ウ　問11．ウ
問12．牛

［2］ 問1．たたみ(おもて)　問2．⑴2016　⑵ア，エ　⑶ウ　問3．エ　問4．イ　問5．ア
問6．さくらんぼ〔別解〕おうとう　問7．ウ　問8．避難指示から川のはんらんまでの時間が短かったから。
／はんらんがおこった時刻が避難しづらい早朝だったから。

［3］ 問1．ア　問2．キ　問3．外国人　問4．⑴待機児童　⑵エ　問5．エ　問6．マイナンバー
問7．イ　問8．(合計特殊)出生

←解答例は前のページにありますので，そちらをご覧ください。

《2021 国語 解説》

〔問題一〕

(二) 会釈とは、軽くあいさつや礼をかわすことやそれを示すしぐさのこと。会得とは、物事の意味を十分理解して自分のものとすること。

(三)１ 無神経とは、恥や周囲の評判、他人の気持ちなどを気にしないこと。

(四)ｉ 助動詞「れる・られる」には、受け身・可能・自発・尊敬の４つの意味、用法がある。ｉとアは自発で、その行為が自然にされることを表す。イは尊敬で、先生への敬意を表している。ウは可能で、「～できる」の意味。エは受け身で、「～される」の意味。　ⅲ 助動詞「ようだ」には、たとえ・推定・例示の用法がある。ⅲは「隣近所のつき合い」の例として「味噌や酒を借り合う」をあげているので、例示の用法。エは「辛い食べ物」の例として「カレー」をあげているので、例示の用法。

(五) 多生とは、仏教から来た言葉で、何度も生まれ変わってくること。多生の縁とは、この世に生まれ変わるまでに、何度も生き死にをくりかえしているうちに結ばれた因縁や、前世で結ばれた縁のこと。

(六) 直前で、「価値感」について、「思考しないということ」と述べている。「価値観」は何にどういう価値を認めるかという判断であり、「他者との対話のなかで」問い直されることがあり、その人の考え方や生き方の基準ともなりうる重要なものだが、「価値感」は感じ方であって、つきつめて考えられ、練られたものではない。だから、他者と異なっていても、趣味の違いということですんでしまい、それ以上の重大な問題にならない。言いかえればその人の考え方や生き方には影響しない。最初の方で、「とりあえずアタシ的にはオッケー」という言い方について、「『自分なりの価値感では』ということ」「『自分なりの価値感だから、正しいとか間違っているとかいう問題じゃないでしょ』という逃げ道が常に用意されている」とあるのも手がかりになる。よって、イが適する。

(七) 傍若無人とは、人のことなどまるで気にかけず、自分勝手にふるまうこと。――線部②の３行前に、「他人の目の前で自らの快適な世界にひとり閉じこもるのは～『傍若無人』な振る舞いであり」とある。

(八) ――線部③の前後にある、「プライベートな快適空間をどれだけキープできるか。これが時代をおおう大きな傾向である」「つるみ、群れて、異質なものをムカツクと排除しがちな背景には、『一人になる』のをことさら恐れる傾向がある」「好きな友だちとは、いつでも話していたい。そうでない人と付き合わなければならないのは、うっとうしい。それが通用するようになってきた」などに着目する。「ティーンエイジャーの女の子の答え」は、携帯電話に登録してあり、いつでも電話をすることができ、一人になることへの恐怖を紛らわしてくれるのが友人だという考え方を象徴的に表している。三〇〇人という人数(の多さ)は、友人というものへの考え方が以前とは変わってきたことや、一人になることへの恐怖心がそれだけ強いことも表している。よって、アが適する。

(九) 「おじさん、おばさんは、ナナメの関係である」や「いとこの兄さんや姉さんは『ナナメの関係性』のもっとも典型的な形である」に着目する。本文の最後の方で、「おじさん、おばさん」は親と、「いとこ」は兄弟姉妹と比較しながら、親や兄弟姉妹ほど近くなく、少し距離がある人と関わることについて、長所を述べている。

〔問題二〕

(一)Ａ 「したたか」には、しぶとい、強い、程度がはなはだしいといった意味がある。カナハギさんの怒っている様子や、――線部Ｂのように痛むことなどから、かなり強く打ってきたことがわかる。よって、エが適する。

D　うわごととは、高熱などで意識がほとんどない人が無意識に口走る言葉。「ふざけんなよ。どいつもこいつも」「むかつく。ほんとみんなむかつく……」といった言葉から、特定の個人に対するうらみや怒りではないことがわかる。よって、エが適する。

㈡　B．桜の枝で「したたかに」打ち付けられた腕の痛みを表す言葉。あとの方にも、「自分の身体に、無数の引っかき傷ができているのがわかる。明日にはみみずばれになるだろう」とあるので、引っかき傷などによる痛みを表す、「ひりひり」が適する。　C．「きりきり」は、きつく巻きつけたり、弓を強く引いたりする様子に用いる。ここでは、「目も眉も」これ以上ないほどつり上がり、怒りの表情になっていることを表している。

㈢　直後に「同じような真っ赤な顔をして」とあるので、「夕」がつく真っ赤なものを考えればよい。――線部①に「(カナハギさんの)後ろには焼けるような夕焼け空があった」とある。カナハギさんは、怒りで「真っ赤な顔をして」いた。その赤は、カナハギさんの後ろにある「夕日」と同じような色だと感じたのである。

㈣　このあと、この夕焼けと「夕日と同じような真っ赤な顔をして」いること、つまり彼女の怒り、いらだちが重ねられている。ただし、「ふざけんなよ。どいつもこいつも」「むかつく。ほんとみんなむかつく……」といった言葉からわかるように、この怒りやいらだちは特定の個人に向けられているわけではなく、カナハギさん自身をめぐる環境の大きな変化に対するものである。――線部③のあとにも、「彼女がこの特殊な状況に耐えられているわけではなかったのだ」とある。よって、ウが適する。

㈤　カナハギさんがこれ以上具体的に言っていないので推測するしかないが、「嫉妬深い女子の言うことなんてそのまま気にしないでいればいい。あいつらは君の価値がわからない愚か者なんだ」という僕の思いや、注(＊)にある「いじめの標的にされている」より、エが適する。

㈥　直後の「いくら平気な顔で学校に来るといって～ほんの少しはわかる気がする」より考える。「その職場でどんなにつらいことがあるかのか、僕には知る術がない」ので、「平気な顔で学校に来る」カナハギさんを見て、「大丈夫」だと思っていたのである。

〔問題三〕

㈦1　〔問題二〕の本文の最後から２番目の段落より。カナハギさんがダメージを受けてしまったのと同様に、枝を折られたことで桜も大きなダメージを受けた。　2　桜の木の置かれていた環境を考える。「瓦礫」はよいイメージのものではない。桜が瓦礫の中に立っているのは、周囲の環境がよくないこと、つまりカナハギさんを取り巻く環境がよくないことを表している。よって、アが適する。　イ．板塀に囲まれていることで、桜の存在を知る人はほとんどいない。桜が板塀に囲まれていることは、環境がよくないというよりは、カナハギさんの存在が世間で広く知られていないことを表している。　3　逆境とは、苦労の多い、あるいは不運な境遇のこと。頭角を現すとは、才能や技能が周りの人よりも一段と優れること。２の解説も参照。桜が板塀の上まで伸びたことは、カナハギさんが成長し、その存在が世間で知られるようになったことを表している。　4　２と３の解説も参照。桜が板塀の上まで伸びたことは、カナハギさんが成長し、その存在が世間で知られるようになったことを表している。桜が多摩川の河川敷に移植されれば、現在とは比べ物にならないほど多くの人々の目に毎年ふれることになる。このことは、カナハギさんがアイドルとしてさらに有名になり、多くの人々の目にふれ続けること、つまり芸能界で活躍し続けることを表している。　5　この桜は「『僕』が小学生のころに見つけて心を奪われ、カナハギさんと重ね合わせながらずっと見てきた」桜である。

―《2021　算数　解説》―

1 ⑴　与式＝5＋8×{92－4×(4＋18)}＝5＋8×(92－4×22)＝5＋8×(92－88)＝5＋8×4＝5＋32＝37

⑵　与式＝153÷(28＋6)×2＋16＝153÷34×2＋16＝$\frac{153\times 2}{34}$＋16＝9＋16＝25

⑶　商が 29.5 以上，30.5 未満だから，ある整数は，29.5×9＝265.5 以上，30.5×9＝274.5 未満である。

よって，この整数は，266 以上 274 以下である。

⑷　**【解き方】子どもの人数は，50＋2＝52 と 27－1＝26 と 143 の公約数である。**

52 と 26 と 143 の最大公約数は 13 だから，子どもの人数は 1 人か 13 人である。1 人だと条件に合わないから，13 人である。

⑸　**【解き方】4つのおうぎ形ＥＢＡ，ＨＤＣ，ＦＣＢ，ＧＡＤの面積の和から，真ん中のマス(正方形)の面積と，直径 10 cmの円 2 つの面積を引けばよい。**

4つのおうぎ形ＥＢＡ，ＨＤＣ，ＦＣＢ，ＧＡＤの面積の和は，

(10×10×3.14×$\frac{1}{4}$)×2＋(20×20×3.14×$\frac{1}{4}$)×2＝50×3.14＋200×3.14＝(50＋200)×3.14＝250×3.14(cm²)

よって，求める面積は，250×3.14－10×10－(5×5×3.14)×2＝250×3.14－50×3.14－100＝

(250－50)×3.14－100＝200×3.14－100＝528(cm²)

⑹　**【解き方】方眼のマス目だけで作れる正方形の面積は，1×1＝1(cm²)，2×2＝4(cm²)，3×3＝9(cm²)，4×4＝16(cm²)だから，10 cm²にならない。したがって，正方形の周りに4つの合同な直角三角形をつけて，正方形を作ることを考える。**

面積が 1 cm²の正方形の周りに直角三角形4つをつけて面積を 10 cm²にしようとすると，直角三角形1つの面積を，(10－1)÷4＝$\frac{9}{4}$(cm²)にしなければいけない。しかし，(底辺)×(高さ)が$\frac{9}{4}$×2＝$\frac{9}{2}$になる直角三角形は作れない。

面積が 4 cm²の正方形の周りに直角三角形4つをつけて面積を 10 cm²にしようとすると，直角三角形1つの面積を，(10－4)÷4＝$\frac{3}{2}$(cm²)にしなければいけない。(底辺)×(高さ)が$\frac{3}{2}$×2＝3になればよいので，解答例のように作ることができる。

2 ⑴　**【解き方】まず，1つの窓口から1分間に入場する人数を求める。**

窓口が1つのとき，100 分間で 200＋1×100＝300(人)が入場したから，1分間に 300÷100＝3(人)が入場した。

よって，窓口が2つだと，行列の人数が1分間に3×2－1＝5(人)減るから，200÷5＝40(分)で行列がなくなる。

⑵①　**【解き方】正三角形であり直角三角形でもある三角形は存在しないので，正三角形でも直角三角形でもない三角形は 30－4－20＝6(個)ある(右図参照)。直角二等辺三角形が最も多い場合は，正三角形以外の二等辺三角形がすべて直角三角形の場合である。**

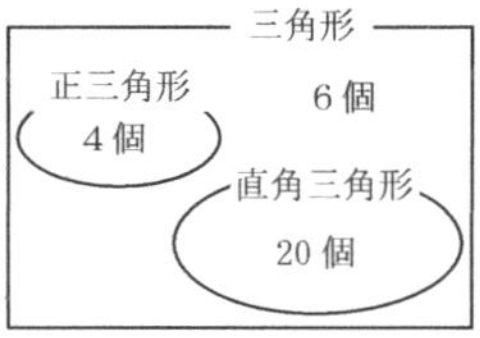

求める個数は，12－4＝8(個)

②　**【解き方】直角二等辺三角形が最も少ない場合は，正三角形でも直角三角形でもない三角形がすべて二等辺三角形の場合である。**

二等辺三角形のうち，4個が正三角形で6個が正三角形でも直角三角形でもない三角形ならばよいので，求める個数は，12－4－6＝2(個)

⑶①　クラスは全部で4×3＝12(クラス)あるから，中学校全体の人数は，35×12＝ア 420(人)以上，

$60\times12=$ イ 720(人)以下である。

② Ⓑより，男子の人数は女子の100＋60＝160(%)にあたるから，男女の人数の比は，160：100＝ウ 8 ：エ 5

③ Ⓒより，中学校全体の人数を12人減らして6人増やすと，つまり12－6＝6(人)減らすと，3の倍数になる。よって，中学校全体の人数は，(3の倍数)＋6(人)だから，3の倍数である。

④ Ⓓより，歩いて登校する生徒とそれ以外の生徒の人数の比は，$\frac{7}{10}$：1＝7：10だから，中学校全体の人数は7＋10＝17の倍数である。

⑤ ②より，中学校全体の人数は8＋5＝13の倍数である。③と④も合わせて考えると，中学校全体の人数は，13と3と17の公倍数だから，13×3×17＝663の倍数である。このうち①の条件に合うのは，663人である。

3 (1) BC×AB÷2＝8×8÷2＝32(㎠)

(2) **【解き方】AHの長さ→DHの長さ→DGの長さ→CGの長さ→三角形HCGの面積，の順で求める。**

三角形ABHの面積が20㎠だから，AH＝20×2÷AB＝20×2÷8＝5(㎝)　DH＝8－5＝3(㎝)

三角形EFGが直角二等辺三角形だから，角EGF＝45°なので，三角形DHGも直角二等辺三角形である。

したがって，DG＝DH＝3㎝なので，CG＝8－3＝5(㎝)

よって，三角形HCGの面積は，CG×DH÷2＝5×3÷2＝$\frac{15}{2}$＝$7\frac{1}{2}$(㎠)

(3) **【解き方】三角形IGHと三角形HCGは，底辺をそれぞれIH，CHとしたときの高さが等しいから，面積比はIH：CHと等しい。**

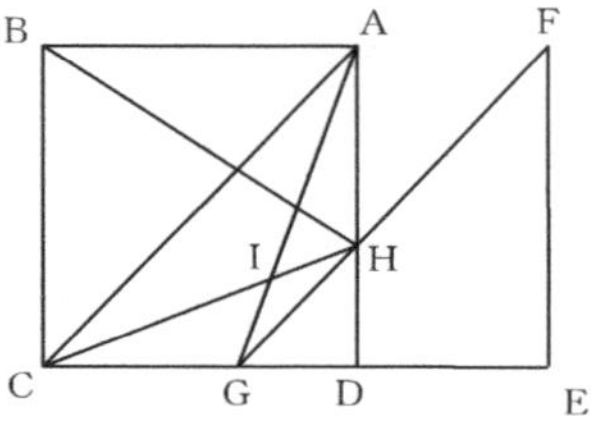

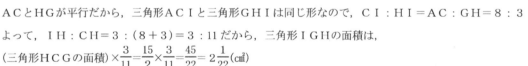

右のように作図すると，三角形ACDと三角形HGDは直角二等辺三角形だから，同じ形であり，対応する辺の比が，AD：HD＝8：3である。

したがって，AC：HG＝8：3

ACとHGが平行だから，三角形ACIと三角形GHIは同じ形なので，CI：HI＝AC：GH＝8：3

よって，IH：CH＝3：(8＋3)＝3：11だから，三角形IGHの面積は，

(三角形HCGの面積)×$\frac{3}{11}$＝$\frac{15}{2}$×$\frac{3}{11}$＝$\frac{45}{22}$＝$2\frac{1}{22}$(㎠)

4 (1) **【解き方】右図のように記号をおく。切り取った2つの部分を合わせると，高さがa㎝の円柱ができる。**

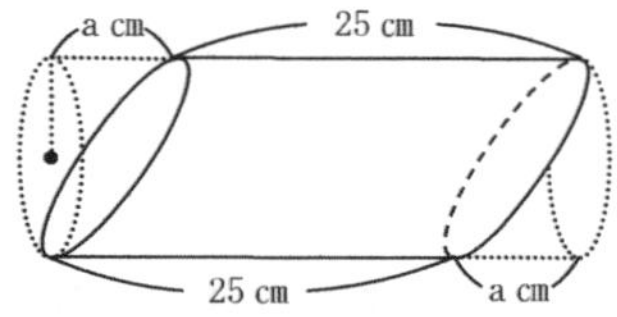

高さが25＋a(㎝)の円柱の体積から，高さがa㎝の円柱の体積を引けばよいので，高さが25㎝の円柱の体積を求めればよい。

2×2×3.14×25＝100×3.14＝314(㎤)

(2) **【解き方】図3において右図のように長さがわかるから，色をつけた部分を合わせると高さが4㎝の円柱になる。**

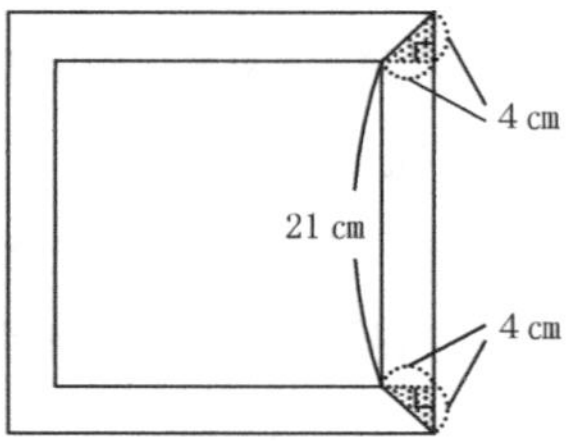

組み合わせた4つの立体の1つ1つの体積は，高さが21＋4＝25(㎝)の円柱の体積と等しいから，(1)で求めた値(あたい)である。

よって，図2の立体の体積は，314×4＝1256(㎤)

5 (1) 操作1ですべての電球がONになり，操作2で2の倍数だけOFFになる。2の倍数の電球は，2021÷2＝1010余り1より，1010個あるから，ONになっている電球の個数は，2021－1010＝1011(個)

(2) **【解き方】電球は，操作の番号が自分の番号の約数のときに反応する。したがって，操作の番号が自分の番号と同じところまで進んだとき，自分の番号の約数の個数が奇数ならば奇数回反応していてONに，自分の番号の約数の個数が偶数ならば偶数回反応していてOFFになっている。**

36 の約数は，１，２，３，４，６，９，12，18，36 の９個だから，ＯＮになっている。

(3)　**【解き方】(2)をふまえる。右の説明のように，平方数(へいほうすう)（同じ整数を２個かけあわせてできる数）の約数は奇数個，それ以外の整数の約数は偶数個あることから考える。**

操作の番号が自分の番号まで進んだあともＯＮになっている電球は，番号が平方数の電球である。したがって，2021 以下の平方数が何個あるかを求めればよい。

2021 に近い平方数は，40×40＝1600 と 50×50＝2500 の真ん中くらいにある。44×44＝1936，45×45＝2025 より，2021 以下の最大の平方数は 44×44＝1936 だから，求める個数は 44 個である。

平方数の約数の個数

約数はふつう２個１組で見つかる。
例えば 12 の約数は，１と 12÷１＝12，２と 12÷２＝６，３と 12÷３＝４のように６個３組ある。
したがって，約数はふつう偶数個ある。
しかし，平方数の約数は奇数個ある。
例えば，16 の約数は，１と 16÷１＝16，２と 16÷２＝８，４と 16÷４＝４となり，最後は４が２回出てくるため，４個２組と１個だから，全部で５個ある。

6　(1)　**【解き方】以下の解説では，７で割ったときの商を□，余りを△と表す。すべての整数は７×□＋△の形で表すことができる。いくつかの整数を足した数の△は，足したすべての整数の△を７で割ったときの余りと等しい。**

1960＝７×280＋０であり，□＝280 で△が０～６の７個の整数の△の合計は，０＋１＋２＋３＋４＋５＋６＝21＝７×３＋０となる。したがって，□＝280 で△が０～６の７個の整数の和は７の倍数である。つまり，1960 から７個ごとに数の合計の△が０になり，考える必要がなくなる。2021＝７×288＋５だから，□＝288 で△が０～５の６個の整数の△の合計を考えればよく，０＋１＋２＋３＋４＋５＝15＝７×２＋1 となるから，求める数は１である。

(2)　**【解き方】(1)をふまえる。［Ａ］は０～６の７通りの整数であり，まずは 23 個足した数の△が３となる［Ａ］の値を探す。**

［Ａ］＝０のとき，［Ａ］を 23 個足すと，０×23＝０となるから，△＝０となる。

［Ａ］＝１のとき，［Ａ］を 23 個足すと，１×23＝１×（７×３＋２）＝（７の倍数）＋２となるから，△＝２となる。

［Ａ］＝２のとき，［Ａ］を 23 個足すと，２×23＝２×（７×３＋２）＝（７の倍数）＋４となるから，△＝４となる。

［Ａ］＝３のとき，［Ａ］を 23 個足すと，３×23＝３×（７×３＋２）＝（７の倍数）＋６となるから，△＝６となる。

［Ａ］＝４のとき，［Ａ］を 23 個足すと，４×23＝４×（７×３＋２）＝（７の倍数）＋８＝（７の倍数）＋７＋１＝（７の倍数）＋１となるから，△＝１となる。

［Ａ］＝５のとき，［Ａ］を 23 個足すと，５×23＝５×（７×３＋２）＝（７の倍数）＋10＝（７の倍数）＋７＋３＝（７の倍数）＋３となるから，△＝３となる。

［Ａ］＝６のとき，［Ａ］を 23 個足すと，６×23＝６×（７×３＋２）＝（７の倍数）＋12＝（７の倍数）＋７＋５＝（７の倍数）＋５となるから，△＝５となる。

したがって，［Ａ］＝５ならばよい。10000÷７＝1428 余り４だから，10000－７＝9993 は△＝４の数なので，求める数はその次の 9994 である。

(3)　**【解き方】ここまでの解説をふまえる。［Ａ］は０～６の７通りの整数であり，23 個かける場合であっても，△の値は規則的に変化するはずなので，［Ａ］の値ごとにその規則性を見出す。その際，７×□＋△を２個かけた数の△の値は，右図より△×△から求められることを利用する。また，以下の解説では，［Ａ］を２個**

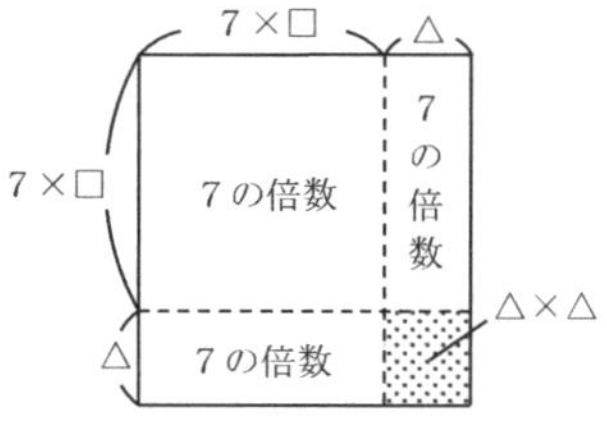

かけることを[A]^2，[A]を３個かけることを[A]^3，…のように，[A]をｎ個かけることを[A]^{n}と表す。

［A］＝０のとき，［A］を何個かけても△＝０のまま変わらない。

［A］＝１のとき，［A］^{1}は△＝１，［A］^{2}は１×１＝１より△＝１，…となり，△＝１のまま変わらない。

［A］＝２のとき，［A］^{1}は△＝２，［A］^{2}は２×２＝４より△＝４，［A］^{3}は４×２＝８＝７×１＋１より△＝１，［A］^{4}は１×２＝２より△＝２となる。したがって，△は２，４，１という３つの数をくり返す。

23個かけると，23÷３＝７余り２より，７回くり返した２つあとだから，△＝４となる。以下同様に考える。

［A］＝３のとき，$\underline{3}$，３×３＝９＝７×１＋$\underline{2}$，２×３＝$\underline{6}$，６×３＝18＝７×２＋$\underline{4}$，４×３＝12＝７×１＋$\underline{5}$，５×３＝15＝７×２＋$\underline{1}$，１×３＝３より，下線部の６つの数をくり返す。23個かけると，23÷６＝３余り５より，５番目の△＝５となる。

［A］＝４のとき，$\underline{4}$，４×４＝16＝７×２＋$\underline{2}$，２×４＝８＝７×１＋$\underline{1}$，１×４＝４より，下線部の３つの数をくり返す。23個かけると，23÷３＝７余り２より，２番目の△＝２となる。

［A］＝５のとき，$\underline{5}$，５×５＝25＝７×３＋$\underline{4}$，４×５＝20＝７×２＋$\underline{6}$，６×５＝30＝７×４＋$\underline{2}$，２×５＝10＝７×１＋$\underline{3}$，３×５＝15＝７×２＋$\underline{1}$，１×５＝５より，下線部の６つの数をくり返す。23個かけると，23÷６＝３余り５より，５番目の△＝３となる。

［A］＝６のとき，$\underline{6}$，６×６＝36＝７×５＋$\underline{1}$，１×６＝６より，下線部の２つの数をくり返す。23個かけると，23÷２＝11余り１より，１番目の△＝６となる。

したがって，［A］＝４ならばよい。［A］＝４となる最小の３桁の整数は７×14＋４＝102，最大の３桁の整数は７×142＋４＝998であり，全部で，142－14＋１＝129(個)ある。ａからｂまで規則的に並ぶx個の数の和は，$\frac{(a+b)\times x}{2}$で求められるから，求める数は，$\frac{(102+998)\times 129}{2}$＝70950

《2021　理科　解説》

［問題１］

問１　地球の赤道上の点では，地球の自転によって24時間で6400×２×3.14＝40192(km)進むので，40192÷24＝1674.6…→時速1675 kmとなる。

問２(1)　地球の公転によって，365日で360度進むので，１日あたりおよそ365÷360＝1.0…→１度進む。

(2)　地球の公転によって365日で１億5000万×２×3.14＝９億4200万(km)進むので，１日あたりおよそ９億4200万÷365＝258万…→258万kmとなる。

問３　イ○…太陽の反対側にある星座が真夜中に観測できる。Ｂの地球からは真夜中にさそり座が観測できるので，６月である。

問４　図で，地球が自転する方向と公転する方向は同じである。24時間で地球が１回自転し，星座は12個あることから，真南に見える星座は24÷12＝２(時間)ごとにとなりの星座に変化していく。真夜中０時にしし座が真南に見えたので，その２時間後に真南に見える星座はおとめ座である。

問５　12ヶ月で地球が１回公転するので，真夜中に真南に見える星座は１ヶ月ごとにとなりの星座に変化していく。真夜中０時におうし座が真南に見えたので，その１ヶ月後に真南に見える星座はふたご座である。

問６　いて座○…地球だけが反時計回りに公転し，太陽や星座の位置は変わらないので，地球の公転によって太陽と重なる星座の位置は反時計回りに移動する。

問７　こぐま座の北極星は地軸の延長線付近にあるため，ほとんど動かないように見える。

問８　冬の大三角を作る星は，オリオン座のベテルギウス，おおいぬ座のシリウス，こいぬ座のプロキオンである。シリウスは青白色の星で最も明るく見える。また，ベテルギウスは赤色をしていて，表面温度が最も低い。

［問題２］

問１　あ．ライオン，モンシロチョウだから動物界である。　い．アサガオ，イヌワラビだから植物界である。

問２　キ○…問題文にある，コロナウイルスが細胞からできていないことや，ウイルスは他の生物の生きた細胞に入り込み，その生物の力を使って増えることや，ウイルスはとても単純なつくりをしているので，食べたものを消化する胃や腸が存在しないことから，①と②と③を満たしていないことがわかる。

問３　エ○…ウイルスは他の生物の生きた細胞に入り込み，その生物の力を使って増えるので，おにぎりの上ではウイルスは増えない。

問４　新型コロナウイルスの感染拡大に伴い，密閉，密集，密接の三密という言葉がニュースなどでも使われるようになった。

問５　$0.1\times(10-a)\times2.5=0.25\times(10-a)$の値が１より小さくなるのは，ａの値が６より大きいときである。

問６　グラフより，新規感染者数が100人に減るまでの日数を読み取る。

［問題３］

問１　２時間40分→$2\frac{2}{3}$時間より，$48.6\times2\frac{2}{3}=129.6$→130㎞となる。

問２　イ，カ×…炭酸カルシウムは貝がら，チョーク，卵のから，大理石などにふくまれる成分である。重曹(炭酸水素ナトリウム)や水晶にはふくまれない。

問３　はく息には，二酸化炭素が多くふくまれている。石灰水に二酸化炭素を通すと白くにごる。

問４　オ，コ○…石灰石にうすい塩酸を加えると，二酸化炭素が発生する。

問５　実験３○…二酸化炭素がとけた酸性の水によって，地下にある石灰岩が溶ける。実験３では，実験２でできた白いにごり(炭酸カルシウム)が，さらに息を吹き込み続けて水溶液が酸性になることで消える。

問６　イ○…水溶液Ａを加熱することで，実験３で息を吹き込んで加えた気体が追い出されたと考えられるので，水温が上がると水に溶けにくくなると考えられる。

問７　Ｘの炭酸カルシウムの純度は90％だから，$2.0\times0.9=1.8$(ｇ)である。

問８　塩酸 50㎖ とＸがちょうど反応するときまで，発生する気体の体積はＸの重さに比例するから，$0.4\times\frac{300}{86}=1.39\cdots$→1.4ｇとなる。

問９　実験６の結果の表より，Ｙが2.0ｇのとき330㎖の気体が発生しており，Ｙが2.0ｇのときだけ，発生した気体の体積はＹの重さに比例していないので，塩酸55㎖がすべて反応すると330㎖の気体が発生することがわかる。したがって，Ｙが2.4ｇのときに発生する気体も330㎖である。

問10　実験５のＸと実験６のＹで，同じ重さの粉末を加えたときの発生する気体の体積は，炭酸カルシウムの純度に比例する。Ｘの炭酸カルシウムの純度は90％だから，粉末が0.4ｇのときで比べると，$90\times\frac{76}{86}=79.5\cdots$→80％となる。

［問題４］

問１　Ａでは，５分間での水 200ｇの温度上昇が $22.1-20=2.1$(℃)である。水の温度上昇は重さに反比例するので，水 300 g での温度上昇は $2.1\times\frac{200}{300}=1.4$(℃)，水の温度は $20+1.4=21.4$(℃)となる。

問2　水の温度上昇は電流を流す時間に比例する。Bでは，10 分間での水 100 g の温度上昇が $24.2-20=4.2$(℃)だったので，20 分間での水 150 g の温度上昇は $4.2\times\frac{100}{150}\times\frac{20}{10}=5.6$(℃)，水の温度は $20+5.6=25.6$(℃)となる。

問3　Dでは，5分間での水 100 g の温度上昇は $25.6-20=5.6$(℃)だったので，15 分間での水 100 g の温度上昇は $5.6\times\frac{15}{5}=16.8$(℃)となる。水の温度上昇は $25-20=5$(℃)だったので，水の重さは $100\times\frac{16.8}{5}=336$(g)となる。

問4　A～Eの水の温度上昇は抵抗値に反比例する。表より，それぞれの水の温度上昇はAが 4.2℃，Bが 2.1℃，Cが 1.4℃，Dが 5.6℃，Eが 12.6℃だから，Eの抵抗値に対して，Aが $12.6\div4.2=3$(倍)，Bが $12.6\div2.1=6$(倍)，Cが $12.6\div1.4=9$(倍)，Dが $12.6\div5.6=\frac{9}{4}$倍である。

問6　Gを使った実験より，水の温度上昇は並列につないだニクロム線の数に比例することがわかる。水 100 g の温度上昇は $40.5-30=10.5$(℃)であり，問4解説のそれぞれの5分間での水 100 g の温度上昇より，$2.1\times5=10.5$(℃)となるので，Bを5個つないだときだとわかる。

問7　問4解説より，$12.6\div10.5=\frac{6}{5}$(倍)となる。

《2021　社会　解説》

［1］

問1　聖武天皇は奈良時代の天皇だから，平安時代について書かれたアが誤り。

問2　律令による税の中で，調(特産物)と庸(労役に代わる布)は，農民が自ら都まで運ぶ税であった。その際の荷札や書類の代わりとして木簡が使われた。

問3　アが正しい。写真a，写真bのどちらにも，はしとさじが見られる。

問4　アが正しい。ウ(頼朝挙兵と坂東平定)→エ(源平合戦)→ア(守護地頭の設置)→イ(奥州藤原氏の滅亡)

問5　イがあてはまらない。中尊寺は平安時代に建てられたから，鎌倉仏教の影響は受けていない。

問6　千利休は，堺(大阪)出身の商人で，豊臣秀吉などに仕えた。最後は秀吉に切腹を命じられた。

問7　エが誤り。水墨画は室町時代にはすでに存在し，また，墨の濃淡だけで描くので金箔は使われない。

問8　イが誤り。織田信長は，仏教勢力を弾圧する一方で，キリスト教の保護をし，南蛮寺などを建てた。

問9　どちらも正しいので，アを選ぶ。

問10　ウが正しい。エ(日米和親条約・1854 年)→イ(生麦事件・1862 年)→ウ(大政奉還・1867 年)→ア(戊辰戦争・1868 年)

問11　ウが正しい。ア．誤り。不平等条約の改正は，領事裁判権の撤廃が陸奥宗光，関税自主権の回復が小村寿太郎によって実現した。イ．誤り。自由民権運動の中で国会開設を求めたのは板垣退助，西郷隆盛は政府を去ったあと，西南戦争を起こして，命を落とした。エ．誤り。東京美術学校の設立に協力したお雇い外国人はフェノロサである。モースは，大森貝塚を発見したことで知られるお雇い外国人。

問12　牛が正しい。牛鍋が関東を中心に流行し，多くの牛鍋屋がオープンしたと言われている。

［2］

問1　たたみ(おもて)が正しい。写真のい草は，熊本県の八代平野の生産量が多く，国産畳表の約8割を占める。

問2(1)　2016 年が正しい。住宅被害が極端に多いことに注目する。熊本地震では，最大震度7の地震が2回発生し，多くの被害が発生した。　(2)　アとエが正しい。2013 年から 2017 年までの被害状況で読み取ることに注意。

イ．誤り。死者・行方不明者が最も少ない2015年の住宅の全壊・半壊の合計は7387棟で，５年間の中で２番目に多い。ウ．誤り。2014年と2016年を比べた場合，耕地被害は2014年の方が多いが，被害総額は2016年の方が多い。オ．誤り。床上浸水が最も多い2014年の耕地面積の被害より，2017年の耕地面積の被害の方が大きい。

(3)　ウが正しい。2017年より被害が大きく，2016年の被害より少ないことから判断する。

問３　エが正しい。甲斐国は，現在の山梨県の旧国名である。越中は現在の富山県，美濃は岐阜県，三河は愛知県西部の旧国名である。

問４　イが正しい。安藤広重の『雪中富士川之図』である。アは雪舟の『天橋立図』，ウは葛飾北斎の『富嶽三十六景～凱風快晴』，エは安藤広重の『東海道五十三次～日本橋』である。

問５　アが誤り。諏訪盆地は長野県，富岡製糸場は群馬県にあった。

問６　さくらんぼ(おうとう)が正しい。山形県が約８割を占めていることから判断する。

問７　ウが正しい。さみだれは「五月雨」と書き，現在の梅雨を意味する。

問８　避難指示から川のはんらんまでの時間が，Ａ川では 35分しかなかったのに対して，Ｃ川では４時間30分もあったことから，避難する時間がなかったことが考えられる。また，警戒レベル４の発表から川のはんらんが起きるまでの時刻が，Ａ川では未明から早朝にかけてであったのに対して，Ｃ川では夕方から深夜にかけてであったことから，Ａ川の場合，就寝中で避難しづらい状況であったことが考えられる。

［３］

問１　アが正しい。北京オリンピックから１か月後の，2008年９月，アメリカの投資銀行リーマン・ブラザーズ・ホールディングスの経営破綻から，世界金融危機が始まった。ソウルオリンピックは1988年であった。

問２　キが正しい。平均寿命が延びれば亡くならない人も多くなるので，総人口は増加する。2000年から 2005年にかけては出生数が減っているのに，人口は増えていることから，Ｘはあてはまらない。婚姻率も同様である。

問３　外国人が正しい。政府は，多くの外国人労働者を技能実習生として受け入れている。

問４(1)　待機児童が正しい。大都市で，保育所(こども園)が不足し，待機児童の問題が現在も解消されていない。

(2)　エが誤り。すべての保育園が，保育園と幼稚園を合わせたこども園になっているわけではない。

問５　エが誤り。社会保障は，社会保険・公衆衛生・公的扶助・社会福祉だから，ダム建設はこれらに入らない。

問６　マイナンバーが正しい。マイナンバーは，社会保障と税に活用するために導入された。

問７　イが正しい。カズオ・イシグロは文学賞を，山中伸弥は iPS 細胞の研究で生理学医学賞を，吉野彰はリチウムイオン電池の発明で化学賞を受賞している。

問８　15 歳から 49 歳までの女性の年齢別の出生率の合計を「合計特殊出生率」という。合計特殊出生率低下の原因は，晩婚化・女性の社会進出・子育ての環境が整わないなど，さまざまである。合計特殊出生率が２を上回ると人口は増加し，２を下回ると人口は減少すると言われている。

2020 解答例 令和２年度 函館ラ・サール中学校

《国　語》

〔問題一〕一．１．先述　２．延長　３．起源　　二．B．イ　C．エ　　三．社会　　四．イ　　五．表情にも文化差がある　　六．ウ　　七．イ　　八．Ⅰ．周りの目を気にしない　Ⅱ．他人との結びつきや協調性に重きをおかない、社会的に逸脱

〔問題二〕一．①品行　②一会　③大義　④低頭　⑤他力　　二．①イ　②エ　③ウ　　三．①デジタルカメラ　②マスコミュニケーション　③ハイテクノロジー　　四．①まし　②たまし　③どかし　④こがまし

〔問題三〕一．１．ア　２．ウ　３．イ　４．ウ　５．イ　　二．エ　　三．ア　　四．エ　　五．私…未来に向かって進もうとしている。　時計屋…過去のできごとにとらわれている。

《算　数》

1　(1)$\frac{13}{20}$　(2)$2\frac{3}{8}$　(3)10240　(4)80　(5)7.9　(6)A．7　B．2　C．1

2　(1)15　(2)①300　②$\frac{7}{16}$

3　(1)301.44　(2)①540.08　②483.56　(3)432.064

4　(1)27　(2)82

5　(1)22　(2)第２運命数…44　生年月日…1599年９月29日
(3)ア．9　イ．1111111　ウ．111111　エ．11111　オ．1111　カ．111　キ．11　ク．④　ケ．①

6　(1)(５，24)　(2)(５，１)　(3)①1852　②2263

《理　科》

［問題１］ 問１．Ｅ　問２．北　問３．イ　問４．イ　問５．エ
問６．カ　問７．右図　問８．右図　問９．ア．地球　イ．回転

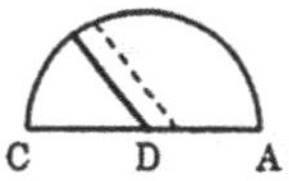

［問題１］
問７の図

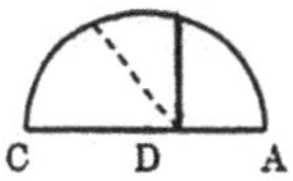

［問題１］
問８の図

［問題２］ 問１．500　問２．ウ　問３．エ　問４．ア　問５．①，②
問６．④，⑤　問７．④，⑧　問８．ア

［問題３］ 問１．①　問２．⑴ａ＞ｂ＞ｃ　⑵(え)＋　(お)－　問３．⑴右図　⑵ア
問４．⑴Ｄ．イ　Ｅ．エ　Ｆ．ア　Ｇ．ウ　⑵ウ，オ

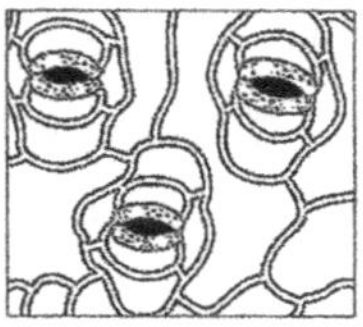
［問題３］
問３⑴の図

［問題４］ 問１．⒜ア　⒝ア　問２．イ，オ　問３．ア　問４．１　問５．３
問６．ウ　問７．アルミニウムの重さ…4.5　マグネシウムの重さ…2.5
銅の重さ…０

《社　会》

［１］ 問１．大仙古墳　問２．ア　問３．御恩と奉公の　問４．イ　問５．ウ　問６．ア
問７．島原・天草一揆　問８．イ　問９．ア　問10．西南戦争　問11．ウ

［２］ 問１．ア　問２．さぬき　問３．イ　問４．エ　問５．九州　問６．ア　問７．ブランド
問８．イ

［３］ 問１．⑴エ　⑵ア　⑶比例代表　問２．エ　問３．18　問４．エ　問５．イ　問６．期日前投票
問７．ア　問８．ウ　問９．ア

函館ラ・サール中学校

←解答例は前のページにありますので，そちらをご覧ください。

《2020　国語　解説》

〔問題一〕

㈡B　「～こと(だ・です)」の形で、話し手自身の判断に基づいた進言・忠告であるということを表すことができる。ここでは、危険人物だから近づかない方がいいと忠告しているのである。よって、イが適する。　C　直前の「いい年をした大人が人前で恥ずかしい」は、「日本人」が「マスコミの前で赤ん坊のように大泣きする議員」に対して持っている感想である。議員の言動を受け入れがたいと感じているので、エが適する。

㈢　「 A 的な報酬」とは、先生や両親といった周りの人にほめられることである。自分のことをほめてくれる周りの人というのは、自分が属する社会やコミュニティーなどに属する人なので、社会的な報酬だと言える。

㈣　――線部①の前の段落までの前半部は、報酬＝ご褒美としての笑顔について述べている。いいことをして先生や両親にほめられ、笑顔を見れば関係は良好になっていくと考えられる。また、「見知らぬ人に電車で座席を譲ってあげたり、道を教えて喜ばれること、そこで見た笑顔もご褒美となるのです」からも、笑顔が「周囲の人々と良好な関係を築」くことがわかる。また、後半部は怒った顔について述べている。怒っている顔を見つけたら近づかない方がいい、油断のならない人物の顔は後々損をこうむらないように、頭に入れておかなくてはならないとある。これらの場合、顔は「相手がどのような存在であるかを判断し」、どう接するかを決める情報源として役立っている。よって、イが適する。

㈤　前の段落の最初の１文に理由が書かれている。「表情は生まれつきで、世界共通といわれています」と述べたあと、「とはいえその一方で」とつないで、「表情にも文化差があること」を述べている。つまり、文化が違うから「ルールが違う」ということ。また、――線部②について、続く部分で、欧米と日本の違いを説明したあと、「まさしく異文化です」と述べているのもヒントになる。

㈥　続く２段落、特に１段落目の最後の文の後半以降に理由が書かれている。「目でにっこりと自然な表情をつくり出すのが日本人(の表情のつくり方＝顔を通した感情表現)です。喜びを大げさに表現しない日本人の表情は、欧米と比べると動きが小さいのです。その小さい表情の変化を読み取るように、目に注目するのです。文化による見方の違いは、なんと一歳未満の小さいころから始まっている」とある。よって、これらをまとめたウが適する。

㈦　「みんな D 」という「暗黙の前提」が、「学校生活や友達との関係で、思い当たることはありませんか」の後でいくつか例をあげているようなプレッシャーにつながっていく。これらは、協調性を重んじよという圧力であるとともに、あまり目立ったことはせず、他と同じようにふるまえという圧力でもある。よって、程度や価値などが同じであることを示す、イの「同等」が適する。

㈧　３段落前から「こうした人々(＝不安の高い遺伝子を持つ人々)を束ねる日本文化」の特徴である「相互協調的自己観」について語っている。その考え方は、次の１文で「他人との結びつきを優先し、協調性に重きをおき、社会的に逸脱することに対する恐れが強いのです」とまとめられている。これが、――線部④の直前にある「自分たちの基準」で、――線部④は、この基準からはずれた行動をとる人間を非難し、「仲間はずれにすること」である。

〔問題二〕

㈠　①「品行方正」とは、行いがきちんとしていて正しいこと。　②「一期一会」とは、茶の湯で、茶会は毎回、一生に一度だという思いをこめて、主客とも誠心誠意、真剣に行うべきだということを説いた語。転じて、一生に一度しかない出会い、一生に一度かぎりであること。　③「大義名分」とは、人として、また臣として守るべき道義と節度、行動のよりどころとなる道理、事を起こすにあたっての根拠。　④「平身低頭」とは、ひれ伏して頭を下げ、恐れ入ること。また、ひたすらわびること。　⑤「他力本願」とは、自らの功徳によって悟りを得るのでなく、阿弥陀仏の本願によって救済されることで、浄土教の言葉。自分の努力でするのではなく、他人がしてくれることに期待をかけること。

㈣傍線部の意味は以下のとおり。①良心がとがめる。後ろめたい。　②うらやましくて憎らしい。悔しい。③思うようにならずいらいらする。じれったい。　④身の程をわきまえない。さしでがましい。なまいきだ。

〔問題三〕

㈡　時計屋の娘の時計を、孫が生まれた日の記念だと誤解して、よけいなことを聞いたために、時計屋に娘の知的障害に関するつらいことを話させてしまった。時計屋がそのことを話す直前の「時計屋がチリ吹きの空気袋を押し、腕時計に小さな風を吹きつける。ため息をつくように」から、時計屋のつらそうなようすや、重く変わっていく空気が読み取れる。会話の深刻な内容にいたたまれなくなった「私」は、「重くなってしまった空気を振り払うつもりで」、「愚鈍な男を装って」つまり重苦しい空気を感じ取れない男のふりをして、「なんの記念日なんですか」と尋ねた。この質問で会話の流れを変え、重苦しい話から抜け出そうとしたのである。よって、エが適する。しかし、またしても思惑は大きく外れ、時計屋にとって一番つらいことを聞いてしまった。時計屋は「(娘の)亡くなった時の時間です」と答えたのである。

㈢　――線部③の前の部分に、「『時計の針を巻き戻したいって思うことは、誰にでもあるでしょう』　私が答えるまでは帰さない、という口調で時計屋が言う。今度は釣り銭を人質にされた。誰かに話したかったのだろう。あるいは修理を待つ人間に、きっかけさえあれば、語り聞かせている話なのかもしれない。きっと話さずにはいられないのだ。自分の後悔を。自分には別の人生があったことを」とある。「時計屋」は自分の過ちを深く後悔している様子で、「私」の返事を期待しているようには見えなかったので、「私」は、「時計屋」が半ば独り言をいいながら自分の思いをかみしめているのだと思っている。よって、アが適する。

㈣　――線部③と――線部④の間に書かれていることをまとめたエが適する。特に――線部④の直前の２段落には、自分の行動を後悔する気持ちが率直に書かれている。「自分の行動は短絡的だったかもしれない」と考えていることは、「意地っ張りというより、親父譲りの見栄っ張りなだけかもしれない」からうかがえる。

㈤　「私」が「それでも時計の針は前に進むためにある」と考え「いえ、ありません」と答えたのは、――線部③の直前、「あなたにだって、(時計の針を巻き戻したいって思うことは)あるんじゃないですか」と、時計屋が、「自分の小さな世界に誘い込むような笑顔を見せた」への返事。この後時計屋は、「それから小さな作業机に戻り、懐中時計を手にとって、また自分の時間の中に沈み込んでいった」。ここから読み取れるのは、「私」と「時計屋」の人生に対する向き合い方が反対であることである。また、「私」がこう答えた主な理由である、時計屋の後悔と、「私」の後悔の違いを読み取る。時計屋は死んだ娘と去っていった妻に関する過去の出来事、取り返せない時間について深く後悔し、とらわれ続けている。一方、「私」は、「退職届けを出さず、おとなしく庶務課に勤務している自分を夢想することもある」が、それでも「時計の針は前へ進むためにある」と考え、未来に向かって進もうと考えている。

《2020　算数　解説》

1 (1)　与式$=\frac{8}{3}\times\frac{5}{4}+\frac{13}{10}\times\frac{1}{2}-\frac{10}{3}=\frac{10}{3}+\frac{13}{20}-\frac{10}{3}=\frac{13}{20}$

(2)　与式より，$(□\times8+\frac{1}{2})\times\frac{1}{5}=5-1.1$　　$□\times8+\frac{1}{2}=3.9\div\frac{1}{5}$　　$□\times8=19.5-\frac{1}{2}$

$□=19\div8=\frac{19}{8}=2\frac{3}{8}$

(3)　与式$=8\times4\times64+8\times2\times128+8\times256+8\times\frac{1}{2}\times512+8\times\frac{1}{4}\times1024=$

$8\times256+8\times256+8\times256+8\times256+8\times256=(8\times256)\times5=40\times256=10240$

(4)　大人と中学生の人数の比は３：１，中学生と小学生の人数の比は２：１だから，小学生の人数を①とすると，中学生の人数は①×$\frac{2}{1}$=②，大人の人数は②×$\frac{3}{1}$=⑥となる。したがって，大人と中学生と小学生を合わせた人数は①＋②＋⑥＝⑨となり，これが720人なのだから，小学生の人数は，720×$\frac{①}{⑨}$=80(人)である。

(5)　最初Ａ，Ｂ，Ｃの容器に入っている食塩水の重さはそれぞれ200ｇだから，合計200×３＝600(ｇ)である。①の操作で食塩1.6ｇを加え，②の操作で水100ｇをのぞいたから，③の操作後にＡに入っている食塩水の重さは，600＋1.6－100＝501.6(ｇ)である。最初Ａ，Ｂ，Ｃの容器に入っている食塩の重さはそれぞれ200×$\frac{6.4}{100}$=12.8(ｇ)だから，合計12.8×３＝38.4(ｇ)である。①の操作で食塩1.6ｇを加えているので，③の操作後にＡに入っている食塩の重さは，38.4＋1.6＝40(ｇ)である。

よって，求める食塩水の濃さは，40÷501.6×100＝7.9…より，7.9％である。

(6)　表のそれぞれの行を個数の最大公約数で割ると，右表のようになる。したがって，①と②より，Ｃ１個の値段は(172－112)÷(３－１)＝30(円)，

Ａ	Ｂ	Ｃ	合計		Ａ	Ｂ	Ｃ	合計	
24個	16個	4個	448円	÷4 →	6個	4個	1個	112円	…①
12個	8個	6個	344円	÷2 →	6個	4個	3個	172円	…②
30個	12個	9個	600円	÷3 →	10個	4個	3個	200円	…③

②と③より，Ａ１個の値段は(200－172)÷(10－６)＝７(円)である。これらのことと①より，Ｂ１個の値段は(112－７×６－30×１)÷４＝10(円)である。

Ａ，Ｂ，Ｃを１個ずつ買ったときの合計金額は７＋10＋30＝47(円)だから，残りの100－47＝53(円)をできるだけ多く使うときを考える。Ａ，Ｂ，Ｃの値段のうち，一の位の数が０でないのはＡだけだから，Ａを何個にするとよいか求める。53÷７＝７余り４より，Ａは７個まで買える。このうち一の位の数が３より小さい数で３に最も近くなるのは，７×６＝42より，６個のときとわかる。したがって，残りの53－42＝11(円)でＢを１個買うと，おつりが11－10＝１(円)となり，おつりが最も少なくなる。

よって，求める個数は，Ａが１＋６＝７(個)，Ｂが１＋１＝２(個)，Ｃが１個である。

2 (1)　Ｂ君がＣ君を追いこしてから，Ｂ君が駅から16.8㎞の地点に来るまでに，Ｂ君は16.8－７＝9.8(㎞)，Ｃ君は14－７＝７(㎞)走っているので，Ｂ君とＣ君が同じ時間に進む道のりの比は，9.8：７＝７：５である。

したがって，Ｂ君がＣ君を追いこすまでにＣ君は７×$\frac{5}{7}$=５(㎞)走ったから，Ｃ君は最初駅から７－５＝２(㎞)の地点にいたとわかる。また，Ａ君がＣ君を追いこすまでに，Ａ君は10㎞，Ｃ君は10－２＝８(㎞)走っているので，Ａ君とＣ君が同じ時間に進む道のりの比は，10：８＝５：４である。よって，Ｂ君が駅から16.8㎞，Ｃ君が駅から14㎞の地点にいるとき，Ａ君は駅から，(14－２)×$\frac{5}{4}$=15(㎞)の地点にいる。

(2)①　三角形ＥＢＣは折り紙ＡＢＣＤを$\frac{1}{4}$にした図形だから，求める面積は図２の斜線部分の面積の４倍である。三角形ＥＢＣと三角形ＧＦＣは同じ形で辺の長さの比が２：１だから，三角形ＥＢＣと三角形ＧＦＣの面積の比は，(２×２)：(１×１)＝４：１である。したがって，三角形ＥＢＣと斜線部分の面積の比は，４：(４－１)＝

4：3である。三角形ＥＢＣの面積は，折り紙ＡＢＣＤの面積の$\frac{1}{4}$だから，$20\times20\times\frac{1}{4}=100$(cm²)である。
よって，求める面積は，$100\times\frac{3}{4}\times4=300$(cm²)である。

② 図3の一番右の図の斜線部分は，三角形ＥＢＣにおいて右図のようになる。

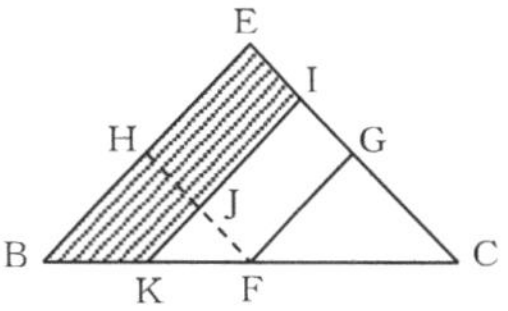

三角形ＥＢＣは折り紙ＡＢＣＤを$\frac{1}{4}$にした図形だから，求める割合は，右図の斜線部分の面積が三角形ＥＢＣの面積の何倍であるかに等しい。
三角形ＥＢＣと三角形ＩＫＣは同じ形で辺の長さの比が4：3だから，面積の比は，
$(4\times4):(3\times3)=16:9$である。したがって，三角形ＥＢＣと斜線部分の面積の比は$16:(16-9)=16:7$だから，求める割合は$\frac{7}{16}$倍である。

3 【参考】より，円すいの体積は，(底面積)×(高さ)×$\frac{1}{3}$で求められるとわかる。

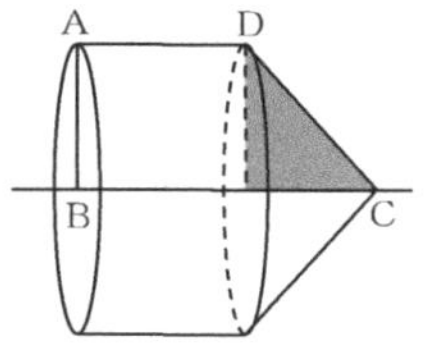

(1) できる立体は右図のような，底面の半径が4cm，高さが5cmの円柱と，底面の半径が4cm，高さが$8-5=3$(cm)の円すいを合わせた立体である。よって，求める体積は，
$4\times4\times3.14\times5+4\times4\times3.14\times3\times\frac{1}{3}=(80+16)\times3.14=301.44$(cm³)

(2)① できる立体は右図のような，$_ア$<u>底面の半径がＢＣ＝8cm，高さがＰＢの円すい</u>から，$_イ$<u>底面の半径がＡＤ＝5cm，高さがＰＡの円すい</u>をのぞいた立体である。

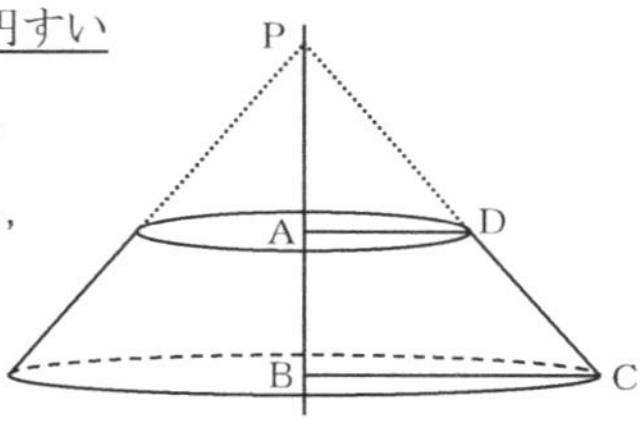

アの円すいとイの円すいは同じ形で，底面の半径の比がＢＣ：ＡＤ＝8：5だから，
体積の比は，$(8\times8\times8):(5\times5\times5)=512:125$となる。したがって，
アの円すいの体積と求める体積の比は，$512:(512-125)=512:387$となる。
三角形ＰＡＤと三角形ＰＢＣは同じ形で，ＰＡ：ＰＢ＝ＡＤ：ＢＣ＝5：8だから，
ＰＡ：ＡＢ＝$5:(8-5)=5:3$となり，ＡＢ＝4cmなので，ＰＡ＝$4\times\frac{5}{3}=\frac{20}{3}$(cm)である。
よって，ＰＢ＝$\frac{20}{3}+4=\frac{32}{3}$(cm)だから，求める体積は，$8\times8\times3.14\times\frac{32}{3}\times\frac{1}{3}\times\frac{387}{512}=172\times3.14=540.08$(cm³)

② この立体の上の面の面積は，$5\times5\times3.14=25\times3.14$(cm²)，下の面の面積は，$8\times8\times3.14=64\times3.14$(cm²)である。側面は右図のような，半径がＰＣのおうぎ形から，半径がＰＤのおうぎ形をのぞいた図形である。この2つのおうぎ形の半径の比は，①の図より，ＰＣ：ＰＤ＝ＢＣ：ＡＤ＝8：5だから，面積の比は，$(8\times8):(5\times5)=64:25$なので，半径がＰＣのおうぎ形の面積と，側面の面積の比は，$64:(64-25)=64:39$である。ＰＣ：ＤＣ＝$8:(8-5)=8:3$で，ＤＣ＝5cmだから，ＰＣ＝$5\times\frac{8}{3}=\frac{40}{3}$(cm)である。

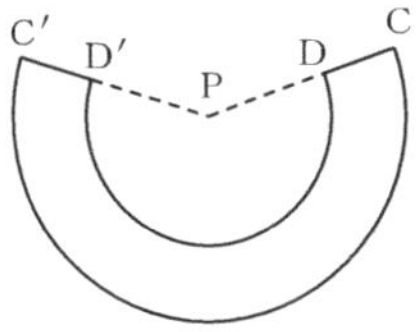

(半径がＰＣのおうぎ形の曲線の長さ)：(半径がＰＣの円の円周)＝(底面の円周)：(半径がＰＣの円の円周)＝(底面の半径)：ＰＣ＝$8:\frac{40}{3}=3:5$だから，半径がＰＣのおうぎ形と半径がＰＣの円の面積の比も3：5である。したがって，側面の面積は，$\frac{40}{3}\times\frac{40}{3}\times3.14\times\frac{3}{5}\times\frac{39}{64}=65\times3.14$(cm²)である。
よって，求める面積は，$25\times3.14+64\times3.14+65\times3.14=(25+64+65)\times3.14=483.56$(cm²)

(3) できる立体は右図のような，円すいを2つ合わせた大きな立体から，同じ形の小さな立体をのぞいた立体である。右図のＱＢは(2)①の図のＰＢと等しく$\frac{32}{3}$cmである。(2)①より，円すいを2つ合わせた大きな立体の体積と，求める体積の比は，$512:387$である。

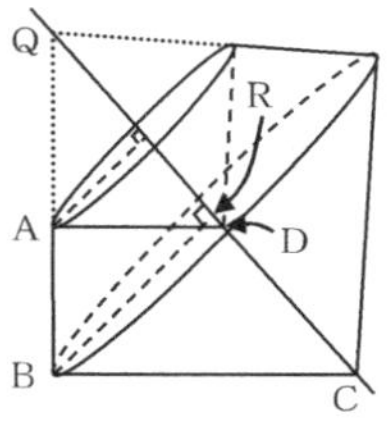

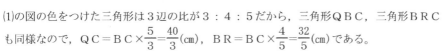

(1)の図の色をつけた三角形は3辺の比が3：4：5だから，三角形ＱＢＣ，三角形ＢＲＣも同様なので，ＱＣ＝ＢＣ×$\frac{5}{3}=\frac{40}{3}$(cm)，ＢＲ＝ＢＣ×$\frac{4}{5}=\frac{32}{5}$(cm)である。
半径がＢＲの円を円Ｒとすると，円すいを2つ合わせた大きな立体の体積は，
(円Ｒの面積)×ＱＲ×$\frac{1}{3}$＋(円Ｒの面積)×ＲＣ×$\frac{1}{3}$＝(円Ｒの面積)×ＱＣ×$\frac{1}{3}=\frac{32}{5}\times\frac{32}{5}\times3.14\times\frac{40}{3}\times\frac{1}{3}$(cm³)であ

る。よって，求める体積は，$\frac{32}{5}\times\frac{32}{5}\times3.14\times\frac{40}{3}\times\frac{1}{3}\times\frac{387}{512}=\frac{688}{5}\times3.14=432.064$(㎤)

4 (1) Xを素数の積で表したときにふくまれる３の個数が，３で割り切れる回数である。例えば27＝３×３×３だから，27は３で３回割り切れる。

１から2020までの整数に３の倍数は，2020÷３＝673余り１より673個あり，このうちの３個に１個が９の倍数だから，９の倍数は673÷３＝224余り１より224個ある。このように，３で割った商を次々と３で割っていくことで，３の倍数の個数，９の倍数の個数，27の倍数の個数，…と求めていくことができるので，９の倍数の個数より先を同様に計算すると，224÷３＝74余り２より74個，74÷３＝24余り２より24個，24÷３＝８(個)，８÷３＝２余り２より２個となる。

673個の３の倍数がふくむ３を１個ずつ取り出すと，673個となる。取り出されて残った数のうち224個の数(もとは９の倍数)からさらに１個ずつ３を取り出すことができ，さらに残りの数のうち74個から１個ずつ３を取り出すことができ，…とくり返せるので，１から2020までの整数をかけあわせた数を素数の積で表すと，673＋224＋74＋24＋８＋２＝1005(個)の３をふくむ。

同様に，１から1963までの整数をかけあわせた数を素数の積で表したときの３の個数を求める。1963÷３＝654余り１，654÷３＝218，218÷３＝72余り２，72÷３＝24，24÷３＝８，８÷３＝２余り２より，654＋218＋72＋24＋８＋２＝978(個)ある。

よって，Xを素数の積で表すと，３は1005－978＝27(個)あるから，【X】＝27である。

〔別の解き方〕

1964から2020までは2020－1964＋１＝57(個)の整数がある。57は３の倍数だから，連続する57個の整数がどのような整数であっても，それらにふくまれる３の倍数，９の倍数，27の倍数，…の個数は変わらない。したがって，X＝１×２×…×57としたときの【X】を求めればよい。57÷３＝19，19÷３＝６余り１，６÷３＝２より，【X】＝19＋６＋２＝27

(2) 連続する３つの数の和は真ん中の数の３倍に等しいから，Y＝(1965<u>×３</u>)×(1966<u>×３</u>)×…×(2019<u>×３</u>)となる。下線部の<u>×３</u>は，全部で2019－1965＋１＝55(個)ある。1964と2020はどちらも３の倍数でないから，(1)より，1965×1966×…×2019を素数の積で表したとき，３は27個ある。よって，Yを素数の積で表すと，３は55＋27＝82(個)あるから，【Y】＝82である。

5 (1) 生年月日を2020年ⓐⓑ月ⓒⓓ日とする。ⓐ＋ⓑが最も大きくなるのは０９月であり，ⓒ＋ⓓが最も大きくなるのは２９日である。よって，2020年に生まれる人の生年月日の８つの数の和が最も大きくなるのは，2020年９月29日であり，その和は２＋０＋２＋０＋０＋９＋２＋９＝24である。よって，2020年に生まれる人の第２運命数として考えられる最も大きい数は22である。

(2) (1)と同様に考える。年の４桁の数の和が最も大きくなるのは1999年，月の２桁の数の和が最も大きくなるのは９月，日の２桁の数の和が最も大きくなるのは29日だから，生年月日の８つの数の和が最も大きくなるのは，1999年９月29日であり，その和は１＋９＋９＋９＋０＋９＋２＋９＝48である。よって，1000年１月１日から2020年１月８日までに生まれた人の第２運命数として考えられる最も大きい数は44である。

44を第２運命数とする人は，生年月日の８つの数の和が，最も大きい人より48－44＝４少ない。よって，最初に生まれた人は年の百の位の数から４引いた，1599年９月29日である。

(3)　8桁の整数は，A×10000000＋B×1000000＋C×100000＋D×10000＋E×1000＋F×100＋G×10＋Hと表せる。りょう君の式には，後半にA＋B＋C＋D＋E＋F＋G＋Hがあるから，下線部の式を変形すると，

(A×9999999＋B×999999＋C×99999＋D×9999＋E×999＋F×99＋G×9)＋A＋B＋C＋D＋E＋F＋G＋H＝

ア9×(イ1111111×A＋ウ111111×B＋エ11111×C＋オ1111×D＋カ111×E＋キ11×F＋G)

＋A＋B＋C＋D＋E＋F＋G＋H

となる。この式は，(9の倍数)＋A＋B＋C＋D＋E＋F＋G＋Hと表せるから，A＋B＋C＋D＋E＋F＋G＋Hをク9で割った余りは，元の8桁の整数を9で割った余りに等しい。

以上のことから，どのような数であっても各位の数の和を9で割った余りは，元の数を9で割った余りに等しくなるのだから，運命数は元の8桁の整数を9で割った余りに等しい。

相性を占いたい2人の運命数をM，Nとすると，2人の生年月日の8桁の整数の和は，

{(9の倍数)＋M}＋{(9の倍数)＋N}＝(9の倍数)＋M＋Nとなるから，相性を占うためには2人の運命数のケ和を9で割ればよい。

6 (1)　位置を表す2つの数の組を(○，△)とする。

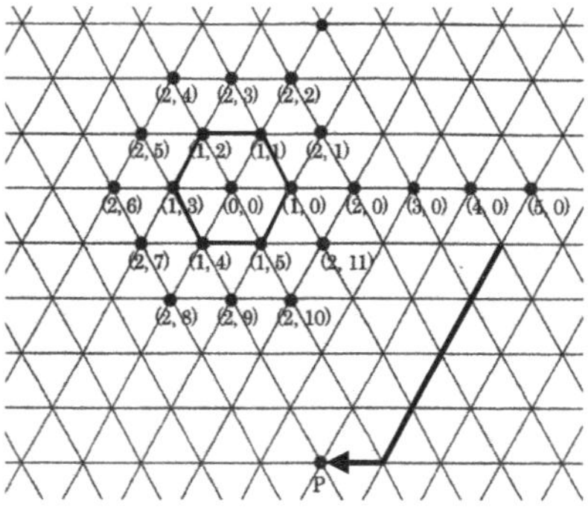

○の数に注目して見ると，(0，0)から1マス外側に行くと，○の数が1ずつ増えているとわかる。また，○が1の点を見ると，(1，0)の点から，右図の太線の正六角形の辺上で反時計回りに△の数が1ずつ増えていて，全部で6個あるとわかる。○が2のときも同様であり，全部で6×2＝12(個)ある。右図のPは小さい方から5番目の正六角形の辺上にある。○が5の点は全部で6×5＝30(個)あるから，△が最大の点は(5，29)である。右図の矢印の順に△を1ずつ減らしていくと，Pは(5，24)とわかる。

(2)　㋐の操作でAは(0，0)から(2，1)へ，㋒の操作でCは(1，1)から(2，0)へ，㋑の操作でBは(1，0)から(3，1)へ移動する。

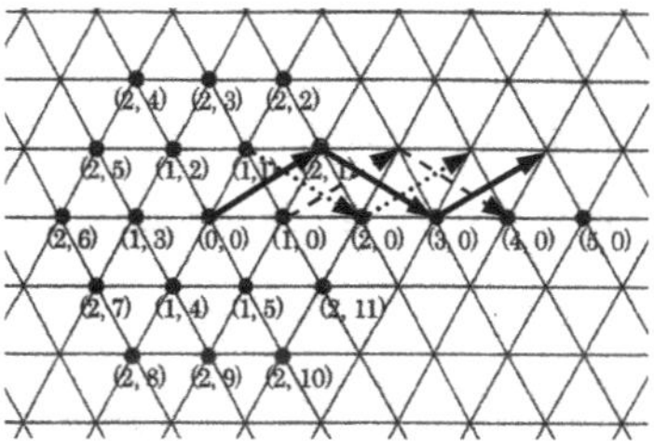

さらに㋐㋒㋑㋐の順に操作すると，3点A，B，Cは右図の矢印のように移動する(Aは ━━▶ ，Bは --▶ ，Cは ……▶)。

よって，頂点Aは(5，1)に移動する。

(3)　(2)より，「㋐㋒㋑㋐㋒㋑」の順の操作を1回行うと，Aは右に3つ移動するとわかる。「㋐㋑㋒㋐㋑㋒」の順の操作を1回行うと，Aは右図の矢印のように動き，右上に3つ移動する。

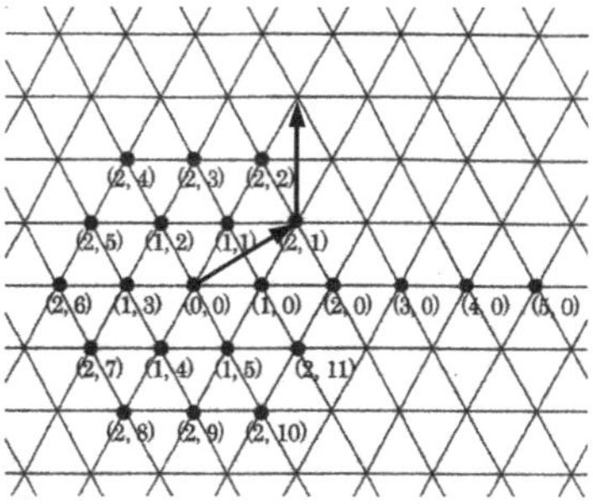

位置を表す2つの数の組を(○，△)とする。(0，0)からスタートして，右に3つ移動するか，右上に3つ移動するかを繰り返すと，右に3つ移動するときはつねに○が3増え，右上に3つ移動するときはつねに○と△が3ずつ増える。

よって，頂点Aの位置が(12345，6789)となるためには，△が変化する「㋐㋑㋒㋐㋑㋒」の順の操作を，6789÷3＝②2263(回)繰り返す必要がある。○はさらに12345−6789＝5556増やす必要があるので，「㋐㋒㋑㋐㋒㋑」の順の操作を5556÷3＝①1852(回)繰り返せばよい。

《2020　理科　解説》

［問題１］

問１　透明(とうめい)半球を置いた円の中心(Ｅ)は，観測者の位置を表している。

問２　太陽は，東の地平線からのぼり，南の空で一番高くなり(南中という)，西の地平線にしずむ。よって，図１で，太陽が一番高くなるＣが南だから，Ａは北，Ｄは東，Ｂは西である。

問３　イ○…図２より，太陽は半球上を１時間(60 分)で３cm動くから，1.2 cm動くのにかかる時間は $60\times\frac{1.2}{3}=$ 24(分)である。よって，太陽が一番高いところを通過した時刻は，12 時の 24 分前の 11 時 36 分である。

問４　イ○…太陽が半球上を 10.5 cm動くのに$\frac{10.5}{3}$＝3.5(時間)かかるから，日の出の時刻は８時の 3.5 時間前の４時 30 分である。

問５　エ○…日の出から南中までの時間は 11 時 36 分－４時 30 分＝７時間６分→約７時間で，南中から日の入りまでの時間はこれと等しい。よって，日の出から日の入りまでの時間は約７×２＝14(時間)である。

問６　カ○…東経 135°の地点より 141－135＝６(°)東にある函館の南中時刻が正午の 24 分前だから，経度１°につき 24÷６＝４(分)南中時刻がずれると考えられる。よって，東経 135°の地点より 135－127＝８(°)西にある那覇(なは)の南中時刻は正午の４×８＝32(分後)の 12 時 32 分である。

問７　春分の日と秋分の日では，太陽が真東からのぼり，真西にしずむ。また，同じ地点での横から見た太陽の通り道のかたむき方は一定なので，Ｄから点線に対して平行な直線を書けばよい。

問８　赤道直下での横から見た太陽の通り道は，ＡＣに対して垂直になる。また，同じ日であれば，異なる地点でも日の出・日の入りの位置は同じになるので，ＡＣと点線が交わる位置からＡＣに対して垂直な直線を書けばよい。

［問題２］

問１　周波数は１秒間に振動(しんどう)する回数である。0.002 秒間に１回振動する音波は，１秒間に１÷0.002＝500(回)振動する。

問２　山と谷の数が図１と同じ２個ずつになっているウが正答である。

問３　上下方向が空気の振動の大きさ，つまり，音の大きさを表している。よって，上下方向のはばが最もせまいエが最も小さい音である。

問４　周波数を音の高さとして感じ取るということは，低い音ほど周波数が小さいということである。つまり，図１より，１秒間に振動する回数が少ないものを選べばよいから，山と谷の数が少ないアが正答である。

問５　調べたい条件以外を同じにして結果を比べることで，その条件が結果にどのような影響(えいきょう)を与(あた)えたのかを確かめることができる。よって，弦(げん)の太さ以外の条件(弦の長さ，おもりの重さ)が同じである①と②を比べればよい。

問６　おもりの重さ以外の条件(弦の長さ，弦の太さ)が同じである④と⑤を比べればよい。

問７　②と③が同じ高さだから，もう１組の条件には②と③はどちらもふくまれない。また，条件が１つだけ異なる④と⑤，⑤と⑧は音の高さが同じにはならない。さらに，②と③は弦の長さが同じで，弦の太さは③が②の２倍で，おもりの重さは③が②の４倍であり，弦の長さが同じ⑦と⑧では弦の太さとおもりの重さの関係が②と③のときと同じにならないので音の高さは同じにならず，弦の太さとおもりの重さの関係が②と③のときと同じになる①と⑤，①と⑧，④と⑥では弦の長さが異なるので音の高さは同じにならない。これら以外の組み合わせ(弦の長さは異なる)のうち，弦の長さが長い方が短い方に比べて，弦の太さが細いか，おもりの重さが重いものが音の高さが同じになる可能性がある。この条件を満たす組み合わせは④と⑧だけである。

問8　⑥の周波数が③の半分であることと，問7で④と⑧が同じ高さの音を出すことより，弦の長さが2倍になるか，弦の太さが2倍になると周波数は$\frac{1}{2}$倍になり，おもりの重さが4倍になると周波数は2倍になることがわかる。⑥は①に対して，弦の長さが2倍，弦の太さが4倍，おもりの重さが4倍だから，⑥の音波の周波数は①の音波の周波数の$\frac{1}{2}\times\frac{1}{4}\times 2=\frac{1}{4}$(倍)である。

［問題3］

問1　①○…茎(くき)を水の中で切ることで空気が入ることを防ぎ，水が集まる力を保つことができる。

問2(1)　蒸散は主に気孔(きこう)で行われ，気孔は葉の表側よりも裏側に多いから，水の減少量(蒸散量)が大きい順に並べると，ワセリンをぬらなかったA（a）＞葉の表側にワセリンをぬったB（b）＞葉の裏側にワセリンをぬったC（c）となる。　(2)　bとcを合計すると1本分の葉の表側と裏側からの蒸散量と2本分の茎からの蒸散量の和となる。ここから，1本分の枝からの蒸散量であるaを引けば，1本分の茎からの蒸散量が求められる。

問3(1)　葉緑体のつぶが見られる三日月形の孔辺細胞(こうへんさいぼう)に囲まれたすき間が気孔である。

問4(1)　照度(ウ)は，太陽が出ていない時間は暗く，12時ごろに最も明るくなるGである。気温(エ)は，太陽によってあたためられた地面が空気をあたためることで上がるから，日の出直後まで下がり続けて最低になり，太陽が南中する正午から少しおくれて(14時ごろに)最高になるEである。DとFのうち，太陽が出ている昼に蒸散がさかんに行われるから蒸散量(ア)はFで，残ったDが吸水量(イ)である。　(2)　ア×…吸水量は照度が低くなりはじめてからしばらくして減少した。　イ×…蒸散量は照度が高くなるとともに増加した。　エ×…蒸散量は照度よりも後から変化したから，照度の影響を受けていると予想される。　カ×…吸水量は蒸散量よりも後から変化した。

［問題4］

問1　アルミニウムは，塩酸にも水酸化ナトリウム水溶液(すいようえき)にも気体(水素)を発生しながら溶(と)ける。

問2　ア，ウ×…水素は無色無臭(むしゅう)である。　エ×…水素には，気体自体が燃える性質がある。

問3　ア○…水に溶けにくい気体は水上置かんで集める。

問4　表2のAとBの差より，アルミニウム3.0−1.5＝1.5(g)とマグネシウム4.5−3.0＝1.5(g)がすべて反応すると，気体が8.5−5＝3.5(L)発生するとわかる。この関係をAにあてはめて考えると，Aでは，アルミニウム1.5gとマグネシウム1.5gから気体が3.5L発生し，マグネシウム3.0−1.5＝1.5(g)から気体が5−3.5＝1.5(L)発生したことになるので，マグネシウム1.0gでは1Lの気体が発生する。

問5　問4解説より，マグネシウム3.0gから発生する気体は3Lだから，表2のAより，アルミニウム1.5gから発生する気体は5−3＝2(L)である。よって，マグネシウム1.4gから1.4L，アルミニウム1.2gから$2\times\frac{1.2}{1.5}=1.6$(L)の気体が発生するから，合計で1.4＋1.6＝3(L)の気体が発生する。

問6　ウ○…問5解説より，アルミニウム1.5gにXを加えたときに発生する気体の体積は2Lである。表3のAに着目すると，マグネシウムは水酸化ナトリウム水溶液に反応しないから，アルミニウム1.5gにYを加えると2Lの気体が発生するとわかる。つまり，XとYで，同じ重さのアルミニウムがすべて反応したときに発生する気体の体積は等しいから，$x=y$である。

問7　銅は塩酸にも水酸化ナトリウム水溶液にも反応しない。表3のDで，XとYの差より，マグネシウムが反応して発生した気体が8.5−6＝2.5(L)だから，含(ふく)まれているマグネシウムは2.5gである。さらに，アルミニウムが反応して発生した気体が6Lだから，含まれているアルミニウムは$1.5\times\frac{6}{2}=4.5$(g)であり，$\overset{\text{マグネシウム}}{2.5}+\overset{\text{アルミニウム}}{4.5}=7.0$(g)より，含まれている銅は0gである。

《2020　社会　解説》

［1］

問１　大阪府堺市にある大仙古墳は，2019 年に百舌鳥・古市古墳群の一つとして世界文化遺産に登録された。

問２　アが誤り。「国際社会で地位を高めようとした」の部分が誤り。

問３　武士(御家人)が将軍(幕府)のために働くことが奉公，将軍が武士の領地を守ること，または武士に新たな領地を与えることを御恩と呼んだ。このような土地を仲立ちとした御恩と奉公の社会を封建社会という。

問４　イが正しい。御成敗式目は，御家人のための法律で，公家・僧侶には適用されなかった。

問５　ウが正しい。駿河は静岡県中部，遠江は静岡県西部の名称である。

問６　アが正しい。今川仮名目録には，けんか両成敗が書かれていた。鎌倉時代には分割相続が行われていたが，戦国時代には長子による相続に変わっていた。

問７　天草四郎を中心とした島原・天草一揆を鎮圧した江戸幕府は，ポルトガル船の来航を禁止し，出島でオランダ・中国とだけ貿易をするようになっていった。

問８　イが正しい。豊臣秀吉の朝鮮出兵によって途絶えていた朝鮮との国交は，対馬藩の宗氏が窓口となることで，通信使の派遣という形で復活した。

問９　アが正しい。武家諸法度を出し，参勤交代を追加することで，大名と幕府の主従関係を強化していった。また，武家諸法度以外にも禁中並公家諸法度を出し，朝廷などの統制まで行った。

問 10　西郷隆盛が中心となって起こした西南戦争が鎮圧されると，自由民権運動は武力をともなわない言論運動に変わっていった。

問11　ウが正しい。旧土佐藩の板垣退助が民選議院設立建白書を出して自由民権運動が展開されると，1881 年に政府は 10 年後の国会開設を約束する，国会開設の詔を出したから，Ｘは誤り。

［2］

問１　アが正しい。丹波の黒豆は広く知られている。山城は京都府南部，丹後は京都府北部，因幡は鳥取県東部の旧国名である。

問２　「香川県」「うどん」から「さぬき」を導く。

問３　イが正しい。３つある本州四国連絡橋のうち，岡山県倉敷市と香川県坂出市を結ぶのが「瀬戸大橋」である。兵庫県神戸市と徳島県鳴門市を結ぶのが明石海峡大橋と大鳴門橋，広島県尾道市と愛媛県今治市を結ぶのがしまなみ海道である。

問４　エが正しい。「陸奥みちのくの異称」「福島，宮城，岩手，青森県と秋田県の一部」から考える。出羽は山形県と秋田県，陸中は岩手県の旧国名である。

問５　薩摩半島の３つの町が合併して南九州市が発足した。

問６　アのりんごがあてはまらない。イはキウイフルーツ，ウはもも，エはぶどう。

問７　ブランドは，銘柄と訳される。

問８　イがあてはまらない。住民の反対の声を恐れるのだから，観光客の声を反映させても地方自治の考え方にあてはまらず，火に油を注ぐだけである。

［3］

問１(2)　アが正しい。図１のときの選挙権は，「直接国税を15円以上納める満25歳以上の男子」だったので，全国民の1.1％程度しかいなかった。　**(3)**　参議院議員通常選挙は３年に一度行われるが，2019年の選挙で245(比例区98，選挙区147)，2022年の選挙で248(比例区100，選挙区148)になる。

問２　エが正しい。専門家や利害に関わる人たちの意見を聞く場を公聴会という。アについて，法律案の提出は，国会議員または内閣だけができる。イについて，衆議院で可決された法律案は，参議院で否決されても，再び衆議院で出席議員の３分の２以上の賛成で再可決すれば，衆議院の優越によって法律となる。ウについて，本会議は，総議員の３分の１以上の出席があれば成立する。

問３　2016年の公職選挙法改正で，選挙権は20歳以上の男女から，18歳以上の男女に引き下げられた。

問４　エが正しい。衆議院は，内閣不信任決議を提出することができる一方で，内閣によって解散されることもある。アについて，２つの県を合わせて１人の議員を選出する合区は，参議院で行われる。参議院議員通常選挙の選挙区の鳥取県と島根県，徳島県と高知県で合区が行われている。イ，参議院についての記述である。衆議院の任期は４年である。ウについて，衆議院の被選挙権は25歳以上，参議院の被選挙権は30歳以上である。

問５　イが正しい。2019年７月の通常選挙の投票率は48.8％で，前回を5.9ポイント下回った。また，投票率が50％を下回ったのは，1995年の44.5％に次いで２回目のことであった。

問７　アが誤り。イートインコーナーで食べるお弁当には10％，持ち帰って公園などで食べるお弁当には８％の消費税がかかる。

問８　ウが正しい。内閣が必要と認めたとき，または，衆議院または参議院において，総議員の４分の１以上の要求があった場合に臨時国会は開かれる。アは特別国会，イは通常国会，エは参議院の緊急集会の説明である。

問９　アが正しい。国際芸術祭トリエンナーレで行われた「表現の不自由展」を取りやめたことに対して，補助金問題が発生した。

■ ご使用にあたってのお願い・ご注意

（1）問題文等の非掲載

著作権上の都合により，問題文や図表などの一部を掲載できない場合があります。

誠に申し訳ございませんが，ご了承くださいますようお願いいたします。

（2）過去問における時事性

過去問題集は，学習指導要領の改訂や社会状況の変化，新たな発見などにより，現在とは異なる表記や解説になっている場合があります。過去問の特性上，出題当時のままで出版していますので，あらかじめご了承ください。

（3）配点

学校等から配点が公表されている場合は，記載しています。公表されていない場合は，記載していません。

独自の予想配点は，出題者の意図と異なる場合があり，お客様が学習するうえで誤った判断をしてしまう恐れがあるため記載していません。

（4）無断複製等の禁止

購入された個人のお客様が，ご家庭でご自身またはご家族の学習のためにコピーをすることは可能ですが，それ以外の目的でコピー，スキャン，転載（ブログ，ＳＮＳなどでの公開を含みます）などをすることは法律により禁止されています。学校や学習塾などで，児童生徒のためにコピーをして使用することも法律により禁止されています。

ご不明な点や，違法な疑いのある行為を確認された場合は，弊社までご連絡ください。

（5）けがに注意

この問題集は針を外して使用します。針を外すときは，けがをしないように注意してください。また，表紙カバーや問題用紙の端で手指を傷つけないように十分注意してください。

（6）正誤

制作には万全を期しておりますが，万が一誤りなどがございましたら，弊社までご連絡ください。

なお，誤りが判明した場合は，弊社ウェブサイトの「ご購入者様のページ」に掲載しておりますので，そちらもご確認ください。

■ お問い合わせ

解答例，解説，印刷，製本など，問題集発行におけるすべての責任は弊社にあります。

ご不明な点がございましたら，弊社ウェブサイトの「お問い合わせ」フォームよりご連絡ください。迅速に対応いたしますが，営業日の都合で回答に数日を要する場合があります。

ご入力いただいたメールアドレス宛に自動返信メールをお送りしています。自動返信メールが届かない場合は，「よくある質問」の「メールの問い合わせに対し返信がありません。」の項目をご確認ください。

また弊社営業日（平日）は，午前９時から午後５時まで，電話でのお問い合わせも受け付けています。

2025 春

株式会社教英出版
〒422-8054　静岡県静岡市駿河区南安倍３丁目 12-28
TEL　054-288-2131　　FAX　054-288-2133
URL　https://kyoei-syuppan.net/
MAIL siteform@kyoei-syuppan.net

教英出版　2025年春受験用　中学入試問題集

学校別問題集

✿はカラー問題対応

北海道

①[市立]札幌開成中等教育学校
②藤女子中学校
③北嶺中学校
④北星学園女子中学校
⑤札幌大谷中学校
⑥札幌光星中学校
⑦立命館慶祥中学校
⑧函館ラ・サール中学校

青森県

①[県立]三本木高等学校附属中学校

岩手県

①[県立]一関第一高等学校附属中学校

宮城県

①[県立]宮城県古川黎明中学校
②[県立]宮城県仙台二華中学校
③[市立]仙台青陵中等教育学校
④東北学院中学校
⑤仙台白百合学園中学校
⑥聖ウルスラ学院英智中学校
⑦宮城学院中学校
⑧秀光中学校
⑨古川学園中学校

秋田県

①[県立]
- 大館国際情報学院中学校
- 秋田南高等学校中等部
- 横手清陵学院中学校

山形県

①[県立]
- 東桜学館中学校
- 致道館中学校

福島県

①[県立]
- 会津学鳳中学校
- ふたば未来学園中学校

茨城県

①[県立]
- 日立第一高等学校附属中学校
- 太田第一高等学校附属中学校
- 水戸第一高等学校附属中学校
- 鉾田第一高等学校附属中学校
- 鹿島高等学校附属中学校
- 土浦第一高等学校附属中学校
- 竜ヶ崎第一高等学校附属中学校
- 下館第一高等学校附属中学校
- 下妻第一高等学校附属中学校
- 水海道第一高等学校附属中学校
- 勝田中等教育学校
- 並木中等教育学校
- 古河中等教育学校

栃木県

①[県立]
- 宇都宮東高等学校附属中学校
- 佐野高等学校附属中学校
- 矢板東高等学校附属中学校

群馬県

①
- [県立]中央中等教育学校
- [市立]四ツ葉学園中等教育学校
- [市立]太田中学校

埼玉県

①[県立]伊奈学園中学校
②[市立]浦和中学校
③[市立]大宮国際中等教育学校
④[市立]川口市立高等学校附属中学校

千葉県

①[県立]
- 千葉中学校
- 東葛飾中学校

②[市立]稲毛国際中等教育学校

東京都

①[国立]筑波大学附属駒場中学校
②[都立]白鷗高等学校附属中学校
③[都立]桜修館中等教育学校
④[都立]小石川中等教育学校
⑤[都立]両国高等学校附属中学校
⑥[都立]立川国際中等教育学校
⑦[都立]武蔵高等学校附属中学校
⑧[都立]大泉高等学校附属中学校
⑨[都立]富士高等学校附属中学校
⑩[都立]三鷹中等教育学校
⑪[都立]南多摩中等教育学校
⑫[区立]九段中等教育学校
⑬開成中学校
⑭麻布中学校
⑮桜蔭中学校
⑯女子学院中学校
✿⑰豊島岡女子学園中学校
⑱東京都市大学等々力中学校
⑲世田谷学園中学校
✿⑳広尾学園中学校(第2回)
✿㉑広尾学園中学校(医進・サイエンス回)
㉒渋谷教育学園渋谷中学校(第1回)
㉓渋谷教育学園渋谷中学校(第2回)
㉔東京農業大学第一高等学校中等部(2月1日 午後)
㉕東京農業大学第一高等学校中等部(2月2日 午後)

神奈川県

①［県立］相模原中等教育学校
　　　　　平塚中等教育学校
②［市立］南高等学校附属中学校
③［市立］横浜サイエンスフロンティア高等学校附属中学校
④［市立］川崎高等学校附属中学校
✿⑤聖光学院中学校
✿⑥浅野中学校
⑦洗足学園中学校
⑧法政大学第二中学校
⑨逗子開成中学校（1次）
⑩逗子開成中学校（2·3次）
⑪神奈川大学附属中学校（第1回）
⑫神奈川大学附属中学校（第2·3回）
⑬栄光学園中学校
⑭フェリス女学院中学校

新潟県

①［県立］村上中等教育学校
　　　　　柏崎翔洋中等教育学校
　　　　　燕中等教育学校
　　　　　津南中等教育学校
　　　　　直江津中等教育学校
　　　　　佐渡中等教育学校
②［市立］高志中等教育学校
③新潟第一中学校
④新潟明訓中学校

石川県

①［県立］金沢錦丘中学校
②星稜中学校

福井県

①［県立］高志中学校

山梨県

①山梨英和中学校
②山梨学院中学校
③駿台甲府中学校

長野県

①［県立］屋代高等学校附属中学校
　　　　　諏訪清陵高等学校附属中学校
②［市立］長野中学校

岐阜県

①岐阜東中学校
②鶯谷中学校
③岐阜聖徳学園大学附属中学校

静岡県

①［国立］静岡大学教育学部附属中学校
　　　　　（静岡·島田·浜松）
②［県立］清水南高等学校中等部
　［県立］浜松西高等学校中等部
　［市立］沼津高等学校中等部
③不二聖心女子学院中学校
④日本大学三島中学校
⑤加藤学園暁秀中学校
⑥星陵中学校
⑦東海大学付属静岡翔洋高等学校中等部
⑧静岡サレジオ中学校
⑨静岡英和女学院中学校
⑩静岡雙葉中学校
⑪静岡聖光学院中学校
⑫静岡学園中学校
⑬静岡大成中学校
⑭城南静岡中学校
⑮静岡北中学校
⑯常葉大学附属常葉中学校
　常葉大学附属橘中学校
　常葉大学附属菊川中学校
⑰藤枝明誠中学校
⑱浜松開誠館中学校
⑲静岡県西遠女子学園中学校
⑳浜松日体中学校
㉑浜松学芸中学校

愛知県

①［国立］愛知教育大学附属名古屋中学校
②愛知淑徳中学校
③名古屋経済大学市邨中学校
　名古屋経済大学高蔵中学校
④金城学院中学校
⑤椙山女学園中学校
⑥東海中学校
⑦南山中学校男子部
⑧南山中学校女子部
⑨聖霊中学校
⑩滝中学校
⑪名古屋中学校
⑫大成中学校
⑬愛知中学校
⑭星城中学校
⑮名古屋葵大学中学校
　（名古屋女子大学中学校）
⑯愛知工業大学名電中学校
⑰海陽中等教育学校（特別給費生）
⑱海陽中等教育学校（I·II）
⑲中部大学春日丘中学校
新刊⑳名古屋国際中学校

三重県

①［国立］三重大学教育学部附属中学校
②暁中学校
③海星中学校
④四日市メリノール学院中学校
⑤高田中学校
⑥セントヨゼフ女子学園中学校
⑦三重中学校
⑧皇學館中学校
⑨鈴鹿中等教育学校
⑩津田学園中学校

滋賀県

①［国立］滋賀大学教育学部附属中学校
②［県立］河瀬中学校
　　　　　守山中学校
　　　　　水口東中学校

京都府

①［国立］京都教育大学附属桃山中学校
②［府立］洛北高等学校附属中学校
③［府立］園部高等学校附属中学校
④［府立］福知山高等学校附属中学校
⑤［府立］南陽高等学校附属中学校
⑥［市立］西京高等学校附属中学校
⑦同志社中学校
⑧洛星中学校
⑨洛南高等学校附属中学校
⑩立命館中学校
⑪同志社国際中学校
⑫同志社女子中学校（前期日程）
⑬同志社女子中学校（後期日程）

大阪府

①［国立］大阪教育大学附属天王寺中学校
②［国立］大阪教育大学附属平野中学校
③［国立］大阪教育大学附属池田中学校

④[府立]富田林中学校
⑤[府立]咲くやこの花中学校
⑥[府立]水都国際中学校
⑦清風中学校
⑧高槻中学校（A日程）
⑨高槻中学校（B日程）
⑩明星中学校
⑪大阪女学院中学校
⑫大谷中学校
⑬四天王寺中学校
⑭帝塚山学院中学校
⑮大阪国際中学校
⑯大阪桐蔭中学校
⑰開明中学校
⑱関西大学第一中学校
⑲近畿大学附属中学校
⑳金蘭千里中学校
㉑金光八尾中学校
㉒清風南海中学校
㉓帝塚山学院泉ヶ丘中学校
㉔同志社香里中学校
㉕初芝立命館中学校
㉖関西大学中等部
㉗大阪星光学院中学校

兵庫県

①[国立]神戸大学附属中等教育学校
②[県立]兵庫県立大学附属中学校
③雲雀丘学園中学校
④関西学院中学部
⑤神戸女学院中学部
⑥甲陽学院中学校
⑦甲南中学校
⑧甲南女子中学校
⑨灘中学校
⑩親和中学校
⑪神戸海星女子学院中学校
⑫滝川中学校
⑬啓明学院中学校
⑭三田学園中学校
⑮淳心学院中学校
⑯仁川学院中学校
⑰六甲学院中学校
⑱須磨学園中学校(第1回入試)
⑲須磨学園中学校(第2回入試)
⑳須磨学園中学校(第3回入試)
㉑白陵中学校
㉒夙川中学校

奈良県

①[国立]奈良女子大学附属中等教育学校
②[国立]奈良教育大学附属中学校
③[県立] 国際中学校
　　　　青翔中学校
④[市立]一条高等学校附属中学校
⑤帝塚山中学校
⑥東大寺学園中学校
⑦奈良学園中学校
⑧西大和学園中学校

和歌山県

①[県立] 古佐田丘中学校
　　　　向陽中学校
　　　　桐蔭中学校
　　　　日高高等学校附属中学校
　　　　田辺中学校
②智辯学園和歌山中学校
③近畿大学附属和歌山中学校
④開智中学校

岡山県

①[県立]岡山操山中学校
②[県立]倉敷天城中学校
③[県立]岡山大安寺中等教育学校
④[県立]津山中学校
⑤岡山中学校
⑥清心中学校
⑦岡山白陵中学校
⑧金光学園中学校
⑨就実中学校
⑩岡山理科大学附属中学校
⑪山陽学園中学校

広島県

①[国立]広島大学附属中学校
②[国立]広島大学附属福山中学校
③[県立]広島中学校
④[県立]三次中学校
⑤[県立]広島叡智学園中学校
⑥[市立]広島中等教育学校
⑦[市立]福山中学校
⑧広島学院中学校
⑨広島女学院中学校
⑩修道中学校
⑪崇徳中学校
⑫比治山女子中学校
⑬福山暁の星女子中学校
⑭安田女子中学校
⑮広島なぎさ中学校
⑯広島城北中学校
⑰近畿大学附属広島中学校福山校
⑱盈進中学校
⑲如水館中学校
⑳ノートルダム清心中学校
㉑銀河学院中学校
㉒近畿大学附属広島中学校東広島校
㉓AICJ中学校
㉔広島国際学院中学校
㉕広島修道大学ひろしま協創中学校

山口県

①[県立] 下関中等教育学校
　　　　高森みどり中学校
②野田学園中学校

徳島県

①[県立] 富岡東中学校
　　　　川島中学校
　　　　城ノ内中等教育学校
②徳島文理中学校

香川県

①大手前丸亀中学校
②香川誠陵中学校

愛媛県

①[県立] 今治東中等教育学校
　　　　松山西中等教育学校
②愛光中学校
③済美平成中等教育学校
④新田青雲中等教育学校

高知県

①[県立] 安芸中学校
　　　　高知国際中学校
　　　　中村中学校

福岡県

①[国立] 福岡教育大学附属中学校（福岡・小倉・久留米）

②[県立]
- 育徳館中学校
- 門司学園中学校
- 宗像中学校
- 嘉穂高等学校附属中学校
- 輝翔館中等教育学校

③西南学院中学校
④上智福岡中学校
⑤福岡女学院中学校
⑥福岡雙葉中学校
⑦照曜館中学校
⑧筑紫女学園中学校
⑨敬愛中学校
⑩久留米大学附設中学校
⑪飯塚日新館中学校
⑫明治学園中学校
⑬小倉日新館中学校
⑭久留米信愛中学校
⑮中村学園女子中学校
⑯福岡大学附属大濠中学校
⑰筑陽学園中学校
⑱九州国際大学付属中学校
⑲博多女子中学校
⑳東福岡自彊館中学校
㉑八女学院中学校

佐賀県

①[県立]
- 香楠中学校
- 致遠館中学校
- 唐津東中学校
- 武雄青陵中学校

②弘学館中学校
③東明館中学校
④佐賀清和中学校
⑤成穎中学校
⑥早稲田佐賀中学校

長崎県

①[県立]
- 長崎東中学校
- 佐世保北中学校
- 諫早高等学校附属中学校

②青雲中学校
③長崎南山中学校
④長崎日本大学中学校
⑤海星中学校

熊本県

①[県立]
- 玉名高等学校附属中学校
- 宇土中学校
- 八代中学校

②真和中学校
③九州学院中学校
④ルーテル学院中学校
⑤熊本信愛女学院中学校
⑥熊本マリスト学園中学校
⑦熊本学園大学付属中学校

大分県

①[県立]大分豊府中学校
②岩田中学校

宮崎県

①[県立]五ヶ瀬中等教育学校
②[県立]
- 宮崎西高等学校附属中学校
- 都城泉ヶ丘高等学校附属中学校

③宮崎日本大学中学校
④日向学院中学校
⑤宮崎第一中学校

鹿児島県

①[県立]楠隼中学校
②[市立]鹿児島玉龍中学校
③鹿児島修学館中学校
④ラ・サール中学校
⑤志學館中等部

沖縄県

①[県立]
- 与勝緑が丘中学校
- 開邦中学校
- 球陽中学校
- 名護高等学校附属桜中学校

もっと過去問シリーズ

北海道

北嶺中学校
7年分（算数・理科・社会）

静岡県

静岡大学教育学部附属中学校（静岡・島田・浜松）
10年分（算数）

愛知県

愛知淑徳中学校
7年分（算数・理科・社会）
東海中学校
7年分（算数・理科・社会）
南山中学校男子部
7年分（算数・理科・社会）
南山中学校女子部
7年分（算数・理科・社会）
滝中学校
7年分（算数・理科・社会）
名古屋中学校
7年分（算数・理科・社会）

岡山県

岡山白陵中学校
7年分（算数・理科）

広島県

広島大学附属中学校
7年分（算数・理科・社会）
広島大学附属福山中学校
7年分（算数・理科・社会）
広島学院中学校
7年分（算数・理科・社会）
広島女学院中学校
7年分（算数・理科・社会）
修道中学校
7年分（算数・理科・社会）
ノートルダム清心中学校
7年分（算数・理科・社会）

愛媛県

愛光中学校
7年分（算数・理科・社会）

福岡県

福岡教育大学附属中学校（福岡・小倉・久留米）
7年分（算数・理科・社会）
西南学院中学校
7年分（算数・理科・社会）
久留米大学附設中学校
7年分（算数・理科・社会）
福岡大学附属大濠中学校
7年分（算数・理科・社会）

佐賀県

早稲田佐賀中学校
7年分（算数・理科・社会）

長崎県

青雲中学校
7年分（算数・理科・社会）

鹿児島県

ラ・サール中学校
7年分（算数・理科・社会）

※もっと過去問シリーズは国語の収録はありません。

教英出版
〒422-8054
静岡県静岡市駿河区南安倍3丁目12－28
TEL 054-288-2131
FAX 054-288-2133
詳しくは教英出版で検索
教英出版　検索
URL https://kyoei-syuppan.net/

第一次入学試験問題

国語

（60分）

函館ラ・サール中学校

２０２４．１．８

2024(R6) 函館ラ・サール中
教英出版

〔問題二〕次の文章を読んで後の問いに答えなさい。

外出したさい、ちょうどお昼なので、その辺で昼飯を食べようと思ったら、ラーメン屋が［ａ］に留まった。ラーメンもいいが、もっとほかに美味しいものがあるかもしれない。そう思って、つぎの店を探す。すると、そば屋が［ａ］に入った。そばか、それもいいけど、もう少し探してみよう。こうして洋食、とんかつ、お好み焼き、等々、いろいろな店をめぐるが、結局、どれもいまいちで、決められない。探せば探すほど、Ａヨケイに迷ってしまう。最後は、もう何でもいいや、と思って、眼の前のラーメン屋に入る。そうしたら、そのラーメンはいまいちだった……。

①こんな失敗をしないためには、あらかじめ周辺にどんな店があるのかをよく調べ、腹の減り具合や懐具合を勘案して、どの店で何を食べるかをしっかり決めておかなければならない。このような計画をＢジゼンに立てておけば、昼飯を求めて当てもなくさまようというような愚は避けられる。

このように計画はたしかに重要である。よく計画してから行動せよと言われることも多い。しかし、なぜ計画は重要なのだろうか。あらためて考えてみよう。まず、その［ｂ］で考えたのでは間に合わないケースがある。「泥縄」という言葉が示すように、泥棒を捕まえてから縄をなっていては、泥棒に逃げられてしまう。泥棒を捕まえたらどうするかをあらかじめ考えて、縄で縛ることにするなら、縄をなって用意しておかなければならない。事が起こってから対策を考えようとしても、十分考える時間はないし、いい対策を思いついても、準備する時間がない。まさに②「泥縄式」の対応になる。

また、計画を立てないと、せっかく行ったことが無駄になることがある。今夜は、コーヒーでも飲みながら、本を読もうと思って、コーヒ豆を買って帰る。しかし、コーヒーミルを探してみると、どこにも見当たらない。そういえば、古くなったので、先日、ゴミに出したのだとハタと気づく。挽いてある豆を買うべきだったと後悔しつつ、仕方なくお茶をいれて飲む。せっかく買ったコーヒー豆は無駄になってしまう（腐るものではないのでとってはおけるが）。

さらに、計画を立てないと、やったことが無駄になるどころか、邪魔にさえなることがある。家具の配置換えをしようと思って、机や椅子、本棚を動かしてみる。しかし、やみくもに動かしたりすると、たとえば動かした机が邪魔になって、そこに本棚を置くことができなかったりする。そこで、仕方なく、机を元の位置に戻す羽目になる。家具の配置換えは、結構複雑な作業だ。行き当たりばったりでは、ある移動がつぎの移動の邪魔になることがある。どれをどの順に移動するかのジゼンのしっかりした計画が必要だ。

「机上の空論」とか「下手の考え休むに似たり」という言葉があるように、現実と噛み合わない思考は、空転するばかりで c に立たない。しかし、現実としっかり噛み合った思考は、きわめてCユウヨウである。家具の配置換えを計画的に行うには、部屋の図面を書いて、どこに机や椅子、本棚を置くかを書きこみ、それらをそこに移動するためには、どの順にどのルートで動かすかを具体的かつ詳細に決めなければならない。それはまさに「机上」で綿密に行わなければならない。

もちろん、計画を立てるには、それなりの時間と労力がかかる。③そのような「机上」の緻密な計画があってはじめて、効率的な配置換えが可能になる。場合によっては、とくに計画を立てずに、④適当に場当たり的にやったほうが早く楽にできるかもしれない。汚れた食器を洗浄機に入れるとき、どれをどの順にどこに置くかをあらかじめ決めるのは、非常にむずかしい。そんなことをあれこれ考えるより、適当に入れて、うまく行かなければやり直すようにしたほうが、はるかに早いし、楽である。

とはいえ、たいていは計画的にやったほうが効率的である。家具の配置換えについて計画を立てるのは、なかなか手間暇のかかる作業だが、計画を立てたほうが早く楽にできる。重たい机や本棚を動かすのは時間と労力がかかるし、それを何度もやり直すのは耐えがたい。そのような試行錯誤を図面上で行うことができるのは、私たち人間の恵まれたDサイノウだ。計画はそのようなサイノウを活かした人間Eドクジのすぐれた営みなのである。

たしかに計画は重要だ。しかし、読者のみなさんもおそらく d に染みているように、どれほど緻密に計画を立てても、必ず想定外のことが起こる。

たとえば、さまざまな可能性をよく考えて周到に計画を立て、そのうえで銀行強盗を決行したとしよう。ところが、銀行の床にたまたまバナナの皮が落ちていて、それで滑ってあっけなく捕まってしまう。もちろん、バナナの皮が銀行の床に落ちていることはまずないが、その可能性はけっしてゼロではない。完全な計画を立てようとすれば、どれほど確率の低い出来事でも、それが生じたときの対策を考えておかなければならない。

しかし、生じる可能性のあることは、きわめて確率の低いものまで含めれば、ほとんど無限にあると言ってよい。

たとえば、銀行強盗中に、赤ちゃんが突然泣きだして、その声で外にいる仲間と連絡がとりづらくなるとか、行員の尋常ならざる悲鳴に驚いて腰を抜かす、運転を誤った車が銀行に突入してくるなど、可能性は低くても、けっして起きないとは言えない。さらには、ミサイルの飛来や隕石の落下といった出来事すら、確率はゼロではない。このようなほとんど無数の起こりうる事柄をすべて考慮することは、私たち人間には実際上不可能である。

したがって、⑤どれほど緻密な計画を立てるとしても、きわめて確率の低い事柄は無視せざるをえない。ミサイルの飛来や隕石の落下は、確率がゼロではないとはいえ、起こらないものとして考慮の外に置くほかない。

ただし、厳密に言えば、どの事柄を無視するかは、それが生じる確率だけで決まるわけではない。生じる可能性のある事柄のうち、銀行強盗の成功を大きく妨げるものもあれば、そうでないものもあるだろう。つまり、事柄によって、それが生じたときにどれだけ成功を妨害するかが異なる。これを「妨害量」の違いとよぶことにしよう。妨害量の大きい事柄ほど、それが生じたときに成功を大きく妨げる。

銀行強盗中にバナナの皮ですべって転ぶことは、きわめて確率が低いとはいえ、それが生じれば、ほぼ確実に捕まる。したがって、その妨害量はかなり大きい。これにたいして、行員の尋常ならざる悲鳴は、ある程度の確率で起こるとはいえ、それほど銀行強盗の遂行に支障を来さないだろう。したがって、その妨害量はあまり大きくない。

⑥このような妨害量が、どの事柄を無視するかに関係してくる。バナナの皮による転倒が行員の尋常ならざる悲鳴よりもはるかに確率が低いとしても、それらの確率とそれぞれの妨害量を掛けあわせた値（妨害の「期待値」とよばれる）は、バナナの皮による転倒のほうが大きいかもしれない。そうだとすれば、バナナの皮による転倒のほうが、銀行強盗の成功をより大きく妨げることになろう。そうであれば、行員の尋常ならざる悲鳴を無視して、バナナによる転倒のほうを考慮に入れることになるだろう。つまり、どの事柄を無視するかは、その事柄が生じる確率だけではなく、その確率と妨害量を掛けあわせた値（つまり妨害の期待値）によって決まるのである。

以上、厳密を期すために、少し込み入った話をしたが、ともかく重要なことは、どれほど緻密な計画を立てるにせよ、完全な計画を立てることは不可能だということである。起こる可能性のある事柄はほぼ無限にあり、そのすべてを考慮することはできないから、一部の事柄は起こらないものとして無視するしかない。つまり、想定外とするしかない。しかし、想定外の事柄も、生じる確率がゼロでない以上、起こりうる。そして、もしそれが起これば、計画はおそらく失敗するだろう。したがって、絶対に失敗しない完全な計画を立てることは不可能なのである。そこには、計画を立てることは重要だが、完全な計画を立てることはできないというジレンマがある。このことはよく e に入れておいたほうがよいだろう。

（信原幸弘『「覚える」と「わかる」』ちくまプリマー新書より）

（一）＝線部A～Eのカタカナを漢字に改めなさい。

（二） a ～ e に入る言葉をそれぞれ漢字一字で答えなさい。ただし、 a は本文中に二つあります。

（三）――線部①「こんな失敗」とほぼ同じ意味を表している部分を本文中から二十二字でぬきだし、最初と最後の三字をそれぞれ答えなさい。

（四）――線部②「『泥縄式』の対応」を説明するための例として最も適当なものを次の中から一つ選び、記号で答えなさい。

ア　修学旅行に向けて下調べをしていたら、興味深いことが次々に見つかり、それらのことを調べているうちに、いつのまにか出発日が近づき、すべてについて調べ尽くすことはできなかった。

イ　ある友だちとけんかをしてしまったが、仲直りをしたいと思い、別の友人にあいだに入ってもらおうと考え、事情を話してみたら、そういうことは引き受けられないと断られてしまった。

ウ　夏休みが終わり、今日から学校が始まるという日の朝に、あらためて夏休みの課題を確認してみたら、読書感想文の課題があることがわかり、あわてて感想文の対象にする本を探し始めた。

エ　明日は遠足の日だが、天気予報では「明日は晴れ」ということなので、きっと遠足は実施されるだろうから今日出された宿題にはまだとりかからなくてもよいだろうと思いながら床に就いた。

（五）　――線部③「そのような『机上』の緻密（ちみつ）な計画」の説明として最も適当なものを次の中から一つ選び、記号で答えなさい。

ア　目的を達成するために、起こりうることを完全に予測して、成功の障害になりそうなことはうまく処理できるように考えぬいて立てた計画。

イ　何かをしようとするときに、失敗を避けるためにできるかぎり多くの正しい情報を集め、実際の場面をこまかいところまで想定して練り上げた計画。

ウ　予想されるあらゆる事態を可能な限り洗いだして、それらの事態が起きた状況（じょうきょう）を実際につくりだして解決法を考え、予定通りにすべてものごとが進むように立てた計画。

エ　あることをなしとげるために、その計画にかかわっている人が集まり、率直（そっちょく）に意見を出し合って議論し、多角的な視点から検討することによって生まれる完全な計画。

（六）　――線部④「適当に場当たり的にやったほうが早く楽にできる」の説明として最も適当なものを次の中から一つ選び、記号で答えなさい。

ア　先の見通しを考えるような面倒（めんどう）なことはしないで、とにかくなりゆきにまかせて行動した方が手間がかからない。

イ　ものごとはあまり深く考えないで、その時に思った通りに進めた方が成功する確率が高い。

ウ　これから起こることを想定するよりも、現実に起きたことにその都度対応した方がよい。

エ　将来を予測することはむずかしく、世の中はなにもかも不確実なものだと開き直って行動するぐらいがよい。

（七）　――線部⑤「どれほど緻密な計画を立てるとしても、きわめて確率の低い事柄は無視せざるをえない」とありますが、それはなぜですか。その理由として最も適当なものを次の中から一つ選び、記号で答えなさい。

ア　いくら精密な計画を立てても、それを実行できるかどうかは費用との関係によることだから。

イ　人間には未来を予想する能力があるが、それを過信するあまり、自分がまちがえるわけがないと思いこんでしまうから。

ウ　だれもが完璧な計画づくりをめざして努力をするが、すべての出来事を予想しつくすことは不可能だから。
エ　計画を正確にしようとすればするほど、それにともなって考えることも多くなり、かえってものごとが前に進まなくなるから。

（八）――線部⑥「このような妨害量が、どの事柄を無視するかに関係してくる」の説明として最も適当なものを、次の中から一つ選び、記号で答えなさい。
ア　計画を実行しようと考える際に、どの程度計画の妨げになる事柄があるのかを見きわめることで成否がきまる。
イ　計画の中にふくまれる一つ一つの具体的な事柄には重要度の違いがあり、それに応じて実行する手順がきまる。
ウ　成功を妨げる可能性のあることが起こる確率と起こらない確率とを比較することによって、計画を実行するかどうかがきまる。
エ　ものごとを成功させようとするときに、ある事柄がどの程度成功を妨げるのかという違いによって、それに注意をはらう必要の有無がきまる。

（九）〰〰線部「下手の考え休むに似たり」は、ここではどういう意味を表していますか。句読点や記号もふくめて五十字以内で説明しなさい。

〔問題二〕次の小説の主人公小柳レモンは、母親（木綿子さん）が倒れて入院したと聞いて驚き、隣人の時田翼が運転する車で病院に駆けつけました。そこで義父（小柳さん）から盲腸だと聞かされ、拍子抜けしたレモンは遅い夕食を母の病室で食べたところです。この文章を読んで後の問いに答えなさい。

音がしないように、ゆっくりゆっくり食べ終わったお弁当の容器をビニール袋に入れている小柳さんとあたしは、一メートル以上の距離をＡ空けて長椅子に腰かけている。歩く時でも、そうだ。家の中でも、外でも。あたしと小柳さんは、常に、この距離を保っている。保たなければならない。

結婚してすぐの頃に、いきなり「お父さん」とは呼べないだろうから、と小柳さんは言い、まずは友だちにならないか、とあたしに提案してくれたのだった。初見で冴えないおっさんだと感じた小柳さんは、話してみると楽しいおっさんだった。ものすごく真剣に話を聞いてくれるし、中年なのに説教じみたところがないし、かと言ってあたしの機嫌をとろうとするようなことは一切しなかった。

あたしはたぶん、ちゃんとした大人からはじめて対等に扱われて、すごくうれしかったのだと思う。①母はあたしと「対等」ではないから。

小柳さん好きだな、と思った。だって小柳さんは母のことが大好きだから。母をなによりも誰よりも、大切にしてくれている、と傍で見ていてわかるから。

あんまりお義父さんにべたべたしたらだめよ、と例の近所のおばさんに言われたのは、ふたりが結婚して数か月後のことだった。べたべたなんて、していなかった。だってあたしはもう十七歳だったのだ。小さな子どもではない。小柳さんともただ、普通に仲良くしていただけだ。一緒にスーパーマーケットに行く程度のことを「べたべた」なんて言われて、ほんとうにものすごくびっくりした。

そのおばさんは結婚直後に「レモンちゃん、あんたこれからも『小柳さん』って呼ぶの？　そんな他人行儀な呼びかた、どうなのよ？」と言っていた人でもある。

「べたべたなんてしてない、あたしは、他人行儀じゃなくなろうとして、だから」と答える声は震えていて、とても小さくて、おばさんには届かなかった。おばさんは眉をひそめ、でもくちびるはだらしなくゆるませて、こう続けた。

「あんたはその気になれば、小柳さんと『そういう仲』になれるんだからさ。男と女なんだから。あんまりべたべた仲良くしてたら、へんな噂が立つかもしれないよ。木綿子さんだって、心配するだろうし。おだやかじゃいられないよねえ。だって自分よりずっと若くてかわいい女が同じ家の中にいるんだもの」

「他人の事情にあれこれ口を出す」は「本人のいないところで噂をする」に並ぶ、無料でたのしい娯楽のひとつだ。②<u>あたしたちは、おばさんの娯楽として消費された。</u>

ピノキオが嫌いだ。あいつは人形からちゃんと人間の男の子になれた。ゼペット爺さんのほんとうの子どもに。だけどあたしは違う。小柳さんのほんとうの娘にはけっしてなれない。

母が夜勤で家を空ける日は、あたしは友だちの家に泊まるようになった。小柳さんとふたりきりにならないように。小柳さんからなにかされるかもしれないと警戒していたわけではない。でも家にふたりでいると、周囲の人に邪推する余地を与えてしまうから。

友だちみんなの都合が悪ければ、これまで以上にファミリーレストランでひとり時間を潰すようになった。髪を染めて、なるべく派手な服を着て、時々学校をさぼったりした。吸いたくもない煙草を吸った。そうすると、いとも簡単にあたしは近所の人たちや学校の先生から「母親の再婚により、居場所を失って非行化した女の子」として扱ってもらえるようになった。やさしく理解ある［B］の父に勝手に反発している女の子だ。誰も［　］にせずに済む、いちばん良い方法だと思っていた。

そういえば、さっきのおにぎりの代金を小柳さんに払わせて、そのままにしていた。小銭を出そうとすると、小柳さんは笑う。

「ばかだなあ。いいんだよ、そんなの」

「でも」

なおも財布を探るあたしに、小柳さんが「だって仕事、辞めちゃったんでしょう」とことさらに小声で言った。クビ、というあたしの表現をそのまま採用しないところが、③<u>小柳さんらしい。</u>

「お金貯めるんでしょ。……節約しなきゃ」

そうだ。あたしは、車を買わなければならない。けど、それより先にまず、家を出るべきだと思った。

「あたし家、出ていく」

まずどこかにアパートを借りる。そのためのお金に充てよう。ほんとうはもっとはやく、そうするべきだったのだ。
えっ、と小柳さんが目を丸くする。
「な、なんで？」
なんで、え、なんで？　小柳さんはおろおろしている。
④小柳さんがお父さんじゃないからだよ、と答える声が震えないように、必死で気をつけた。泣いたりしたら、小柳さんが心配するし、母が起きてしまう。
すこし口を開いて、顔をこちらに傾けて眠っている母の顔を見つめる。あらためて見ると、やっぱり以前より、老けた。額の生え際あたりがずいぶん白くなっている。
人は死ぬ。かならず死ぬ。小柳さんと母とどちらが先に死ぬのだろう。もし今すぐに母が小柳さんより先に死んだら？　そう考えるとやっぱりあたしは家を出なければならない。小柳さんとふたりで暮らすわけにはいかないのだ。
＊ビバーチェの店長に頭突きをしたのは、小柳さんのことを言われたせいだ。
「小柳さんって、お父さんと血が繋がってないんだってね」
テーブルの片づけをしている時に突然隣に来て、言われた。誰かから聞いたらしい。あたしは時田翼と女の会話を盗み聞きしようと必死だったので、無視した。答える［B］もないし。
店長は無視されたことはまったく気にしていない様子で、ニヤニヤしながら「なんかさあ」と続けた。なんかさあ、そういうのってやらしいよね。深夜、わたしの寝室に義父が忍びこんで来て……みたいなやつ、あるよね、漫画とかでさ。だって再婚したの小柳さんが女子高生の時だったんでしょ。女子高生だもんね、やっぱね、絶対やらしい目で見ちゃうもん。男ってそういうもんだからさ。小柳さんが目当てでお母さんと結婚したって可能性もあるよね。あるよ、うん。
ねえやっぱり、お風呂とかのぞかれたことあるでしょ、一回ぐらいはさー、という言葉がすべて終わらぬうちに、あたしは店長の鼻めがけて頭突きをしていた。
近所のおばさんの時と一緒だと思った。自分の欲求不満だかなんだかを、⑤よその家庭の事情を娯楽として消費することで発散するなと思った。ひとりで楽しむぶんにはいいが、あたしに押しつけてくるな。

ぐへっというような声を発して数歩後ろに下がった店長は、お客さんがいるテーブルにぶつかって、そこにのっていたカトラリーケースが落ちて、大きな音を立てた。店内が静まり返った。店長の鼻から血が流れ出して、急いで手で押さえているのを、そして押さえきれずにボトボト血が床に垂れるのを、ただじっと見ていた。

（寺地はるな『大人は泣かないと思っていた』より）

＊ビバーチェ……小柳レモンがアルバイトをしていたファミリーレストランの名前

（一）――線部A「空けて」とありますが、次の「□けて」の中で「空けて」と同じ読み方をするものはどれですか。次の中から**二つ**選び、それぞれ記号で答えなさい。ただし、解答の順番は問いません。

ア　あっという間に午前五時となり、ついに夜が□けてしまった。
イ　選手が□けてしまったので、試合に参加できなくなった。
ウ　虫たちが生き残りを□けて戦っている。
エ　手軽さが□けて、ヒット商品となった。
オ　もう一度店を□けてほしいという要望が多く寄せられた。
カ　気を□けて、行ってらっしゃい。

（二）［B］に入る語を漢字で答えなさい。ただし、［B］は本文中に二つあります。

（三）　――線部①「母はあたしと『対等』ではない」とありますが、『対等』ではない」とはどういうことですか。最も適当なものを次の中から一つ選び、記号で答えなさい。

ア　母娘なので、互いを見る目が厳しくなるということ。
イ　女性同士なので、気の置けない関係だということ。
ウ　血の繋がった間柄なので、遠慮がないということ。
エ　親子なので、どうしても支配的になるということ。

（四）　――線部②「おばさんの娯楽として消費された」とありますが、小柳レモンがこのように感じた原因となっている部分を探し、句読点をふくめずに十五字でぬきだしなさい。

（五）　□に入れるのに最も適当な語を次の中から一つ選び、記号で答えなさい。

ア　部外者　　イ　従者　　ウ　当事者　　エ　悪者

（六）　――線部③「小柳さんらしい」とありますが、ここで小柳さんが言い換えている内容を説明したものとして最も適当なものを次の中から一つ選び、記号で答えなさい。

ア　レモンに落ち度があって辞めさせられたのではなく、レモンが辞めることを主体的に決めたという意味合いになっている。
イ　職を失ったせいで心に傷を抱えているレモンに配慮し、さらに傷つくことがあってはならないと直接的な表現を避けている。
ウ　病気を抱え苦しんでいる木綿子さんを気づかって、レモンが前向きに歩んでいるような印象を与える言い回しに換えている。
エ　お金がないことを知られて心配をかけることだけは避けたいというレモンの切実な思いをくみ取って、話をそらしている。

（七）――線部④「小柳さんがお父さんじゃないからだよ、と答える声が震えないように」とありますが、ここでレモンの声が震えてしまいそうになるのはなぜですか。その理由として最も適当なものを次の中から一つ選び、記号で答えなさい。

ア　母がいなくなった時のことを思うと心配でたまらないのだが、頼りない小柳さんにはそれを語るに忍びなかったから。

イ　大好きな小柳さんに、自分たちが本当の親子ではないという事実を改めて突きつけ、傷つけるのは不本意だったから。

ウ　「小柳さんのほんとうの娘にはなれない」と思い悩む自分の姿を、小柳さんに見せるのがいやでたまらなかったから。

エ　お人好しだけれど小心者の小柳さんが、思ってもみないようなことを言われてあたふたする姿を見たくなかったから。

（八）――線部⑤「よその家庭の事情を娯楽として消費する」とはどういうことですか。その説明として最も適当なものを次の中から一つ選び、記号で答えなさい。

ア　不幸な相手に手を差し伸べてやったのだと錯覚し、自己満足にひたっているということ。

イ　他の家のことが気になるあまり、興味本位であれこれ聞き出そうとするということ。

ウ　相手の境遇には何の配慮もなく、ただ自らがおもしろがり楽しむだけで終わるということ。

エ　複雑な家族状況を改善してくれる恩人として感謝されたいと思っているということ。

〔問題三〕　次の文章は、問題二の本文に続く部分です。これを読んで後の問いに答えなさい。

お父さんじゃない、か、そうだね。小柳さんが言い、あたしは顔を上げる。

「……僕(ぼく)もレモンちゃんを、『娘』だとは、思ってないよ。血の繋がった娘がいないから比較はできないけど、たぶん違う、と思うよ。だけど」

下を向いて、小柳さんがぽつりと言う。だけど、家族だよ。

「家族って、僕は、会社みたいなもんだと思う」

「……会社」

うん、と小柳さんは真面目な顔で頷(うなず)く。

「会社って、ひとつの目的のために、いろんな人が集まるでしょ。みんなでそのひとつの目的を達成するために、力を合わせるでしょ」

僕はさしずめ、中途(ちゅうと)採用なのかな、と母の寝顔(ねがお)とあたしの顔を交互(こうご)に見る。

「血が繋がってたってさ、他人だよ。親子になるのだって、きょうだいになるんだって、偶然(ぐうぜん)だよ。面接や試験で集まった人間の集合体と、たいして変わんないよ。気が合わないやつも、虫 [a] 好かないやつもいっぱいいるけど、協力しなきゃいけない。仕事だからさ」

黙(だま)っているあたしをよそに、小柳さんはうんうん、とひとりで頷いている。

「……けど、会社の目的って、なにか売ったり、A<u>リエキ</u>出したりすることでしょ。家族という組織の目的ってなんなの。わかんない」

あたしが言うと、小柳さんはまた目を丸くした。

「え。目的は、そりゃ、『生きていく』ことだよ」

生きていくって、言うほど簡単なことじゃないよ。ただ息をして、食事をして寝(ね)て、働いて、ただそれだけだってやり通すのはおおごとなんだから、と話す小柳さんの目にうっすら光るものを認めて、思わず目を逸(そ)らす。母と出会う前に、小柳さんがどんな思いで、どんなふうに生きてきたのかを、あたしは知らない。

「生きていく [b] は大事業だよ。その事業が継続(けいぞく)できるならさ、どんなB<u>ヘンセイ</u>だっていいんだよ。お母さんが三人いたって、夫婦ふたりだけだって、子どもが二十人いたって、全員に血の繋がりがなくったって、うまくいってるんならいいと思うんだよ。もちろん、ひとりだってさ」

代表取締役ひとりの会社だってあるもんね、と小柳さんはあくまで会社にこだわる。

だからレモンちゃん、と言いながら小柳さんがあたしを見る。

「お父さんじゃなくてもいいよ。娘じゃなくてもいいよ。だけど僕らは同じ思いを抱く社員同士なんだから、助け合ってやっていけないかな」

「同じ思い……？」

あたしが首を傾げると、小柳さんは母のほうを見て「だってさ、僕らふたりとも木綿子さんが大好きだもんね！」とウィンクをした。たぶんウィンクだったのだろう。両目ともぎゅっと閉じられてしまっていたが。

「社員か……」

あたしは呟く。

「あ。社員がかっこわるかったら、クルーでもいいよ。僕のことを誰かに『私のお父さんです』って言いたくないなら『うちのクルーです』って紹介したらいいんだ」

小柳さんは、とても良いことを思いついたぞ！　という顔でクルークルーと何度も言う。

「小柳さん」

「なに？」

「よけいにかっこわるくなってるから。やめて」

「……じゃあ……キャスト？」

「もう、ほんとにやめて」

小柳さん［C］小柳さんでしょ、と言うと、しゅんとして俯いた。

「……あたしもみんなに、小柳さんって呼ばれてるよ」

「そうなんだ」

けっこう、気に入ってる。その呼ばれかた。あたしがそう言うと、小柳さんはようやく笑った。

「よかった」
うん、とあたしは頷く。
「なんか、安心したし、お腹(なか)いっぱいになったから眠くなったよ」
子どもかよ、と思うようなことを、にこにこと小柳さんは言う。小柳さんは今日、ここに泊まっていくのだそうだ。
「木綿子さんをひとりにするなんて！」らしい。
「レモンちゃんは、帰って休んだらいいよ」
これタクシー代、と小柳さんが財布から取り出した千円札二枚を、しばらく悩(なや)んだすえに、どうもありがとうと受け取った。
「ちょっと僕、休憩(きゅうけい)するよ」
小柳さんは長椅子の背もたれに頭をのせて、目を閉じた。と思ったらまもなく、いびきをかきはじめて、びっくりした。嘘(うそ)でしょ、とその寝顔を見る。よっぽど疲(つか)れていたのだろう。
あたしはしばらく病室に立っていた。カーテンの隙間(すきま)から夜の藍色(あいいろ)がのぞいていた。C窓辺に歩み寄る。あたしたちが住んでいる家が見えるかなと思ってそちらの方角をしばらく見ていたが、わからなかった。まばらに灯(とも)る、家々の明かりは小さくて頼りない。良くも悪くも、この耳中市というまちらしい、夜の色だと思った。
家に帰らなきゃ、と思う。でももうすこしだけ、ここにいたかった。あともう、ほんのすこしだけ。
「レモン」
ベッドから、母があたしを呼ぶ。いびきがうるさくて目が覚めてしまったのかもしれない。
「どうしたの？」
ちょっと来て、と母は手招きする。枕元(まくらもと)に立ってもう一度、どうしたの、と問う。
「もっとこっちに、顔を寄せて」
「こう？」
内緒(ないしょ)ばなしでもするのかと思ったら、いきなり頬(ほお)をつねられた。
「バカね」

母は泣くのをこらえているような、へんな鼻声で言い、あたしを睨んでいる。
「バカね、あんたって。ほんとに」
なんのこと、と答えかけて、口をつぐんだ。あたしたちの話を聞いていたのかもしれない。
「お母さん」
痛いよ、と言うと、母はもっと強く、あたしの頬をつねった。
「ところで」
ようやく手を離してくれた母は、長椅子の隅にD無造作に丸めて置かれた小柳さんのコートを指さす。
「あれを、あそこで寝てる小柳さんにかけてあげてくれる？　小柳さん」
まちがいない。母は全部、話を聞いていた。寝たふり名人だなんてぜんぜん知らなかった。まだまだ知らないことがいっぱいあるらしい。あたしは「わかりましたよ、小柳さん」と答えて、ゆっくりとベッドを離れる。

（寺地はるな『大人は泣かないと思っていた』より）

（九）＝＝線部A「リエキ」、B「ヘンセイ」を漢字に改め、C「窓辺」、D「無造作」の読みをひらがなで答えなさい。

（十）［a］～［c］に入れるのに最も適当な一字を、次の中から一つずつ選んで答えなさい。ただし、同じものをくりかえし用いてはいけません。

| は | が | に | を | で | の |

（十二）――線部「あれを、あそこで寝てる小柳さんにかけてあげてくれる？　小柳さん」とありますが、ここで「お母さん」が語りかけていることを、次のようにまとめました。［　　］に入る文を、本文中の表現を用いながら三十字以内で答えなさい。
（句読点や記号も字数にふくめます。）

レモンに、「［　　］。」と語りかけている。

第１次入学試験問題

函館ラ・サール中学校
２０２４．１．８

理 科（４０分）

［問題 1］　次の会話文を読んで，以下の問いに答えなさい。

ラ サ 夫：「動物の名前でクロスワードパズル（図 1）を作ったんだけど，お父さん解いてみてよ。」

お父さん：「ほう，面白そうだね。やってみようか。」

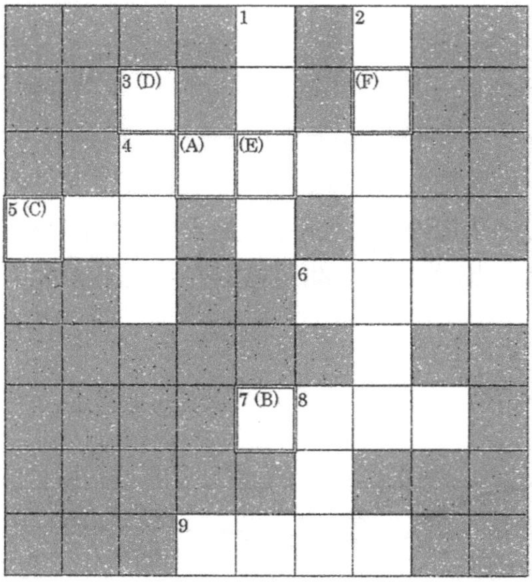

図 1

○ 横のカギ

4. ①北海道にはもともと分布していなかった動物だが，人が持ちこんだものが 1970 年代から移入種として定着している。オスには角があり，あしは 6 本ある。

5. 首や足，舌が長く，木の葉を食べるのに適している。陸上に生息する動物で最も背が高い。

6. つばさをもち，飛行することができる動物。血を吸う種もあるが，多くは小型こん虫や果実を食べる。

7. 生息地の多くは②サバンナや草原である。③他のネコ科の動物にはあまり見られない社会性をもっている。

9. サンタクロースのそりを引くとされる動物。④ツンドラで⑤群れをつくって生活し，シカ科で唯一（ゆいいつ）オスにもメスにも角がある。

○ 縦のカギ

1. キジ科に属する動物の 1 種で，品種改良され，世界中で肉や卵を利用するために飼育されている。

2. 井伏鱒二（いぶせますじ）の小説のタイトルにもなっている動物。からだは粘液（ねんえき）でおおわれている。

3. 肛門（こうもん）の両脇（りょうわき）から，強烈（きょうれつ）な悪臭（あくしゅう）のする分泌（ぶんぴつ）液を噴出（ふんしゅつ）し，外敵を撃退（げきたい）することで知られる動物。

8. 水中で生活する動物。多くは海に生息するが，淡水（たんすい）である川に生息する種類や，淡水と⑥汽水域を行き来する種も存在する。

［問題 2］　地震は地中で岩盤にずれが生じることで発生し，地震が発生した場所を震源，その真上の地表の地点を震央といいます（図 1）。地震のゆれは波のように震源から周囲に伝わり，速く伝わるＰ波と，遅いＳ波があります。Ｐ波が届くと小さなゆれの初期微動が，Ｓ波が届くと大きなゆれの主要動が始まります。Ｐ波とＳ波の速さがそれぞれ常に一定だった場合，初期微動が始まってから主要動が始まるまでの時間は，震源からの距離に比例して長くなり，その時間を初期微動継続時間といいます。

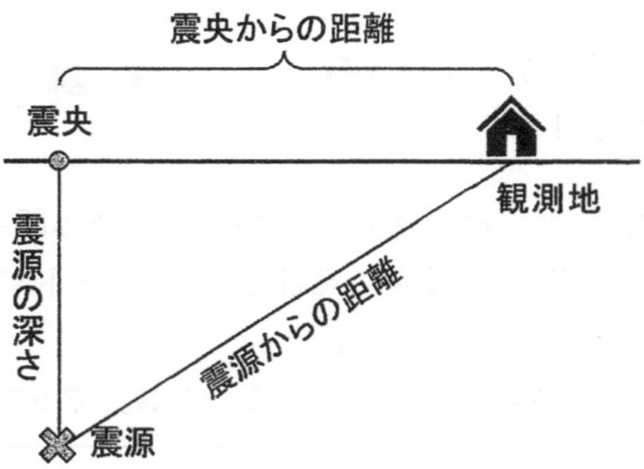

図 1

地震には，図 2 のように地球の表面をおおうプレートの中で起こる「プレート内地震」や，プレートのぶつかるところで起こる「プレート間地震」があり，さらに，プレート内地震は海洋プレート内で起こる「海洋プレート内地震」や，大陸プレート内で起こる「内陸地震」などに分けられます。特に陸地で起こる内陸地震は「直下型地震」ともよばれ，地震の規模が小さくても大きなゆれになったり，緊急地震速報が間に合わず被害が大きくなることがあります。

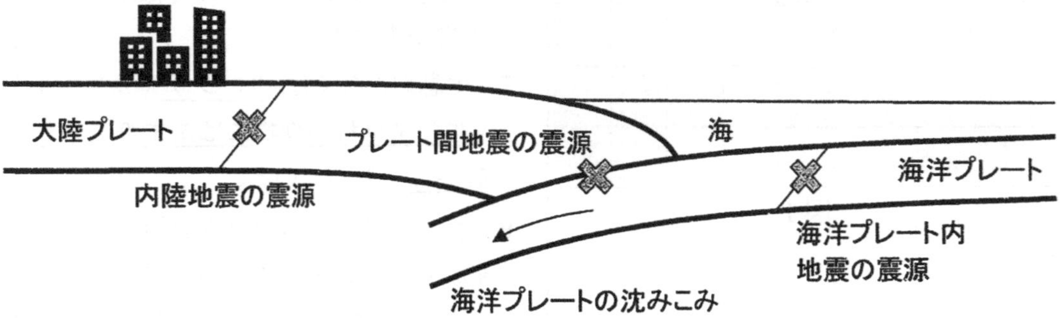

図 2

以下の問いでは，Ｐ波は 1 秒あたり 6 km，Ｓ波は 1 秒あたり 3 km 進むものとます。なお，計算の答えはすべて整数で答えなさい。必要があれば，小数第 1 位を四捨五入すること。

問１　深さ 12 km の地点を震源とする直下型地震が発生しました。

① 震央にＰ波が届くまでに何秒かかりますか。

② 震央での初期微動継続時間は何秒ですか。

問２　深さ 72 km の地点を震源とする地震が発生したとき，震央から 96 km はなれた地表での初期微動継続時間は何秒ですか。右図の三角形の辺の比を参考にして答えなさい。なお，地面は平面と考えてよいものとします。

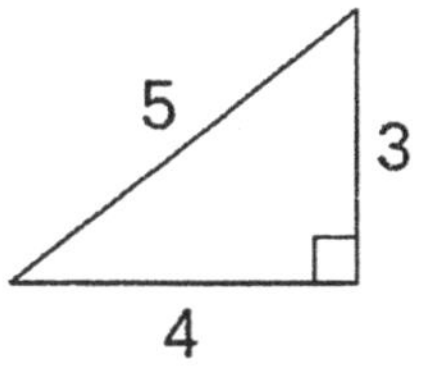

地震の規模はマグニチュード，ゆれの大きさは震度(しんど)で表されます。マグニチュードは地震によって放出されるエネルギーの大きさを示し，マグニチュードが 1 大きくなると，放出されるエネルギーは約 32 倍になります。震度は気象庁の震度階級によって表され，0～7 のうち，5 と 6 をさらに強弱に分けた（　　　）段階で表されます。

緊急地震速報は，最大震度が 5 弱以上と予想された場合，震度 4 以上が予想される地域に発表され，防災に役立てられています。

問３　上の文章中の（　　　）内にあてはまる数字を答えなさい。

問４　マグニチュード 8 の地震はマグニチュード 6 の地震の何倍のエネルギーが放出されますか。最も近い値を次のア～エから 1 つ選び，記号で答えなさい。

ア．32 倍　　イ．64 倍　　ウ．100 倍　　エ．1000 倍

問５　震度 5 弱とはどのようなゆれですか。次のア～エからもっとも適当なものを 1 つ選び，記号で答えなさい。

ア．屋内にいるほとんどの人がゆれを感じる。ゆれの時間が長く続くと不安や恐怖(きょうふ)を感じる人がでる。重ねた食器が音を立てる。

イ．ほとんどの人がおどろく。机などの下にもぐる人が現れる。睡眠(すいみん)中の人のほとんどが目を覚ます。天井(てんじょう)からつり下げられた物は大きくゆれる。

ウ．ほとんどの人が恐怖を感じ，身の安全をはかろうとする。天井からつり下げられた物は激しくゆれる。

エ．恐怖を感じ，たいていの人が行動を中断する。棚(たな)の中にあるものが落ちてくる。テレビもテレビ台から落ちることもある。

［問題 4］　以下は，函館に住むまさお君とお父さんの会話です。これを読んで後の問いに答えなさい。

まさお　「去年の函館の夏は本当に暑かったね。」

父　「そうだね。①函館では 8 月 10 日に観測史上最高気温を更新(こうしん)したらしいよ。過去 151 年でもっとも暑かったんだって。」

まさお　「おととしは東京駅丸の内の駅前広場をまねして，②家の周りに水をまいたりして暑さをしのいだけれど，去年は本格的に暑くなる前に③エアコンを設置して本当に良かった！」

父　「確かに。お父さんの職場にはエアコンがなく，本当につらかった･･･。」

まさお　「夏の暑い日，お店で買って，家に持ち帰って食べたあのアイスクリームはおいしかったなぁ。」

父　「そんなこともあったね。お父さんは，口の中でパチパチはじけるアメのようなものが入っているアイスがお気に入りさ。そう言えば，その時にお店の人が箱に入れてくれた【　A　】を使って，まさおは夏休みの自由研究をしていたね。」

まさお　「あれはなかなか楽しかったよ。【　A　】は二酸化炭素が固体になったものなんだよね。今度またいろいろと実験してみたいな。」

父　「【　A　】を売ってくれる店が近所にあるから，今度いっしょに行ってみようか。」

問 1　下線部①について，2023 年 8 月 10 日に函館で記録した最高気温は何℃ですか。次のア～カから 1 つ選び，記号で答えなさい。

ア．29.4℃　　イ．31.4℃　　ウ．33.4℃

エ．35.4℃　　オ．37.4℃　　カ．39.4℃

問 2　下線部②について，外に水をまくとすずしく感じるのはなぜですか。もっとも適当なものを次のア～エから 1 つ選び，記号で答えなさい。

ア．水が水蒸気に変化するときに，周りの熱をうばうから。

イ．まいた水から生じた水蒸気が，周りの熱を上空へ運ぶから。

ウ．水が地面の中へしみていくときに，周りの熱を吸収するから。

エ．水が周りの熱をうばいながら，水素と酸素に分かれていくから。

問３　下線部③について，エアコンには室内機と室外機があり，冷媒（れいばい）とよばれるものが密閉された２本の管の中を移動しています（図１）。冷ぼう運転しているときの室内機・室外機で起きていること（１つずつ）と，２本の管の中の冷媒について（２つ）を，次のア～カからそれぞれ選び，記号で答えなさい。

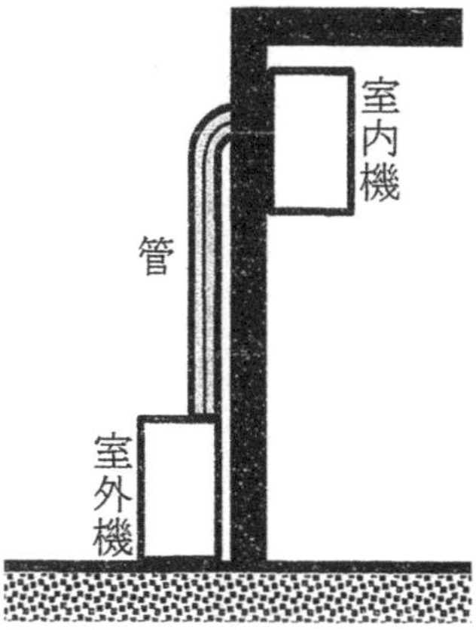

図１

ア．冷媒が，気体から液体へ変化している。
イ．冷媒が，液体から気体へ変化している。
ウ．液体の冷媒が，室外機から室内機へ移動している。
エ．液体の冷媒が，室内機から室外機へ移動している。
オ．気体の冷媒が，室外機から室内機へ移動している。
カ．気体の冷媒が，室内機から室外機へ移動している。

問４　会話文の中の【　Ａ　】にあてはまる語を答えなさい。

問５　丸底フラスコに水を入れ，そこに【　Ａ　】を加えると白いけむりが発生したので，ガラス管のついたゴムせんをし，ガラス管の先にシャボン液をつけると白いシャボン玉ができました。この白いシャボン玉について述べた次のア～ウから**誤りをふくむもの**を１つ選び，記号で答えなさい。

ア．空気中では，すぐに下へ落ちていく。
イ．しばらく待つと，けむりの白色はうすくなっていく。
ウ．しばらく待つと，シャボン玉は少しずつこおり始める。

問６　二酸化炭素が得られる操作を次のア～オから**すべて**選び，記号で答えなさい。
ア．塩酸にホタテの貝がらを入れる。
イ．塩酸にアルミニウムはくを入れる。
ウ．重曹（じゅうそう）にレモン汁をふりかける。
エ．お湯に発泡入浴剤を加える。
オ．オキシドールにジャガイモのしぼり汁を加える。

函館ラ・サール中学校　　　　第１次入学試験問題
２０２４．１．８　　　　　　社　会（４０分）

［１］次のＡ～Ｅの文章を読んで、問いに答えなさい。

Ａ．右の図は、①８世紀の日本の都である。この都は中国の唐の都を手本につくられ、貴族たちは、大内裏（天皇の住まいと役所などがある）の近くで大きな屋敷に住んだが、②一般の民衆は大内裏から離れた場所に、小さな区画をあたえられて住んだ。③この都は７０年ほど使用され、その後、この都は放棄されることになった。（図の上方は北を示す）

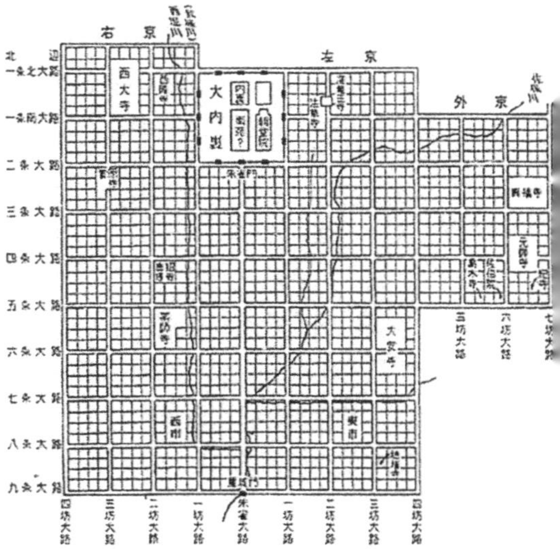

問１　下線部①について、この都について説明した文Ｘ・Ｙの正誤の組み合わせとして正しいものをア～エから１つ選び、記号で答えなさい。

Ｘ．天皇の住む大内裏は、都の中では北に位置しており、大内裏に向かって右の方が右京、左の方が左京と呼ばれている。

Ｙ．この都の中には、多くの寺院が建立されているほか、さまざまな物資を取引する市場も設けられている。

ア．Ｘ－正　Ｙ－正　　イ．Ｘ－正　Ｙ－誤
ウ．Ｘ－誤　Ｙ－正　　エ．Ｘ－誤　Ｙ－誤

問２　下線部②について、当時の民衆の生活についての説明として**あやまっているもの**をア～エから１つ選び、記号で答えなさい。

ア．人々は朝廷から土地をあたえられ、その土地を耕作して税をおさめた。
イ．貴族と同じように歌をうたう者もいて、その歌は有名な歌集におさめられている。
ウ．人々の中には、自分たちで文字を学び、試験を受けて貴族になる者もいた。
エ．民衆の中から選ばれた一部の人々が、兵士として軍事を担当した。

問３　下線部③について、ここが都として使用されていた時期におきたできごととして**あてはまらないもの**をア～エから１つ選び、記号で答えなさい。

ア．貴族の生活などを題材とした大和絵をつなげた絵巻物がつくられた。
イ．貴族や僧侶などを中国に派遣し、中国の技術や文化を日本に取り入れた。
ウ．民衆は稲や特産物を税としておさめるほか、都の工事で働いたりもした。
エ．朝廷は仏教の信仰を人々にすすめ、各地で寺院や仏像をさかんに整備した。

問11　下線部⑪について、このことを説明した文X・Yの正誤の組み合わせとして正しいものをア～エから１つ選び、記号で答えなさい。

X．日本人は幕府から海外と貿易する許可書をもらい、東南アジアの各地にわたって貿易をおこない、中には現地に移住するものもいた。

Y．ヨーロッパ人との貿易は多くの利益をもたらしたので、江戸幕府は貿易を独占するため、貿易港を全国の５か所に制限し、キリスト教を禁止した。

ア．X－正　Y－正　　イ．X－正　Y－誤
ウ．X－誤　Y－正　　エ．X－誤　Y－誤

E．右の写真は明治政府が東京に建てた建物で、政府は、江戸幕府がヨーロッパ諸国と結んだ条約の改正を目指し、⑫さまざまな改革をおしすすめるとともに、洋風文化を積極的に取り入れ、社会の近代化もすすめた。東京や大阪では鉄道が開通し、各地に模範的な工場も建設され、⑬教育制度も整備されて各地に小学校が建設された。しかし、産業の発達により自然環境が破壊され、住民が政府に開発の見直しを求める運動もおこった。

問12　下線部⑫について、明治政府がおこなった改革を**年代の古いものから順に並べたときに２番目にくるもの**をア～エから１つ選び、記号で答えなさい。

ア．ヨーロッパの国を参考にして、大日本帝国憲法を制定した。
イ．自由民権運動の高まりを受けて、国会の開設を約束した。
ウ．全国の藩を廃止して、新たに府や県を設置した。
エ．九州の北部に近代的な設備を持つ製鉄所を建設した。

問13　下線部⑬について、右のグラフはこの時代の日本の就学率をあらわしている。このグラフの説明として正しいものをア～エから１つ選び、記号で答えなさい。

ア．男子の就学率は最初から５割をこえていた。
イ．初めて衆議院議員選挙がおこなわれたときには、女子の就学率は男子の３分の２をこえていた。
ウ．日露戦争のころには、男子と女子の就学率の差は10%もなかった。
エ．女子の就学率が５割を超えるのは20世紀になってからである。

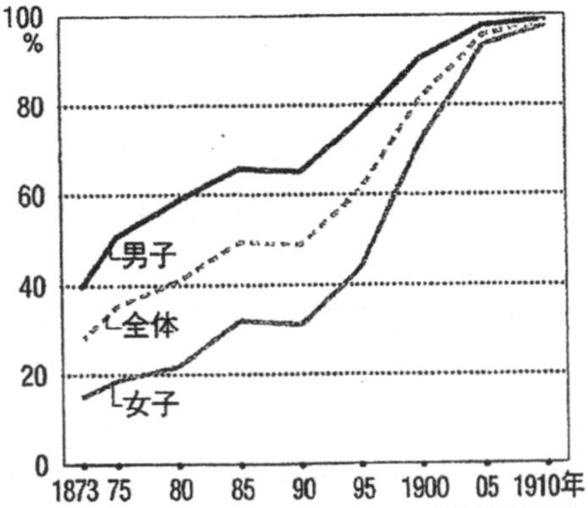

[学制百年史]

［2］次のA～Cの文章（宇野仙『学びなおすと地理はおもしろい』ベレ出版より一部抜粋）を読んで、問いに答えなさい。

A. 条里集落は６４５年の大化の改新時に行なわれた班田収授法による耕地制がもとになっています。現在に残る特徴としては、碁盤の目状の道路や①農業用水としてのため池があります。地名には、条・里・面・坪・反などの単位が残されています。現在でも「○条△丁目」という住所が存在しますが、地名に「六条町」など「条」が残されている場所は、条里集落があったことを示す大きな特徴と言えるでしょう。現在、条里集落の遺構を残すのは、奈良県の奈良盆地や、②香川県の（　W　）平野です。

問１　下線部①について、a～cの文の正誤の組み合わせとして正しいものを、右の地図も参考にして、ア～クから１つ選び、記号で答えなさい。

a. 自然発生的にできたものなので、等間隔にはなっていない。
b. 大雨のときに、洪水がおこるのを防いでくれる働きもある。
c. ミネラルが豊富なので、通常の飲み水としても使用される。

	ア	イ	ウ	エ	オ	カ	キ	ク
a	正	正	正	正	誤	誤	誤	誤
b	正	誤	正	誤	正	正	誤	誤
c	正	正	誤	誤	正	誤	正	誤

問２　下線部②について、次の（1）～（3）に答えなさい。

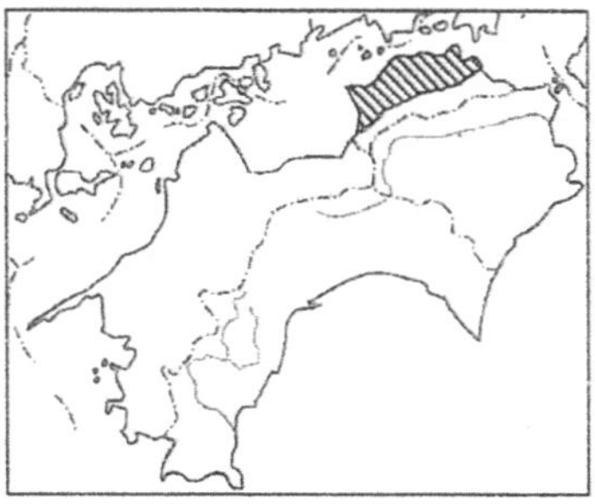

（1）（　W　）にあてはまる、右の地図の▨の平野名を答えなさい。
（2）香川県の県庁所在地は、何市か答えなさい。
（3）香川県の県庁所在地の雨温図として正しいものをア～エから１つ選び、記号で答えなさい。なお、その他のものは札幌・松本・東京のいずれかの雨温図をあらわしている。

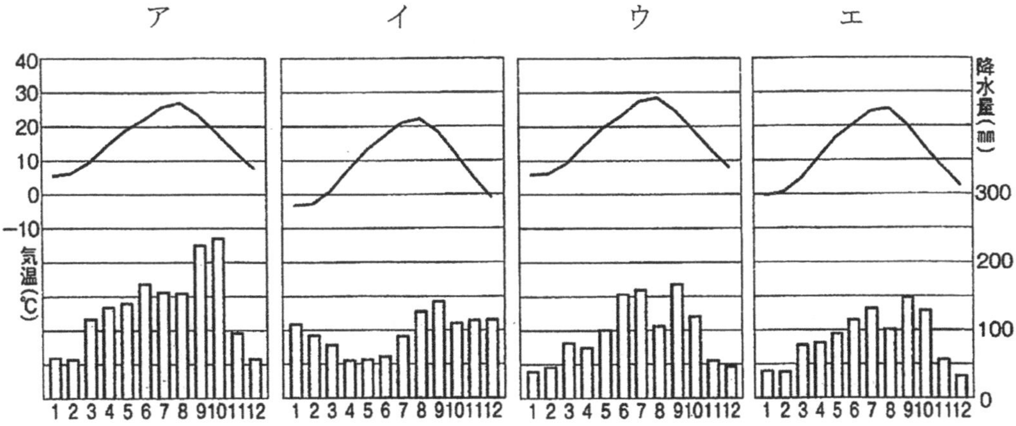

［3］ 函館ラ・サール中学校は全国からさまざまな生徒が集まる。愛知県出身のえいとくんは、名古屋市内から東へ車で30分ほどのところにある、大人気のジブリパークに行くにあたり、その周辺の地域を調べ、実際に現地へ足を運んでみた。

> ジブリパークは①2005年に開催された「愛・地球博」の跡地につくられた公園で、スタジオジブリ作品の世界を体験することができる。「愛・地球博」とは、②21世紀の人類が直面する地球規模の課題の解決の方向性と人類の生き方を発信するため、多数の国や国際機関が参加して開催された。その開催のためには自治体と地域住民が力を合わせていた。ジブリパークと「愛・地球博」には、自然の美しさを楽しめるという共通点があると思った。
>
> ジブリパークを少し北にすすむと、（　③　）で知られる瀬戸市に入る。さらに北へすすむと、瀬戸市と同じく（　③　）で知られる多治見市に入る。多治見市内を通る大きな自動車道に沿いながら北東方面へしばらくすすむと、まるで江戸時代の雰囲気がそのまま残されていることが④日本への観光を希望する外国人の関心を集めている木曽路とよばれる道が見えてくる。この道はかつての五街道の1つ、（　⑤　）である。さらに行くとかつて参勤交代のときに大名たちの宿場になっていた妻籠宿をはじめ、いくつもの伝統的建造物群が残されている宿場町もある。この辺りでは木曽の風土を生かした木工や漆を使った産業がいまも続けられているが、木材については、⑥この数年間は国内で確保できる量が減少し、価格の著しい上昇が続いていることもわかった。

問1　下線部①について、この年より前におきたできごととして正しいものをア～エから1つ選び、記号で答えなさい。

ア．G7といわれる先進国の首脳が広島市に集まり、会議（サミット）をおこなった。
イ．東日本大震災がおきて、福島の原子力発電所が大惨事にみまわれた。
ウ．中東の国々が石油を輸出してくれなくなり、日本でオイルショックがおきた。
エ．アメリカでリーマンショックがおきて、世界経済が低迷した。

問2　下線部②に関して説明した文X・Yの正誤の組み合わせとして正しいものをア～エから1つ選び、記号で答えなさい。

X．数年前から急速に経済発展をしている中国・インドの人口は、これからもますます増え続けると予想され、その食糧の確保が問題になるといわれている。
Y．干ばつやまきの採りすぎ、放牧する家畜の増加などにより、植物が育たないやせた土地になってしまう砂漠化がすすんでしまうことがある。

ア．X－正　Y－正　　イ．X－正　Y－誤
ウ．X－誤　Y－正　　エ．X－誤　Y－誤

問3　（　③　）（　⑤　）にあてはまる語句の正しい組み合わせをア～エから1つ選び、記号で答えなさい。

ア．③－窯業　⑤－東海道　　イ．③－紡績業　⑤－東海道
ウ．③－窯業　⑤－中山道　　エ．③－紡績業　⑤－中山道

問４　下線部④について、このような外国人の増加にともなう次の（１）（２）に答えなさい。

（１）観光客の大幅な増加が地域住民の生活や自然環境に対して耐えられない状態になり、負の影響をもたらしてしまうことを「［　　　］ツーリズム」という。［　　　］にあてはまる語句を**カタカナ**で答えなさい。

（２）これに関する説明として、**あやまっているもの**をア～エから１つ選び、記号で答えなさい。

ア．飲食、宿泊など観光関連の業種ではたらく人が多くのぞまれるが、日本人スタッフの数を十分に確保することができない。

イ．観光地で話される言語がいくつもの種類になってしまうが、多言語に対応できる日本人スタッフは限られており、十分に案内することができない。

ウ．文化や慣習のちがいから、外国人が騒音や、ごみの片付け方など衛生面での問題をおこしてしまう。

エ．できるだけ多くの外国人が訪れることができるように、短期間であれば、外国人はパスポートなしで日本へ入国できるようになった。

問５　下線部⑥に関して、2023年の日本の木材輸入量は、世界的な規模でおきたさまざまなできごとの影響をうけて、昨年よりも減少すると予想される。次の２枚の写真はそのうちの２つの要因を示している。これらを参考にして、あとの文中の（　**あ**　）（　**い**　）にあてはまる語句を、（　**あ**　）は**漢字１字**、（　**い**　）は**漢字３字**で答えなさい。

温暖化の影響により、木の内部を食い荒らしてしまう（　**あ**　）が大量に発生する（　**あ**　）害におそわれたり、北アメリカやオセアニアでおきた（　**い**　）の影響などがあげられる。

函館ラ・サール中学校
2024. 1. 8

第一次入学試験
国語 解答用紙
（60分）

受験番号	1				

※解答は、楷書ではっきりと記すこと。

〔問題一〕

一					二					三	四	五	六	七	八	九
A	B	C	D	E	a	b	c	d	e	最初／最後						

α

β

＊1

函館ラ・サール中学校

2024. 1. 8

算　数
解答用紙

受験番号 | 1 | | | |

1

（1）	（2）	（3）	（4）
		人	枚以上

（5）	（6）	（7）	
個	匹	2060年5月15日　曜日	1960年5月15日　曜日

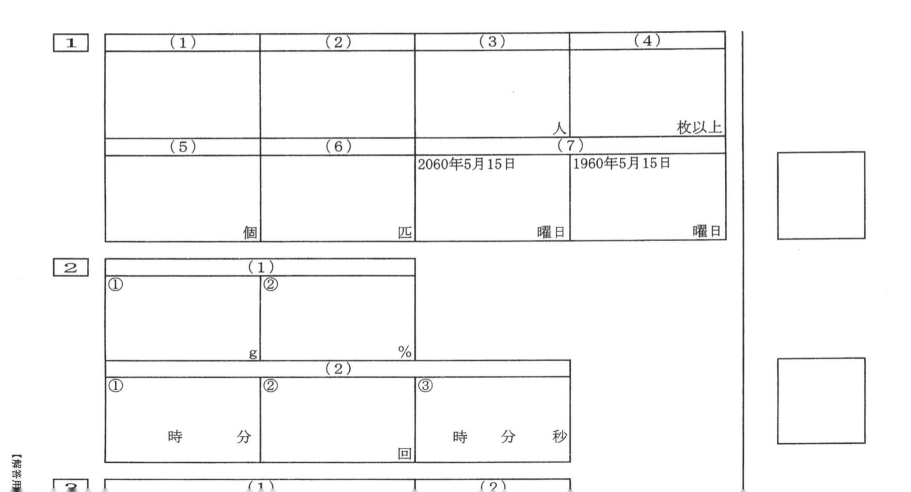

2

（1）	
①　g	②　%

（2）		
①　時　分	②　回	③　時　分　秒

3

（1）	（2）

【解答用

函館ラ・サール中学校
２０２４．１．８

理　　科
解　答　用　紙

受験番号 | 1 | | | |

[問題 1]

問 1	問 2		問 3	問 4
線	サバンナ	ツンドラ		頭

問 5	問 6	問 7
	倍	

[問題 2]

問 1		問 2	問 3	問 4
① 秒	② 秒	秒		

問 5	問 6	問 7
	秒	km

[問題 3]

問 1	問 2	問 3	問 4	問 5

【解答用

函館ラ・サール中学校
２０２４年１月８日

社　会
解　答　用　紙

受験番号 1

［ 1 ］

問１	問２	問３	

問４

問５	問６	問７	問８

問９	問１０	問１１

問１２	問１３

［ 2 ］

問１	問２（１）	問２（２）

【解答用

問2（3）	問3	問4（1）	問4（2）
		km	

問4（3）

問5	問6	問7	
→ → →			

［３］

問1	問2	問3	問4（1）

問4（2）	問5 あ	問5 い			問6（1）
					歳

問6（2）	問6（3）		問6（4）	

※50点満点
（配点非公表）

問 6	問 7	
cm	①	②

[問題 4]

問 1	問 2	問 3			
		室内機	室外機	冷媒	

問 4	問 5	問 6	問 7
			L

問 8	問 9	問 10
L	g	%

※50点満点
（配点非公表）

cm²	cm	cm²

4

(1)	(2)	(3)
L	分後	m

5

(1)	(2)	(3)
個		

6

(1)	(2)	(3)

※100点満点
(配点非公表)

〔問題二〕・〔問題三〕

一	二	三	四	五	六	七	八	九	十	十一
（順不同）			α					A B C D	a b c β	

＊2

＊計

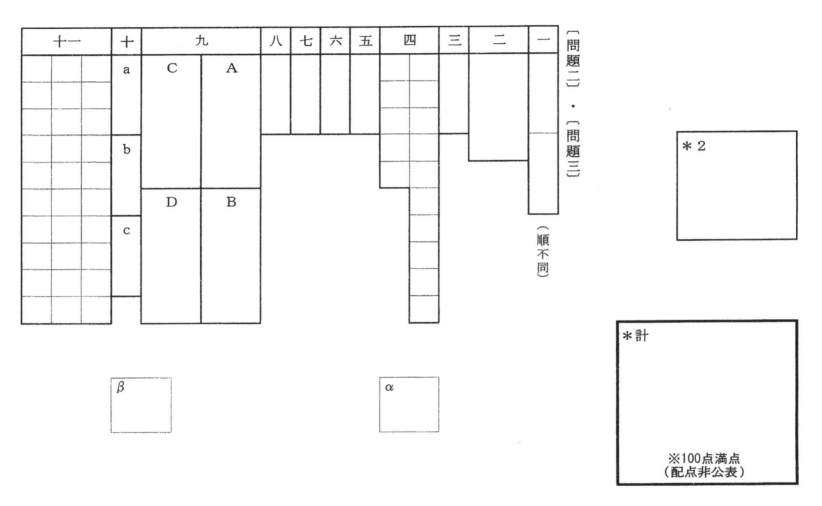

※100点満点
（配点非公表）

二酸化炭素は，わたしたちの身の回りでよく使用されている燃料を燃やしても発生し，近年は地球温暖化のような環境（かんきょう）問題でも話題になっています。

燃料としてよく用いられるアルコールに，「メタノール」と「エタノール」があります。3.2 g のメタノールを完全に燃焼させるために必要な空気の量は 18 L で，生じる二酸化炭素は 4.4 g です。一方，4.6 g のエタノールを完全に燃焼させるために必要な空気の量は 36 L で，生じる二酸化炭素は 8.8 g です。これをもとに，次の問いに答えなさい。ただし，空気中にふくまれる酸素とちっ素の体積比は 1：4 とし，他の気体はふくまれていないものとします。

問 7　100 L の空気中にふくまれる酸素の体積は何 L ですか。整数で答えなさい。必要があれば，小数第 1 位を四捨五入すること。

問 8　6 g のメタノールを完全に燃焼させるのに必要な空気の体積は何 L ですか。整数で答えなさい。必要があれば，小数第 1 位を四捨五入すること。

問 9　6 g のエタノールを完全に燃焼させたときに生じる二酸化炭素は何 g ですか。小数第 1 位まで答えなさい。必要があれば，小数第 2 位を四捨五入すること。

問 10　まさお君の通う学校の理科室には，メタノールとエタノールがある割合で混ざった「燃料用アルコール」がありました。この燃料用アルコール 6 g を完全に燃焼させるのに必要な空気の体積は 37.7 L でした。この燃料用アルコールにふくまれるメタノールの割合は何%ですか。整数で答えなさい。必要があれば，小数第 1 位を四捨五入すること。

問４　水そうの水に食塩をとかしていくと，立方体の浮き方はどのようになりますか。次のア～ウから１つ選び，記号で答えなさい。ただし，水そうの水に食塩をとかしても体積の変化は起こらないものとします。

ア．立方体の底面と水そうの底との距離（図１では６cm）がしだいに小さくなる。

イ．立方体の底面と水そうの底との距離は変化しない。

ウ．立方体の底面と水そうの底との距離がしだいに大きくなる。

問５　問４の状態にある立方体の上に小さなおもりをのせていくと，立方体はかたむくことなく水中にしずんでいき，やがて立方体の上面が水面に重なりました。このとき，のせたおもりは合計で3200 gでした。問４でとかした食塩は何gですか。

問６　この水そうを空にして立方体のみを入れ，立方体がかたむかないように問１と同体積の油（1 cm^3あたり0.93 g）を注ぎ入れました。このとき，立方体の底面と水そうの底との距離はいくらになりますか。小数第１位まで答えなさい。必要があれば，小数第２位を四捨五入すること。なお，距離が定まらない場合は×と答えなさい。

問７　この水そうを空にして，立方体を水そうの中に置き，水そうに少しずつ水を注ぎ入れていきました。注ぎ入れた水の体積yと，水そうの底から立方体の底面までの距離aの関係は図３のグラフのようになります。グラフ中の空らん①および②にあてはまる数値を答えなさい。

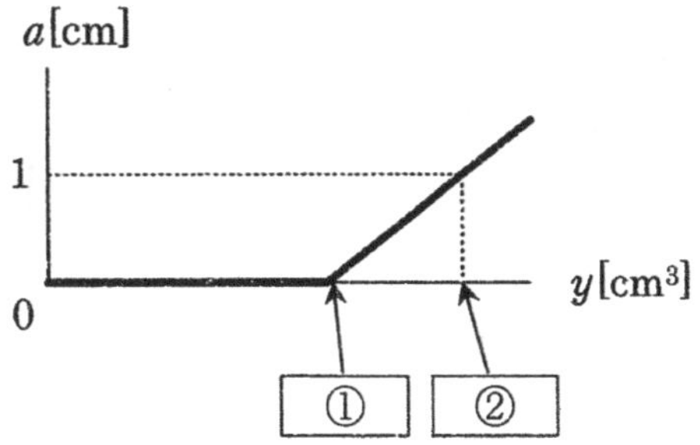

図３

ある地点で地震が発生し，震源から 24 km 離れた地点 A で P 波を検出し，その 3 秒後には，地点 A での P 波検出をもとにした緊急地震速報が発表されました。緊急地震速報が発表されてから各地に伝わるまでの時間は無視できるものとします。

問 6　震源から 60 km 離れた地点 B では，この緊急地震速報が出されてから主要動が始まるまでに何秒かかりますか。

問 7　この緊急地震速報が発表される前に主要動が始まるのは，震源から何 km までの地域ですか。

[問題 3]　次の文は，液体や気体中で物体が受ける浮力（ふりょく）について説明したものです。

物体が液体や気体（まとめて流体という）から受ける浮力の大きさは，その物体がおしのけた流体の重さに等しい。

水は 1 cm³ あたり 1 g です。たとえば 20 cm³ の物体全体が水中にあるときに水から受ける浮力の大きさは 20 g の水の重さに等しく，その向きは上向きです。

開口部の断面が一辺 30 cm の正方形の水そうがあり，一辺 20 cm の立方体を入れて水を注いだところ，立方体はかたむくことなく図 1 に示す状態で浮（う）かび，つりあいました。図 2 はこれを上から見たようすです。

以下の問いについて計算の答えは特に指示がなければ，すべて整数で答えなさい。必要があれば，小数第 1 位を四捨五入すること。

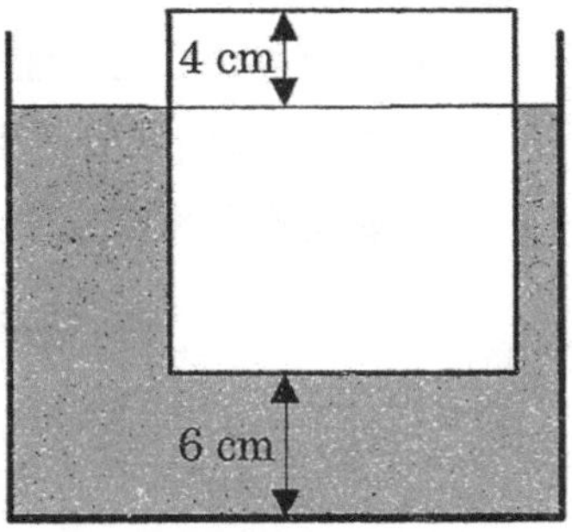

図 1　横から見た図

問 1　注いだ水の体積を求めなさい。

問 2　この立方体は何 g ありますか。

問 3　この立方体は 1 cm³ あたり何 g ですか。小数第 1 位まで答えなさい。必要があれば，小数第 2 位を四捨五入すること。

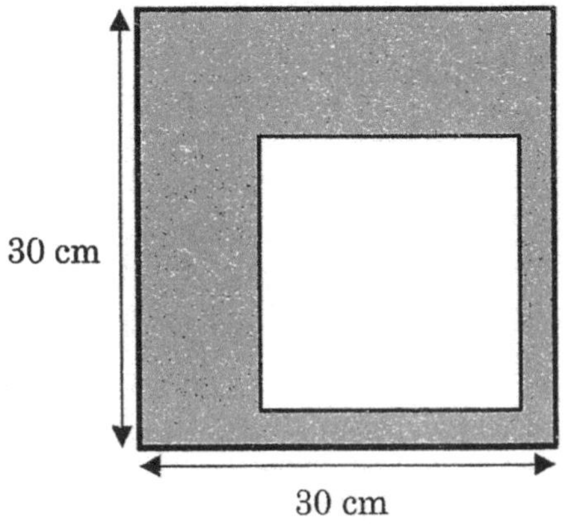

図 2　上から見た図

問３　下線部③について，動物７の社会性の説明として，もっとも適するものを次のア～エから１つ選び，記号で答えなさい。

ア．10頭ぐらいのオスと，10頭ぐらいのメスが集団を作り，オスが子育てをし，メスが狩りをする。

イ．10頭ぐらいのオスと，10頭ぐらいのメスが集団を作り，メスが子育てをし，オスが狩りをする。

ウ．1～数頭のオスと，10頭ぐらいのメスが集団を作り，メスが子育てや狩りをする。

エ．1～数頭のメスと，10頭ぐらいのオスが集団を作り，オスが子育てや狩りをする。

問４　下線部⑤について，ツンドラに生息する動物９の群れの中の50頭を捕まえて，しるしをつけて放しました。後日，再び50頭の動物９を捕まえてしるしの有無を調べたところ，５頭にしるしが確認されました。この作業を行うと，「群れの全頭数としるしをつけた動物９の頭数」の関係と，「後日捕まえた頭数としるしが確認できた動物９の頭数」の関係から，動物９の群れの全頭数を推定することができます。この動物９の群れは全部で何頭だと推定されるか整数で答えなさい。必要があれば，小数第１位を四捨五入すること。

問５　動物１と動物２について，共通の特ちょうを次のア～エから**すべて**選び，記号で答えなさい。

ア．卵をうむ　　イ．うろこがある　　ウ．背骨がある　　エ．体温は常に一定である

問６　水溶液全体の重さに対する，とかしたものの重さの割合を百分率で表したものを「質量パーセント濃度」といいます。下線部⑥について，汽水域とは，河川水と海水が接する，もしくは混合する部分で，塩分が0.05%から3%までの水域のことです。海水100 gの中に塩分が3.5 gふくまれているとすると，塩分が0.05%の汽水域とは塩分濃度が海水の何倍になった水域といえるのかを，小数第３位まで答えなさい。必要があれば小数第４位を四捨五入すること。

問７　動物1～9のうち，ほ乳類ではないものを**すべて**選び，数字で答えなさい。

お父さん：「これは，なかなか難しいなぁ。だいたいラサ夫は井伏鱒二なんか知らないだろ。」

ラ サ 夫：「そうなんだよ。問題をつくるときにインターネットで調べてみたんだけど，検索（けんさく）していくうちにいろいろなものが出てきちゃって…。でも，ひとつのことから多くのことを知ることができてよかったよ。」

お父さん：「お父さんも勉強になったよ。特に縦のカギの8（動物8）は海で暮らすものだけだと思っていたけど，川で暮らすものもいるんだな。」

問1　下線部①について，図1のクロスワードパズルの(A)～(F)をアルファベット順に並べると，津軽海峡を通る動物の分布境界線（ツキノワグマやニホンザルなどの北限，ヒグマやエゾシマリスなどの南限となっている）を提唱したことで，函館山山頂にその功績をたたえる碑（ひ）がある人物の名前となる。この人物の名前が付けられた分布境界線の名前を答えなさい。

問2　下線部②，④について，動物5や動物7などが生息する部分をふくみ，イネ科の草が多く生えているサバンナとよばれる地域と，動物9やジャコウウシなどが生息する部分をふくみ，コケ植物などが多く生えているツンドラとよばれる地域は下の世界地図のどの地域ですか。ア～カからそれぞれ1つずつ選び，記号で答えなさい。

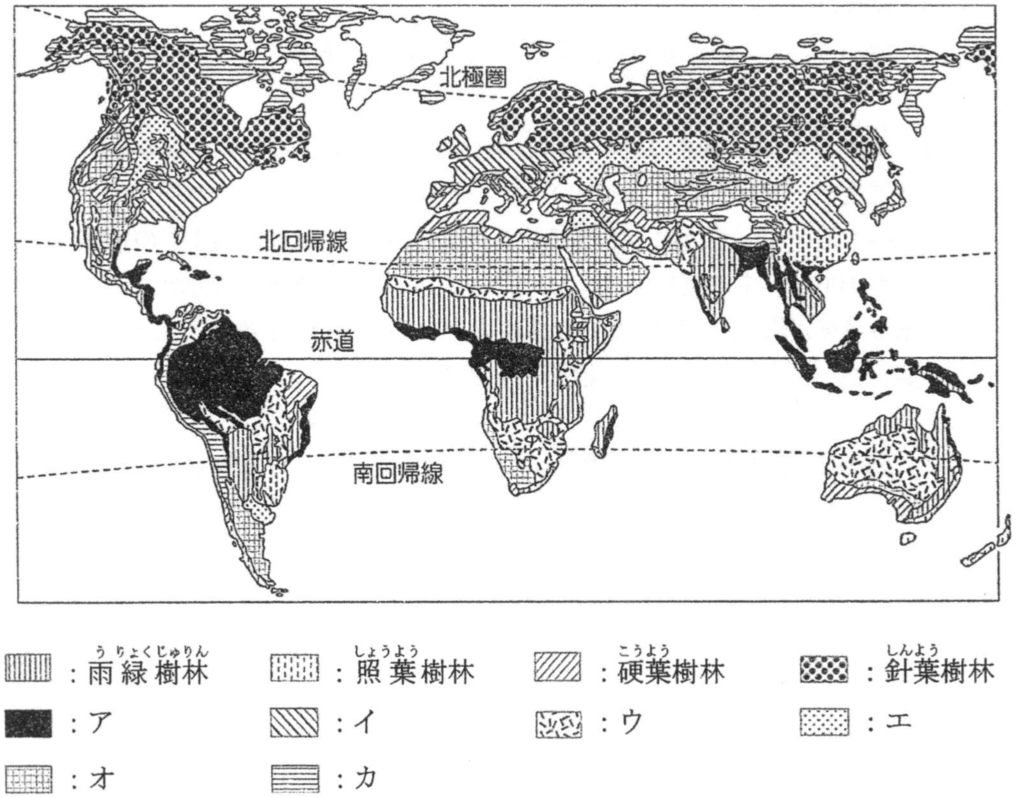

B．右の図は、④源頼朝が武家政治の中心として選んだ都市である。頼朝は⑤平氏との戦いがはじまると、この都市を拠点とし、源氏の一族を西に派遣して、平氏を滅亡させた。1185 年に平氏を滅ぼした頼朝は、さらに東北地方の勢力も滅ぼして、武士による最初の本格的な政治をおこなった。頼朝の亡くなった後、⑥北条氏が政治をおこない、次第にその影響力は西日本にも広がっていった。

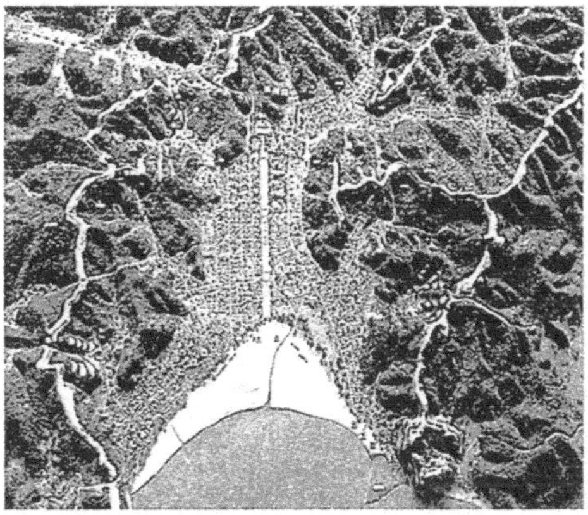

問４　下線部④について、源頼朝は自分の先祖がまつった鶴岡八幡宮のあったこの都市を拠点としたが、このこと以外に頼朝がこの都市を拠点として選んだ理由として考えられることを、この図を参考にしながら簡潔に説明しなさい。

問５　下線部⑤について、源氏と平氏の戦いについて、**年代の古いものから順に並べたときに２番目にくるもの**をア～エから１つ選び、記号で答えなさい。

ア．壇の浦の戦い　　イ．一の谷の戦い　　ウ．屋島の戦い　　エ．富士川の戦い

問６　下線部⑥について、北条氏の影響力が九州地方にまでおよぶようになった時期のことを説明した文Ｘ・Ｙの正誤の組み合わせとして正しいものをア～エから１つ選び、記号で答えなさい。

Ｘ．モンゴルの軍隊が、二度にわたって九州北部に攻め込んできたので、派遣された御家人たちは新兵器をもちいた新しい戦法でモンゴルの攻撃を撃退した。

Ｙ．モンゴルの攻撃を受けた幕府は、御家人以外の武士たちにも戦うよう求めたため、幕府の支配は九州地方にまでおよぶようになった。

ア．Ｘ－正　Ｙ－正　　イ．Ｘ－正　Ｙ－誤
ウ．Ｘ－誤　Ｙ－正　　エ．Ｘ－誤　Ｙ－誤

C．下の写真は、室町時代を代表する建物である。写真Ｘが建てられた時代には、将軍は各地の守護大名を従えて強い権力を示し、⑦たくさんの富を蓄えていた。写真Ｙが建てられた時代には、戦乱で中断された⑧伝統行事を民衆が復活する動きが各地で見られた。

Ｘ

Ｙ

問７　写真ＸとＹに関して説明した文Ｘ・Ｙの正誤の組み合わせとして正しいものをア～エから１つ選び、記号で答えなさい。

Ｘ．この建物の周りには、砂や石で自然をあらわした庭園が広がり、さらにこの建物の２階と３階には金箔がほどこされており、当時の将軍の権力の強さを示している。

Ｙ．この建物は京都で戦乱が続く中、８代将軍が建てたもので、この将軍は観阿弥や世阿弥の父子を保護し、この建物で能を上演させた。

ア．Ｘ－正　Ｙ－正　　イ．Ｘ－正　Ｙ－誤
ウ．Ｘ－誤　Ｙ－正　　エ．Ｘ－誤　Ｙ－誤

問８　下線部⑦について、この将軍が富を蓄えることができた理由としてあてはまるものをア～エから１つ選び、記号で答えなさい。

ア．石見銀山など全国の金山や銀山を直接支配することができたから。
イ．新たに中国に成立した明と貿易をすることができたから。
ウ．日本列島の沿岸の航路を整備して、全国をめぐる流通を支配したから。
エ．全国の農村で農地を測量し、農民の生産力を把握することができたから。

問９　下線部⑧について、京都で復活した伝統的な祭りは現在、何と呼ばれているか、答えなさい。

Ｄ．右の写真は、徳川家康をまつる⑩建物のひとつである。家康は、東海地方の弱小大名であったが、織田信長が今川義元を討ち取ると、信長と同盟を結んだ。家康は東海地方に勢力を拡大したが、信長の後を継いだ豊臣秀吉が全国を統一すると領地を関東地方にうつされた。秀吉が亡くなった後、全国の大名を二分する戦いに勝利し、江戸に幕府を開いた。

家康は、ヨーロッパとの貿易をすすめたり、⑪日本人の海外進出をすすめた。

問10　下線部⑩について、この建物は江戸幕府の管理下にあったが、この建物の管理などを担当した役職として正しいものを、右の江戸幕府の組織図の中から抜き出して答えなさい。

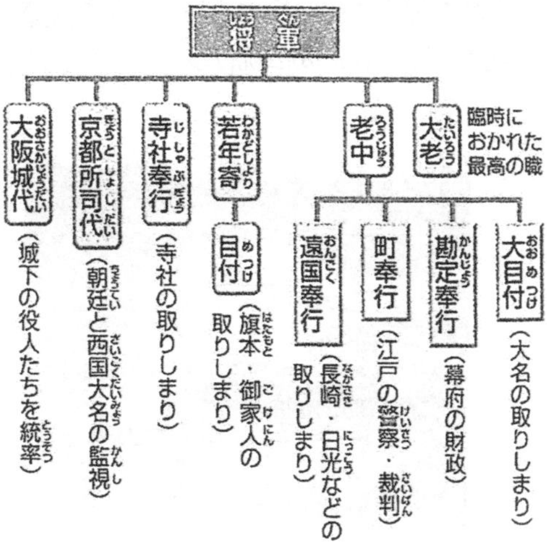

B．門前町は中世から見られ始めたといわれています。当時は有力な寺社が力を誇示していたため、寺社前や参道沿いに大きな市などが特権として設けられ、参拝客のためというよりは、地元経済の中心地としての役割が多かったとされます。その後、門前町は、近世の江戸時代にかけて全国各地に形成されるようになっていきました。なぜなら江戸時代に入ると、社会が安定し、庶民のあいだで巡礼や講参りがさかんになっていったからです。この時代からいわゆる物見遊山も兼ねた観光が始まったといわれます。門前町が見られる代表的な寺社としては、伊勢神宮（三重県伊勢市）、出雲大社（③島根県出雲市）、厳島神社（広島県廿日市市）、④金比羅宮（香川県仲多度郡琴平町）、善光寺（長野県長野市）、新勝寺（千葉県成田市）、金剛峯寺（和歌山県伊那郡高野町）などがあります。

問３　下線部③について、次の表のうち島根県をあらわすものをア～エから１つ選び、記号で答えなさい。なお、それ以外のものは三重・和歌山・千葉のいずれかをあらわしている。なお、昼間人口比率とは、夜間人口における昼間人口の割合（昼間人口÷夜間人口×100）をあらわす。

	面積(km^2)（2020年）	昼間人口比率(%)（2015年）	かき【果実】(t)（2020年）	肉用牛飼養数(頭)（2020年）	肉用牛産出額(億円)（2020年）
ア	5,774	98.3	2,960	28,800	89
イ	4,725	98.2	40,500	2,750	8
ウ	6,708	100.1	2,310	32,900	90
エ	5,157	89.7	897	40,000	100

（『データで見る県勢2022』より作成）

問４　下線部④について、次の地形図を見て、あとの（１）～（３）に答えなさい。

X

（１）この地形図は、実際の距離を２万５千分の１に縮めてあらわしているものとする。この地形図のXは４cmであるが、実際の距離は何kmになるか、計算して答えなさい。

（２）次の文の［　Y　］・［　Z　］に入ることばの組み合わせとして正しいものをア～エから１つ選び、記号で答えなさい。

> 同じ高さの地点を結んだ等高線をみると、あの方がいより間隔が［　Y　］ので、あの方がいよりも傾斜が［　Z　］なことがわかる。

ア．Y ― せまい　　Z ― ゆるやか　　　イ．Y ― せまい　　Z ― 急
ウ．Y ― 広い　　Z ― ゆるやか　　　エ．Y ― 広い　　Z ― 急

（３）この地形図を見ると、寺社が多いことに加え、この地域の歴史や文化について、学習しやすい環境が整っていると考えられる。その理由を地形図から読みとり、説明しなさい。

C. 宿場町とは、街道(かいどう)などの交通の要衝(ようしょう)にあり、休泊(きゅうはく)や運輸などの便を持つ集落というのが一般的な定義です。宿場町の始まりは古くは平安時代にさかのぼりますが、本格的に発達したのは戦国時代に入ってからと言われています。〔中略〕

現在、宿場町で、かつての街並を残しているところは大変少なくなりました。大きな理由として、明治時代以降の鉄道の発達や、⑤第二次世界大戦後の⑥自動車の普及(ふきゅう)によって、街道沿いの宿場の機能が著(いちじる)しく低下してしまったことが挙(あ)げられます。早くから⑦景観保全に取り組んできた三重県亀山(かめやま)市にある関宿(せきじゅく)などにはかつての宿場の面影(おもかげ)をみることができます。

問5　下線部⑤について、次のア～エの文を、**年代の古い順に並べかえ**なさい。

ア．アジアで初となる東京オリンピック・パラリンピックが開かれた。

イ．日中平和友好条約が結ばれて、両国の新たな交流がはじまった。

ウ．日ソ共同宣言で日本とソ連との国交が回復し、日本の国際連合への加入が認められた。

エ．湯川秀樹が日本人として初めてノーベル物理学賞を受賞した。

問6　下線部⑥について、次の表は自動車の保有台数の移り変わりをあらわしている。この表をよみとった説明として正しいものをア～エから１つ選び、記号で答えなさい。

自動車保有台数（単位 千台）

	1990	2000	2010	2020	2021	2022
四輪車…………	56, 491	70, 898	73, 859	76, 703	76, 680	76, 740
乗用車………	34, 924	52, 437	58, 347	62, 194	62, 164	62, 158
うち軽四輪車…	2, 585	9, 901	17, 987	22, 858	22, 988	23, 177
トラック……	21, 321	18, 226	15, 285	14, 283	14, 298	14, 369
バス…………	246	235	227	225	218	213
二輪車…………	2, 862	3, 078	3, 566	3, 802	3, 899	3, 997

（『日本国勢図会2023/24』より作成）

ア．バスの保有台数は、新型コロナウィルス感染症(かんせんしょう)の流行が原因となって、急激な減少に転じている。

イ．乗用車のうち、軽自動車の割合は1990年には10%に満たなかったが、2022年には40%をこえている。

ウ．法律によりトラックドライバーの時間外労働の上限が設定されたことで、輸送の能力が低下し、トラックの台数が減少しつづけている

エ．四輪車の保有台数と二輪車の保有台数を合計すると、1990年から2022年までの間、増え続けている。

問7　下線部⑦について、函館市でも伝統的な町並み保存地域を定め、市独自のきまりによって町の景観を保全している。このように、国が制定する法律とは別に、都道府県や市町村など、各地方自治体によって定められるきまりを何というか、**漢字２字**で答えなさい。

問６　下線部＿＿＿＿＿に関連して、次の資料はある市の市役所職員の声をまとめたものである。これをよんで、あとの（1）～（4）に答えなさい。

> 以前から市には公民館がありましたが、子育て支援（しえん）を目的とした施設（しせつ）ではないので、もっと子どもや親が気軽に遊べて、なやみを相談したり、情報を交かんできたりする場所がほしいという声がありました。
> 市役所はこうした市民の要望を反映させ、施設建設のための計画案をつくり、建設に必要な費用などを計算しました。次に⑦市議会での話し合いがはじまります。市議会に集まる議員は国会議員と同様に選挙によって選ばれ、政治を任された市民の代表です。最後には多数決で決定することもあります。⑧市民は市議会に意見や希望を述べることができます。また、市民は話し合いを傍聴（ぼうちょう）することができます。こうして児童センターを設立することが決まりました。
> 次に問題になるのは、建設のための費用です。市は住民や会社などから税金を集め、その税金を使って、多くの人が必要とする公共的な事業をおこなっています。市がさまざまな事業に使うお金には、税金のほかに、国や県の予算の中から出される補助金などもあります。
> 日本国憲法には、国民には税金をおさめる（　⑨　）があることが書いてあります。税金が何に使われているかを知っておくことは大切なことです。

（1）下線部⑦について、市議会議員や市長に立候補できる年齢（ねんれい）は何歳（なんさい）以上と決められているか、答えなさい。

（2）下線部⑧について、これを保障している日本国憲法の権利として最もふさわしいものをア～エから１つ選び、記号で答えなさい。

ア．国や自治体に対して請願（せいがん）をする権利　　イ．経済活動を自由におこなう権利
ウ．健康で文化的な生活をいとなむ権利　　エ．言論の自由や集会を開く権利

（3）（　⑨　）にあてはまる語句を**漢字２字**で答えなさい。

（4）文中の内容にあてはまるものをア～オから**２つ**選び、記号で答えなさい。

ア．市役所はアンケートやパブリックコメントを活用して、市民の声を聞くことができる。
イ．市議会は市民の代表であるので、すべての議員が一致（いっち）するまで話し合いは続けられる。
ウ．市民は市議会の話し合いに参加して、自由に意見を述べることができる。
エ．国や県から出される補助金は、使い道が国や県から決められたものにしか活用することができない。
オ．市議会の議員は、国会議員と同じように、必ず選挙で選ばれる。

5 次の問いに答えなさい。

（1）$\dfrac{2024}{A}$が整数になるような整数Aは何個ありますか。

（2）2つの数$\dfrac{2024}{45}\times B$ と$\dfrac{308}{195}\times B$がともに整数になるような数Bを考えます。
このような数Bの中で，もっとも小さい数はいくつですか。

（3）面積が$\dfrac{2024}{7}\times\dfrac{308}{5}\times C$ cm^2 になる正方形があります。この正方形の1辺の長さが整数になるような整数Cを考えます。このような整数Cのうち，3番目に小さい数はいくつですか。

（４）プリントを印刷するのに，100 枚までなら何枚印刷しても 2000 円かかり，100 枚を超えると 1 枚につき 11 円かかります。何枚以上印刷すると，プリント 1 枚あたりの値段が 15 円より安くなりますか。

（５）2 以上の整数で，1 とそれ自身以外に約数をもたない数を素数といいます。
$1\times2\times3\times\cdots\cdots\times100$ を素数の積だけで表したとき，かけられている素数 3 の個数は何個ありますか。

（６）鶴（つる），亀（かめ），カブトムシの頭の数の合計は13，足の数の合計は56本，鶴と亀の頭の数の比が 4：3 のとき，カブトムシは何匹（びき）いますか。ただし，鶴は足の数が2本，亀は足の数が4本，カブトムシは足の数が6本です。

（７）西暦（せいれき）が 4 の倍数の年に 2 月 29 日を 1 日追加します。したがって，その年の 1 年は 366日あることになります。その年のことを「うるう年」といいます。ただし，西暦が 100 の倍数の年は「うるう年」とはしません。例えば，1900年の 1 年は 365 日です。しかし西暦が 400 の倍数の年は「うるう年」とします。例えば，2400 年は 100 の倍数の年であるけれども，「うるう年」です。さて，2024年1月8日は月曜日です。2060年5月15日は何曜日ですか。また，1960年5月15日は何曜日ですか。

2

（1）容器Aには濃(こ)さが10%の食塩水が入っており，容器Bには食塩水が200 g，容器Cには濃さが15%の食塩水180 gが入っています。まず，容器Aに入っている食塩水の$\frac{2}{3}$を容器Bに移した後，はじめに容器Aに入っていた食塩水の重さより10 g重い量の水を容器Bに加えて混ぜると，濃さが5%の食塩水ができました。続けて，容器Aに残っている食塩水を容器Cに移した後，容器Aから移した食塩水の重さのちょうど$\frac{1}{5}$の重さの食塩を容器Cに加えて混ぜると，濃さが20%の食塩水ができました。次の問いに答えなさい。

① はじめに容器Aに入っていた食塩水の重さは何gですか。

② はじめに容器Bに入っていた食塩水の濃さは何%ですか。

（2）下の図は20kmはなれたA駅とB駅の間を往復する2種類の列車の運行を示したグラフです。次の問いに答えなさい。ただし，電車の長さは考えないものとします。

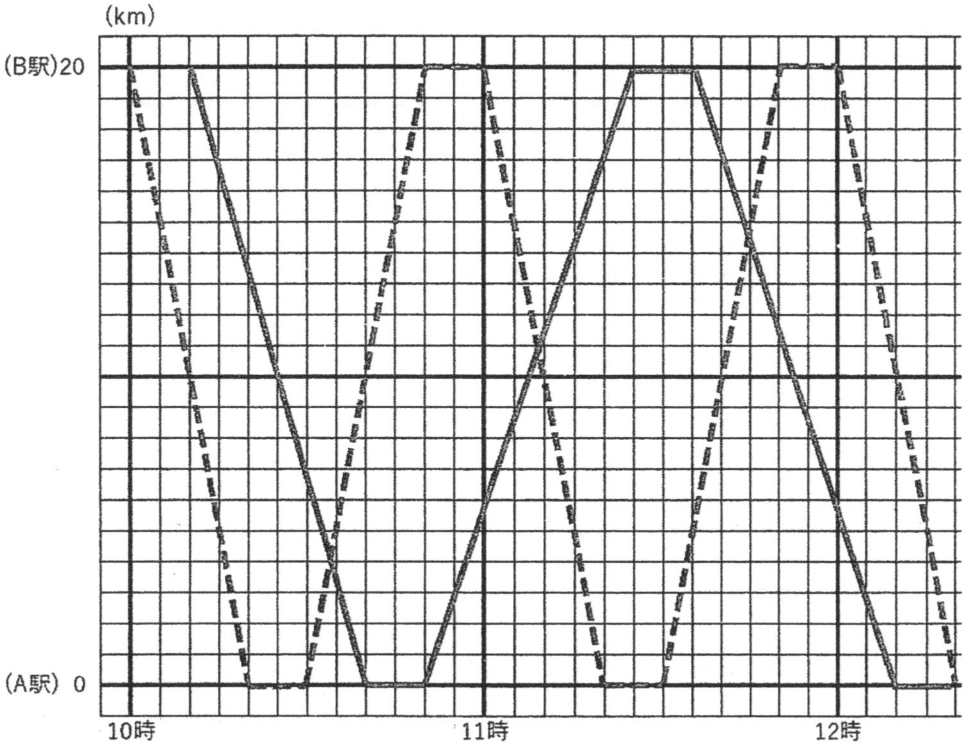

① B駅を10時に出発した列車はA駅に到着(とうちゃく)してから，10分後に再びB駅に向かってA駅を出発します。この列車がB駅を10時10分に出発した列車とすれ違(ちが)う時刻は何時何分ですか。

② さとし君は10時45分にA駅を出発し，線路沿いの道を自転車で時速12kmの一定の速さでB駅まで向かいます。さとし君はB駅に着くまでに，B駅を出発した列車と何回すれ違いますか。

③ さとし君がA駅を出発した列車に最後に追(お)い越(こ)されるのは何時何分何秒ですか。

函館ラ・サール中学校　　　　第１次入学試験問題
２０２４．１．８　　　　　　算　　数（６０分）

・分数で答える場合は，それ以上約分ができない数で答えなさい。
・円周率は3.14とします。
・問題用紙，解答用紙，計算用紙は切り取って使用してはいけません。

1

（1）　$\left\{\left(\frac{3}{4}-\frac{1}{5}\right)-\left(\frac{2}{3}-\frac{1}{2}\right)\right\}\div\frac{5}{6}$ を計算しなさい。

（2）　$1.2\times38+1.5\times38-\square\times38=3\frac{4}{5}$ のとき，$\square$ にあてはまる数を答えなさい。

（3）ある学校の野球部員が長いすに座ります。1脚(きゃく)に4人ずつ座ると3人が座れず，5人ずつだと，どの長いすにも5人座り，誰(だれ)も座らない長いすが2脚あまりました。このとき，野球部員の人数は何人ですか。

（2）半径 2cm の円が，1辺の長さが16cmの正方形の内側を，辺にそって1周するとき，円が通過する部分の面積は何 cm^2 ですか。

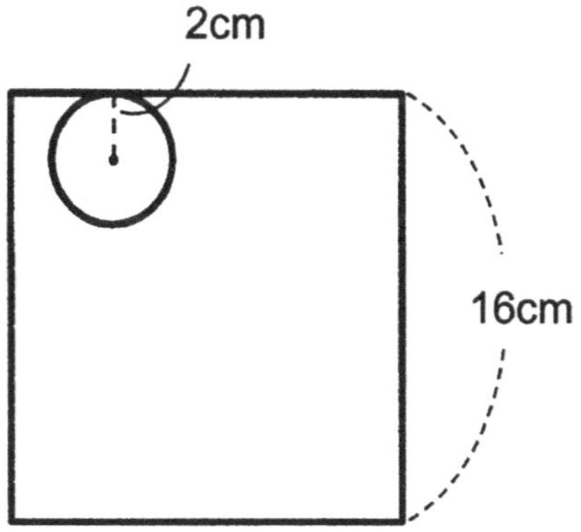

4 図1のように，たてが1m，横が5mで，底に排水口がある直方体の形をしたガラスでできた水そうに，一定の割合で水が出る2つの給水口AとBから水を入れます。排水口を閉めて，空の状態からいっぱいになるまで，給水口Aだけで入れるときにかかる時間は，給水口Bだけで入れるときにかかる時間のちょうど$\frac{3}{5}$です。また，空の状態から深さ3mになるまで，2つの給水口AとBから同時に水を入れるときにかかる時間は，排水口が閉まっていると1時間33分45秒で，排水口が開いていると3時間7分30秒です。ガラスの厚さは考えないものとして，次の問いに答えなさい。

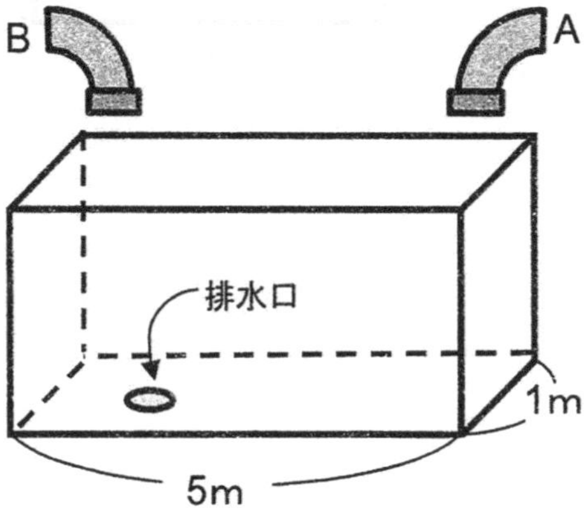

図1

（1）給水口Aからは1分間あたり何Lの水が出ますか。

図2のような底面が台形で，高さが1mの四角柱があります。四角形イの面積は三角形アの面積と等しく，三角形ウの面積は三角形アの面積のちょうど半分です。この四角柱を図3のように固定しました。

はじめ，水そうは空で排水口が開いたままになっているとき，排水口が開いていることに気づかずに，2つの給水口AとBから同時に水を入れていくと，図4の状態になりました。

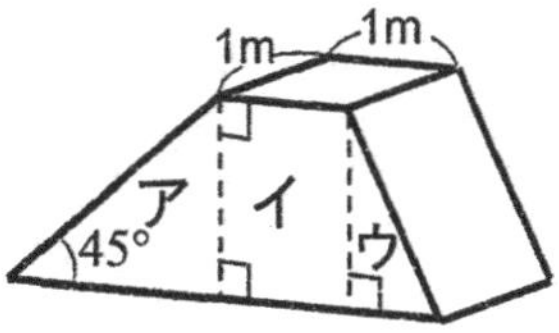

図2

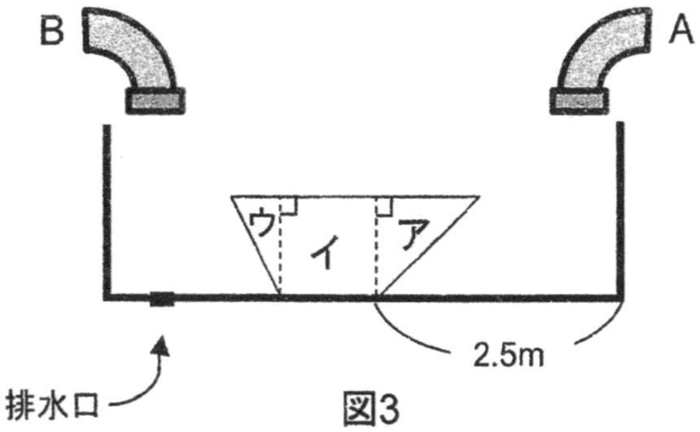

図3

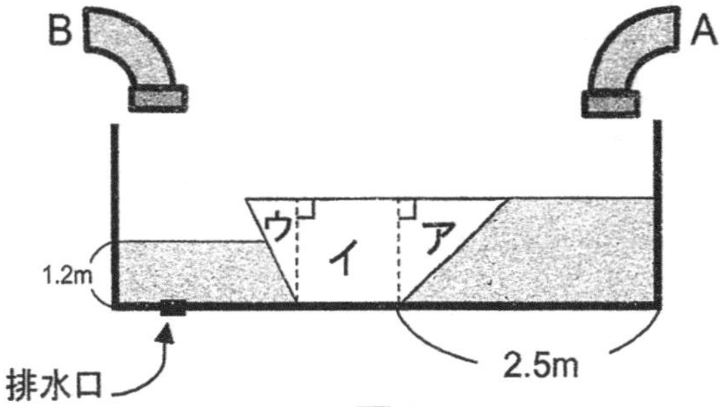

図4

（2）図4の状態になるのは，水を入れ始めてから何分後ですか。

図 4 の状態から， 44 分 30 秒後に排水口が開いていることに気づき，排水口を閉めました。排水口を閉めてから水そうがいっぱいになるまで，25 分かかりました。

（3）水そうの高さは何mですか。

3

（1）下の図1のような，直角をはさむ2つの辺の長さの和が23 cmの直角三角形が4つあります。この4つの直角三角形を図2のように並べると，大きい正方形ABCDと小さい正方形EFGHができます。このとき，正方形EFGHの面積が49 cm^2になりました。次の問いに答えなさい。

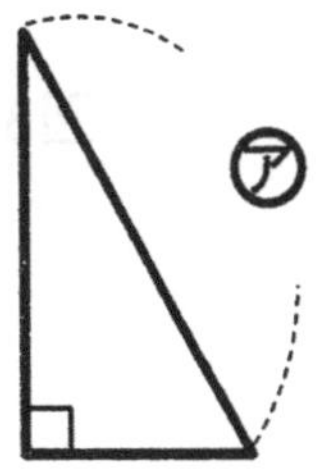

【図1】

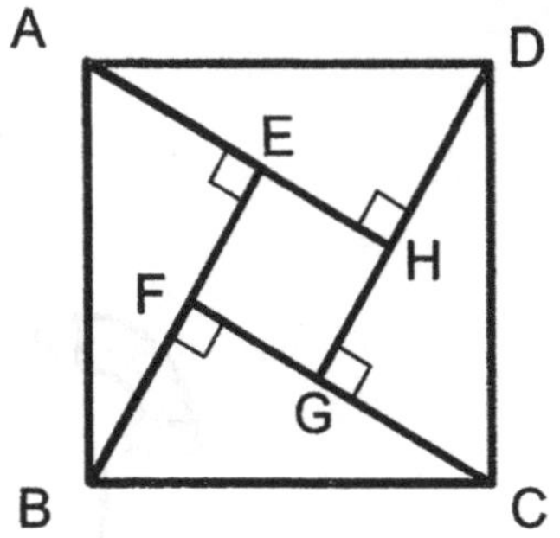

【図2】

① 図2の正方形ABCDの面積は何cm^2ですか。

② 図1の㋐の長さは何cmですか。

6 $\underbrace{10\times10\times\cdots\cdots\times10}_{n\text{個}}=\boxed{n}$　と書くことにします。

例えば，$10=\boxed{1}$，$10\times10=\boxed{2}$，…，です。

（１）$\boxed{6}$ を 13 で割った余りはいくつですか。

（２）$\dfrac{1}{9}\times\left(\boxed{n}-1\right)=11111$ となる n を求めなさい。

（３）13 にかけたときの積が 111…11 になるような整数はありますか。あるときはその整数を1 つ答えなさい。ないときは「なし」と答えなさい。

第一次入学試験問題

国語

(60分)

函館ラ・サール中学校

2023. 1. 8

〔問題二〕次の文章を読んで後の問いに答えなさい。

みなさんが学校におられる期間は、親や先生にすがって、その助けによって、指導によって一人前になり、自分で歩み出す、精神的にもそれが始まっている、最後の仕上げの大切な時期だと思います。先生方もそういう生徒に、立ち会っておられると思います。

そういうときにいちばん大事なことは、これまで行われてきたことに対して感謝したり、Aヒハンしたりすることは、もちろん大切ではあるけれども、自分の責任において物事を考えて歩んでいくことです。そのために、今まで自分をしばりつけていたものに無関心になる、そういうものからはなれていくことがなければなりません。そのようにならせる教育が、①ほんとうの教育だと思います。

実は今から十七、八年前に、日本に帰ってきたときに、本郷にある、ある有名な小学校のＰＴＡからよばれて、何かフランスの話をしてくださいということで、お訪ねしたわけですが、ＰＴＡを強化するにはどうすればよいかというのです。お母さん方や先生方が全部集まって、そういう話をするのです。私は破壊的(はかいてき)なことを言うのではありませんが、私は②ＰＴＡは強化されないほうがよいと思います。

というのは、それだけ言うと誤解を受けますけれども、自分が生徒であったときのことを考えますと、家で親が自分に対して［１］理解な態度を示す場合には、学校に行って先生に訴(うった)え、いろいろ慰(なぐさ)められたり、教えられたりして、自分の態度を考えるわけです。

理不尽(りふじん)な先生がいれば（実際、先生というものは知らないうちに、えこひいきをしていることが多いものです）、家にとんで帰って親に話す。場合によっては親が校長先生に言いつけに行くこともある。そのようなことによって子供は、家には学校と別の社会があり、学校には親と別の人間がいて自分を導いてくれることを知るわけです。学校で困ったことがあれば、家に帰って親に話せば、親は自分のことをわかってくれます。その親と先生とが結託(けったく)したら、子供は行く所がありません。

これは非常にＢアブないと思います。それに気づかず、みんなで結託し、情報を集め、子供を駄目（だめ）にしてしまう。そのような親と先生の関係というものは、精神の発達のために、非常によくありません。私の考え方が間違（まちが）っているのかもしれませんが、極端（きょくたん）かもしれませんが、そういう点をもう少しはっきりとして、親は親で自分の考えをはっきり持ち、先生は先生で自分の考えをはっきり持つことが大切だと思います。

もし親と先生が相談するとすれば、生徒の健康について、［Ⅰ］生徒が病気の場合に、家でどれくらい勉強するか、学校ではどれくらい勉強するのがよいかということで、連絡（れんらく）するのはいいのですけれども、子供の心構えをどうしようとか、精神生活の基礎（きそ）はどうしなければならないか、ということまで考えるのは、非常によくありません。

Ｃフコウにして日本のやり方は、すべてについてそういうことが言えるわけです。すべてのことについて、すべての人がよく知りすぎているわけです。このことが、私は、いろいろなことにおいて、日本の近代化というものを妨（さまた）げているのではないかと思います。

私は先生と親が生徒のことで、話し合うことにけっして反対するわけではありません。問題は内容です。子供のほんとうの目的は、［２］になることです。それ以外に何の目的もないわけです。もし子供を総理大臣にしたいという親がいるとすれば親が間違っている。自分の生徒を何パーセント有名校に進学させるかということを目標に掲（かか）げている先生がいるとすれば、その先生が間違っている。もし親と先生とが相談することがあるとすれば、［２］の完全な人間にすること、それ以外に何もあってはならないと思うのです。

そういうことであれば、何も打ち合わせる必要はありません。わかりきったことです。［Ⅱ］、具体的なことについて、食物とか健康とか、そういう問題についてなら相談することはあるし、打ち合わせすることはよいと思います。しかし、どうもそうではない。すべて他人は自分にとって汝（なんじ）であり、自分は他人にとって汝であり、みんな、あなた ― あなたの関係であり、みんなが連絡しようとしています。これが、日本の指導のいちばん大きな欠陥というか、困った点というか、③人間関係の大きな問題です。それは日本だけでなく、ヨーロッパにもあります。しかも特に日本においては大きい割合を占めています。私は、ここで一つの例をあげましょう。

それは子供のしつけという問題です。あるいは教育といってもいいです。若い人の教育です。このごろの子供は、しつけがないというわけですが、ヨーロッパのしつけは実にやかましい。日本では子供が入ってくると、さあお嬢さんお座りなさいと言って座らせます。「おいくつ」とか、「お嬢さんかわいいね」とか言って、頭をなでるわけです。できるだけのことを、子供にするわけです。

ヨーロッパではバスや電車の中で、子供には絶対席を譲りません。立たせてしまう。[Ⅲ]、子供は一人前の料金を払っていないからです。それだけ聞くと、何ということだと思うでしょうけれども、子供はそのように育ってゆかなくてはならないと思うのです。世の中に出たら、そこは家の中ではないのだから、その席に座るためには金を払わなければなりません。バスの会社も金を取らないのだから、ただで乗せてもらっている以上は、座る資格はありません。

子供だからということは、いっさいどけて考える。これが一般的な社会通念です。そのような、ある意味で[3]人間的といえるような目に合わせ、子供にそういうことを知らせます。またおとなの集まる場所へは、子供を連れてゆかない。連れていく場合には、やかましくしつけて無駄な手のかからないようにします。

④日本はまるで子供の天国のようなものです。この間、飛行機で日本に帰るときに、非常に困ったことがおこったのです。がら空きの飛行機で、そこに三、四人の日本の男の子が乗っていまして、何か急用がおこったときに、客室乗務員を呼ぶためのブザーを鳴らして、遊ぶのです。それを親は脇で見ていて何もしないのです。平気で週刊誌を読んでいるのです。これは特別悪い親だと思いますけれども、向こうではこういうことは、絶対に考えられません。

このことは日本人は飛行機の中であろうと、みな自分の家の庭のように考えているからです。つまり自分と親とが特別な関係であり、先生と生徒は特別な関係であり、自分をかばってくれるということであり、みんな互いにあなたという名前で呼び合っているからです。あなたというのは、親しい関係の人たちです。日本で重大なことは、その互いの関係というものが、このような内容を持っているということです。

たとえば、ここにAという人がいるとして、私をBとします。AとBとの関係が成り立つということは、必ず一方が他方を教えるとか、保護するとか、つまり親しくなければ成り立つと言えません。権威を持っている者とそうでない者との関係です。たとえば、親と子、先生と生徒、先輩と後輩、同じ仲でも経験のある人とない人というように、つまり社会に行われている上下関係を、そのまま全部移しているのです。それに賛成し、それに従い、しかもあなた、あなたという関係で生きているのです。これは非常に複雑で簡単に話せませんが、東京大学の中根千枝先生が、タテ社会の人間関係という言葉で言っておられますが、これは単に家庭や学校だけでなく、日本全体がそれで覆われているわけです。

私が自分として独立していない、自分と別な人間がいることを忘れて、自分と同じ関係でしか他の人を見ない、しかも互いに一方が一方を保護し、一方が保護される、お互いに甘え、甘えられるという関係によりかかっています。しかもそういう関係は、お互いの人間としての価値によるものではなく、相手は先生であって自分は生徒であり、下である、相手は大臣であって自分は局長に過ぎない、相手は何であって自分は何であるというように、人間の価値とは何の関係もない社会の階級とか階層とか、そういうものが個人の中に入ってきて、その上に立って私―あなたの関係が成り立っています。そういうものが個人的な私―あなたの関係として癒着している、それがいたる所で行われているのです。

法律問題一つ考えてみても、法律の条文というものは、自分以外の他の人は、みんな第三人称になっているのです。相手が親であろうと誰であろうと、法律が規定していない以上は、一人の人間として対する以外にはないわけです。親を親として扱うのは、法律がそう規定しているからで、第三者と何も違わないわけです。法律は社会生活、社会組織の根本です。社会は、その法律によって規定されています。法律で規定されているということは、一人称である自分と三人称である他人が集まって、生活しているということです。

だから、あなた ― 私の関係は⑤そこでは通用しないということです。そういうものに向かって人間をならす、強力なものに向かって人間を練成していくもの、それが、ヨーロッパでいう、しつけです。そのことが日本ではほとんど組織的になされていません。そこに大きい問題が、あると思うのです。この問題は詳しく述べれば、いくらでも述べることができますが、とくに⑥日本の言葉の問題に関連させて言うことができます。

日本語は非常に面倒なものです。ここに一冊の本があるという場合、英語では This is a book と言う。これはエリザベス女王でも、誰であっても同じです。ところが日本の場合、たとえば天皇に対していう場合、「これは本である」とは絶対に言えません。「これは本でございます」と言わなければなりません。先生に向かっては、「これは本です」と言っても、お父さんに向かっては、「これは本だよ」と言うわけです。全部違うわけです。

これはけっして言い方だけの違いではなくて、内容にまで及んでくるのです。つまり自分とあなたという関係で、規定しているわけです。私というのはあなたに対する私になっていて、本来の自分がどこかにいってしまう。

ピアノをやっていても、コンクールで一等になるためというようなことで、すべてやっているわけです。それで何のためにピアノをやっているのか、自分自身の必要ということは完全に失っています。百パーセント客観的な価値に立ってやっています。タレントになるために、テレビに出るためにやっている。一度テレビに出れば死んでもよいと思わなくても、それに近いことを考える。そのように自分というものは忘れてしまっています。

同時に、人も自分が自分であることを忘れてしまっています。⑦ヨーロッパにおいては、この問題が非常にはっきりしていて、個人の独立、個人の好みの自由、個人の責任というものと共に、一人一人の人間がこうなのだということを考えるのです。

ということは、つまり一人一人の人間が、単にお父さんだけのあなたではないのだということ、その人自身の私を持っているということです。他人を、自分にとってのあなたとばかり、思ってはいけません。他人は自分とは別の自分を持っていることを、尊重しなければならないのです。そうした個人が集まっているのが社会なのです。そういう考え方が、ヨーロッパの今日を、形づくってきているわけです。そういう方向に向かって生きてゆくことが、進歩と言われてきたわけです。私的な、あなた的な関係がだんだん消され、公的な関係になっているのです。たとえば工場の資本家と労働者が、親分・子分という個人的な関係でなく、お前・おれという関係でなく、主人は主人なりの責任と役割を持ち、また労働者は働く義務と責任を持っているという関係が法律によってきちんと結ばれています。それを良心的に果たしていく。その上で人間関係が、できるならばできてもよい。そういうことがヨーロッパの文明進歩というものを、形づくっています。

なぜヨーロッパが、進歩しているのかといえば、そのような自己の確立、また他人の自我（じが）の確立が進んでいるからだといえます。そこを確立してこそ、自由を求めることが確実になるのです。そのことを離れては、独立も自由も単なる言葉にすぎません。子供が使いたいおもちゃを使うことが自由であり、独立であるならば、他の子供がそれを使うことを怒（おこ）るわけですから、他人の自由、独立を認めていないわけです。

そのような深いヨーロッパの人間関係というものは、非常に深くキリスト教によって養われてきたのです。唯一（ゆいいつ）の神を信ずる、その神の前にはすべての人間が平等であるということを考えることによって、できあがっています。すべての人間が、神の前に平等であるということを、まじめに考えることによって、つくられているわけです。

私たちが今問題としている点は、まさに歴史のいちばん根底に入ってくる問題でもあります。進歩という考え方、独立、自覚、自尊心、それらのものが、キリスト教と結びついていると思います。

（森有正『いかに生きるか』より）

（一）――線部①「ほんとうの教育」とありますが、それはどのような教育ですか。本文中の表現を用いて五十字以内で答えなさい。ただし、句読点も字数にふくめます。

（二）＝＝線部A「ヒハン」、B「アブ（ない）」、C「フコウ」を漢字に改めなさい。

（三）　1 、 3 に入れるのに最も適当なものを次の中から選び、それぞれ記号で答えなさい。ただし、同じ記号をくりかえし用いてはいけません。

ア　非　　イ　未　　ウ　不　　エ　無

（四）　Ⅰ ～ Ⅲ に入れるのに最も適当なものを次の中から選び、それぞれ記号で答えなさい。ただし、同じ記号をくりかえし用いてはいけません。

ア　つまり　　イ　たとえば　　ウ　だから　　エ　しかも　　オ　なぜならば

（五）　2 に当てはまる言葉を、本文中から三字でぬきだしなさい。ただし、 2 は本文中に二か所あります。

（六）　――線部②「ＰＴＡは強化されないほうがよい」とありますが、それはなぜですか。その理由として最も適当なものを次の中から一つ選び、記号で答えなさい。

ア　親子の問題は親と子だけで、学校での問題は先生と生徒だけで解決すべきものであるから。
イ　子供を親と先生とが協力しあって育てるということが、フランスでは全くなかったから。
ウ　親と先生の考えが同じになってしまうと、子供の味方が誰（だれ）もいなくなってしまうから。
エ　親と先生の関係が緊密（きんみつ）になると、今後ますますお互（たが）いの負担が増えていってしまうから。

（七）　――線部③「人間関係の大きな問題」とありますが、筆者はどのようなことを問題だと考えていますか。次の中から最も適当なものを一つ選び、記号で答えなさい。

ア　相手が誰であろうと、自分と親しい間柄（あいだがら）の人間だと思いこむ人が多数いること。
イ　しつけられていないせいで、他人への気づかい方を知らない人が多数いること。
ウ　甘（あま）やかされて、将来のことを見すえた教育を受けなかった人が多数いること。
エ　自分を中心に考えて、周りの人のことを考えずに行動する人が多数いること。

(八) ――線部④「日本はまるで子供の天国のようなものです」とありますが、これはどういうことですか。その説明として最も適当なものを次の中から一つ選び、記号で答えなさい。

ア 周りの大人が甘いので、子供は好き放題にふるまえるということ。

イ 家の外に出ても、子供は家の中のように落ち着いて過ごしているということ。

ウ 楽しいことが提供されるものだと考え、子供は自分で工夫しないということ。

エ 周りの大人が守ってくれるので、子供が安全に過ごせるということ。

(九) ――線部⑤「そこ」の指している内容として最も適当なものを次の中から一つ選び、記号で答えなさい。

ア 法律　　イ 社会　　ウ 学校　　エ 組織

(十) ――線部⑥「日本の言葉」とありますが、本文で説明されている日本語の特徴として最も適当なものを、次の中から一つ選び、記号で答えなさい。

ア はっきりとは言わないため、相手を不快にさせることが少ない。

イ 理解を求めることは二の次にした、主観的な表現が好まれる。

ウ 立場の違いがあって気をつかうため、上下関係を表す表現が多い。

エ 自分と相手との関係が、言葉の内容にまで及んでいる。

(十一) ――線部⑦「ヨーロッパにおいては、～考えるのです」とありますが、ヨーロッパの人はなぜそのように考えることができるのですか。その理由として最も適当なものを次の中から一つ選び、記号で答えなさい。

ア キリスト教の教えが浸透していて、親や先生が子供に対して果たすべき使命が明確になっているから。

イ 社会は法律のもとに成り立っており、法律を守るのが人としての義務だと思っているから。

ウ すべての人間が平等であるというキリスト教の教えによって、自我の確立が進んでいるから。

エ 子供に対して厳しい教育を施すことによって、他人とは違う自分というものを持てるようになるから。

〔問題二〕 次の文章を読んで後の問いに答えなさい。

秋元路男は製麺工場を定年退職した後、JR大阪環状線のとある駅のホームにある立ち食い蕎麦店の店長をしている。妻の恵子はすでに亡く、息子の正雄は東京で家族と暮らしている。

今から五年前、正雄は当時小学四年生だった息子の弘晃に中学受験のための勉強を無理強いする。幼い弘晃が疲れて弱っていく姿を見かねた路男は正雄と激しく言い争い、二人は絶縁状態となって、路男は孫の弘晃とも会えなくなる。

そして現在。中学三年生となった弘晃が家出をし、突然路男の前に現れる。路男は何も聞かず弘晃を一人で暮らすアパートに泊めてやる。

翌日、弘晃は働く祖父の姿を一日中店の外から眺めていた。

駅蕎麦屋は大抵、午後六時半頃に幾度目かの混雑のピークを迎える。八時になれば客足は少し落ち着き、アルバイトの山本君も帰って、あとは閉店まで路男がひとりで店内をＡ切り盛りするのだ。

その日の最後の客は、八十を超えたと思しき男性だった。常客というほどの頻度ではないが、杖を頼りにひとりで閉店間際にかけ蕎麦を食しに来るので、路男も自然と顔を覚えていた。

「毎度、どうも」

「身体が温もったわ、おおきに、ご馳走さん」

暖簾をしまいがてら送って出た路男に、人生の先輩は控えめな笑顔を向けた。

「今日は年金が出たさかいに、たまの贅沢なんや。二か月後の十五日まで、また何としても生き延びて、ここに来さしてもらわなな」

切実な祈りの混じる声だった。

偶数月の十五日は、高齢者にとっては命綱をつなぐ大事な日であることを、路男は思い返していた。

若い頃にはわからなかったが、年金のみで暮らしを紡いでいく難しさ、しんどさは、路男にも充分に＊忖度できた。それでもまだ年金を受給できるだけマシ、との思いを高齢の受給者なら持ち合わせているだろうことも、路男は知っていた。

「寒いですよって、風邪に用心して、また次もお待ちしてますさかいに」

「おおきに。ほな、良いお年を」

老人は杖を持ち直して、路男に軽く会釈してみせた。

雑踏の中を遠ざかるその後ろ姿を見送って、ふと視線を廻らせば、すぐ脇の柱の陰から、弘晃が同じように先の老人を見送っているのが目に入った。

弘晃、と路男は孫の名を呼ぶ。

「えらい寒いのに、待っててくれたんか」

労う声をかけてB相好を崩す祖父に、弘晃はただ黙って俯くばかりだった。

後片付けを終えて、孫と肩を並べて家路に就く。月のない夜、ネオンが明るすぎて、星の姿は全く見えなかった。

飲食店が軒を連ねる繁華街は、忘年会の客で溢れ、騒々しいばかりだが、そこを抜ければ意外に閑静な通りに出る。シャッターの降りた印刷工場の脇を通っている時、弘晃がぼそりと呟いた。

「①ジィちゃんさぁ、虚しくなんない？」

「何が？」

路男は孫の問いかけの意味を汲みかねて、首を捩じって弘晃を見上げた。

祖父の視線を避けて、昏い眼差しを路上に落とし、ひと呼吸置いて弘晃はこう続けた。

「駅蕎麦を食べに来る客ってさ、別に、料理に期待してるワケでもないし……。手っ取り早く食欲満たしてるだけじゃん」

「ええやんか、それで」
路男は大らかに応え、立ち止まった弘晃に構わず、先に歩を進める。
でも、と弘晃は大股で追いつくと、
「でも、やっぱ駅蕎麦は、ちゃんとした食堂とは違う。虚しいよ、やっぱ」
と、挑む口調で祖父に伝えた。
そして、祖父の返事を待たずに、足もとの空き缶を勢いよく蹴り上げた。まだ少し中身の残っていた空き缶は、四方に液体を飛ばしながら闇の奥へと消えていく。

火の気のないアパートの一室に戻ると、路男はそのまま台所に立った。
弘晃はあれからずっと、[1]と黙り込んでいる。電気コタツのスイッチを入れることさえ忘れている孫に、路男は、
「今、夜食つくるよって、温うして待っとき」
と、声をかけた。
身を屈めて冷蔵庫を探ると、賞味期限が明日までの茹で蕎麦が二袋、残っていた。ネギを小口に切り、蒲鉾は大きく斜めに削ぎ切りする。
「虫養い、いう言葉が大阪にはあるんや」
出来上がった二人分の蕎麦を電気コタツの上に並べて、路男は弘晃に語りかける。
冷えた室内に、丼からはほかほかと柔らかな湯気が立っていた。
「ムシヤシナイ？」
どんな文字をあてるのか、皆目見当もつかないのだろう、外来語にしか聞こえない口調で、弘晃は繰り返すと、熱い丼に手を伸ばした。ああ、と祖父は頷き、孫のために瓢箪型の七味入れを取ってやる。

「軽うに何ぞ食べて、腹の虫を宥めとく、いう意味や」

「ふーん」

興味の湧かない声で応えて、弘晃は熱々の蕎麦を口に運ぶ。一口すすって気に入ったのか、ズズズッと美味しそうに食べ進めた。

目を細めてその様子を眺めていた路男だが、ゆっくりとした仕草で急須を取り上げ、茶葉にポットの熱湯を注ぐ。

「今日みたいに寒い日ぃは、湯気がご馳走や」

湯気の立つ湯飲みを孫の手もとに置いて、祖父はさらに続けた。

「帰ればご飯が待ってる。時間さえあれば、ゆっくり食事が出来る。懐に余裕があったら、派手なご馳走も食べられる。でも今は、そういうわけにいかん。せやから、取り敢えず駅蕎麦で虫養いして、力を補う――そういう虫養いを、ジィちゃんは大事に思うんや」

②話の途中から、弘晃は箸を止めて、じっと祖父の双眸*を見つめていた。聞き終えて、何か言いたげに弘晃は唇を開きかけ、しかし、またきゅっと一文字に結び直した。

路男は、手もとの湯飲みを手に取って、温もりを確かめるように掌で包むと、こう言い添えた。

「それになぁ、お前の言う『ちゃんとした食堂』ばかりなら、世の中、窮屈で味気ないと思うで」

祖父のその台詞に、③孫ははっと両の瞳を見開く。

トゥルルル

トゥルルル

秋元家の電話が鳴ったのは、丁度その時だった。咄嗟に弘晃がぎくりと身を固くする。勧誘か間違いか、あるいは悪戯でしか鳴ることのない電話だったが、その受話器に、路男は躊躇いなく手をかけた。

「はい、秋元です」

名乗ったあと、受話器の向こうの声を聴いて、路男は唇を僅かに歪めた。思った通り、電話の主は東京の正雄だったのだ。弘晃が家を出て二日、正雄は漸く、息子の立ち寄り先として大阪の路男のことを思い出したのだろう。

無沙汰を詫びるでもなく、老父の暮らしぶりを尋ねるでもなく、［2］に弘晃の消息を問う正雄に、路男は苦い表情のまま答える。

「ああ、弘晃なら来てるで。暫くうちで預かるさかい。……えっ？　何やて？」

視野の隅に、C固唾を呑んで様子を窺う弘晃が映っている。路男は身体ごと電話に向き直り、声を低めた。

「『勉強が遅れる』て……お前、それ本気で言うてんのか」

恵子が生きていれば、上手にとりなしたかも知れない。だが、路男は良い齢をした息子のあまりの愚かさに、このド阿呆！　と受話器に向かって罵声を浴びせていた。

「おんどれは父親のクセしてから、子供を潰す気か。いっぺん目ぇ覚まさんかい！」

がしゃん、と怒りに任せて受話器を叩きつけたものの、煮えたぎった憤怒はそう簡単には路男から去らなかった。

音のない一室に、古い掛け時計の秒針だけが妙に大きく響いている。

振り返り、孫の様子はと見れば、弘晃は卓上に置いた握り拳を［3］と震わせていた。必死で感情の爆発に耐えているその姿を目にして、路男は黙り込んだ。

どれほどそうしていただろうか、弘晃が、オレ、と掠れた声を絞り出した。

「オレ、親父を殺すかも知れない」

部屋の空気が一瞬、薄くなった。

弘晃が苦悩の果てにその台詞を口にしたことが容易に察せられて、路男は敢えて無言のまま、真剣な眼差しを孫へと向けた。

弘晃は右の拳で唇を覆い、くぐもった揺れる声で打ち明ける。
「目の前に包丁があると、親父を刺しそうな気がして息が出来ない。いつか自分で自分をコントロール出来なくなる。そしたら……」
弘晃の肩が、上腕が、小刻みに震えだした。双眸に激しい怯えが宿り、うっすらと涙が膜を張っている。
「そしたら、オレ……親父を……」
「弘晃」
見かねて路男は孫の名を呼び、その背中に手を置いた。
刹那、下瞼で辛うじて止まっていた涙が、色の失せた頬へと滑り落ちる。
「ジィちゃん、オレ……自分が恐い」
恐くて堪らない、と言葉にすると、弘晃は両の掌を開いて顔を覆った。
④怯えの根源を口にしたことで、弘晃を支えていた何かが崩れたのだろう。十五歳の少年は、電気コタツの天板に突っ伏して慟哭した。

午前零時過ぎ、終電後の駅蕎麦屋へ路男は弘晃を連れて行く。手には深夜スーパーで買い込んだ大量の青ネギが抱えられている。
営業中は圧倒的な存在感を誇っていた駅蕎麦屋も、商いを終え、照明も落ちてしまえばD影が薄い。
ほんの数時間前にかけた鍵を外し、明かりをつけると、路男は弘晃を厨房に招き入れた。
落ち着かない様子で店内を見回す孫には構わず、ネギの根を落とし、流しで洗って俎板に束ねて置き、包丁を添えた。
「さて、と。弘晃、こっちおいで」
声をかけられて、祖父の方へ向き直った弘晃だが、俎板に置かれた包丁を認めると、ぎょっとして両の肩を引いた。
「ジィちゃん、オレ、包丁は……」
両腕を後ろに回して身を強張らせる弘晃に、路男は緩やかに頷いてみせる。
「大丈夫、ジィちゃんが手ぇ添えたるよって」
祖父に言われて、孫は俎板の前に立つと、恐る恐る包丁の柄を握った。朴の木を用いた白い柄を、しかし、弘晃は掌に包むだけで精一杯の様子だった。
「もっとしっかり握らなあかん、かえってあぶないで」
こうするんや、と路男は孫の手に自分の手を添え、がちがちに固まった指を解して、正しく持たせた。
「せや、『小峯にぎり』いうてな、この持ち方を覚えたら、これから先、色々と役に立つ」
そうして、ネギに刃をあてがうと、
「よっしゃ、ほんならネギ切ってみよか」
と命じ、手を添えたまま刻み始めた。
切りたくない、との思いが弘晃の腕を重くする。難儀しながらも、路男は弘晃を導き、さくっさくっとネギに刃を入れていく。
「口に障らん厚み……これくらいの小口切りにな。ほな、自分で切ってみ」
見本を示すと、祖父は孫の右手を解放した。
必死の a 形相で、弘晃は包丁を握り締めて、ネギを刻む。ざく、ざく、とぎこちない包丁遣いは、しかし、暫くすると、さく、さく、と徐々に柔らかな音へと変化していった。それにつれて、弘晃の身体の強張りは取れ、表情も少しずつ穏やかになっていく。
「いくつもの塾をかけ持ちして、実力以上の中学に受かった。けど、入ってみたら秀才がゴロゴロ。授業についていくのがやっとだった」

路男はただ無言で、孫の打ち明け話に耳を傾ける。
「親父には努力が足りない、と殴られてばかり。でも、足りないのは努力じゃなくて、［　　］だったんだ。三年通ってそれが身に沁みた」
自身に言い聞かせるようなb口調だった。
たかだか十五歳で、自身の人生を諦めた様子の弘晃の姿が、路男には胸に応える。それに耐えて、祖父は孫の包丁遣いを見守った。
さくっさくっ、という包丁の音は、何時しか、とんとんとん、と軽やか音色へと育っていた。俎板の上で包丁がリズミカルに踊り、正確な厚みでネギが刻まれていく。用意したネギの束もそろそろ尽きようとしていた。
「仰山できたなあ、おおきにな、弘晃」
業務用の笊に山盛りになった刻みネギを示して、路男は弘晃に笑みを向けた。
「上手いこと使えるようになったな。――もう大丈夫や」
孫に手を差し伸べ、弘晃の右手を包丁ごと、自身の両の掌で包み込む。包丁の刃先が路男の腹を向いているのを知り、弘晃は怯えた目で祖父を見た。
「弘晃、⑤お前はもう大丈夫やで」
逃れようとする孫の手をしっかりと握ったまま、路男はぎゅっと目を細めてこう続けた。
「包丁は、ひと刺すもんと違う。ネギ切るもんや。この手ぇが、弘晃の手ぇが覚えよった」
「あ……」
弘晃の瞳に涙が浮き、瞬く間に溢れだす。堪えようとして堪えきれず、戦慄く唇から嗚咽が洩れ始めた。
心配要らん。
弘晃、もう何も心配要らんで。
号泣する孫の背中を撫でながら、祖父は幾度もそう胸のうちで繰り返した。

翌日の昼過ぎ、乗降客の行き交（いか）うホームに、弘晃と路男の姿があった。
駅蕎麦屋の制服に前掛（まえか）けを締（し）めた路男の姿はひと目を引きそうだったが、案外、気に留める者は居ない。
乗車を促（うなが）す笛の音が響いて、弘晃は祖父を振り返った。
「親父とちゃんと話すよ。色々、ほんと色々、ありがと、ジィちゃん」
来た時とは別人のような、晴れやかな笑顔だった。路男は大きく頷いてみせた。
「気ぃつけてな、弘晃」
「また来るから」
弘晃が電車に乗り込（のこ）んだ瞬間（しゅんかん）、プシューッと間延びした音がして、扉（とびら）が両側から閉じられようとした。
扉が閉まる直前、弘晃が早口で言った。
「⑥<u>ムシヤシナイさせてもらいに、オレ、何度でも来る</u>」
孫を乗せた電車がホームを出て、その姿が消えてしまうまで見送ると、路男はぼそりと呟いた。
「ムシヤシナイ……何やあいつが言うと、外国語に聞こえるがな」
声に出してみれば、胸に宿っていた寂（さび）しさが消えて、路男は［　4　］と笑い声を上げる。
次の電車の入線を告げるアナウンスが、師走（しわす）のホームに響いていた。

（髙田郁（かおる）「ムシヤシナイ」より）

＊忖度…他人の心の中をおしはかること。
＊双眸（そうぼう）…両方のひとみ。両眼。

（一）══線部ａ「形相」、ｂ「口調」の読みをひらがなで答えなさい。

(二) ～～～線部A「切り盛りする」、B「相好(そうごう)を崩す」、C「固唾(かたず)を呑(の)んで」(固唾を呑む)の意味として正しいものをそれぞれ選び、記号で答えなさい。

A「切り盛りする」
ア 物事を慌ただしくとりおこなう
イ 物事をうまくさばき、処理する
ウ 物事をいい加減に片付ける
エ 物事をていねいにとりあつかう

B「相好を崩す」
ア 気の毒そうな顔つきになる
イ 心配そうな顔つきになる
ウ にこにこした顔つきになる
エ 不満そうな顔つきになる

C「固唾を呑む」
ア 恐怖のあまりまったく身動きできなくなる
イ いったい何が起きているのかと心配する
ウ どうなることかと緊張して一心になりゆきをみる
エ 何が起きても大丈夫なように心の準備をする

(三) [1]、[3]、[4]に入れる語として最も適当なものをそれぞれ選び、記号で答えなさい。

1…〈ア しんみり　イ うんざり　ウ げっそり　エ むっつり〉
3…〈ア わなわな　イ ぶらぶら　ウ あたふた　エ がたがた〉
4…〈ア けたけた　イ からから　ウ へらへら　エ うはうは〉

(四) [2]には「いきなり本題に入ること」という意味を持つ言葉が入ります。その言葉を漢字四字で答えなさい。

（五）〰〰線部Ｄ「影(かげ)が薄い」の意味を説明した次の文の□に当てはまる漢字三字の言葉を本文中からぬき出しなさい。

□がない。

（六）——線部①「ジィちゃんさぁ、虚しくなんない？」とありますが、この時の弘晃の気持ちとして最も適当なものを次の中から一つ選び、記号で答えなさい。

ア　料理に何かを期待されることもなく、ただ手軽に客の空腹を満たすだけの仕事に意義があると思っているのかどうか、祖父に確かめたいと思っている。

イ　祖父がどれほど忙しく働いたところで、立ち食い蕎麦屋にはしょせん手軽さや安さしか求められておらず、売上もたいして上がらないはずだと思い同情している。

ウ　手軽さだけが求められている立ち食い蕎麦屋の仕事は、だれにでもできる単純なものでしかなく、そのような仕事しかできない祖父を気の毒に思っている。

エ　料理自体に期待されていないからといって、祖父が客との会話や交流を楽しもうとしているのは、仕事のあり方として間違っていると考えている。

（七）——線部②「話の途中(とちゅう)から、弘晃は箸(はし)を止めて、じっと祖父の双眸(そうぼう)を見つめていた」とありますが、この時の弘晃の説明として最も適当なものを次の中から一つ選び、記号で答えなさい。

ア　始めは祖父が何のために話をしているのかわからなかったが、自分の悩みを解消しようとしてくれているのだと気づき、感謝する気持ちになっている。

イ　始めは祖父が何の話をしているのかわからなかったが、自分の問いかけに応じたものであり、大切なことを話そうとしているのではないかと感じ、しっかり聞こうとしている。

ウ　始めは知らない言葉に対する単なる説明だと思っていた祖父の話が思いのほか面白く、この後どのように続いていくのかと期待している。

エ　始めはただ単に言葉の意味を説明しているだけだと思っていた祖父の話が、考えようによっては人生の教訓になるものだと気づき、もっと真面目に聞こうと態度を改めている。

(八)　――線部③「孫ははっと両の瞳を見開く」とありますが、弘晃は路男の言葉をどのような意味として理解しているのですか。最も適当なものを次の中から一つ選び、記号で答えなさい。

ア　食堂も一種類だけでは選択の余地がなく、食事が味気なくなってしまうように、いろいろな生き方をしている人がいないと、人とつきあうことの面白味もなくなってしまうという意味。

イ　食堂にもさまざまなあり方が求められているのと同じように、人にもさまざまなあり方が求められているのだから、何か一つでも他の人と明確に違う特徴があればよいのだという意味。

ウ　食堂とひとくちに言ってもいろいろなものがあり、それぞれが世の中で役に立っているのだから、人のあり方や生き方もいろいろでよく、どのような人にも価値があるのだという意味。

エ　食堂にもいろいろな種類があり、客のさまざまな求めに応じられるようになっているのだから、人も他人からのさまざまな要求への対応力を身に付けなければならないという意味。

(九)　――線部④「怯え」とありますが、どのようなことに怯えを感じているのですか。それを述べた二十字以上二十五字以内の一文を探し、最初の五字をぬき出しなさい。ただし、句読点を字数に含めます。以下の問題も同様です。

(十)　□に入れる言葉として最も適当なものを次の中から一つ選び、記号で答えなさい。

ア　能力　　イ　体力　　ウ　忍耐力　　エ　集中力

（十一）――線部⑤「お前はもう大丈夫やで」とありますが、この時の路男の気持ちとして最も適当なものを次の中から一つ選び、記号で答えなさい。

ア　ネギを刻む作業で包丁遣いが上達したのだから、何か他にもできるようになることがきっとあるはずだとはげます気持ち。

イ　ネギを刻む作業によって包丁本来の使い方を体にしみ込ませたので、もう使い方を誤ることはないとはげます気持ち。

ウ　ネギを刻む作業で包丁本来の使い方を身に付けたので、その達成感を自信に変えて生きていけばよいのだと諭す気持ち。

エ　ネギを刻む作業が時間をかければ上達できたように、勉強ももっと時間をかければできるようになるはずだと諭す気持ち。

（十二）――線部⑥「ムシヤシナイさせてもらいに、オレ、何度でも来る」とありますが、これはどういうことですか。それを説明した次の文章の［　　］を二十五字以内で補いなさい。

父親にはこれからも反発を感じ続けることになるだろうが、我慢が限界に達した時には、その父親と［　　　　　　］ということ。

第１次入学試験問題

函館ラ・サール中学校
２０２３．１．８

理 科（４０分）

［問題 1］　新型コロナウイルスに対する［　　　　］には色々な種類があります。その 1 つに mRNA（メッセンジャーアールエヌエー）［　　　　］というものがあり，①タンパク質の設計図の一種である mRNA を体内に注射すると，からだの中に入った②mRNA をもとにして，からだの中でウイルスがもつタンパク質が作られます。こうして作られたウイルスのタンパク質は，私たちのからだの中に普段は存在しないものなので，からだを守るために，これを攻撃するための抗体がたくさんできます。こうすることで，実際に新型コロナウイルスがからだの中に侵入してきたとしても，すぐさまウイルスに対する攻撃を開始できるように，からだの中で新型コロナウイルスに対する準備をすることができます。

問１　文章中の［　　　　］に当てはまる言葉を，**カタカナ４文字**で答えなさい。

問２　下線部①について，タンパク質にはウイルスの一部を構成するものであったり，我々のからだの各部分を形づくるために食材としてからだにとりこまれるものであったりと，非常に多くの種類があります。次にあげる食材の中で，食材 100 g あたりにふくまれるタンパク質の重さを比較したとき，最も少ないものはどれですか。ア～カから 1 つ選び，記号で答えなさい。

ア．肉　　イ．魚　　ウ．卵　　エ．白米　　オ．大豆　　カ．チーズ

問３　下線部②について，mRNA をもとにしてタンパク質を作るためには，mRNA を構成する 4 種類の要素（これを塩基といいます）の並びを，タンパク質を形づくる 20 種類の要素（これをアミノ酸といいます）の並びに変換する必要があります。塩基の並び方と，それをアミノ酸の並びに変換するしくみについて，カードを用いて簡単に説明した次の文章を読んで，以下の問いに答えなさい。

［♤］・［◇］・［♧］・［♡］の４種類のカード（塩基の種類を表す）をそれぞれ同じ枚数ずつ多数用意しました。これらをよく混ぜて，１つに重ね，上から１枚ずつ取って左から並べて置きました。

(1)　3 枚のカードを並べたとき，そのマークの並び方として考えられるものは全部で何通りあるか答えなさい。

(2)　6 枚のカードを並べたとき，そのマークの並び方として考えられるものは全部で何通りあるか答えなさい。

問２　図２のかん電池が回路に流す電流の強さを１として，スイッチを入れたときに豆電球Ａに流れる電流の強さはいくらですか。

問３　図３のかん電池が回路に流す電流の強さを１として，スイッチを入れたときに豆電球Ｂに流れる電流の強さはいくらですか。

問４　図２と図３のかん電池を比べたとき，正しいものを次のア～ウから１つ選び，記号で答えなさい。

ア．図２のかん電池の方がより長く豆電球を光らせることができる。
イ．図３のかん電池の方がより長く豆電球を光らせることができる。
ウ．豆電球を光らせることができる時間は同じである。

問５　電流計のつなぎ方として正しいものを次のア～ウから１つ選び，記号で答えなさい。

ア．はかりたい部分に対して直列につなぐ。
イ．＋端子(たんし)をかん電池の－極側につなぎ，－端子をかん電池の＋極側につなぐ。
ウ．計器がこわれないように，－端子は最も小さな値の端子から使用する。

図１の回路は，電気用図記号を用いて図４のように書き表します。複数の豆電球とスイッチを用意して，図５の回路を作成しました。

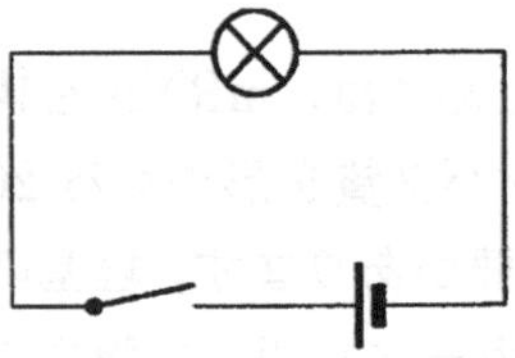

図４

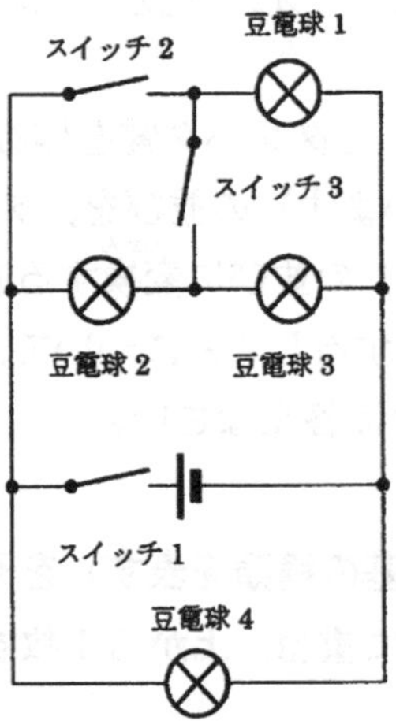

図５

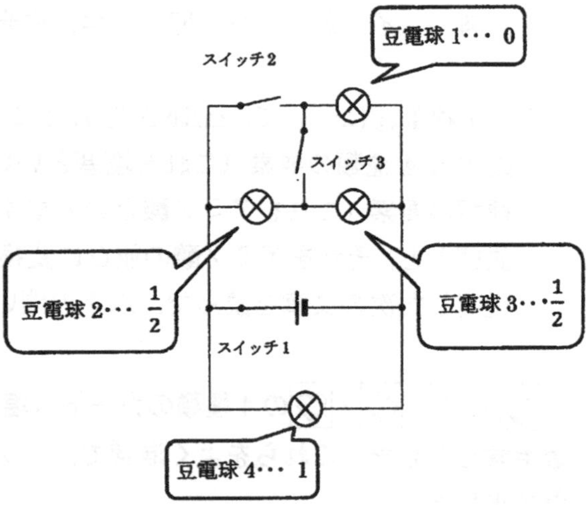

図６

図５の回路でスイッチ１のみを入れたときの各豆電球の明るさを調べたところ，その明るさの比は図６に示すようになりました。ただし，光らない豆電球の明るさを０とします。

問６　図５の回路でスイッチ１と２を入れたときの豆電球１〜４の明るさを，最も明るい豆電球の明るさを１として，それぞれ答えなさい。

問７　図５の回路ですべてのスイッチを入れたときの豆電球１〜４の明るさを，最も明るい豆電球の明るさを１として，それぞれ答えなさい。

［問題３］　次の各問いに答えなさい。

A. まさき君は夏休みの自由研究で，「砂糖水」と「食塩水」を，味見以外の方法で見分ける方法を考えました。

問１　少量の砂糖水と食塩水をそれぞれ容器にとって加熱すると，やがて両方とも白い粉が得られました。これは，ふくまれていた水が気体になって出ていったからです。液体が気体になることを何といいますか。

問２　問１の実験では，両方とも白い粉が得られて区別できなかったので，続けて加熱すると，白いままのものと，黒く変色したものがありました。黒く変色した方は，もともと砂糖水と食塩水のどちらでしたか。

問３　問２のように，強く加熱すると黒くなるものを，次のア〜カから２つ選び，記号で答えなさい。

ア．小麦粉　　イ．ミョウバン　　ウ．マグネシウム
エ．ホウ酸　　オ．重そう　　カ．デンプン

問４　砂糖水と食塩水それぞれを青色と赤色のリトマス試験紙につけてみました。砂糖水と食塩水のそれぞれについて，実験の結果として考えられるものを右のア〜エから１つずつ選び，記号で答えなさい。

	青色リトマス試験紙	赤色リトマス試験紙
ア	赤色へ	青色へ
イ	赤色へ	赤色のまま
ウ	青色のまま	青色へ
エ	青色のまま	赤色のまま

問4　地上（高度 0 km，大気圧 1013 hPa）の大気は $1\,cm^3$ 当たりわずか 1.23 mg です。では，地上の $1\,cm^2$ 当たりにかかる大気の重さは何 kg ですか。小数第2位まで答えなさい。必要があれば，小数第3位を四捨五入すること。なお，1 hPa を $10.2\,kg/m^2$ として計算しなさい。

問5　右の表は，先のグラフからぬきだした数値です。これらの数値から気柱のおよその構造を理解できます。

高度 [km]	0	16	32
大気圧 [hPa]	1013	103	9

(1)　気柱の重さのうち，地上から高度 16 km までの部分が占める割合は何%ですか。整数で答えなさい。必要があれば，小数第1位を四捨五入すること。

(2)　気柱の重さのうち，地上から高度 32 km までの部分が占める割合は何%ですか。整数で答えなさい。必要があれば，小数第1位を四捨五入すること。

問5の計算結果から，大気を形づくる気体のほとんどは半径が 6400 km もある地球に対してその表面近くに集中していることがわかります。これらが温められたり冷やされたりすることで，さまざまな気象を生み出す原動力のひとつとなります。

問6　気柱の温度変化によって低気圧や高気圧が発生します。そのようすを説明する次の文章中の空らんのあ～かに当てはまる語句について，それぞれあとのアまたはイから正しい方を選び，文章を完成させなさい。

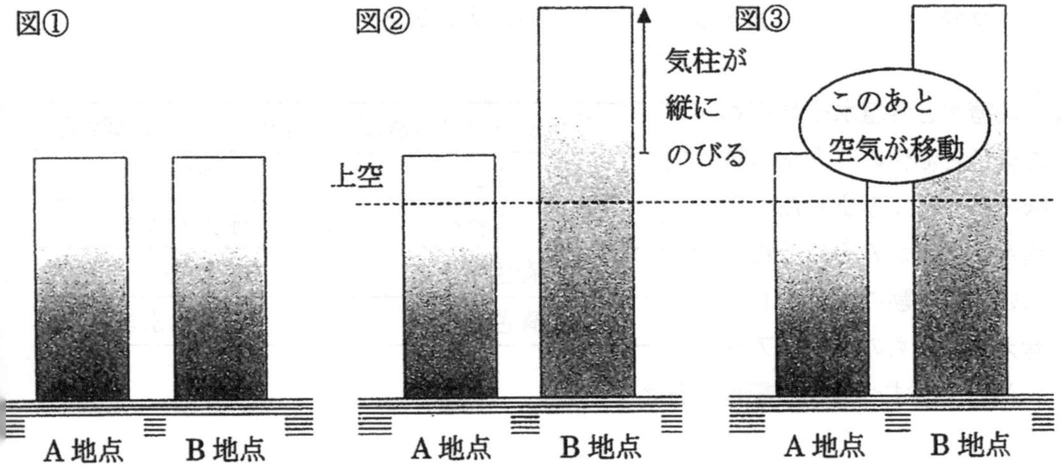

1．図①のように，ある2地点AとBの気柱を考えます。はじめ，地上の大気圧は等しいとします。2つの気柱の各高度で大気の濃さは等しいため風はふきません。

2．何らかの理由によりB地点の気柱が温められたとします。すると図②のように，気柱の体積が大きくなって縦にのびます。ただし，気柱の重さは変わらないため，この時点ではA地点とB地点の大気圧は等しいままです。その一方で，上空では変化が起こります。たとえば，図中の破線で示した高度で大気圧を比べると，B地点上空の方がA地点上空よりも大気圧が大きく（高く）なります。この結果，A地点上空とB地点上空の空気の濃さに差が生じます。

3．水に濃い食塩水をたらすと広がっていくのと同じように，濃い大気はうすい方へと動き始めます。つまり，図③の状態では上空で風がふき，［あ］空気の一部が移動します。この結果，A地点の気柱は［い］なり，B地点の気柱はその逆となります。このようにしてA地点は［う］になり，B地点は［え］になります。その一方で，空気の移動が起こる上空では，A地点上空が［お］に，B地点上空が［か］になっています。

［あ］．ア　A地点上空からB地点上空へ　／　イ　B地点上空からA地点上空へ
［い］．ア　重く　／　イ　軽く
［う］～［か］．ア　高気圧　／　イ　低気圧

台風のような低気圧は，海上を移動中に温かい海面から大量の水蒸気を取りこみます。水蒸気が上昇（じょうしょう）し小さな水てきを形づくる際にまわりの空気を温めます。これを図②，図③にあてはめると，気柱の高さの差や大気の差がより大きくなります。このため，海水温の高い海上を移動する間に台風は発達し，勢力が強くなっていきます。

問7　通常，台風は日本列島に上陸すると勢力が弱まります。その理由を，次の形で答えなさい。

日本列島上を通過中の台風には，発達に必要な熱が（漢字3字）からほとんど供給されないから。

問8　近年，日本列島をおそう台風の勢力が強くなっています。その理由を，上の文章と関係付けて次の形で答えなさい。

台風の通り道となる日本南方の（漢字2字）の温度が上昇しているから。

函館ラ・サール中学校　　　　第１次入学試験問題
２０２３．１．８　　　　　　社　会（４０分）

［1］次の４人の人物のセリフを読み、問いに答えなさい。

A

私は伝染病や災害で不安定になった政治を仏教の力で立て直そうと考えました。私は国ごとに国分寺を建てるとともに、その中心の寺として［　Ⅰ　］と大仏を作りました。また、大陸の文化を学ぶために、①中国へ使者を送りました。②使者によってもたらされた文物は私の愛用したものと一緒に保管されています。

B

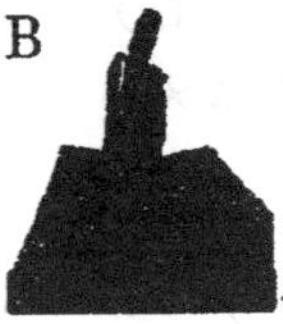

私ははじめて幕府をひらき③武士が中心の政治を始めました。部下である御家人とは④「ご恩と奉公」という主従関係を結びました。私が亡くなった後は、［　Ⅱ　］氏が幕府の実権を握り、⑤武士の法律や制度が整えられました。

C

私は下級武士の家に生まれ、子どものころから絵の勉強をして、人気の浮世絵師になりました。代表作は「東海道五十三次」です。⑥鎖国状態が確立したことで外国文化の影響が少なくなり、日本独自の文化が成熟し、当時は江戸を中心とした町人の文化が栄えました。

D

私は日本で初めて内閣総理大臣に任命されました。ヨーロッパで憲法や議会について勉強し、⑦日本で初めての近代的な憲法も作りました。⑧日露戦争後には⑨韓国の統監に任命されましたが、暗殺されてしまいました。

問１　文中の［　Ⅰ　］・［　Ⅱ　］にあてはまる語句の組み合わせとして正しいものをア～エから１つ選び、記号で答えなさい。

ア．Ⅰ — 東大寺　　Ⅱ — 足利　　　イ．Ⅰ — 東大寺　　Ⅱ — 北条
ウ．Ⅰ — 唐招提寺　Ⅱ — 足利　　　エ．Ⅰ — 唐招提寺　Ⅱ — 北条

問２　下線部①について、このころの中国は何という王朝であったか、答えなさい。

問３　下線部②について、（１）（２）に答えなさい。
（１）右の写真Ⅰは、人物Ａの愛用品や当時の大陸の文物が保管されている建物である。この建物の名前を答えなさい。

写真Ⅰ

また、食料もたくさん輸入している。2020年の品目別の③食料自給率をみると、主食の米は97%でほぼ国産である。以前は国内の消費量を十分にまかなえており、国内の米市場と農家を保護するために、輸入をほとんど行ってこなかったが、国際交渉（こうしょう）「ガット(GATT)・ウルグアイラウンド」により、1995年から米の輸入が始まった。自由貿易が進む中で、輸入が行われていなかった品目について、最低限の輸入（ミニマム・アクセス：MA）を受け入れることになった。これは国が行う貿易で、米は④MA米として輸入されている。一方、⑤小麦や大豆、果物などは自給率が低く、輸入食品を食べる割合が高い作物である。現在、輸入小麦が大幅（おおはば）に値上げされているが、その理由は、2021年夏の高温と乾燥（かんそう）によるアメリカ、カナダ産の小麦の不作と⑥国家間の対立によって供給が難しくなっている地域があるためである。

一方、現在の日本の輸出品の主役は機械製品である。自動車をはじめとして、⑦鉄鋼、電子機器に使われる⑧集積回路など、高い技術に支えられた製品が世界に輸出されてきた。しかし、1990年代からアジアへの工場移転が進み、部品を現地に送って組み立てることで、安く製品をつくるようになった。近年は、⑨韓国や中国メーカーが世界市場で成長しており、家電など生産量で日本メーカーを大きく上回っている。

問１　下線部①について、日本の石油の輸入相手国をあらわしたグラフとして正しいものを，ア～エから１つ選び、記号で答えなさい。

ア

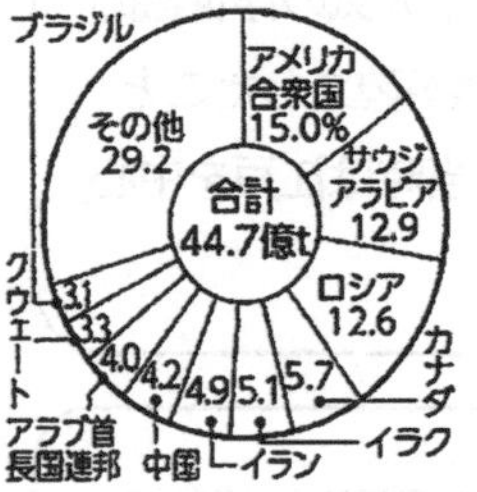

(2018)

イ

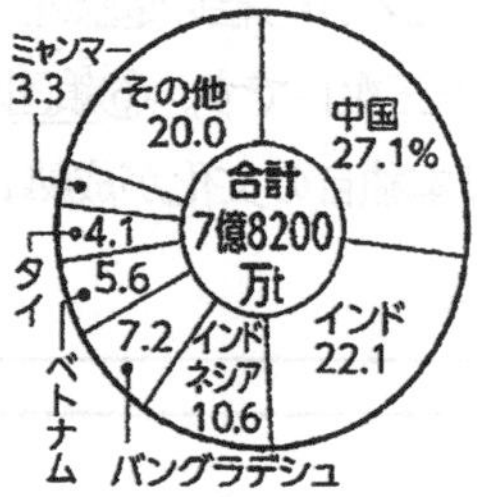

(2018)

ウ

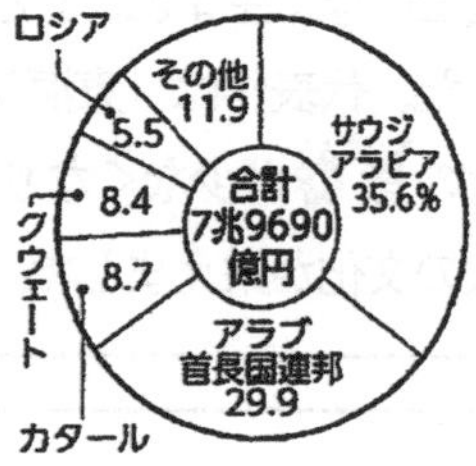

(2019)

エ

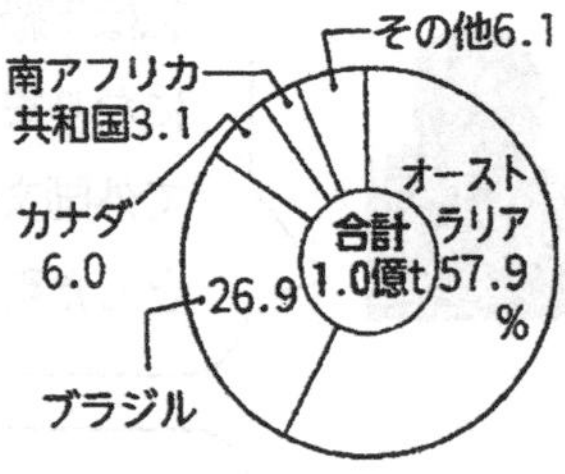

(2020)

(財務省貿易統計など)

問２　右は日本の「おもな輸入品の取りあつかい額のわりあいの変化」のグラフである。これをみて、文章中の［　②　］にあてはまる文をあとのア～エから１つ選び、記号で答えなさい。

ア．燃料や原料はともに減少し、海外で生産された工業製品が輸入されている。

イ．燃料や原料とともに、海外で生産された工業製品の輸入は減っている。

ウ．燃料や原料に加えて、海外で生産された工業製品が輸入されている。

エ．燃料や原料は増えているが、海外で生産された工業製品の輸入は減っている。

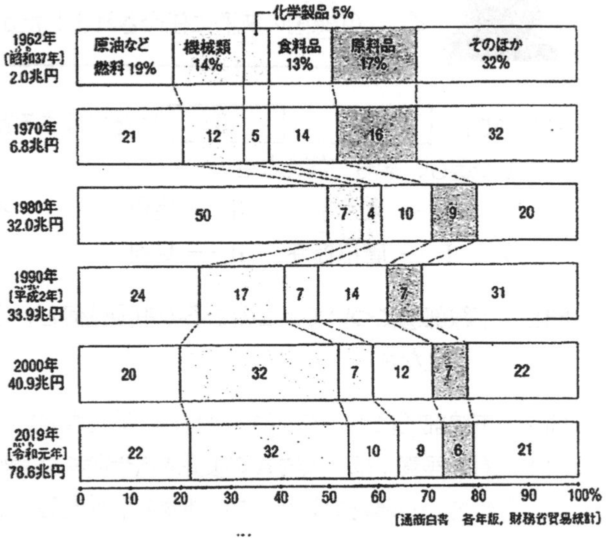

[通商白書 各年版，財務省貿易統計]

問３　下線部③について、右のグラフのａ～ｃにあてはまる品目の組み合わせとして正しいものをア～カから１つ選び、記号で答えなさい。

ア．ａ ― 肉類　ｂ ― 小麦　ｃ ― 大豆
イ．ａ ― 肉類　ｂ ― 大豆　ｃ ― 小麦
ウ．ａ ― 小麦　ｂ ― 肉類　ｃ ― 大豆
エ．ａ ― 小麦　ｂ ― 大豆　ｃ ― 肉類
オ．ａ ― 大豆　ｂ ― 肉類　ｃ ― 小麦
カ．ａ ― 大豆　ｂ ― 小麦　ｃ ― 肉類

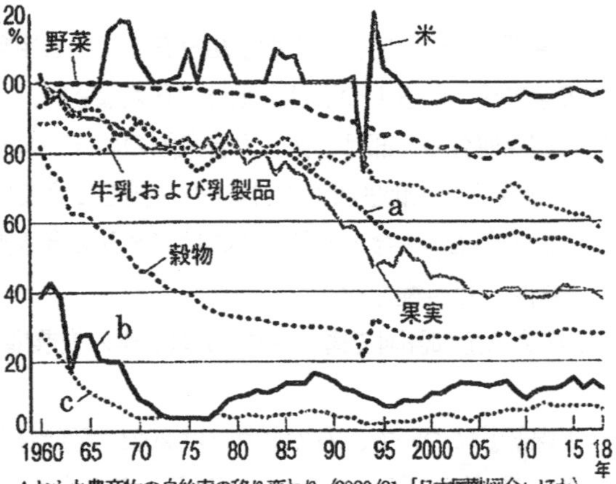

▲おもな農産物の自給率の移り変わり（2020/21「日本国勢図会」ほか）

問４　下線部④について、本文の記述も参考にしながら、ＭＡ米の活用方法として**あやまっているもの**をア～エから１つ選び、記号で答えなさい。

ア．日本の米不足を補っている　　イ．みそや酒、せんべいの原料となっている
ウ．飼料として使われている　　エ．海外への援助(えんじょ)用として活用されている

問５　下線部⑤について、次のグラフをみて、あとの（１）（２）に答えなさい。

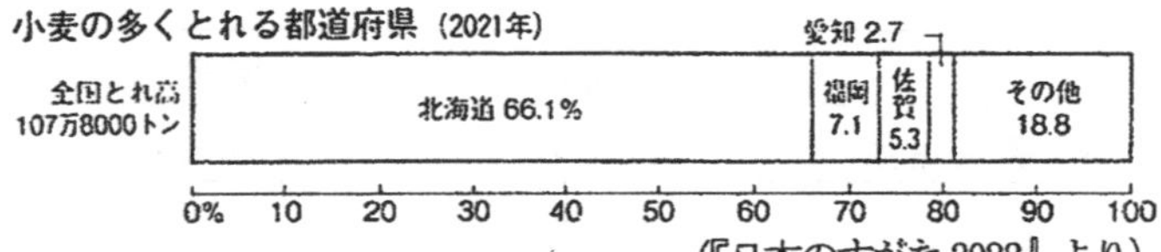

（『日本のすがた2022』より）

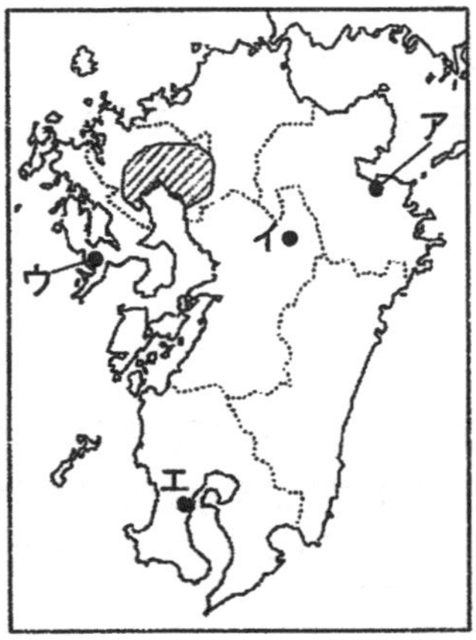

（１）グラフについて、北海道についで生産が多いのは福岡県(ふくおか)と佐賀県(さが)であるが、この２県にまたがる右の地図の▨の平野を何というか、答えなさい。

（２）九州北部では、春から夏にかけて米をつくり、冬から春にかけて同じ場所で小麦などを育てている。このような方法を何というか、答えなさい。

問６　下線部⑥について、どのような国の間でどのような対立があるために供給が難しくなっているのか、次の表を参考に、国名をあげて説明しなさい。

小麦の多くとれる国と輸出が多い国（2019）

生産	万t	%
中国	13,360	17.5
インド	10,360	13.5
ロシア	7,445	9.7
アメリカ合衆国	5,258	6.9
フランス	4,060	5.3
世界合計	74,498	100.0

輸出	万t	%
ロシア	3,187	17.7
アメリカ合衆国	2.707	15.0
カナダ	2,281	12.7
フランス	1,996	11.1
ウクライナ	1,390	7.7
世界合計	18,017	100.0

（『日本のすがた2022』より）

問７　下線部⑦について、九州において鉄鋼業のさかんな都市を、上の地図中のア～エから１つ選び、記号で答えなさい。

問5　下線部④について、この取り組みをしている組織である国際連合の説明として**あやまっているもの**をア～エから１つ選び、記号で答えなさい。

ア．国際連合の本部はアメリカ合衆国のニューヨークに置かれている。

イ．国際連合の加盟国は現在は190か国をこえている。

ウ．安全保障理事会の常任理事国はアメリカ合衆国、イギリス、中国、ドイツ、ロシア連邦の５か国で、拒否権（きょひけん）を持つ。

エ．総会は全加盟国で構成され、１国１票の投票権を持ち、多数決による議決を原則としている。

問6　下線部⑤について、右のグラフは2021年度当初予算の歳出（さいしゅつ）の内訳をあらわしている。このうち、防衛費にあたるものをグラフ中のア～エから１つ選び、記号で答えなさい。

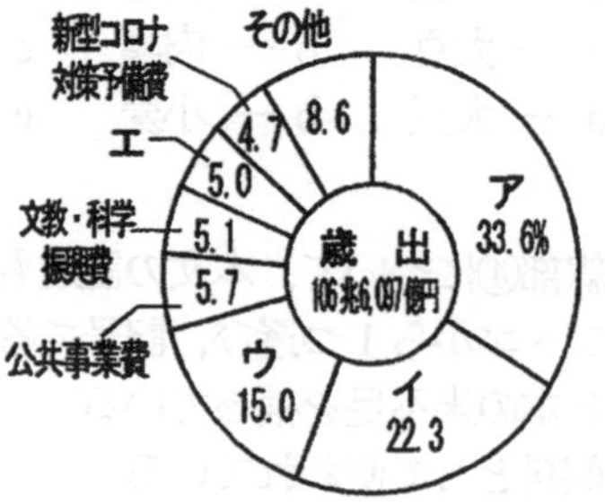

▲2021年度予算案（財務省資料による）

問7　下線部⑥に関連して、右の衆議院と参議院の表の（　a　）・（　b　）にあてはまる数字を、それぞれ答えなさい。

	衆議院	参議院
議員定数	４６５名	２４８名
任　　期	４　年 （解散がある）	６　年 （3年ごとに半数改選）
投票できる人	（　a　）歳以上	（　a　）歳以上
立候補できる人	（　b　）歳以上	３０歳以上

問8　下線部⑦に関連して、下の表は今回の参議院議員選挙の結果をまとめたものである。参議院選挙は、３年ごとに半数を改選するが、今回の改選議席数は１２５であった。次の文と表をみて、文中の［　　］にあてはまる政党名を答えなさい。なお、政党名は表の党派名で答えるものとする。

自民党は単独で選挙区で４５、比例区で１８の合わせて６３議席を獲得。改選議席１２５の過半数を確保し大勝した。憲法改正に前向きな自民・公明両党と日本維新の会、［　　］党の４党の獲得議席数は、今回の当選者と非改選を合わせた新勢力で１７７議席となり、憲法改正の発議に必要な参議院全体の３分の２の議席（１６６議席）を上回った。

党派	自民	公明	立民	維新	国民	共産	れいわ	社民	N党	参政	無	合計
今回	63	13	17	12	5	4	3	1	1	1	5	125
選挙区	45	7	10	4	2	1	1	0	0	0	5	75
比例代表	18	6	7	8	3	3	2	1	1	1	-	50
非改選	56	14	22	9	5	7	2	0	1	0	7	123
新勢力	119	27	39	21	10	11	5	1	2	1	12	248
選挙前勢力	111	28	45	15	12	13	2	1	1	0	15	243

（NHK参議院選挙2022特設サイトより作成）

〔問題二〕

一	二	三	四	五	六	七	八	九	十	十一	十二
a	A	1									
b	B	3									
	C	4									

α

β

＊2

＊計

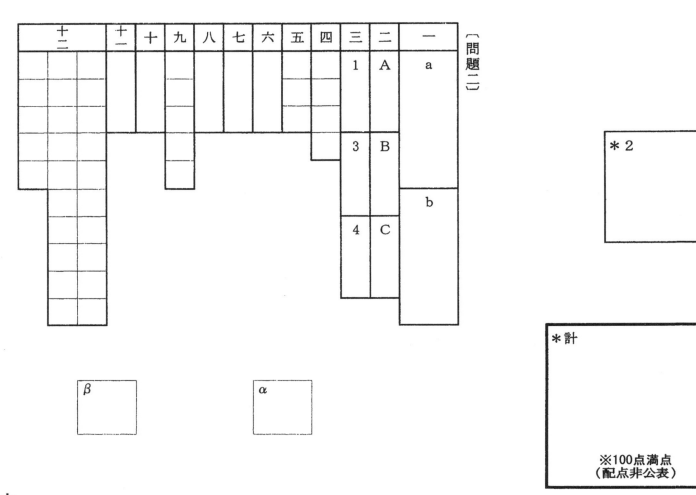

※100点満点
（配点非公表）

4

(1)	(2)	(3)
個	個	個

5

(1)		
① cm	② cm^2	③ cm^2
(2)		
①	② cm	③ cm

6

(1)	(2)	(3)

※100点満点
（配点非公表）

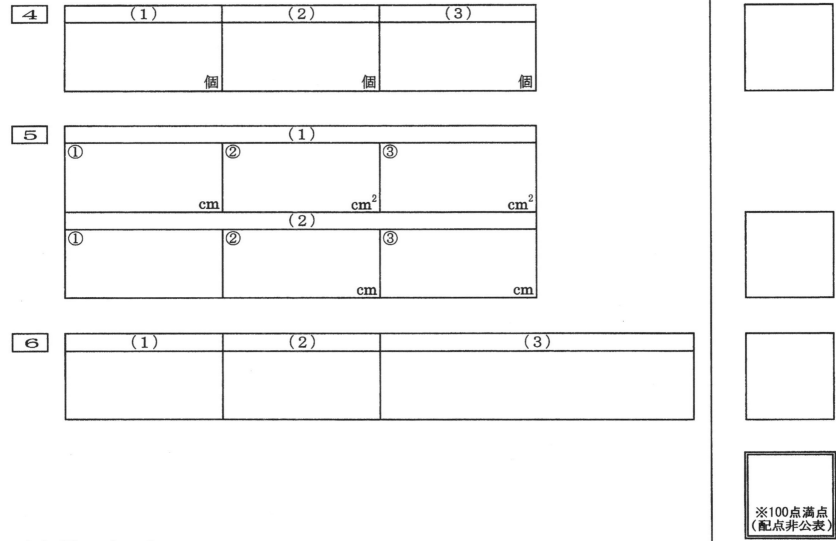

2023(R5) 函館ラ・サール中
教英出版

[問題3]

問1	問2	問3		問4	
				砂糖水	食塩水

問5	問6	問7	問8	問9
%			℃	めもり

[問題4]

問1	問2	問3
宇宙望遠鏡		効果

問4	問5		問6	
kg	(1) %	(2) %	あ	い

問6				問7			問8	
う	え	お	か					

※50点満点
（配点非公表）

	平野	

問6

問7	問8	問9

[3]

問1	問2（あ）	問2（い）	問2（う）

問3（1）	問3（2）	問4	問5

問6	問7（a）	問7（b）	問8
	歳	歳	

※50点満点
（配点非公表）

函館ラ・サール中学校
２０２３年１月８日

社　会
解答用紙

受験番号 | 1 | | | |

［ 1 ］

問１	問２	問３（１）

問３（２）	問４	問５

問６	問７

問８
鎖国によって、

問９	問１０	問１１	問１２
			と　　　の間

［ 2 ］

問１	問２	問３	問４

【解答用紙

函館ラ・サール中学校
2023. 1. 8

理　科
解　答　用　紙

受験番号 | 1 | | | |

[問題 1]

問 1				問 2	問 3		
					(1) 通り	(2) 通り	(3)

問 3			
(4)	(5)	(6)	(7)

[問題 2]

問 1	問 2	問 3	問 4	問 5

問 6				問 7			
豆 1	豆 2	豆 3	豆 4	豆 1	豆 2	豆 3	豆 4

【解答用紙

函館ラ・サール中学校

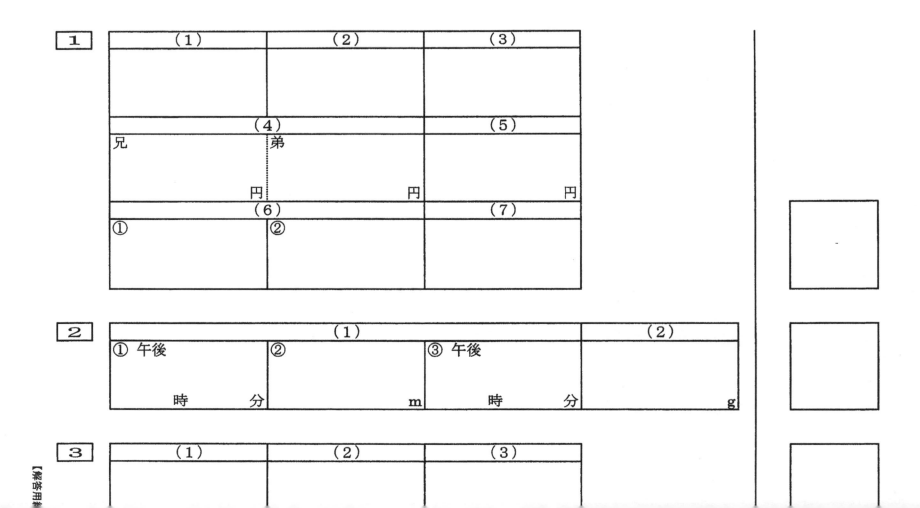

2023. 1. 8

算　数
解 答 用 紙

受験番号 | 1 | | | | |

1

(1)	(2)	(3)

(4)		(5)
兄　　円	弟　　円	円

(6)		(7)
①	②	

2

(1)			(2)
① 午後　時　分	②　m	③ 午後　時　分	g

3

(1)	(2)	(3)

【解答用

函館ラ・サール中学校
2023. 1. 8

第一次入学試験
国語 解答用紙
（60分）

受験番号	1				

※解答は、楷書ではっきりと記すこと。

〔問題一〕

十二	十	九	八	七	六	五	四	三	二		一
							I	1	C	A	
							II	3		B ない	
							III				

β

α

＊1

【解答用

問２　下線部（あ）～（う）に関連した業務を担当する中央省庁を、それぞれ下の図の（あ）～（う）であらわしている。下の図の（あ）～（う）にあてはまる中央省庁名を、それぞれ漢字４字で答えなさい。

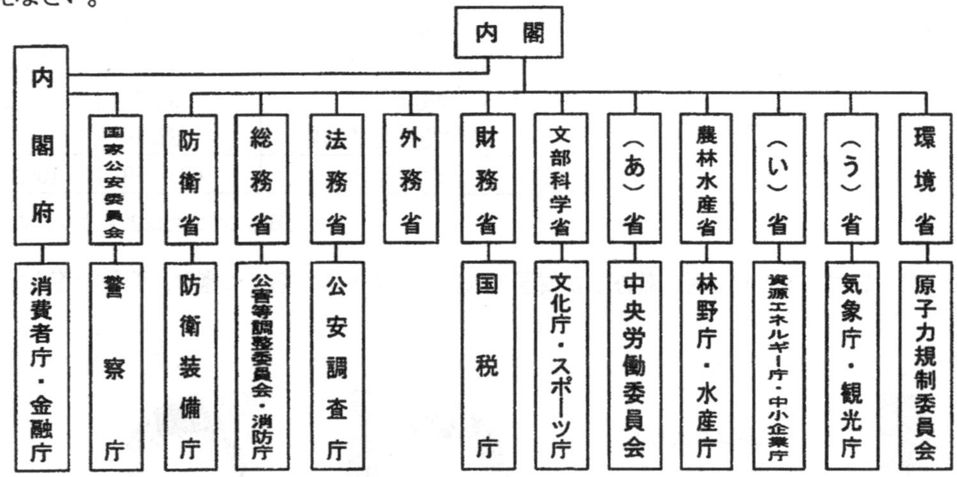

問３　下線部②に関連して、次の（１）（２）に答えなさい。

（１）政党が選挙の際に有権者に対して政策などの内容を示し、その事項を約束することを何というか、漢字２字で答えなさい。

（２）次の表は、各政党が2022年の参議院議員選挙のときに示した政策の一部を比較したものである。自民党の政策にあてはまるものをア～エから１つ選び、記号で答えなさい。なお、そのほかは立憲民主党、公明党、共産党のものである。

	消費税	憲法改正 9条へ自衛隊を明記すべきか	原発再稼働 原発の再稼働を進めるべき	日米同盟・外交 日米安保条約に基づく日米同盟の維持
ア	10%	中　立	中　立	賛　成
イ	5%	反　対	反　対	反　対
ウ	時限的に５%に	反　対	やや反対	賛　成
エ	10%	賛　成	賛　成	賛　成

問４　下線部③について、円安となった場合の現象の組み合わせとして正しいものをア～エから１つ選び、記号で答えなさい。

A. １ドル＝110円から１ドル＝90円になる。 B. １ドル＝110円から１ドル＝140円になる。	あ. 日本からの輸出がしやすくなる。 い. 海外からの輸入がしやすくなる。

ア. A－あ　　イ. A－い　　ウ. B－あ　　エ. B－い

問8　下線部⑧について、この製品を含む輸出入によって、日本最大の貿易額となっている右の表の（　A　）にあてはまる貿易港を答えなさい。

位	貿　易　港	輸出入 計(2020年)	
		億円	%
1	（　A　）	226,018	16.6
2	東京港	162,278	11.9
3	名古屋港	147,297	10.8
4	横浜港	98,744	7.2
5	関西国際空港	87,362	6.4
	全国合計	683, 991	100.0

(『日本のすがた2022』より作成)

問9　下線部⑨について、2022年3月に就任した韓国の大統領をア～エから1つ選び、記号で答えなさい。

ア

イ

ウ

エ

［3］次の文章を読んで、問いに答えなさい。

昨年来、国内では、①インフレーションへの対応や、(あ)新型コロナウイルス対策など、問題が山積みです。昨年夏の参議院議員選挙では、こうしたテーマを中心に②政党や候補者がそれぞれの意見を戦わせ、国民の支持を求めました。

昨年から③円安の影響もあり(い)日本が輸入する原油や食料品の値段が高くなり、生活が厳しくなっています。コロナ禍が続く中で感染対策をどうするか、(う)観光客への対応など経済対策をどうしていくかも課題です。北朝鮮のミサイル問題、中国の軍備拡張など日本周辺の緊迫した国際情勢の中、④世界の平和に向けた取り組みとともに、⑤日本の守りのあり方にも関心が高まっています。

そして今回の⑥参議院議員選挙では、岸田文雄首相の率いる自民党がこれまでの実績をアピールし、⑦政権を担う与党を一緒に組む公明党と合わせて、参議院全体の過半数の議席を獲得。今後、自民党の基本方針である憲法改正へ動き出すことになります。野党の立憲民主党などは巻き返したい考えです。

(『北海道新聞』2022年7月9日「週刊まなぶん」より)

問1　下線部①に関して、インフレーションの説明として正しいものをア～エから1つ選び、記号で答えなさい。

ア．物価が持続的に下がり、お金の価値が上がる現象で、通常、景気がいいときに起こりやすい。
イ．物価が持続的に下がり、お金の価値が上がる現象で、通常、景気が悪いときに起こりやすい。
ウ．物価が持続的に上がり、お金の価値が下がる現象で、通常、景気がいいときに起こりやすい。
エ．物価が持続的に上がり、お金の価値が下がる現象で、通常、景気が悪いときに起こりやすい。

問９　下線部⑦について、この憲法の特徴を述べた文a～cの正誤の組み合わせとして正しいものをア～カから１つ選び、記号で答えなさい。

a. この憲法では、軍隊を率いたり、条約を結ぶことは天皇の権限とされた。
b. この憲法は、皇帝の権力が強いフランスの憲法を参考にしてつくられた。
c. この憲法では法律の範囲内で国民の言論や出版、集会の自由が認められていた。

ア. a－正　b－正　c－誤　　イ. a－誤　b－誤　c－正
ウ. a－正　b－誤　c－正　　エ. a－誤　b－正　c－誤
オ. a－正　b－誤　c－誤　　カ. a－誤　b－正　c－正

問10　下線部⑧について、日露戦争後のできごとを説明した文として、正しいものをア～エから１つ選び、記号で答えなさい。
ア. 戦争の費用負担などで苦しんだ国民の間には不満が残り、秩父事件がおこった。
イ. 平塚らいてうが女性初の総理大臣を目指して、新婦人協会を設立した。
ウ. イギリスの貨物船であるノルマントン号がしずみ、船に乗っていた日本人が犠牲となった。
エ. ラジオの放送が始まり、新聞と並ぶ人々の情報源となった。

問11　下線部⑨に関連して、日本と韓国は、第２次世界大戦後に「日韓基本条約」を結び、国交を樹立した。この条約の結ばれた時期を右の年表中のア～エから１つ選び、記号で答えなさい。

・日本国憲法が公布される
↕ア
・自衛隊がつくられる
↕イ
・沖縄が日本に復帰する
↕ウ
・阪神淡路大震災がおこる
↕エ

問12　人物A～Dは時代の古い時代順に並んでいる。次の人物Eは人物A～人物Dのうち、となりあう誰と誰との間の時期に活躍した人物であるか、解答欄にあわせて答えなさい。

E

私はインドや日本と貿易をするため、ヨーロッパから西回りで到達することを考えました。何度も航海を続け、ようやく大陸を見つけることができましたが、そこはインドや日本ではありませんでした。その大陸はその後、アメリカ大陸と言われるようになりました。

［２］次の文章を読んで、問いに答えなさい。

日本にとって，国どうしの商品の売買である貿易は欠かせない。日本は①石油をはじめとする燃料や原料のほとんどを輸入に頼っている。以前は、おもに燃料や原料を多く輸入し、それを使って多くの工業製品を国内で生産していたが、現在では［　②　］。

（2）右の写真Ⅱは、当時大陸から使者によってもたらされた五本の弦をつけた楽器である。この楽器を何というか、答えなさい。

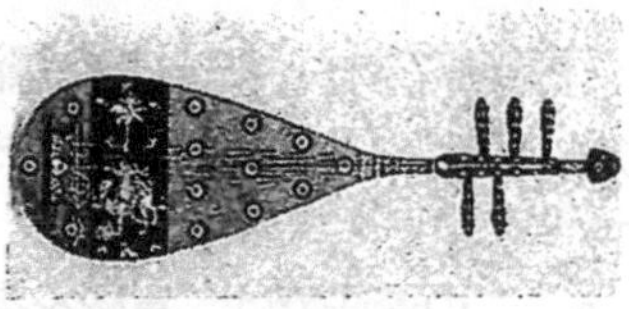
写真Ⅱ

問4　下線部③について、次の文はこの時代の武士たちに使用された「鏑矢」と呼ばれる特殊な矢について、説明したものである。文中の［ X ］と［ Y ］にあてはまる語句の組み合わせとして正しいものをア～エから１つ選び、記号で答えなさい。

> 「鏑矢」は矢の先端部分に矢じりではなく、「鏑」と呼ばれる［ X ］が取り付けられている。「鏑」は内部が空洞となっており、射ると音が鳴るようになっている。合戦では互いの大将が名乗りを上げた後、空に向かって放たれ、戦いの［ Y ］の合図として用いられた。

ア．X ― 丸みをおびた木製のもの　　Y ― 始まり
イ．X ― 丸みをおびた木製のもの　　Y ― 終わり
ウ．X ― 先のするどい鉄製のもの　　Y ― 始まり
エ．X ― 先のするどい鉄製のもの　　Y ― 終わり

問5　下線部④の内容の説明として正しいものをア～エから１つ選び、記号で答えなさい。
ア．「ご恩」とは将軍から与えられた領地や身分に応じて、米やその地域の特産物を幕府におさめることである。
イ．「奉公」とは２０歳以上の男子が３年間幕府の軍隊に入り、戦いのための訓練をうけることである。
ウ．承久の乱がおこると、人物Ｂの妻が人物Ｂの「ご恩」を説き、御家人たちの結束をうったえた。
エ．元との戦いでは、おもに九州の武士たちが幕府から「奉公」として新しい領地を受け取ったが、その領地をめぐって、武士どうしの戦いがおこった。

問6　下線部⑤について、右の資料はこの時代の武家法の一部であり、幕府のある役職について書かれたものである。このことをふまえて、資料中の［ Z ］にあてはまる語句を答えなさい。

> 一．諸国の［ Z ］の責務は、人物Ｂの時代に定められたように、京都の御所の警備と、謀反や殺人などの犯罪人の取りしまりに限る

問7　人物Ｃの名前を答えなさい。

問8　下線部⑥について、鎖国後、生糸の国内生産量が増えたがそれはなぜか。右の資料を参考に、解答欄の文に続けて説明しなさい。

▽ポルトガル商船との主な貿易品

	主な貿易品
輸出品	金・銀・銅
輸入品	生糸・絹織物・砂糖・鹿皮

[問題 4]　JWST（ST は「宇宙望遠鏡」の意）と略称（りゃくしょう）される宇宙望遠鏡が 2021 年 12 月 25 日に打ち上げられ，そのひと月後に地球と太陽を結ぶ直線上の地球のかげに位置するラグランジュ点を周回する軌道（きどう）に到達（とうたつ）しました。この宇宙望遠鏡は 1990 年に打ち上げられたハッブル宇宙望遠鏡をしのぐ解像度で，ビッグバンからわずか 2 億年後の宇宙にかがやいた最初の星の観測を目的としています。2022 年は太陽系内から深宇宙（太陽系の外側の遠い宇宙）まで，まさに天文学的なスケールで観測データが次々と更新（こうしん）された革新的な一年でした。

問 1　JWST の JW は，NASA（アメリカ航空宇宙局）の第 2 代長官の名前の頭文字です。この宇宙望遠鏡の正式名称（めいしょう）を答えなさい。

JWST には，深宇宙の観測以外にも系外わく星の観測が期待されています。星が生命を育むには水の存在だけでなく大気の性質も重要で，「地球の姉妹」と表現されることもあるわく星についてもその大気の観測が進められています。

問 2　「地球の姉妹」とよばれる理由は，太陽系内で大きさと平均密度が最も地球に近いからです。このわく星は何ですか。

問 3　問 2 のわく星の大気は約 3.5%のちっ素とごくわずかに数種類の気体をふくみ，約 96.5%はある気体が占めています。そして，昼夜の地表温度に大きな差はなく約 460℃です。これは大気の主成分の気体が，太陽から届き地表が発する熱を宇宙空間へにがしにくくしているためと考えられます。この現象を何効果といいますか。

他のわく星を知るほどに地球の大気の特殊（とくしゅ）性も明らかになりつつあります。以下では地球の大気を地上から上端（じょうたん）まで切り取った気柱について考えます。

ある高度にはそこよりも上にある大気の重さがかかります。基準とする面積当たりにかかるこの重さを大気圧といい，hPa（ヘクトパスカル）という単位で表します。高い山に登ると空気がうすいことを実感しますが，大気圧は大気の濃（こ）さと対応しています。高度と大気圧，大気の濃さの関係を次のグラフに示します。大気の濃さが，高度に対する大気圧の変化と同じように変化することが読み取れます。

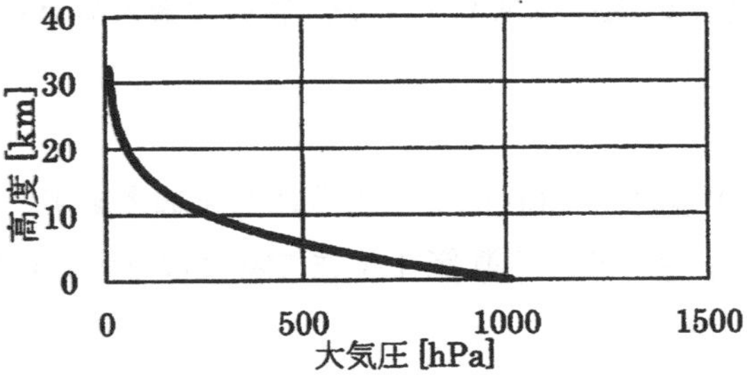

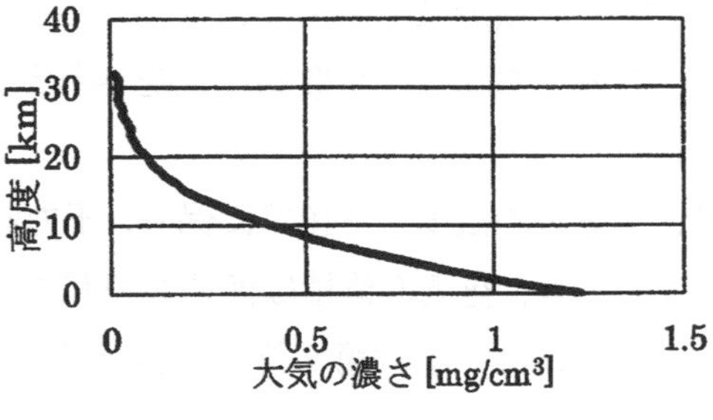

問５　まさき君は食塩水について色々と調べる中で，「目に入ってもしみない食塩水」を作ることができることを知りました。その作り方は，「水 500ｇに食塩を５ｇとかす」とのことでした。この食塩水の質量パーセント濃度は何%ですか。小数第２位まで答えなさい。必要があれば，小数第３位を四捨五入すること。なお，「質量パーセント濃度」とは，「食塩水の重さに占める食塩の重さの割合を百分率で表したもの」です。

B. 等間隔にめもりが記され，なめらかに動くふたと圧力計が備わっている容器に空気を閉じこめました。温度を０℃に保ってふたを押したり引いたりしてみると，圧力計のめもりと空気の体積は次の表のような結果になりました。

圧力計のめもり	空気の体積（めもり）
25	10.0
50	5.0
100	2.5
125	【イ】
【ア】	1.0

問６　表中の空らん【ア】にあてはまる数字を整数で答えなさい。

問７　表中の空らん【イ】にあてはまる数字を小数第１位まで答えなさい。必要があれば，小数第２位を四捨五入すること。

温度が高くなると，空気の体積はだんだん大きくなっていきます。これについてくわしく調べると，次のようなルールが成り立つことがわかりました。

> 圧力計のめもりが一定になるように力を加えながら空気の温度を高くしていくと，その体積は，温度が１℃上がるごとに，０℃のときの体積の$\frac{1}{273}$ずつ大きくなっていく。

問８　圧力計のめもりが 50 を保つように力を調節しながら空気を加熱していきます。空気の体積が 10 めもりになったとき，空気の温度は何℃ですか。整数で答えなさい。必要があれば，小数第１位を四捨五入すること。

問９　空気の温度を 546℃に保ち，圧力計のめもりが 300 になるように力を加えます。このとき，空気の体積は何めもりになっていますか。小数第１位まで答えなさい。必要があれば，小数第２位を四捨五入すること。

カードを重ねたものから，1 枚ずつ 21 枚のカードを取って左から並べていくと，下の図 1 のように並びました。

[◇][♤][◇][♡][◇][♤][♤][◇][♧][♡][◇][◇][◇][♤][♤][◇][♤][♡][♡][♧][♡]

図 1

(4)　図 1 のカードのマークの並びをアルファベットの並びにすると，どのようなアルファベットの並びになるか答えなさい。

(5)　図 1 のようにカードを並べ終わった後に風がふいてきて，8 番目のカード（[◇]）だけが飛ばされてしまいました。飛ばされたカードより後ろのカードを前につめた 20 枚のカードのマークの並びは，どのようなアルファベットの並びになるか答えなさい。

(6)　図 1 のようにカードを並べ終わった後に弟がいたずらをして，7 番目のカード（[♤]）と 8 番目のカード（[◇]）の間に[♤]のカードを置き，最後のカード（[♡]）を取ってしまいました。弟がいたずらをした後のカードのマークの並びは，どのようなアルファベットの並びになるか答えなさい。

(7)　図 1 のようにカードを並べ終わった後に弟がいたずらをして，9 番目のカード（[♧]）を[♡]に取りかえてしまいました。弟がいたずらをした後のカードのマークの並びは，どのようなアルファベットの並びになるか答えなさい。

［問題 2］　下の図のように，かん電池に豆電球とスイッチをつなぎました。スイッチを入れると導線がつながり，かん電池から電流が流れます。以下の問いに答えなさい。ただし，**数値を答える場合は整数もしくは約分できない形の分数にすること。**

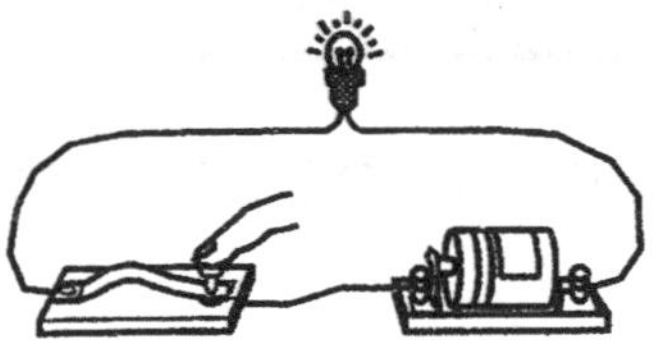

図 1

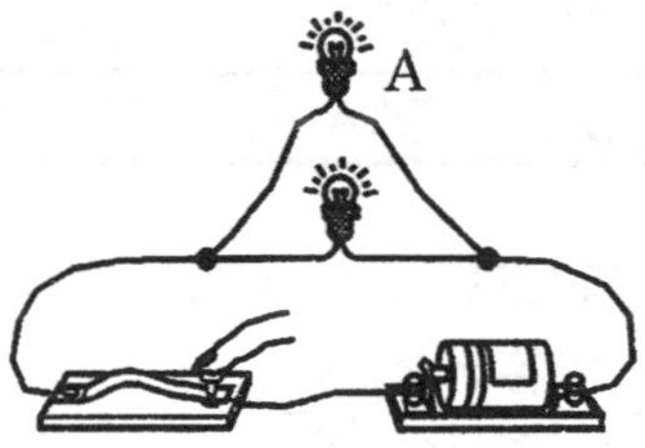

図 2

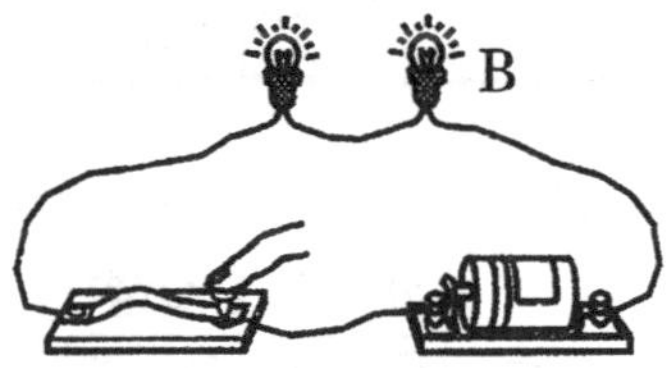

図 3

問 1　図 1 のかん電池が回路に流す電流の強さを 1 として，スイッチを入れたときに，図 1 の豆電球に流れる電流の強さはいくらですか。

先ほどと同様に，♤・◇・♧・♡の４種類のカードをそれぞれ同じ枚数ずつ多数用意し，これらをよく混ぜて，１つに重ね，上から１枚ずつ取って左から並べて置きました。

並べたカードのマークの並びは，一番左に置かれたものから表１のように３枚１組で１つのアルファベット（アミノ酸の種類を表す）を指定しているものとします。例えば，カードを３枚並べたときに♤♤♤であれば，これはアルファベットの『F』を指定しています。ただし，カードを３枚並べたときに♤♧♧，♤♧♡，♤♡♧であれば，マークの並びをアルファベットに変換する作業を終え，それ以降のマークの並びはアルファベットの並びに変換しません。これを『終』と表します。

表１

1番目のカード	2番目のカード ♤	2番目のカード ◇	2番目のカード ♧	2番目のカード ♡	3番目のカード
♤	♤♤♤:F	♤◇♤:S	♤♧♤:Y	♤♡♤:C	♤
	♤♤◇:F	♤◇◇:S	♤♧◇:Y	♤♡◇:C	◇
	♤♤♧:L	♤◇♧:S	♤♧♧:終	♤♡♧:終	♧
	♤♤♡:L	♤◇♡:S	♤♧♡:終	♤♡♡:W	♡
◇	◇♤♤:L	◇◇♤:P	◇♧♤:H	◇♡♤:R	♤
	◇♤◇:L	◇◇◇:P	◇♧◇:H	◇♡◇:R	◇
	◇♤♧:L	◇◇♧:P	◇♧♧:Q	◇♡♧:R	♧
	◇♤♡:L	◇◇♡:P	◇♧♡:Q	◇♡♡:R	♡
♧	♧♤♤:I	♧◇♤:T	♧♧♤:N	♧♡♤:S	♤
	♧♤◇:I	♧◇◇:T	♧♧◇:N	♧♡◇:S	◇
	♧♤♧:I	♧◇♧:T	♧♧♧:K	♧♡♧:R	♧
	♧♤♡:M	♧◇♡:T	♧♧♡:K	♧♡♡:R	♡
♡	♡♤♤:V	♡◇♤:A	♡♧♤:D	♡♡♤:G	♤
	♡♤◇:V	♡◇◇:A	♡♧◇:D	♡♡◇:G	◇
	♡♤♧:V	♡◇♧:A	♡♧♧:E	♡♡♧:G	♧
	♡♤♡:V	♡◇♡:A	♡♧♡:E	♡♡♡:G	♡

(3) カードを並べたときに『TEST』というアルファベットの並びになるものを，次のア～カから１つ選び，記号で答えなさい。

ア．♧◇♤♡♧♧♡◇◇

イ．♧◇♡◇♡◇♡♧♧♡♧♡

ウ．♧◇♧♡♧♧♧♧♤♧◇♧

エ．♧◇♧♡◇◇♤♡♤♧◇♧

オ．♧◇♡♡♧♧♤◇◇♧◇♧

カ．♡◇♧◇◇◇◇◇♧◇♤♧♡♧♧

6 体積がa cm^{3}になる立方体の1辺の長さを＜a＞cm と表すことにします。また，ある数bの小数点以下を切り上げた整数を〔b〕で表すことにします。

（1）＜$6\frac{139}{343}$＞を，＜　＞を使わないで，仮分数で表しなさい。

（2）〔＜1＞〕＋〔＜2＞〕＋〔＜3＞〕＋ …… ＋〔＜23＞〕＋〔＜24＞〕を計算しなさい。

（3）ある数xに対して，xの小数点以下を切り捨てた数を，xの整数部分といいます。もとの数xから，xの整数部分をひいた残りの数をxの小数部分といい，【x】で表すことにします。例えば，

【123】＝0，【4.56】＝0.56，【$\frac{89}{7}$】＝$\frac{5}{7}$

です。このとき，

1000×〔【＜1000＞】〕＋1001×〔【＜1001＞】〕＋1002×〔【＜1002＞】〕＋ ……
…… ＋1798×〔【＜1798＞】〕＋1799×〔【＜1799＞】〕＋1800×〔【＜1800＞】〕

を計算しなさい。

（2）図1のように，直方体の容器に水がある深さまで入っています。図2のように，この容器に底面のたてが4cm，横が4cmの直方体の棒を，棒の底面が容器の底と平行になるように，容器の底から20cmの所まで入れたところ，水面は容器の深さの$\frac{5}{6}$の所まで上がりました。さらに，図3のように，棒を容器の底につくまで入れていくと，水が272cm³こぼれました。最後に棒を引きぬくと，図4のように，水面は容器の深さの$\frac{1}{3}$の所まで下がりました。容器の厚さは考えないものとして，次の問いに答えなさい。

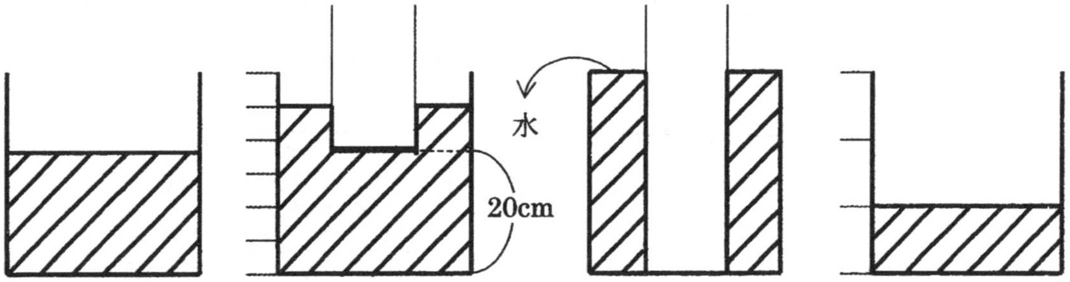

図1　図2　図3　図4

① 棒の底面積と容器の底面積の比を，もっとも簡単な整数の比で答えなさい。

② 容器の深さは何cmですか。

③ 図1の水の深さは何cmですか。

3

（１）下の図で, 4つの円はすべて直径が3cmの円です。斜線部分の面積は何cm² ですか。

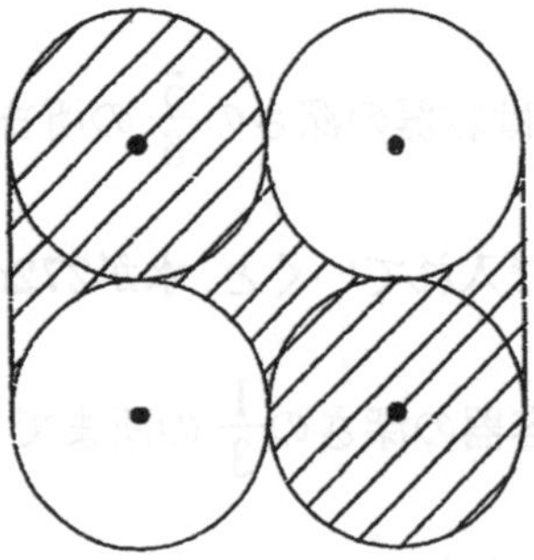

（２）図1は, 1辺の長さが6cmの正方形と三角形アを組み合わせた図形です。図2は, 図1の三角形アを, 点Oを中心に時計まわりに90° 回転させたものです。斜線部分の面積は何cm² ですか。

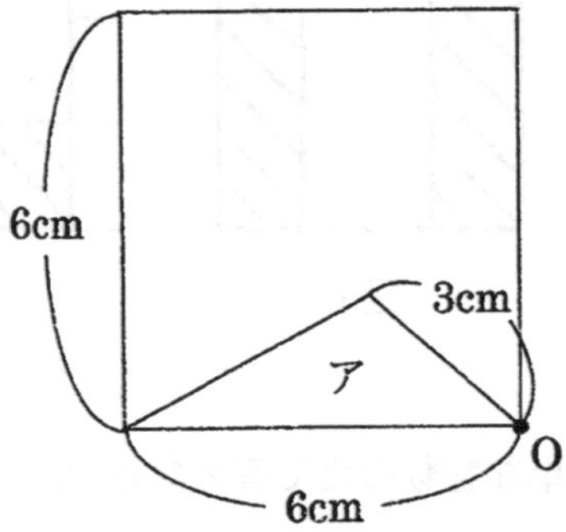

図1

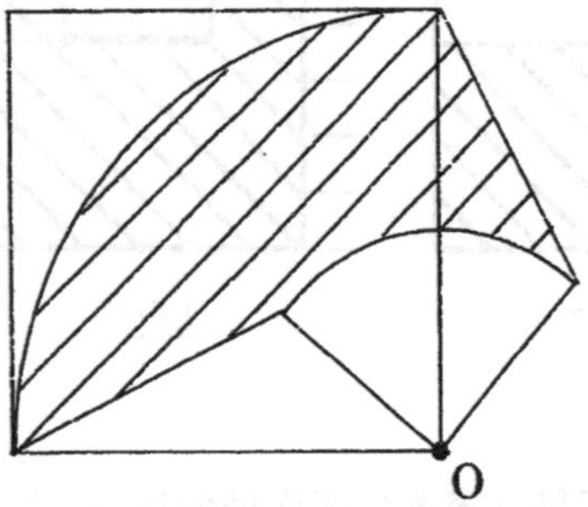

図2

（３）下の図のように, 1辺の長さが15cmの正方形と, 正方形の1辺を直径とする4つの円と, 正方形の対角線を直径とする円があります。斜線部分の面積は何cm² ですか。

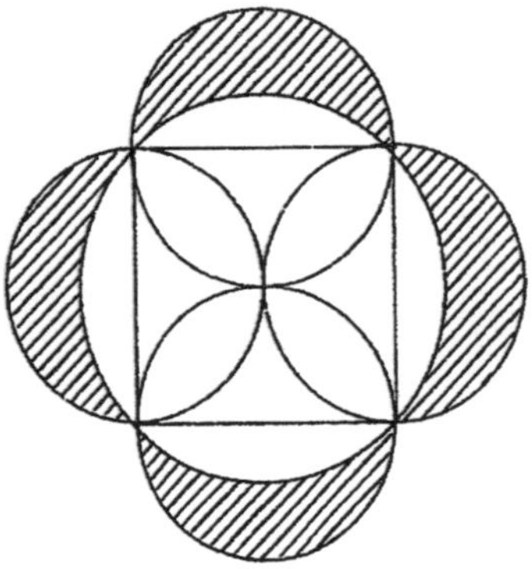

（2）濃(こ)さがわからない食塩水Aと，濃さが7%の食塩水Bと，濃さが12%の食塩水Cがあります。
食塩水Bと食塩水Cを，重さの比が3：2になるように混ぜてできる食塩水をDとします。
食塩水Aについて，次のことがわかっています。

・食塩水Aを150g捨ててから，水を150g加えて混ぜると，濃さが10%の食塩水ができます。
・食塩水Aと食塩水Dを，重さの比が1：5になるように混ぜると，濃さが10%の食塩水ができます。

はじめの食塩水Aの重さは何gですか。

函館ラ・サール中学校　　　　第１次入学試験問題
２０２３．１．８　　　　　　算　　数（６０分）

・分数で答える場合は，それ以上約分ができない数で答えなさい。
・円周率は3.14とします。
・問題用紙，解答用紙，計算用紙は切り取って使用してはいけません。

1

（1）$\left(2\frac{3}{10}+2.75-3\frac{1}{4}\right)\div 0.24\times\frac{2}{3}$ を計算しなさい。

（2）$2\frac{1}{8}-\left\{\frac{1}{2}+\frac{1}{3}\times\left(\square-\frac{3}{4}\right)\right\}\div 3\frac{1}{2}=1\frac{23}{24}$ のとき，□に当てはまる数を答えなさい。

（3）$\frac{1}{2}+\frac{1}{6}+\frac{1}{12}+\frac{1}{20}+\frac{1}{30}+\frac{1}{42}+\frac{1}{56}$ を計算しなさい。

（4）兄と弟の昨年のお年玉の合計金額は40000円でした。今年のお年玉は昨年と比べて，兄は15%増え，弟は10%増え，あわせて5000円増えました。2人の今年のお年玉の金額はそれぞれいくらですか。

2

（1）兄と弟がいっしょに住んでいる家は，駅から1350mの所にあります。兄弟は午後3時に駅で待ち合わせをしました。しかし，兄は待ち合わせの時間を午後3時20分とまちがえて，その時間に駅に着くように家を出て，分速90mの速さで駅に向かって歩き始めました。弟は，待ち合わせの時間になっても兄が来なかったので，一人で家に向かって分速60mの速さで，午後3時に駅を出発しました。途(と)中のP地点で二人は出会い，そのまま二人は分速70mの速さで家に帰りました。

① 兄が家を出た時間は午後何時何分ですか。

② 駅からP地点までのきょりは何mですか。

③ 二人が家にもどった時間は午後何時何分ですか。

（５）1個の値段を350円にして売ると，150個売れる商品があります。この商品は，1個の値段を5円値下げするごとに，売れる個数が3個ずつ増えます。売り上げを54000円にするには，1個の値段をいくらにすればよいですか。ただし，1個の値段は350円以下とします。

（６）整数Aをn個かけ合わせた数を[A ; n]で表すことにします。

例えば，[2 ; 4]＝2×2×2×2＝16です。

① [3 ; 10]×[9 ; 5]×[27 ; 4]×[81 ; 3]＝[3 ; x] のとき，xに当てはまる数はいくつですか。

② $\frac{[5 ; 18]\times[25 ; 3]}{[125 ; y]}=1$ のとき，yに当てはまる数はいくつですか。

（７）白玉6個と赤玉2個の重さの平均は2.25gで，白玉3個と赤玉5個の重さの平均は1.875gです。袋（ふくろ）の中にこの白玉と赤玉がいくつかずつ入っていて，それらの重さの平均は1.8gです。この袋に入っている白玉と赤玉の個数の比を，もっとも簡単な整数の比で答えなさい。ただし，白玉と赤玉はすべて，それぞれ同じ重さとします。

4 1×2×3×4，2×3×4×5，3×4×5×6，……

……，98×99×100×101，99×100×101×102，100×101×102×103

のように，連続する4つの整数の積が100個あります。

（1）これら100個の積のうち，15の倍数は何個ありますか。

（2）これら100個の積のうち，200の倍数は何個ありますか。

（3）これら100個の積をすべてかけた数をNとします。Nを計算したとき，0は一の位から連続して何個並びますか。

5

（1）下の図のように，底面の円の半径が4cmの円すいを，平面上をすべらないように転がしたところ，円すいがちょうど6回転したところで，はじめて元の位置にもどりました。

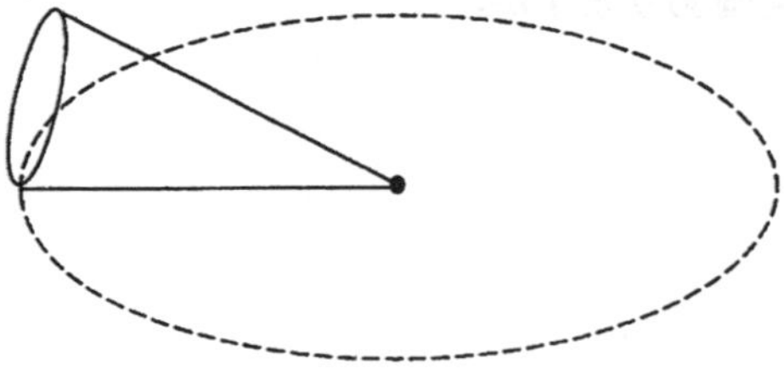

① 点線の円の周の長さは何cmですか。

② 点線の円の面積は何cm^2ですか。

③ この円すいの側面積は何cm^2ですか。

第一次入学試験問題

国語

（60分）

函館ラ・サール中学校
2022. 1. 8

2022(R4) 函館ラ・サール中
教英出版

〔問題二〕次の文章を読んで後の問いに答えなさい。

皆（みな）さんは毎朝、皆さんの学校までの道のりを歩いてくる。大抵（たいてい）は友達と一緒（いっしょ）ににぎやかに歩いてくるのかもしれない。だが遅刻（ちこく）して一人で登校する日もあるだろう。「自分はなぜこの学校に通っているのだろう。どうして勉強しなければならないのだろう」なんて思いながら。立ち止まって振（ふ）り返（かえ）ると、遠くに拡（ひろ）がる緑豊かな風景が眼（め）に入ってきたりする。青空が広がっていたり、鳥がのびのびと飛んでいたりする。耳を澄（す）ませば、路傍（ろぼう）の草むらから虫たちの声が聞こえてくるだろう。その光景の中で一人、皆さんはこんなふうに思ったかもしれない。

「世界があり、その中で僕（ぼく）は生きている。けれども、あの鳥と僕はどこか違（ちが）う。鳥は、だれにも妨（さまた）げられず自由に空を飛んでいる。しかし自分は制服を身にまとい、学校へ向かわなければならない。どうしてあの鳥のように、自由に生きられないのだろう」と。

自分と世界の関係が、鳥が空を飛んでいるようにはぴったりと感じられない。ほんのわずかな、しかし自分ではどうしようもない宿命的なズレ。自分がこの世界にいるということがとても不思議な、奇妙（きみょう）なことに思えてくるのだ。同時に強い孤独（こどく）感が押（お）し寄（よ）せてくる。周りには家族も友達も、学校の先生たちもいるが、「自分一人でここに生きている」という感覚だ。知らないふりをしていてはいけない。よく思い出してほしい。感じた覚えがきっとあるはず。こうした感覚は大人になると失われてしまう。けれども実はこの感覚こそ、学ぶことの根拠（こんきょ）に触（ふ）れている証（あかし）しであり、あらゆる未来の「種」を生み出すＡキテンにほかならない。

鳥は、本当に自由なのだろうか。私はそうではないと思う。鳥はいわば空の中に閉じこめられている。魚も同様で、水の中に閉じこめられている。鳥は空を「空」とは呼ばず、魚も水を「水」と名づけることはない。人間がするようには自分の住む世界を対象としてとらえることがないからだ。人間は言葉を用い、空を「空」と呼び、海を「海」と名づけた。いわば世界と自分をはっきりと分けて認識（にんしき）している。その意味で人間は、世界に閉じこめられてはいない。言（い）い換（か）えれば①人間は、鳥や魚と同じような意味では「自然（＝世界）」の中に生きていない。おそらくこのことが、人間、［1］若い皆さんが世界と自分との間にズレを感じる理由だ。

重要なことは、このズレがあるからこそ、人間はほかの動物のように自足することができず、自分が生きる世界を絶えずつくりかえていかなければならないということ。たとえば、森を切り拓（ひら）き、田畑をつくる。これこそ②人間だけが持っている自由であり、人間が自由である証しなのだが、見方を変えれば、その自由に閉じこめられているともいえなくはない。人間は、自分が生きている世界と自分との間に越（こ）えがたいズレを感じながら、（孤独ではあるけれども）自由に、世界を学び、世界を自分に合うようにつくりかえる努力を積み重ねてきた。それが［Ⅰ］』ということ。私たちは今、その結果としての世界を生きているのだ。

しかし現代において、人間が行っている世界のつくりかえは、あまりにも高度で複雑だ。たとえば、地下鉄を通したり、ジェット機を飛ばしたりしているが、そのために何が必要かを挙げてみればわかる。まず、言葉を知らなければならない。世界の仕組みを理解して記述するには、数学がなければならない。物理学も工学も欠かせない。いくつものことを積み重ねて、［2］ジェット機が一機、空を飛べる。

そうした数学や物理学、工学は、自然そのものではなく、人間が自然を学びながらつくり出した体系であるから、学ぶことには二段階あることになる。星の運行から暦（こよみ）をつくり、めぐる季節の知識を生かしたBコウサクや狩猟（しゅりょう）を行うなど、自然を学ぶことが第一段階だとすれば、自然を学んだ人間がつくり出したものを学ぶことが第二段階だ。現代を生きる我々には、この「二重の学び」が宿命づけられており、この第二段階のために特に必要とされているのが学校ということになる。

人間がつくり出したものは数えきれず、一人では［3］学びきれない。人間は学ぶべきことを増やしすぎたのではないかと思うほどだ。研究分野の細分化も近年ますます進行している。たとえば、脳の「海馬（かいば）」という部分を研究している脳科学者の知人がいる。人間は何かを学ぶたびに海馬の最深部で「新生ニューロン」という神経Cソシキを生成している。知人はこのメカニズムを研究しているのだが、同じ研究に取り組む研究チームは世界におよそ一〇〇チームもあり、日々成果を競（きそ）っているという。

たしかに、何をするにせよ勉強して覚えるべきことは多い。新生ニューロンに限らず、何か新発見をするほどの研究者になりたいのであればなおさらだ。しかし知識量で勝る者が強者かというと、現実はそうなっていない。実は新発見というものは、発見者が十五〜十六歳の頃からその種を自分の中に宿していることが多い。つまり、あなたたちの年になにかの「種」が宿されるということ。これは分野によらない。このことが端的に示しているのは、世界を変える力は知識ではなく「若い力」だということだ。若い力とは「知らない」力であり、「知っている」ということよりも「知らない」ということのほうが重要なのである。

理由の一つが「エラー」、つまり「失敗」する可能性だ。膨大な知識の体系に分け入った若者は、それを骨肉化しようとするとき、誤った理解をすることもしばしばある。物事は、教えられたとおりに学ぶとは限らないからだ。新発見は、それまでの常識からすればエラー、あるいはアクシデントと呼ばれる事態の中でなされることが多い。人間が何かを成し遂げる力は、エラーにこそある。生物としての人類もそうやって進化してきたはず。突然変異というエラーを利用することで環境に適応し、生き残ってきたのだから。歳をとると失敗を恥じるようになり、エラーを起こせなくなっていくが、エラーを恐れてはならない。③若さとは、弱点であると同時に世界を変えていく力でもあるのだ。

物理学者のある友人は、高校で教わった「虚数単位」が大人になってもずっと頭にひっかかっていたという。虚数単位は-1の平方根だと説明されても「よくわからない。気持ち悪い。なんかおかしい」という思いを、彼は長い間、頭の片隅に置いておいた。三十年後、彼はその虚数を利用してまったく新しいタイプの電子顕微鏡を発明するのだが、皆さんの年頃に抱いたほんの少しの違和感と疑問を持ち続け、それがD（　　）開いたのだという。

「知らない」ことは大きな力にもなりうる。エラーをする可能性はおおいにあるが、それは、誰も考えつかなかったことを行う可能性でもある。学校では「間違えてはならない」という雰囲気がEケイセイされがちだが、それは世界を変える力を逆に失わせてしまうことになるかもしれない。

何かを学んでいこうとするとき、「好き」という感覚ほど強い味方はない。一方、「嫌い」という感覚は、学びにブレーキをかける。好きなことはいくらでもできるが、嫌いなことはやりたくない、と。加えて、好きや嫌いという感覚は個人的な感覚だから、誰かに「私はリンゴが好きだ」と言ったとしても、「それは君が好きなだけ、僕はバナナが好きだ」と返される場合が少なくない。好き嫌いは何かをブロックしてひとりよがりな世界を生み出すことがあるのである。

しかし、内面でわき起こる好きや嫌いは、大切にしなければならない。それが人生をつくっていくのだから。だが何かを本当に学ぶためには、好き嫌いの感覚を、さしあたり停止して、どうして好きなのか、どうして嫌いなのかを正視しなければならない。矛盾(むじゅん)していると思うだろう。しかし、数学の勉強が嫌いなら、どこが好きでどこが嫌いなのかを考えてみてほしい。考えることが、単なる好きや嫌いの感覚から距離(きょり)を置くことを教えてくれるから。④それが学ぶことの第一歩。今のうちにその術(すべ)を身につけてほしい。好きだから、嫌いだからで終わってはいけない。

学ぶためのもう一つのポイントは、全体を見ること。それと同時にどこか一点を見なければならない。全体だけを見ていても絶対に自分のものにはならない。これも矛盾していると思うだろう。だがスポーツを想像すればわかりやすい。スポーツは単に肉体の問題ではない。たとえば野球では、筋力を鍛(きた)えさえすればホームランを打てるわけではない。筋力だけでなく、身体全体を考え、何かポイントをつかむことでバッターとして成長できる。人はそれぞれ「癖(くせ)」を持っているものだが、それを捨て、自分なりのポイントをつかむことが基本だ。

これは思考の基本でもある。人間がものを考えるとき、公理から出発することはありえない。全体の＊コンテクストをぼんやりと視野に入れながら、その中で手がかりを見つけて考えを進める。A＝B、B＝C、C＝Aといったような論理は、考え抜(ぬ)いたあとで、他者に説明するために組み立てる表現だ。事件現場に立つシャーロック・ホームズを想像してほしい。彼は、現場全体を見ながら、頭の中ではそれまでに集めた証拠品(しょうこひん)のイメージや証言を繰(く)り返(かえ)していることだろう。全体を見ながら、どこかにF特異点を見いだそうとしているのである。さまざまな要素があり、それらがどういう関係にあるのか、そしてそれらの関係がどう全体をかたちづくっているのかを見ていくのである。

こうした思考は、数学でも国語でも、研究でもビジネスの現場でも変わらない。「文科系と理科系ではアタマの使い方が異なる」などと思い込んではならない。原則は同じなのだ。文章全体を見ていながら、どこかに必ず文章全体にかかわるひっかかりがあるはずだ。それをつかむ。そのポイントを自分なりに展開することで人間はものを考え始めることができる。学校の勉強には［Ⅱ］が用意されている。皆さんが誤った答案を書けば、間違いを指摘される。だが皆さんにG力されているのは、［Ⅱ］を知ることではなく、頭の働かせ方を学ぶことだ。

（小林康夫「学ぶことの根拠」『何のために「学ぶ」のか』所収　ちくまプリマー新書より）

＊コンテクスト……「状況」あるいは「文脈」。

(一)　線部A「キテン」、B「コウサク」、C「ソシキ」、E「ケイセイ」、G「カ（されて）」を漢字に改めなさい。

(二)　線部Dが「成果となって現れた」という意味になるように、〔　〕に補う漢字一字を答えなさい。

(三)　線部F「特異点」と同じ意味で用いられている表現を、Fをふくむこの形式段落から一つ、次の形式段落から一つ、それぞれ五字以内でぬき出しなさい。

(四)　［1］～［3］に当てはまる言葉を次の中から選び、それぞれ記号で答えなさい。

ア　とうてい　イ　もっぱら　ウ　ようやく　エ　とりわけ　オ　ひときわ

(五)　［Ⅰ］に当てはまる言葉を次の中から一つ選び、記号で答えなさい。

ア　学問　イ　人生　ウ　文化　エ　歴史

(六)　［Ⅱ］に当てはまる漢字二字の語を考えて答えなさい。ただし［Ⅱ］は二か所あります。

(七)　――線部①「人間は、～生きていない」とはどういうことですか。最も適当なものを次の中から一つ選び、記号で答えなさい。

ア　鳥や魚は自分が住む世界に満足して楽しく生きているが、人間は自分の住む世界に対して常に不満を抱いて生きている。
イ　鳥や魚は自分の住む世界にしばられず自由に生きているが、人間は自分の住む世界からさまざまな制約を受けて生きている。
ウ　鳥や魚は自分の住む世界を意識しないで生きているが、人間は自分という存在や自分の住む世界を意識しながら生きている。
エ　鳥や魚が生きる世界はそれぞれ空や水の中に限定されているが、人間はどのような世界にも適応して生きている。

(八)　――線部②「人間だけが持っている自由」とは何ですか。それを述べた二十三字の表現を本文中から探し、最初と最後の五字をぬき出して答えなさい。ただし「～こと。」に当てはまる形で答えること。

（九）　――線部③「若さとは、弱点であると同時に世界を変えていく力でもあるのだ」とありますが、筆者がこのように述べる理由として最も適当なものを次の中から一つ選び、記号で答えなさい。

ア　若いということは、とかく失敗を招きがちであるという点では弱点であるが、一方でその失敗が、それまで当たり前とされていた考えを打ち破る新しさにつながることもあるから。

イ　若いということは、知識量が不足しているという点では弱点であるが、細分化された研究分野にとらわれない発想ができ、それが新たな発見につながることもあるから。

ウ　若いということは、恥ずかしい思いをする機会が多いという点では弱点であるが、そうした経験に負けることなく新しいことに挑戦（ちょうせん）することもできるものだから。

エ　若いということは、ちょっとしたことでも気になってなかなか理解が進まないという点では弱点であるが、その気になったことが後の新発見の種になることもあるから。

（十）　――線部④「それが学ぶことの第一歩」とはどのようなことを言っているのですか。句読点もふくめて七十字以内で説明しなさい。

〔問題二〕次の文章を読んで後の問いに答えなさい。

「私（紗季）」が五歳の時、「母ちゃん」は家を出て東京へ働きに行き、「私」は「バアバ」と二人、千葉で暮らしています。「母ちゃん」からは定期的に手紙とお小遣いが届き、「母ちゃん」自身も季節ごとに千葉に帰って来たので、「私」は格別つらい思いもせず、「バアバ」と家事を分担して、平和で落ち着いた日々を送っていました。「私」が中学三年の時、「母ちゃん」は理由も言わずに突然千葉に戻って来て、「私」、「バアバ」とのぎくしゃくした三人暮らしが始まりました。ある日、「母ちゃん」は浜辺に出かけようと「私」を誘います。

「紗季ちゃん、ごめんね」

ビニールシートに腰を下ろしておにぎりを頬張りながら黙って海を眺めていたら、母ちゃんに突然、謝られて焦った。

「なんで？」

「なんでって、長い間、紗季ちゃんのこと放っておいたくせに、突然帰ってきて、紗季ちゃんにすっごく気を遣わせちゃってるし。ご飯もあんまりおいしく作れないし」

「このおにぎり、おいしいよ」

「ありがと。でもねえ……」

白波がいつもよりたくさん立っている。思ったほど蒸し暑くはないが風が強い。ときどきビニールシートの端が舞い上がって、砂も舞い上がって、そのたびに母ちゃんと二人でおにぎりを片手で覆いながらもう片方の手でビニールシートを押さえ込んで、傍から見たら、なにやってんだ、あの二人って思われるだろうドタバタぶり。どこがワイキキ気分なんだ。なんとか大きめの石を見つけてきてビニールシートの四隅に置き、一息ついたところで、

「勝手な母親だよね。グスン」

母ちゃんが手に握っていたタオルハンカチを眼に当てた。

「そんなことないよ、別に」

私は座り直して二つ目のおにぎりを選びながら答えた。答えた直後に、我ながら気持ちが入ってないなと思ったら、笑いがこみ上げた。母ちゃんも照れくさそうに肩をすくめている。

「ねえ、紗季ちゃん。なんで母ちゃんが戻ってきたか、わかる?」

「え?」

来た。なんで戻ってきたかって? それは娘が愛しくて? 違うよね。バアバのことがそろそろ心配になったから? まだ元気そうだけど。それとも東京でなんか問題を起こしたせい? 殺人事件に巻き込まれたとか? まさかね。①うーん、なんと答えれば無難だろう。

「あのねえ」と、私の答えを待たずに母ちゃんが口を開いた。

「ガン」

「え?」

あまりにも想定外の答えである。横を向くと、母ちゃんは、目を細めて海の彼方に視線を向けたまま、[a]顔をしている。そういう展開?

「ガンって、病気の癌? 誰が?」

母ちゃんの話し方は文太に似ている。肝心な言葉が欠けている。こういう真面目な話をするときぐらい、ちゃんと文章にしてほしい。

「誰が癌になったの?」

畳みかけると②母ちゃんがゆっくりこちらに首を回してニカッと笑った。こういう話題には似合わない顔だ。

「さて、誰が癌になったのでしょうか。ここで問題です」

「問題?」

「一番、バアバ。二番、えーと、文太んちの犬のコロ。三番、私」
「なに言ってんの？」
私ははっきりと眉間に皺を寄せた。すると母ちゃんは笑ったまま、私を見つめる。答えを待つ司会者気取りか。
バアバは先月、鴨川病院で定期健診をしてなんの異常もなかったと言っていたし、二番を言うとき、えーとって迷った時点でこれははずれだとわかる。こんな問題、小学生だって当てるぞ。
「母ちゃん？」
「正解！」
母ちゃんは勢いよく人差し指をかざしたあと、
「では、なんの癌になったでしょうか」
「またクイズ形式ですか？」
「うん。一番、乳癌。二番、子宮癌。三番、前立腺癌」
私はイラッとして、「三番」と［ b ］答えてやった。すると、
「やーね、紗季ちゃんったら。前立腺って男にしかないんだから。やだあ、もう」
母ちゃんは私の腕を思いきり叩いて笑った。
「じゃ、乳癌？」とさらに［ b ］答えたら、「ピンポーン」って、どういう母親だ。
「でもね、聞いて聞いて。なんとラッキーなことに、鴨川病院に『神の手』って言われている乳癌の専門医がいらっしゃるの。週刊誌に載ってたの、『名医が教える名医』って特集に。たまたま見た週刊誌でだよ。これってぜったい運命でしょ。だって私がいちばん欲しているお医者様が、バアバと紗季ちゃんのすぐ目と鼻の先にいらしたのよ。運命以外の何ものでもないわよね。だから母ちゃん、戻ってきたってわけ。これは神様が、紗季ちゃんのところに戻りなさいって導いてくださったとしか思えないのよ」
「いや、そういう話の前に、そもそもなんで乳癌だってわかったの？」

「あのね」と母ちゃんは語り出した。
「前に勤めていた病院でやった血液検査でわかったの。もしかして癌がどこかにある可能性があります、そういう数値が出てますって」
「なんの数値？」
「よくわかんない。で、それから全身の検査をしたの。でもなかなかわからなくて。マンモグラフィーとかもしたの。あれ、痛いんだから。アクリルの板の間におっぱいをギューッと挟んで、ギューッとギューッと挟んでしばらくお待ちくださいって。しかも縦横二回ずつよ。もう拷問みたい。でもそのおかげで、ちょっと気になる影が映っていますって言われたの。でもそれが腫瘍なのか、腫瘍だとして悪性か良性かはわからないので、あとは専門医でちゃんと検査したほうがいいですねって」
「で、鴨川病院に決めたってこと？　じゃ、まだ確定したわけじゃないじゃん」
私が慎重に言葉を選んで促すと、
「でも、わかるのよ。だって自分の身体だもの。あ、これは乳癌だって。うん、わかるわかる」
母ちゃんはまるで死刑宣告を受けたにもかかわらず、気丈に平静を装うマリー・アントワネットのような高貴な首の動かし方をして、ゆっくり頷いた。私は隣で溜め息をついた。この母ちゃん、思ったより手がかかる。
③話が論理的に進まない。
「鴨川病院で検査してくれるの？　そんな『神の手』なんて先生の予約、取れるの？　何ヶ月も待つかもしれないよ。何ヶ月も待たされてるうちに、ホントに癌だったとしたら、進行しちゃうよ。どうする気？」
私は捜査もののドラマに出てくる刑事になったつもりで［C］つぎばやに問い質す。すると母ちゃんが、マリー・アントワネットの目つきでじっと私を見据えた。
「いい？　紗季ちゃん、よく聞いて。いちばん大事なことは、私が癌か癌でないかってことじゃないの。そうじゃなくて、今、この時間を大切に生きていきたいって話。失われた十年間を挽回しなきゃ。私、決めたの。私がどうなろうと、最後まで紗季ちゃんとバアバのそばにいようって。そしてどんな結末が待っていようとも、最後までぜったい笑顔を忘れずにいようって。だからお願い、紗季ちゃん。私の残された命に協力して」

文太よりわかりにくい。私はしばらく俯いて、それから質問した。

「このこと、バアバは知ってるの？」

すると母ちゃんは目をつぶった。

「知らせてないの？　じゃ、なんであたしにだけ話すのよ？」

母ちゃんが黙った。

「バアバにも言わなきゃダメでしょう」

返事がない。

「まさか話さないつもり？」

母ちゃん、打って変わって寡黙になる。この沈黙の時間を利用して私は頭を整理してみた。まず、一般的検査はした。胸に腫瘍らしきものが見つかった。でも悪性か良性かはまだ判明していない。それなのに母ちゃんは思い込んでいる。乳癌になったと。でもって癌になったことを前提に、これからの余生をどう過ごすかということだけで頭がいっぱいになっている。いや、そう考えることで死への恐怖から逃れようとしているのではないか。

「あのね、紗季ちゃん」

母ちゃんがやっと口を開いた。

「ここに戻ってきてから、母ちゃん、ずっと悩んでたの。話そうかなあ、話さないでおこうかなあって。でもきっとバアバにこの話したら大騒ぎになっちゃうと思ったの。バアバって、ああ見えて弱い人なのよ。普段強がり言ってる分、大きな事件が起こるとヘナヘナってなっちゃうとこがあってね。ジイジが死んだときも長いこと元気なかったでしょ。ジイジも癌で亡くなったから、なおさらショック受けると思うのよ。もう歳だし。余計なことで心配かけたくないし……」

余計なことじゃないよ、大事なことだろうがと、私は心の中で悪態をついた。

「母ちゃんね、びっくりしちゃったの。だって紗季ちゃんったら、ちょっと会わないうちに本当にしっかり育ってたんだもの。どんどん逞しくなってきたもんね。自分の娘とは思えない。私がそばにいないからよかったのかな、なんちゃって」

「別にあたし、逞しくなんかない」

私は片手に食べかけのおにぎりを持ったまま、腕を組み、立て膝の上に頭を載せた。泣いたわけじゃない。でも④泣きたい気分ではあった。

また風が吹いた。潮の香りに混ざってかすかに甘い匂いがする。私は顔を上げ、風の吹いてくる方向を振り返った。もしかして浜木綿か。この砂浜の近くに浜木綿が群生しているのを私は知っている。

（阿川佐和子「カモメの子」『短篇ベストコレクション　現代の小説２０２０』所収　徳間書店）

(一)　[a]、[b]に入る語句として最も適当なものを次の中から一つ選び、それぞれ記号で答えなさい。ただし[b]は二か所あります。

a　ア　しみじみとした　イ　さばさばした　ウ　はればれとした　エ　うきうきした

b　ア　すっぱりと　イ　つっけんどんに　ウ　ぶっきらぼうに　エ　ぶつぶつと

(二)　[c]に入る漢字一字を答えなさい。

(三)　――線部①「うーん、何と答えれば無難だろう」とありますが、ここから読み取れる「私」についての説明として最も適当なものを次の中から一つ選び、記号で答えなさい。

ア　長い間自分を放っておいたことをまだ許せず、母親が事情を説明して謝ろうとしたり機嫌を取ろうとしたりしても、素直に受け入れられずにいる。
イ　母親と二人きりで話すのは久しぶりなので、母親が心を通わせようと次々と話しかけてきてくれても、照れくさくてまともに受け答えできないでいる。
ウ　母親が大事な話を切り出そうとしていることはわかるが、内容についてはまったく見当もつかず、どのような反応を示せばよいのか判断できないでいる。
エ　離れて暮らしていた時期が長くて、母親が何を伝えようとしているのか見当も付かないとはいえ、ばかげた想像ばかりしてしまう自分にあきれている。

(四)　——線部②「母ちゃんがゆっくりこちらに首を回してニカッと笑った」とありますが、「母ちゃん」がこのような表情を見せたのはなぜですか。最も適当なものを次の中から一つ選び、記号で答えなさい。

ア　自分が癌であることを告げれば娘がとても悲しむだろうと考えるとやり切れず、自分が笑いかけることで、せめて今だけでも笑顔にしてやりたいと願ったから。
イ　娘が自分の話に関心を示し始めてくれてうれしかったのに加え、自分は癌かもしれないが心配はしなくてよいという思いを、おどけてみせることで示したかったから。
ウ　癌の検査を受けている間会えなかった娘がすっかり大人びたのを頼もしく思う反面、親子で過ごしている時くらいは、子供らしく無邪気なままでいてほしいと思ったから。
エ　自分が癌であるかどうかということよりも、家族の側で生きる時間を大切にして笑顔を忘れずにいようと決意したことを、娘にもはっきりと伝えておきたかったから。

（五）――線部③「話が論理的に進まない」とありますが、ここまでの「母ちゃん」の話をまとめると、どのような内容になりますか。本文中から五十字以内の表現を探し、最初と最後の三字をぬき出しなさい。ただし、句読点も字数にふくめます。

（六）――線部④「泣きたい気分ではあった」とありますが、なぜですか。最も適当なものを次の中から**二つ選び**、それぞれ記号で答えなさい。ただし、解答の順序は問いません。

ア　祖母が祖父の死から立ち直るのに時間がかかったことを知って、母親の死に直面すれば今度はどれほどの衝撃を受けるだろうと思うと、胸が張り裂けそうになったから。

イ　母親に残された時間がそれほど長いものではないかもしれないと知らされて衝撃を受け、普段はあまり意識せずに過ごしてきた母親に対する思いがこみ上げてきたから。

ウ　明るくふるまっていた母親が、娘をひとりぼっちにしていたことを後悔する気持ちを突然語り始めたので、その時のさびしかった生活を改めて思い出してしまったから。

エ　自分は家族が重病でも平気でいられるような人間ではないつもりなのに、久しぶりに会った母親から対応の冷たさを皮肉まじりに指摘されて悲しくなったから。

オ　母親が癌かもしれないということに加えて、バアバにはそれを秘密にしておかなければならないという重苦しい状況に自分が耐えられるかどうかわからなかったから。

〔問題三〕　次の文章は、前問の本文の続きです。これを読んで後の問いに答えなさい。

母ちゃんの爆弾告白のあと、私はバアバと目を合わすことができなくなった。バアバとだけではない。母ちゃんともだ。家中がよそよそしくなって、なにか言おうと思うたび、スムーズに単語が出なくなった。バアバはそんな私の変化に明らかに気づいている。でも理由を聞こうとはしない。こういうとき、放任主義ってのは困る。急にバアバとの距離が遠くなった気がした。昔は互いに口をきかなくてもわかり合っているという確信があったけれど、最近は、バアバが何を考えているのかわからなくなった。私のせいだ。私が本当のことを言わないから、バアバも本心を出せないのだ。でも話すことはできない。母ちゃんとの約束だもの。

この居心地の悪い家庭内環境を改善するためには、他者の力が必要になる。まだジイジが生きていた頃、バアバがときどき漏らしたものだ。

「ジイジったら、あたしと喧嘩すると必ずその日の夜は友達連れて帰ってくるんだよ。他の人の前で言い争いできないだろ。で、お酒出したりつまみ出したりお喋りしたりしているうちに、なんで喧嘩したか忘れちゃってさ。いつのまにか仲直り。いっつもその手でごまかされるんだ」

思い出した。だから①今回の問題も、この手を使おうと私は決めた。

こういうときは文太しかいない。異種格闘技のような女三人家族の間にはまり込んで平静を保てるのは、鈍感な文太ぐらいのものである。鈍感って褒め言葉だ。文太がいるとバアバも母ちゃんもなぜかホッとするらしい。顔がほころぶ。幼稚園の頃からずっとそうだった。

文太は最初の頃、抵抗した。悪いじゃんとか恥ずかしいからやだよとか言って、ウチへ来るのを拒んだ。なに言ってんの、子供の頃はこっちが誘わなくてもズカズカ上がり込んで勝手にご飯食べて帰ったりしてたじゃんと言っても、いやあ、そういう無謀な年頃は過ぎたとか言って手を横に振った。でも私は諦めず、ほとんど強引に文太の袖を引っ張って、学校帰りに文太をウチの前まで連れてきた。

「こんちはー」
文太が遠慮がちな目つきで縁側からウチを覗き込むなり、
「あらあ、文太君。いらっしゃい」
母ちゃんが台所から出てきて右手にフライパンを持ったまま甲高い声で元気に迎えた。この家で今、陽気なのは母ちゃんだけだ。
「げっ」
母ちゃんと対面した途端、文太が声を発した。［　　］顔をしている。
「おばさん、大丈夫なんっすか、起きてて」
「え？」と、私と母ちゃんが同時に反応した。文太は私と母ちゃんを交互に見ながら、
「だって、あれなんしょ？」
「あれってなに？」
私は反射的に問い質す。いや、問い質してはいけないんだと、気づいたときは覆水［　　］。
「だから……、癌とかって？」
「なに言ってんの！」
思わず声を荒らげたところへ、バアバが自分の部屋からひょっこり現れた。やばい。私は慌てて、
「だからあたしはまだ今度の試験範囲聞いてないしさ。でも結局、医療問題とか時事問題が焦点になるって、文太はもう知ってたわけ？」
口から出任せで、自分でも何を言っているのかわからないけれど、とにかく喋り続けるしかないと、思いついた単語をつなげてどうにか学校の話題にすり替えるべく、頭をグルグル回転させていたら、いつのまにかバアバが文太の近距離にやってきて、さらりと言ってのけた。
「朋子が乳癌の疑いがあるって東京の医者に言われたらしいんだけど、こっちの鴨川病院で調べてもらったら、悪

性じゃないことがわかった。そういうことで、心配かけて悪かったね、文太。父ちゃんにもよくよくお礼、言っといて。おかげさまで助かりましたって」

私は猛スピードで母ちゃんのほうを振り向いた。聞いてないけど、私。勢い余って髪の毛の先が口に入った。だいたいバアバがなんで知ってるんだ。内緒じゃなかったのか。毛先を口から引きずり出す。っていうか、なんで文太まで。文太のお父ちゃんもか？

「で、決めたんか？」

だから目的語、つけろ。お願いだから＊センテンスにしてくれって。「なにを？」と私は防波堤の上を歩きながら後ろをついてくる文太に聞き返す。

「東京行き」

あれから一波乱があった。私はとんでもなく荒れた。こういうことをきっかけに、人は引きこもりになったり人間不信に陥ったり、無差別殺人に走ったりするんじゃないか。そういう心境がかすかに理解できる気がした。こんなに泣いたら脱水症状になると思うほど涙がとめどなく溢れ続けた。呼吸も苦しくなった。私が痙攣を起こすほどに泣いている間、母ちゃんはずっと小声で謝り続け、バアバは黙って私の背中をさすり、そして文太は帰ろうともせず、少し離れた籐椅子に座って口を半開きにしたまま心配そうにこちらを見つめていた。その三人の様子を涙越しにチラチラ見ているうち、だんだん恥ずかしくなってきた。まわりは全員が静かなのに、自分だけ泣きわめいている。どう見ても変だろう。滑稽でさえある。そう思ったら、急に気が晴れた。泣くだけ泣くとすっきりするというのは本当だ。

そして翌朝、私が目を思い切り腫らして階下に降りていくと――その日ばかりは筋力強化降りをする気分にはなれず普通に降りていったのだが、バアバと母ちゃんが食卓に座って私を待ちかまえていた。二人が言い争いをせず、穏やかな顔で向かい合っている。快挙だ。

「おはよう」
二人揃ってバカに機嫌がいい。
「おはよう」と、私は俯いたまま応えた。
「あんた、何時に出る？」とバアバ。私は掛け時計を見上げ、「うーん、七時四十五分」
「よし、じゃ、十分だけ。話していい？」
母ちゃんは、慈愛に満ちた視線でバアバの発言にいちいち頷く。
「いいけど」
本当はこんな目で学校に行くのは嫌だから、午前中はさぼろうかと思っていたが、家にいるのも気まずい。
「あのね、あれから母ちゃんと話したんだけど。あんた、東京の高校、受験してみる気、ない？」
「はあ？」
「まあ、受かるかどうかわかんないけどさ。とりあえず下調べもかねて、夏休みだけ母ちゃんと東京で暮らすってのは、どう？」
そこまでの流れを文太に報告したら、「決めたんか」と聞かれたのだ。
「まだわかんないよ」
「でも気持ちは東京なんだろ、お前」
どうだろう。別に東京暮らしに憧れはない。ただ、バアバと母ちゃんにそう提案されて、バアバも何が根拠か知らないが、それがいいよ、そうしなさいよ、あたしのことは心配しなくても一人でなんとかやるからと拳を掲げて宣言し、かたや生涯、この南房総でバアバと私と三人で暮らすと言っていたはずの母ちゃんも、「紗季ちゃんが嫌じゃなかったら、どうかな、なんて思って？」と見事な変節ぶりを示したのである。
「でもあれだよね」と私が文太に言いかけたら、「なにが」と文太が聞き返した。やったね。仕返しだ。
「だってまさか文太のお父ちゃんが『神の手』の釣りの師匠だったなんてさ。偶然にもほどがあるよ。おかげで検査の予約、早めてもらえたんでしょ？」
「まあ、無理やりってほどでもないと思うけどな」
母ちゃんの話によると、案の定、『神の手』の予約は数ヶ月先まで取れないことがわかり、困っていたところ、鴨川病院のロビーでたまたま文太のお父ちゃんに出くわして、勢い事情を説明したら、「俺が聞いてやる」と請け合って、その結果をバアバに知らせたせいで、秘密が秘密でなくなったという経緯らしい。だから別に紗季ちゃんを騙したわけじゃないの、信じてと、母ちゃんは弁解していたけれど、だったら私に報告してくれてもいいのに。思い出すと腹が立つ。私だけバカみたい。
「癌のこと、最初に告白した相手が紗季であるのは確かなんだからな。それだけおばさんは紗季を頼りに思ってるってことさ。一緒に東京、行ってやれよ。どうせ夏休みだけだろ？」
センテンスとして成立している文太の言葉を聞いたのは、初めてかもしれない。
「どうかなあ。そのままずっと東京に居座っちゃったりして」
②文太の顔を横目で盗み見たら、
「あっ」と文太が叫んだ。
「今度はなに？」
「浜木綿」
文太の言葉はセンテンスになっていなかったけれど、私にはわかった。私たちは同時に防波堤を海側に飛び降りて、同じ方向へ向かった。走りにくい砂地を根性で走りながら、振動で声を震わせながら、私は唱えた。
み熊野の　浦の浜木綿　百重なす　心は思えど　ただに逢わぬかも
私は文太の背中を必死に追う。波の音が途切れなく鳴り響いていた。

（阿川佐和子「カモメの子」『短篇ベストコレクション　現代の小説２０２０』所収　徳間書店）

＊センテンス……文。

（七）［　　］に入る語句を、**すべてひらがなで**答えなさい。

（八）――線部①「今回の問題も、この手を使おう」とありますが、どういうことですか。最も適当なものを次の中から一つ選び、記号で答えなさい。

ア　大事なことをすぐに知らせなかったことに祖母は腹を立てるに違いないので、家族をホッとさせる存在の文太にも同席してもらって、その怒りを少しでも和らげてもらおうということ。

イ　祖母と母親とが気まずい関係になっている状態なので、昔からよく遊びに来ていた文太を招待して場の雰囲気を和やかにしてもらい、食事くらいは落ち着いてとれるようにしようということ。

ウ　家族三人が思いを口に出せない状態になってしまっているので、家族にも親しまれている文太に来てもらって、これまでのような日常生活を取り戻すきっかけを作ってもらおうということ。

エ　母親の病気について一度家族で話し合わなければならないのに誰も口火を切ろうとしないので、事情をよく知る文太に一役買ってもらって、話をするきっかけを作ってもらおうということ。

（九）［　　］に入る語句として最も適当なものを次の中から一つ選び、記号で答えなさい。

ア　味方に足をすくわれたような　　イ　妖怪に出くわしたような

ウ　地獄で仏に出会ったような　　エ　苦虫をかみつぶしたような

（十）――線部②「文太の顔を横目で盗み見」とありますが、ここから「私」のどのような気持ちが読み取れますか。最も適当なものを次の中から一つ選び、記号で答えなさい。

ア　母親の病気のことで文太や彼の父親にも世話になったのに、その恩返しもろくにしないまま上京してしまったら文太に嫌われないだろうかと心配する気持ち。

イ　これから母親と二人で東京で生活するのがよいかどうか迷っているので、家族の事情を理解してくれている文太の反応もそれとなく確かめて参考にしようという気持ち。

ウ　本当は東京の高校になど進学したくないので、離れ離れになってしまう可能性もあることを文太に告げて、受験を止めてもらおうと期待する気持ち。

エ　自分が東京で暮らすのは夏休みの間だけだと思い込んでいる文太に、このまま会えなくなる可能性もあると告げたらどのような反応をするのか見てみたいという気持ち。

（十一）この小説の終結部について鑑賞した次の文章の［Ⅰ］、［Ⅱ］に、指示に従って適当な表現をそれぞれ入れなさい。

小説の最後に「私」が走りながら唱えているのは、『万葉集』巻第四におさめられている歌です。男女、または親子、兄弟、友人などの間の、恋しく思う気持ちや親愛の思いをのべた「相聞」歌に分類されています。「私」と文太はこの歌を、中学三年生になった最初の国語の授業で習いました。

一首の意味は、「み熊野（＝神聖な土地である熊野を敬った表現）の浦に生えている浜木綿の葉が幾重にも重なっているように、幾重にもあなたを心に思っているけれど、直接には逢うことができないよ」というものです。

「百重なす　心は思えど　ただに逢わぬかも」という『万葉集』の歌の表現は、「私」と「母ちゃん」、「バアバ」の三人家族が、

［Ⅰ（三十字以内で説明する）］ことを暗示していると考えられます。また「［Ⅱ（本文中から一文で探し、最初の五字をぬき出す）］」という表現からは、「私」と文太との心が通い合い始めていることがうかがわれ、離れていてもお互いを恋しく思い合う関係になってゆくとも想像されます。このような余韻をただよわせつつ小説を閉じるのにも、『万葉集』の歌が効果的に用いられています。

函館ラ・サール中学校　　　　　第1次入学試験問題
2022．1．8　　　　　　　　算　　数（60分）

・分数で答える場合は，それ以上約分ができない数で答えなさい。
・円周率は3.14とします。
・問題用紙，解答用紙，計算用紙は切り取って使用してはいけません。

1

（1）$17 \times 6 - (50 - 38) \times 24 \div 4 - 5 \times 4$　を計算しなさい。

（2）$(\square \div 4 - 20) \times 6 - 15 = 33$　のとき□にあてはまる数を答えなさい。

（3）45人のクラスで算数が好きな人が36人，国語が好きな人が21人いました。どちらも好きな人は，何人以上何人以下と考えられますか。

（4）10kmはなれたA，B地点の間に長さ1000mの橋がかかっていて，A地点から橋に着くまでの距離(きょり)は4kmです。太郎(たろう)君は午前9時にA地点を出発して，時速4kmの速さで歩いてB地点に向かいました。次郎(じろう)君は，自転車でB地点を出発して，時速10kmの速さでA地点に向かいますが，途中(とちゅう)，橋の上で太郎(たろう)君に出会うようにしようと思います。次郎(じろう)君は午前9時何分から何分の間に出発しなければならないですか。

（2）H市の人口は，ある年の初めに，男性 1000 人に対して女性の数は 1025 人の割合でした。その後，5年間でH市の人口は 20% 増加し，男性 1000 人に対して女性 1160 人の割合になりました。次の問いに答えなさい。ただし，答えは小数第一位まで求めなさい。必要がある場合は，小数第二位を四捨五入して答えなさい。

① この5年間で男性は何%増えましたか。

② この5年間で女性は何%増えましたか。

3 下の図のように，半径 2㎝ の円を 1 段目に 1 個，2 段目に 2 個，3 段目に 3 個，…，と順番に並べていきます。次の問いに答えなさい。

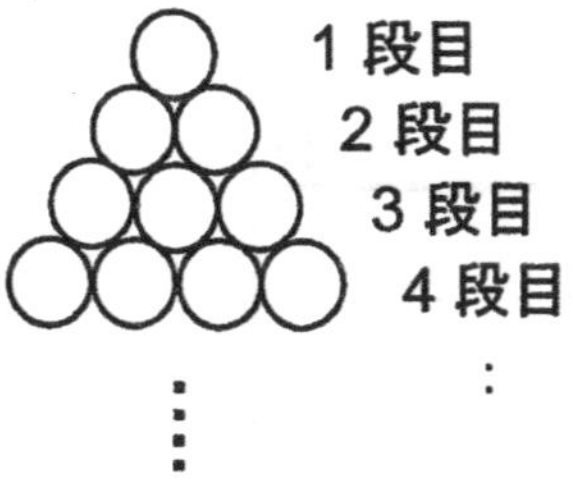

（1）2 段目まで並べた図形のまわりにピンと張ったひもの長さは何㎝ですか。

（2）3 段目まで並べた図形のまわりにピンと張ったひもの長さは何㎝ですか。

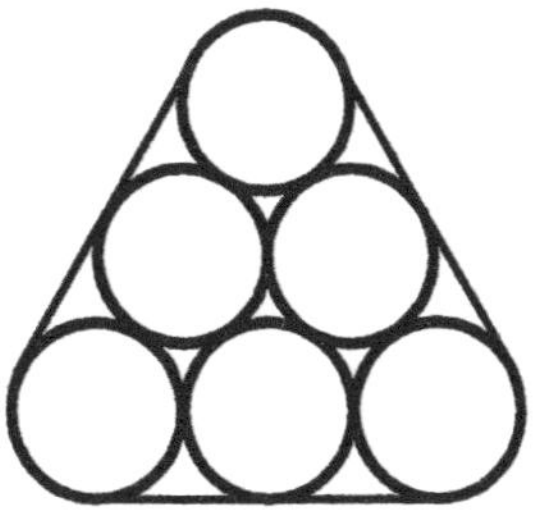

5 下の図のように，直線 ℓ 上にAB＝3cm，BC＝4cm，AC＝5cmの長方形ABCD があります。次の問いに答えなさい。

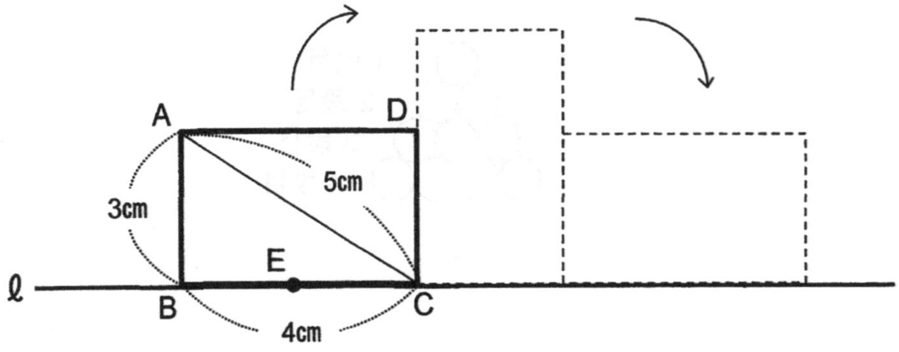

（1） この長方形ABCD をすべらないように頂点C を中心に 90° 回転させ，次に頂点D を中心に 90° 回転させたとき，頂点Bが動いてできる線の長さは何cmですか。

（2） 辺 BC 上に EC＝$\frac{9}{4}$ cm となるように点Eをとります。（1）と同じように長方形を動かしたときBE が通過する部分の面積は何cm² ですか。四捨五入して答えは小数第二位まで求めなさい。

6 立体（＊）は１辺が１cmの立方体です。立体（＊）を基本となる立体として右の【作り方】にしたがって立体①を作ります。次に，立体①を基本となる立体として【作り方】にしたがって，立体②を作ります。さらに同じように，立体②を基本となる立体として【作り方】にしたがって，立体③を作ります。次の問いに答えなさい。

（注）図の縮尺（しゅくしゃく）は実際のものとは異（こと）なります。

立体（＊）

立体①

立体②

立体③

第１次入学試験問題

函館ラ・サール中学校
２０２２．１．８

理 科（４０分）

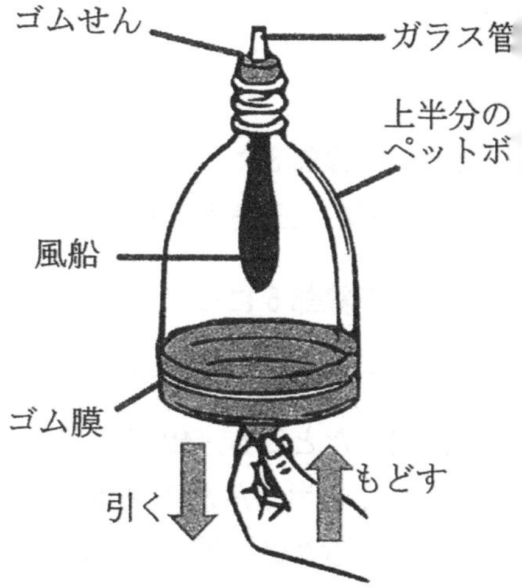

［問題 1］　呼吸運動の仕組みを調べるために，右の図のような装置を作りました。あとの問いに答えなさい。

【作り方】

① ペットボトルを用意し，下半分を切り取る。

② 上半分のペットボトルの切り口にゴムの膜(まく)を張る。

③ ゴムせんつきガラス管に風船をつけ，②のペットボトルに取りつける。

問１　この装置のゴム膜を下に引くと，ペットボトルの中の風船はどのようになります
次のア～ウから１つ選び，記号で答えなさい。

ア．ふくらむ　　　イ．しぼむ　　　ウ．変化しない

問２　問１の状態からゴム膜を上にもどすと，ペットボトルの中の風船はどのようにな
すか。次のア～ウから１つ選び，記号で答えなさい。

ア．ふくらむ　　　イ．しぼむ　　　ウ．変化しない

問３　下線部について，この装置の風船と同じはたらきをするからだの器官の名称を答えなさい。

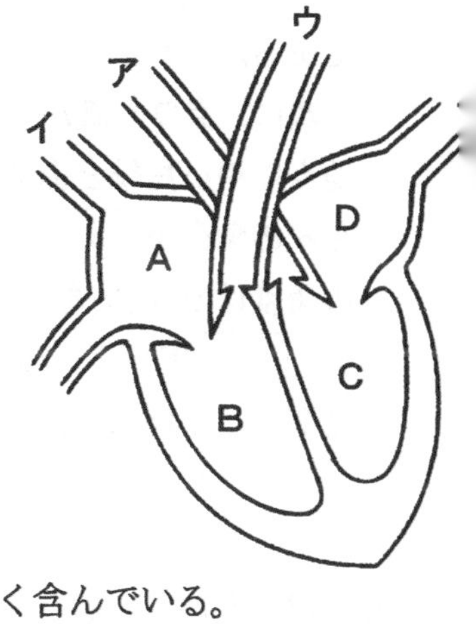

問４　右の図は正面から見たヒトの心臓のつくりを模式的に表したものです。次の問いに答えなさい。

(1) 問３の器官につながっている血管を右の図のア～エから**２つ**選び，記号で答えなさい。

(2) 次のア～エのうち，**誤りを含むものをすべて**選び，記号で答えなさい。

ア．AとDを比べると，Aの中の血液の方が酸素を多く含んでいる。

イ．BとCを比べると，Bの中の血液の方が二酸化炭素を多く含んでいる。

ウ．AとCを比べると，Cの中の血液の方が酸素を多く含んでいる。

エ．BとDを比べると，Dの中の血液の方が二酸化炭素を多く含んでいる。

(1) 2 [□□□□] に入る星座の名称（めいしょう）を**ひらがな4字**で答えなさい。

(2) 4 [うお] について，太陽がうお座の前を通過する時期（星占いでうお座の人が誕生した時期）に最も近いものを，次のア～エから1つ選び，記号で答えなさい。

ア．春分　　イ．夏至　　ウ．秋分　　エ．冬至

問3　下線部3について，こと座のベガとその他2つの星座の一等星を結んでできた三角形を夏の大三角といいます。ベガ以外の2つの星の名称を星座名とともに答えなさい。

問4　下線部5について，羅針盤の別名を何といいますか。**カタカナ4文字**で答えなさい。

問5　下線部6について，六分儀で北極星の高度を測定したところ，42度でした。この地点の緯度の求め方を示した次の文章中の空らん [あ] ～ [え] に入る数値を答えなさい。ただし，北極星は非常に遠くにあるので，地球に届く光（図3中の⟶）は平行であるとします。

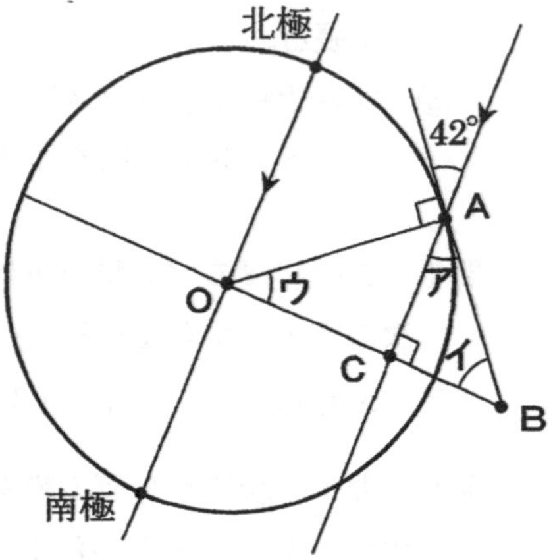

図3

六分儀で測定した北極星の高度が 42 度だったので，図3アの角度は [あ] 度である。点A，点B，点Cを結んでできた三角形のそれぞれの角度を足すと，

[あ] 度 ＋ イの角度 ＋ 90度 ＝ [い] 度

である。これより，イの角度の大きさは [う] 度である。

次に，点O，点A，点Bを結んでできた三角形について考える。地球の中心OからA地点に引いた線と赤道面の間にできるウの角度をA地点の緯度という。先ほどの計算からイの角度が [う] 度であることがわかっており，A地点の地面と地球の中心Oとの間の角度は90度であるので，

[う] 度 ＋ ウの角度 ＋ 90度 ＝ [い] 度

である。これより，ウの角度の大きさは [え] 度である。

以上より，六分儀で測定した北極星の高度とウの角度が一致することがわかる。

問6　緯度を測定するときに，他の星ではなく北極星の高度を測ると都合がよい理由について書かれた次の文の空らん [お] および [か] に入る数値および語句を答えなさい。

北極星以外の北の空の星は1時間当たり [お] 度反時計回りに回転するが，北極星は北極と南極を結んだ線の北極側の延長線上にあるので [　　か　　] から。

[問題 3]　物質に関するあとの問いに答えなさい。

最近，身のまわりの消毒を目的として「アルコール」がよく使われます。アルコールとは a 炭素という成分を含み，ある特徴をもつ物質の総称で，いろいろな種類があります。よく使われているものに，メタノールやエタノールがあり，消毒の他，燃料などさまざまな用で使われています。また，炭素を含む物質は化学反応でいろいろな物質に作りかえることできき，b プラスチックなどとして便利に使われる反面，環境問題として話題になることも えてきました。

問 1　下線部 a について。炭素を含む物質を「有機物」，有機物以外の物質を「無機物」いいます。有機物は燃えて二酸化炭素を出すなどの性質があります。次のア～カから機物を **3 つ**選び，記号で答えなさい。

ア．砂糖　　イ．石油　　ウ．水　　エ．食塩　　オ．鉄　　カ．デンプン

問 2　下線部 b について。プラスチックは有機物の一種です。プラスチックの多くは石油原料として人工的に合成されています。プラスチックには一般的に，軽くて丈夫，加しやすい，さびにくい，電気を通しにくいなどの性質があります。しかし，その一方で微生物に分解されにくく長期間にわたって生態系に残るなど，環境面での問題も指摘れています。したがって，最近は資源としてリサイクルされることが推奨されていて識別マークなどで示されています。次のマークのうち，プラスチックを示すマークにれですか。ア～エから 1 つ選び，記号で答えなさい。ただし，マークに描かれている字などは，ここでは描かれていません。

ア　　　　　イ　　　　　ウ　　　　　エ

問 3　消毒用アルコールは，純粋なエタノールを水でうすめたものがよく使われます。濃の表し方にはいくつかの方法があり，その 1 つに「質量パーセント濃度」がありまこれは，水溶液全体の重さに対する，とけている物質の重さの割合をパーセントで表たものです。たとえば，エタノール水溶液 100 g の中に 10 g のエタノールが含まいれば 10%と表現します。いま，純粋なエタノール 100 g に水を加えて質量パーセ濃度が 70%のエタノール水溶液を作ろうと思います。加える水は何 g ですか。整答えなさい。必要があれば，小数第 1 位を四捨五入すること。

問 4　物質 1 cm^3 当たりの重さを「密度」といい，水の密度は 1 g/cm^3，純粋なエタノの密度は 0.79 g/cm^3 です。これらの値を用いて次の問いに整数で答えなさい。必要れば，小数第 1 位を四捨五入すること。

［問題 4］　ばねののびの長さはつるしたおもりの重さに比例します。ばねA，B，Cを用い
次の実験を行いました。ただし，ばねAとBは同じ長さで，いずれもばねの重さは無視で
るほど小さいとします。なお，ばねの長さにおもりの大きさは含みません。

〔実験 1〕　ばねAに 20 g のおもりをつるすと，ばねの全長は 21.0 cm になった。ここ
10 g のおもりを追加すると全長は 22.5 cm になった。同様にして，ばねCに 20 g の
もりをつるすと，ばねの全長は 38.4 cm になった。

〔実験 2〕　ばねAとBを一直線に連結させて 30 g のおもりをつるすと，ばねの全長は 4
cm になった。さらに，ばねBをCに取りかえたところ，ばねの全長は 64.1 cm にな
た。

〔実験 3〕　ばねAに 40 g のおもりをつるした。さらに，このおもりに 20 g のおもりを
るしたばねBをつるした。

〔実験 4〕　おもりをつるしていないばねCの長さを二等分し，この片方とばねAの下に
をつけ，その棒の中点におもりをつるしたところ，2 本のばねの長さが等しくなっ

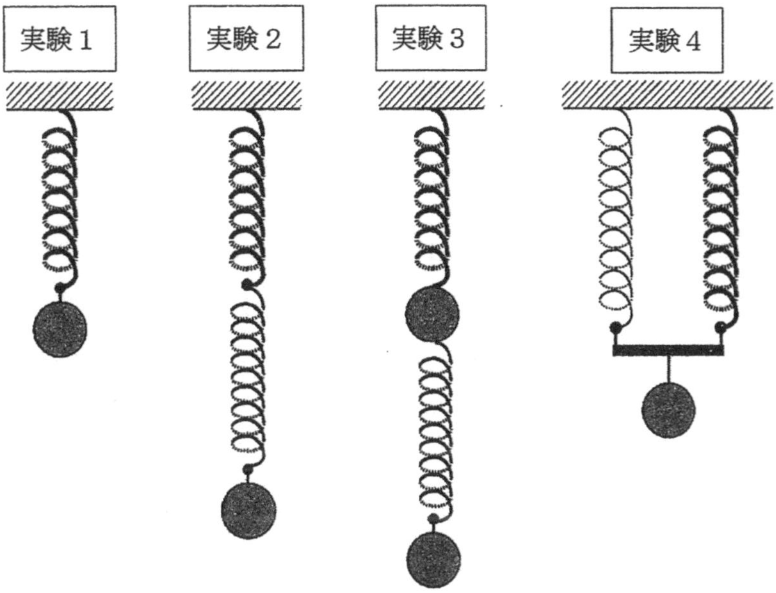

以下では，ばねの長さやのびについては小数第 1 位まで答えなさい。必要があれば，小数
位を四捨五入すること。なお，**小数第 1 位が 0 のときも 0 を省略せずに書きなさい。**

問 1　おもりをつるしていないときのばねAの長さは何 cm ですか。

問 2　ばねBは 10 g のおもりをつるすと何 cm のびますか。

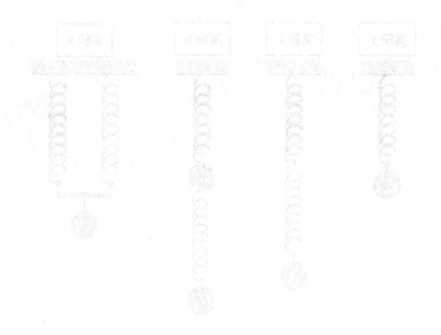

函館ラ・サール中学校　　　　第１次入学試験問題
２０２２．１．８　　　　　　社　会（４０分）

［1］次の文章を読んで、問いに答えなさい。

私たちの生活で身近な飲み物である茶は、①飛鳥時代よりも少し前に日本に伝えられた。奈良時代には、僧侶(そうりょ)の間で茶を飲む習慣が広がり、②遣唐使とともに中国にわたり仏教を学んだ最澄(さいちょう)や空海も、日本にもどる時に茶を持ち帰り飲んでいた。

茶がこの後、改めて注目されるようになったのは③平安時代末期から鎌倉時代にかけてであった。栄西(えいさい)は禅(ぜん)の教えと茶を日本に紹介(しょうかい)し、その効用を説明した書物を鎌倉幕府の３代将軍に献上(けんじょう)し、茶を飲む習慣は広く武士の間に広まった。

室町時代になると、人々の間で茶の味を飲み分けたり産地をあてたりする遊びとして「闘茶(とうちゃ)」が流行し、各地で茶会がさかんにおこなわれた。室町幕府の８代将軍足利義政の別荘には日本最古の茶室ともいわれる④同仁斎(どうじんさい)がつくられ、小さな部屋の中で飲む茶の湯という儀式(ぎしき)がつくられていった。

戦国時代になると中国から新たに緑茶の一種がもたらされ、日本では「煎茶(せんちゃ)」として広まった。これは茶の湯にかわるもう一つの伝統として発達し、手軽に飲める形式の茶は、⑤江戸時代の庶民の間に広まっていった。煎茶があらわれたことで日本の製茶業は大いに発展し、江戸時代後半には新たな製法が宇治で発明され、「玉露(ぎょくろ)」が生まれた。

ペリー来航以降、江戸幕府は諸外国と条約を結び、⑥日本の開港場に多くの貿易船が来航し、茶は重要な輸出品として横浜港からアメリカに輸出された。⑦江戸幕府がたおれ、徳川慶喜が静岡県に移ると、多くの旧幕臣もいっしょに移住し、彼らの開墾(かいこん)した荒れ地は、後に日本一の大茶園とよばれる「牧之原台地(まきのはら)」となった。

明治時代中期になると、茶の輸出品としての役割は失われていき、大正時代になると、茶の取引は全輸出総額の３％にも満たず、輸出の主力商品とはいえなくなった。世界ではアジア産の飲み物は紅茶が中心となり、⑧第一次世界大戦の一時期だけ緑茶の輸出が急増したが、これも長くは続かず、戦争が終わると緑茶は世界の市場から姿を消していった。

一方、1886年には東京に日本最初のコーヒー店があらわれた。当時は、⑨西洋化を進める政府に対して民衆が反感を抱(いだ)いていたことやコーヒーのにがみもあって、コーヒーは飲み物としてなかなか定着しなかった。しかし、大正時代になると喫茶店(きっさてん)が登場し、⑩芥川龍之介(あくたがわりゅうのすけ)や平塚らいてうなどの作家が活躍(かつやく)した時代には多くの人々が喫茶店に集まるようになり、コーヒーの消費も増えていった。

太平洋戦争によりコーヒーを飲む習慣は一度なくなったが、1950年にはコーヒーの輸入が再開された。その後、コーヒーの輸入が自由化されると、食事の西洋化とともにコーヒーは家庭に広まった。⑪1964年に日本が国際コーヒー協会に参加すると、コーヒーの購入(こうにゅう)はより手軽になり、インスタントコーヒーが発明されると、コーヒーはより身近な飲み物となった。緑茶も1990年からペットボトル入りの商品が販売(はんばい)されてどこでも飲めるようになり、緑茶飲料は日本人の生活に定着した。

問11　下線部⑪について、この年には日本で国際的に大きなイベントが開かれた。それは何か、答えなさい。

［2］次のA～Cの文章を読んで、問いに答えなさい。

A　①農業で働く人は減少し、高齢化も進んでいます。そこで、②農作業にロボットやＩＣＴ（情報通信技術）を使う「スマート農業」の技術開発やその実用化が進んでいます。スマート農業によって、これから農業を始める人が取り組みやすくなったり、農作業の負担が軽くなったりします。

また、③農業分野におけるＡＩ（人工知能）技術は開発段階にあり、農林水産省では、開発の加速化と早期の実用化に向けて、2016 年度から人工知能未来農業創造プロジェクトを実施しています。④酪農においても、インターネットにつながれたカメラを用いて、映像をデータ化し、ＡＩによる分析によって、牛の行動から病気の早期検知につながる技術が研究されています。

問１　下線部①について、右のグラフは農業で働く人口とその人口における 65 歳以上の人の割合をしめしたものです。このグラフから読みとれる文として正しいものをア～エから１つ選び、記号で答えなさい。

ア．農業就業人口における 65 歳以上の人の割合は年々減っている。

イ．1990 年に比べて、2010 年の農業就業人口は半分以下になっている。

ウ．2010 年から 2018 年までの期間より、1990 年から 2000 年までの期間の方が、就業人口が減少している。

エ．農業人口における 65 歳以上の人の割合は 2000 年の時点で 60%を越えている。

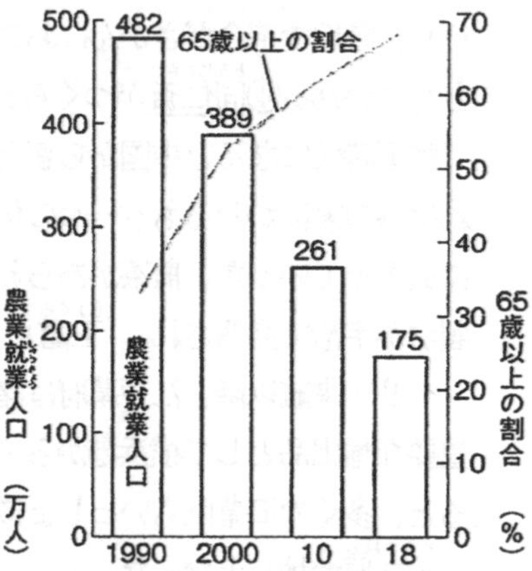

農林水産省しらべ。販売農家。

（『日本のすがた 2019』より）

問２　下線部②について、右の写真は和歌山県の農家が、使用しているアシストスーツの写真である。これに関連して、次の（1）（2）に答えなさい。

（1）この装置の利点を，Aの文章のことばを使って **１５字以内**で答えなさい。

（2）次の表のうち、和歌山県にあてはまるものをア～エから１つ選び、記号で答えなさい。なお、その他は佐賀・愛媛・福岡の各県をあらわしている。

	面積（k㎡）	人口（万人）	みかんの生産量(t)	林野率(%)
ア	2,441	81.4	47,800	45.3
イ	4,725	92.5	156,600	76.4
ウ	4,987	510.3	20,600	44.6
エ	5,676	133.9	125,400	70.5

（『データで見る県勢 2021』より作成）

問３　下線部③について、農業分野におけるＡＩ技術には**あてはまらないもの**をア～エから１つ選び、記号で答えなさい。

ア．自動航行のドローンが画像認識で害虫を特定し、必要な所に必要なだけ農薬をかける。

イ．気温や湿度などのデータを収集して分析し、ビニルハウスで日照量や水分量を調整する。

ウ．熟練者が経験や匂いで判断し、病気になっている果実をアームの長い道具で切り落とす。

エ．画像認識で収穫に最適な時期の作物を選択し、ロボットアームで収穫する。

問４　下線部④について、右の地図の［▒▒］で表わした酪農のさかんな台地の名称を、**漢字で**答えなさい。

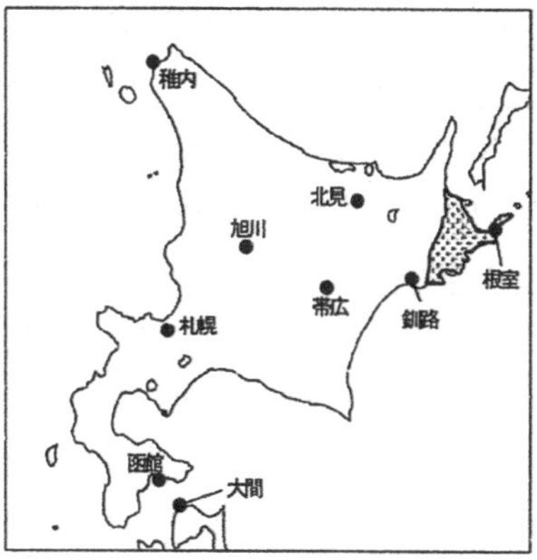

Ｂ　大手回転ずしチェーンは2020年、ＡＩを使って⑤マグロの品質を見分けるシステムを取り入れたと発表しました。新型コロナウイルスの感染が広がる中、⑥海外での買い付けで利用し、現地に行かなくても良い品質のマグロを仕入れることができます。専用のアプリを入れた⑦スマートフォンでマグロの尾の断面を撮影すると、ＡＩが品質を３段階で見分けるしくみ。買い付け人と比べ、判断の誤差は１割ほどだそうです。

問５　下線部⑤について、次の文章は地図中の「大間」でとれるマグロについて説明したものである。この文章中の［　Ｘ　］と［　Ｙ　］にあてはまる語句の組み合わせとして正しいものを、あとのア～カから１つ選び、記号で答えなさい。

> 津軽海峡は本州最北の津軽半島と北海道の間に位置します。日本海側を北上する［　Ｘ　］が分岐し、津軽海峡に流れ込む津軽暖流と、太平洋側を南下する［　Ｙ　］などの海流が太平洋側の入り口で衝突します。この地点では、サンマやスルメイカのエサとなるプランクトンが大量発生し、［　Ｘ　］でやってきたクロマグロたちはこうして、津軽海峡に入りこみます。大間のマグロも津軽海峡でとれたマグロを大間漁協で水揚げしたものです。

ア．Ｘ — 対馬海流　　Ｙ — 赤潮　　　イ．Ｘ — リマン海流　　Ｙ — 赤潮

ウ．Ｘ — 対馬海流　　Ｙ — 黒潮　　　エ．Ｘ — リマン海流　　Ｙ — 黒潮

オ．Ｘ — 対馬海流　　Ｙ — 親潮　　　カ．Ｘ — リマン海流　　Ｙ — 親潮

問６　下線部⑥に関連して、日本全体の漁業生産量は減ってきており、外国からの輸入にたよっている水産物もある。これは、各国によって200海里の排他的経済水域が設定されたことも大きな要因である。200海里をあらわす距離として正しいものをア～エから１つ選び、記号で答えなさい。なお、日本の国土面積は38万㎢で、日本列島の南北の長さは約3000㎞である。

ア．約３．７㎞　　イ．約３７㎞　　ウ．約３７０㎞　　エ．約３７００㎞

［3］次の文章を読んで、問いに答えなさい。

昨年９月に政権与党の自民党は、岸田文雄氏を自民党総裁に選出しました。その後、内閣が必要と認めたときに召集される（　①　）国会冒頭で、岸田氏は菅義偉首相の後継となる②第100代内閣総理大臣に就任しました。

国会は、国の規則である法律を定めたり、③政府が国のお金を予算通りの目的や金額で使っているかを確認するなど、重要な仕事をおこなっています。国会は④二院制で衆議院と参議院とがあり、⑤内閣総理大臣の指名や予算案などで両院の議決が異なった場合は、多くの場合に衆議院で決めたことが優先されます。

10月、岸田内閣は衆議院を解散し、第49回衆議院議員総選挙が行われました。この選挙では、新型コロナウイルス感染症にどう対応するかなどが争点となり、⑥18歳以上の有権者の判断に注目が集まりました。また、この選挙では衆議院議員の定数の465人のうち、小選挙区で289人、北海道、東京、九州など11ブロックごとに選ぶ比例代表方式で176人が選ばれました。

ここで、北海道の状況について確認してみましょう。道内には12の小選挙区があり、比例北海道ブロックは定数８なので、合計で20名が選ばれました。道内の小選挙区の特徴は、人口の集中する札幌市内の１～３区以外はエリアが広いことです。特に、宗谷、オホーツク両管内をエリアとする12区は選挙区の広さが１万4700㎢以上あり、47都道府県で面積３位の（　⑦　）県より広いのです。

なお、比例代表方式の仕組みですが、比例代表では、有権者は投票用紙に立候補した人の名前ではなく、政党名を書きます。道ブロックの８議席は、各党の得票数を整数で割った数字が大きい順に政党に割り振ります。これを⑧ドント方式と呼んでいます。そして、各政党はあらかじめ候補者の順位を決めた名簿を作っていて、順位が上の候補者から当選となります。

(時事ドットコム【図解】北海道ブロックより)

問１　文章中の（　①　）に入る語句をア～エから１つ選び、記号で答えなさい。

ア．通常　　イ．特別　　ウ．臨時　　エ．緊急

問２　下線部②に関して、歴代内閣総理大臣の説明として**あやまっているもの**をア～エから１つ選び、記号で答えなさい。

ア．伊藤博文は初代内閣総理大臣として大日本帝国憲法の作成に深くかかわった。
イ．原敬は初めて平民から内閣総理大臣となり、平民宰相とよばれた。
ウ．東条英機はアメリカ合衆国との交渉がいきづまり、太平洋戦争を始めた。
エ．吉田茂は周辺国との関係を回復し、日中平和友好条約を結んだ。

問３　下線部③について、右下のグラフは国の予算のうち、税金の使い道である歳出の総額と内訳をあらわしたものである。このグラフに関する次の（１）（２）に答えなさい。

（１）グラフ中の［　X　］にあてはまる年金、医療、福祉などの給付であることばを**漢字４字**で答えなさい。

（２）グラフ中の［　Y　］にあてはまる歳出総額として最も近いものをア～エから１つ選び、記号で答えなさい。

ア．１０　　イ．５０　　ウ．１００　　エ．２００

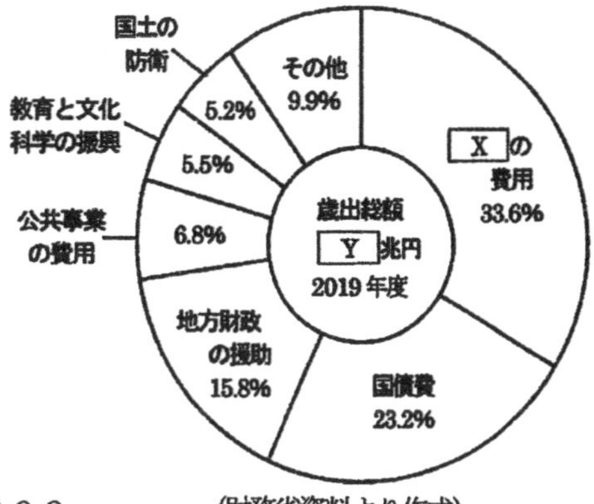

(財務省資料より作成)

問４　下線部④について、二院制の説明として**あやまっているもの**をア～エから１つ選び、記号で答えなさい。

ア．大日本帝国憲法下の帝国議会は、衆議院と貴族院からなる二院制であった。

イ．国会だけでなく、日本の地方議会も二院制である。

ウ．一院制に比べて、二院制の方が審議に時間がかかる。

エ．二院制によって議論の不足を補うことができ、互いの行き過ぎをおさえることができる。

問５　下線部⑤について、このように衆議院で決めたことが優先される理由を、次の２つの語句を必ず使って説明しなさい。

任期　　　　**解散**

問６　下線部⑥に関連して、次の表は前回（2017 年）の衆議院議員総選挙において、投票するときに考慮した政治的テーマを年代別に集計したものである。この中で 18～20 歳代のものと考えられるものをア～エから１つ選び、記号で答えなさい。なお、その他の集計は 30～40 歳代、50～60 歳代、70 歳以上のものである。

(%)

順位	ア		イ		ウ		エ	
1	医療・介護	56.1	景気対策	50.1	景気対策	42.5	医療・介護	73.4
2	年金	52.9	子育て・教育	48.2	子育て・教育	40.2	年金	63.4
3	景気対策	47.5	医療・介護	39.0	医療・介護	26.0	景気対策	42.5
4	消費税	31.7	年金	32.0	消費税	25.6	消費税	35.8
5	子育て・教育	30.7	消費税	27.5	雇用対策	24.7	外交・防衛	23.1
6	憲法改正	28.2	雇用対策	24.4	年金	21.9	憲法改正	22.9
7	外交・防衛	25.6	外交・防衛	20.1	わからない	14.6	子育て・教育	21.7
8	財政再建	21.5	憲法改正	18.8	憲法改正	14.2	原発・エネルギー	20.7
9	雇用対策	20.8	財政再建	16.4	外交・防衛	14.2	治安対策	18.7
10	原発・エネルギー	20.7	原発・エネルギー	12.4	財政再建	11.9	防災対策	18.3

(『第 48 回衆議院議員総選挙全国意識調査　調査結果の概要』より作成)

函館ラ・サール中学校
2022. 1. 8

第一次入学試験
国語 解答用紙

（60分）

受験番号	1				

※解答は、楷書ではっきりと記すこと。

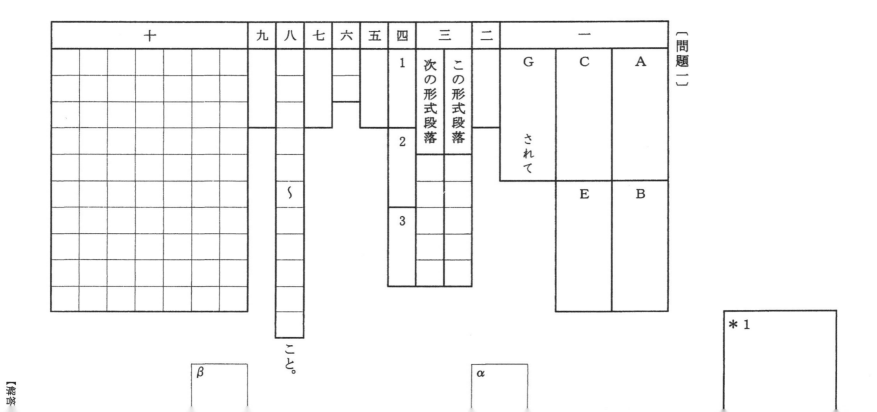

〔問題一〕

一
A
B
C
E
G　されて

二

三
この形式段落
次の形式段落

四
1
2
3

五

六

七

八
〜
こと。

九

十

α

β

＊1

【解答

函館ラ・サール中学校

2022. 1. 8

算　　数
解 答 用 紙

受験番号 | 1 | | | | |

1

(1)	(2)	(3)	(4)
		人以上 人以下	9 時　　分から 9 時　　分の間
(5)	**(6)**	**(7)**	**(8)**
個	点	㎤	

2

(1)		
① m	② 両	③ 秒

(2)	
① %	② %

3

(1)	(2)	(3)

【解答

函館ラ・サール中学校
２０２２．１．８

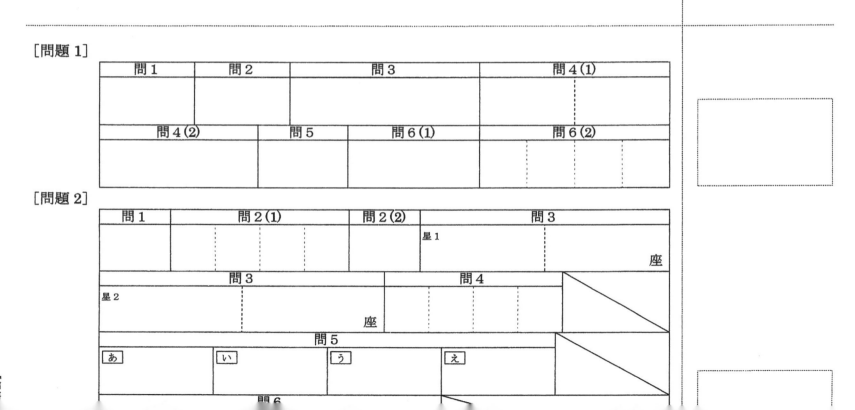

理　科
解 答 用 紙

受験番号 | 1 | | | | |

［問題 1］

問 1	問 2	問 3	問 4 (1)

問 4 (2)	問 5	問 6 (1)	問 6 (2)

［問題 2］

問 1	問 2 (1)	問 2 (2)	問 3
			星 1　　座

問 3	問 4
星 2　　座	

問 5			
あ	い	う	え

問 6

【解答

函館ラ・サール中学校
２０２２年１月８日

社　会
解　答　用　紙

受験番号 | 1 | | | |

［ 1 ］

問1	問2	問3	問4	問5
問6	問7	問8	問9	
問10	問11			

［ 2 ］

問1

問2（1）　10

問2（2）	問3	問4	問5

【解答

問6	問7	問8	問9

問10	問11

［ 3 ］

問1	問2	問3 （1）	問3 （2）

問4	問5

問6	問7	問8
		議席

※50点満点
（配点非公表）

［問題 3］

問 1	問 2	問 3	問 4 (1)	問 4 (2)
		g	g	cm³

問 4 (3)	問 4 (4)	問 4 (5)
cm³	g	cm³

問 5			問 6
二酸化炭素分子　　個	水分子　　個	酸素分子　　個	種類

［問題 4］

問 1	問 2	問 3	問 4		
cm	cm	cm	やわらかい		かたい

問 5	問 6	問 7	問 8	問 9
cm	g	g	g	cm³

※50点満点
（配点非公表）

cm	cm	個

4

(1)	(2)	
	①	② 個

5

(1)	(2)
cm	cm²

6

(1)	(2)	(3)	(4)
個	cm²	cm²	cm²

※100点満点
（配点非公表）

〔問題二〕・〔問題三〕

一	二	三	四	五	六	七	八	九	十	十一
a / b				最初 / 最後						I / II

α

β

＊2

＊計

※100点満点
（配点非公表）

問7　文章中の（　⑦　）にあてはまる県名をア～エから１つ選び、記号で答えなさい。

ア. 福島　　　イ. 鹿児島　　　ウ. 岩手　　　エ. 兵庫

問8　下線部⑧について、次の表は、各政党の得票数に応じてドント方式で割り振られる議席数を算出するための表である。この表にもとづいてドント方式で各政党へ８議席を割り振った場合、Ａ党が獲得(かくとく)できる議席数を答えなさい。

政党	A 党	B 党	C 党	D 党	E 党
得票数	1,100,000	900,000	400,000	250,000	150,000
÷１	1,100,000	900,000	400,000	250,000	150,000
÷２	550,000	450,000	200,000	125,000	75,000
÷３	366,667	300,000	133,333	83,333	50,000
÷４	275,000	225,000	100,000	62,500	37,500

問10　下線部⑩について、次の文章はある自動車メーカーが、このような技術を開発した理由について述べたものである。文章中の［ Z ］にあてはまる言葉を、**漢字４字**で答えなさい。

> 自動運転技術に取り組む理由は、何よりもまず、［ Z ］死傷者がほぼゼロの世界をもたらすために有望だと考えているためです。現在、毎年世界中で130万人以上の［ Z ］による死亡者、これを超える数の負傷者が生じています。自動運転技術は、これらの数字を大幅に減らす可能性を秘めています。

問11　下線部⑪について、自動車工場の所在地を示した地図として正しいものをア～エから１つ選び、記号で答えなさい。

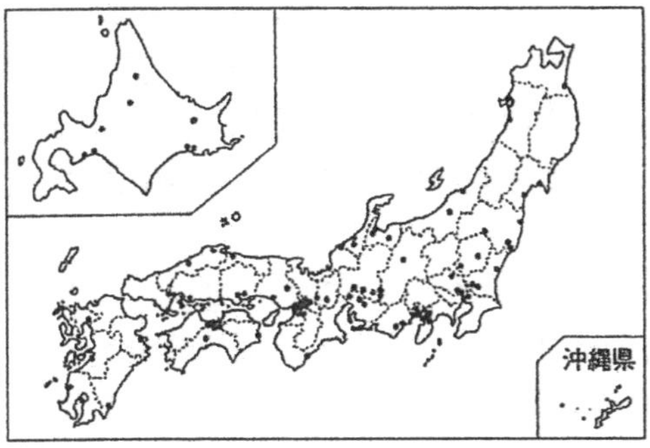

ア

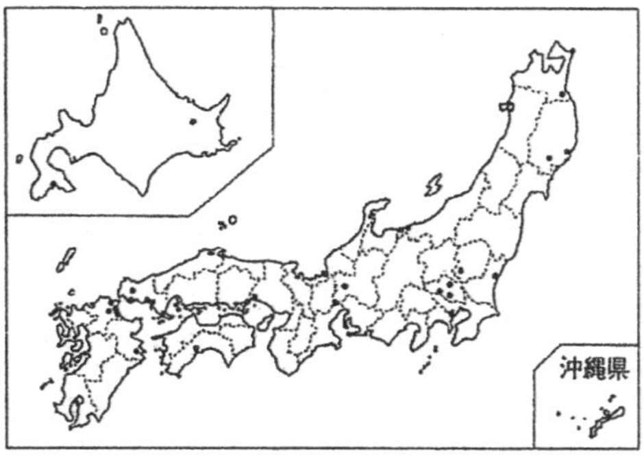

イ

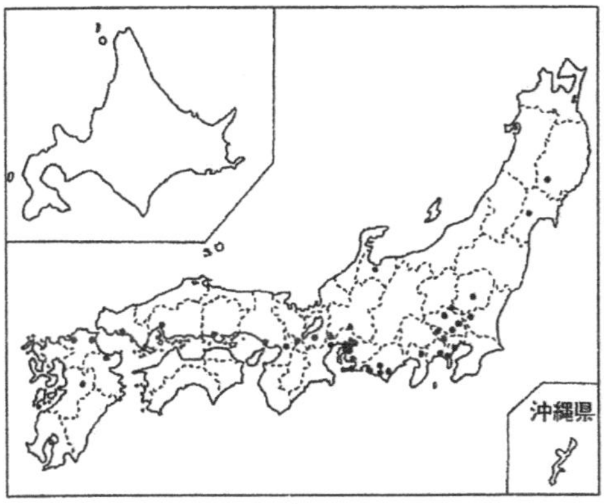

ウ

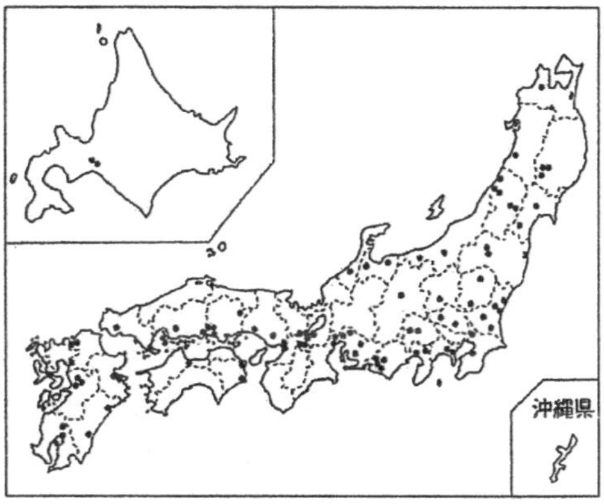

エ

（『日本国勢図会 2021/22』より）

問７　下線部⑦について、右のグラフは国内スマートフォン出荷台数のシェアをあらわしている。このグラフから読みとれる文として正しいものをア～エから１つ選び、記号で答えなさい。

ア．日本国内のメーカーが、高機能の製品を多く生産しているが、海外では値段が高く売れていない。
イ．世界の市場では、アメリカや韓国メーカーのシェアが年々高まっている。
ウ．安い中国メーカーの製品が売れており、生産台数では世界一を誇っている。
エ．日本国内ではアメリカメーカーのスマートフォンが人気で国内メーカーは苦戦している。

スマートフォン出荷台数シェア

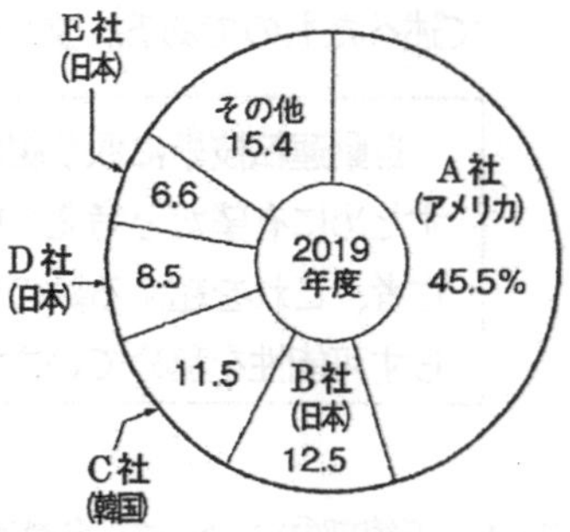

(『日本国勢図会 2021/22』より作成)

C　⑧大手電機機器メーカーが、2020年に⑨電気自動車「ＶＩＳＩＯＮ－Ｓ」を国内で初めて公開しました。これはＡＩや⑩自動運転技術の開発に向けて試作したもので、ダッシュボードには液晶画面が並びます。スマートフォンのように指で操作して音楽や映像を楽しめて、運転席にすわったまま、映像で全周囲を確認できます。

しかし、この電気機器メーカーはこの車を販売する予定はないそうです。⑪自動車は近年、将来的な自動運転時代を見すえ、精密機械がたくさん使用されています。この電気機器メーカーが電気自動車を開発したのは、自社製の画像センサーの優秀さを世界にアピールすることが、目的の一つだといわれています。

問８　下線部⑧に関連して、右のグラフは家電製品輸出入額をあらわしたものである。このグラフと社会の動きの関係を説明した文として**あやまっているもの**をア～エから１つ選び、記号で答えなさい。

ア．1986年から輸出額が減っているのは、円安によって、日本製品が海外の人にとって割高になったためである。
イ．1991年から大きく輸出額が減っているのは、バブル経済が崩壊したことが影響している。
ウ．2009年に輸入額が輸出額を上回ったのは、アメリカの金融危機にともなう不況などが影響している。
エ．2011年に輸入額が下がったのは 、東日本大震災によって、日本経済が打撃を受けたことが影響している。

家電製品輸出入額の動き

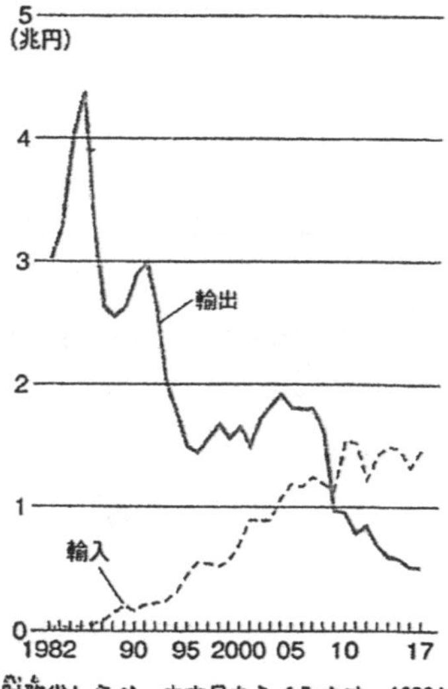

財務省しらべ。中古品をふくみます。1989年以前の輸出額はエアコンや洗濯機などの部品をふくみます。

(『日本のすがた 2019』より)

問９　下線部⑨について、ガソリン車と比べた電気自動車の利点を述べた文として正しいものをア～エから**すべて選び**、記号で答えなさい。

ア．走行時には、ほとんど二酸化炭素を排出しない。
イ．給油にかかる時間よりも、充電にかかる時間の方が短い。
ウ．エンジンの振動が少なく、走行音は静かである。
エ．現在走行している台数も多いため、自動車本体の価格が安い。

問６　下線部⑥について、この時の貿易港である横浜の図と長崎の図を Ｘ と Ｙ から、横浜の説明と長崎の説明を **あ** と **い** からそれぞれ正しいものを選んだ時、その組み合わせとして成立するものをア～エから１つ選び、記号で答えなさい。

Ｘ.

Ｙ.

あ. この港は江戸時代末になって開かれた港で、ヨーロッパのような町なみが整備され、ヨーロッパ風の生活はのちに文明開化とよばれた。

い. 江戸時代からの貿易港で、外国との貿易は埋め立て地でおこなわれ、ヨーロッパの医学も伝えられた。

ア．横浜 ― Ｘ　　長崎 ― **あ**　　イ．横浜 ― **あ**　　長崎 ― Ｙ

ウ．横浜 ― Ｙ　　長崎 ― **い**　　エ．横浜 ― **い**　　長崎 ― Ｘ

問７　下線部⑦について、この事件の前後のできごとの中で、時代順に並べると**２番目にくるもの**をア～エから１つ選び、記号で答えなさい。

ア．新政府軍と旧幕府軍が北海道の五稜郭で戦い、旧幕府軍が敗れた。

イ．薩摩藩の武士が、イギリス人を殺傷させる生麦事件がおこった。

ウ．新しい軍事制度として、20歳以上の男性を対象とする徴兵制度が導入された。

エ．江戸幕府の第15代将軍徳川慶喜は、政権を朝廷に返上することを決定した。

問８　下線部⑧について、この戦争を説明した文Ｘ・Ｙの正誤の組み合わせとして正しいものをア～エから１つ選び、記号で答えなさい。

Ｘ．この戦争はヨーロッパで始まり、日本は同盟を結んでいたアメリカ合衆国とともに途中から戦争に参加した。

Ｙ．この戦争の後、世界最初の国際平和のための機関として国際連盟が成立したが、日本は加盟しなかった。

ア．Ｘ ― 正　　Ｙ ― 正　　イ．Ｘ ― 正　　Ｙ ― 誤

ウ．Ｘ ― 誤　　Ｙ ― 正　　エ．Ｘ ― 誤　　Ｙ ― 誤

問９　下線部⑨について、この時、日本政府が東京に建設した洋風の社交場を何というか、答えなさい。

問10　下線部⑩について、この時代の社会や文化、学問の説明として正しいものをア～エから１つ選び、記号で答えなさい。

ア．都市では鉄道やバスが整備され、乗務員など女性の活躍もみられるようになった。

イ．北里柴三郎のもとで伝染病研究に取り組んだ野口英世は、赤痢の治療薬を開発した。

ウ．政治参加を求める人々の声が高まり、20歳以上の男女に選挙権があたえられた。

エ．女性の地位向上をめざした平塚らいてうは、全国水平社を設立して活動した。

問1　下線部①について、この時代の政治や文化を説明した文X・Yの正誤の組み合わせとして正しいものをア～エから１つ選び、記号で答えなさい。

X．この時代には、憲法十七条が定められ、天皇を補佐する摂政や関白も任命されるなど、天皇を中心とする国家づくりが進められた。

Y．この時代を代表する寺院は、聖徳太子（厩戸王）が建立した法隆寺で、金堂や五重塔は現存する世界最古の木造建築物である。

ア．X－正　Y－正　イ．X－正　Y－誤
ウ．X－誤　Y－正　エ．X－誤　Y－誤

問2　下線部②について、この使節に関する説明として**あやまっているもの**をア～エから１つ選び、記号で答えなさい。

ア．朝廷から派遣された役人のほか、留学僧や留学生も同行した。

イ．航海には危険がともなったため、中には日本に帰国できない人々もいた。

ウ．中国から政治制度や仏教、中国でつくられた絹などを日本に伝えた。

エ．この使節の派遣は、天皇とのつながりが強かった藤原道長の時に廃止された。

問3　下線部③について、この時代の社会や文化を説明した文X・Yの正誤の組み合わせとして正しいものをア～エから１つ選び、記号で答えなさい。

X．都では貴族の権力争いに武士が巻きこまれ、大きな戦乱に発展した。

Y．浄土教の教えが広まり、各地に平等院や中尊寺などの阿弥陀堂が建てられた。

ア．X－正　Y－正　イ．X－正　Y－誤
ウ．X－誤　Y－正　エ．X－誤　Y－誤

問4　下線部④について、右の図はこの建物の内部である。この建物に代表される建築様式を説明した文X・Yの正誤の組み合わせとして正しいものをア～エから１つ選び、記号で答えなさい。

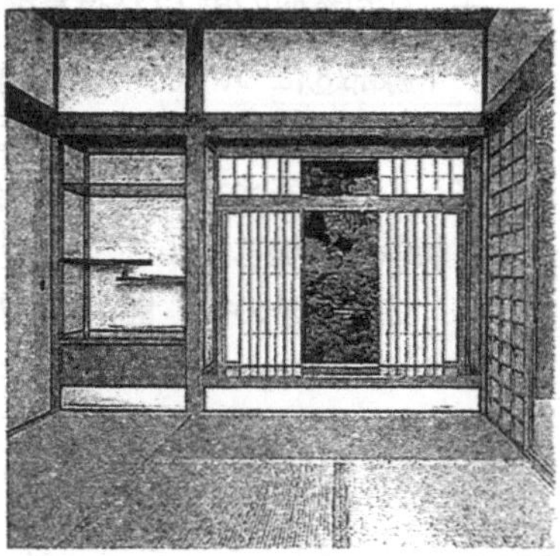

X．この建物は書院造を代表するもので、後の日本の建築様式の基本となった。

Y．この部屋の中にはたたみがしかれ、床の間や違い棚などが取りつけられていた。

ア．X－正　Y－正　イ．X－正　Y－誤
ウ．X－誤　Y－正　エ．X－誤　Y－誤

問5　下線部⑤について、この時代の社会や文化の説明として**あてはまらないもの**をア～エから１つ選び、記号で答えなさい。

ア．人々は伊勢神宮など各地の有名な神社や寺院をお参りする観光にでかけた。

イ．田植えや物まねなどの諸芸能を融合した能楽が成立した。

ウ．江戸や大阪には人形を使用した演劇が芝居小屋でさかんに上演された。

エ．人々は読み・書きができるようになり、書店で絵入り小説を購入した。

問３　おもりをつるしていないときのばねＣの長さは何 cm ですか。

問４　ばねＡ，Ｂ，Ｃをやわらかい（のびちぢみしやすい）順に並べ，Ａ～Ｃの記号で答えなさい。

問５　実験３で，２本のばねの長さの和は何 cm になりますか。

問６　実験４で使用した棒とおもりの重さの和は何 g ですか。整数で答えなさい。必要があれば，小数第１位を四捨五入すること。

次に，ばねＡに重さや体積を無視できる細い糸を結び，糸のもう一方の端（はし）に，ある体積の 30 g のおもりを取りつけてつるします。右の図のように，台はかりにのせた水入りビーカーにゆっくりと入れ，おもりをしずめていきました。おもりを入れる前，台ばかりの目盛りは 120 g を示していました。以下の問いに整数で答えなさい。必要があれば，小数第 1 位を四捨五入すること。

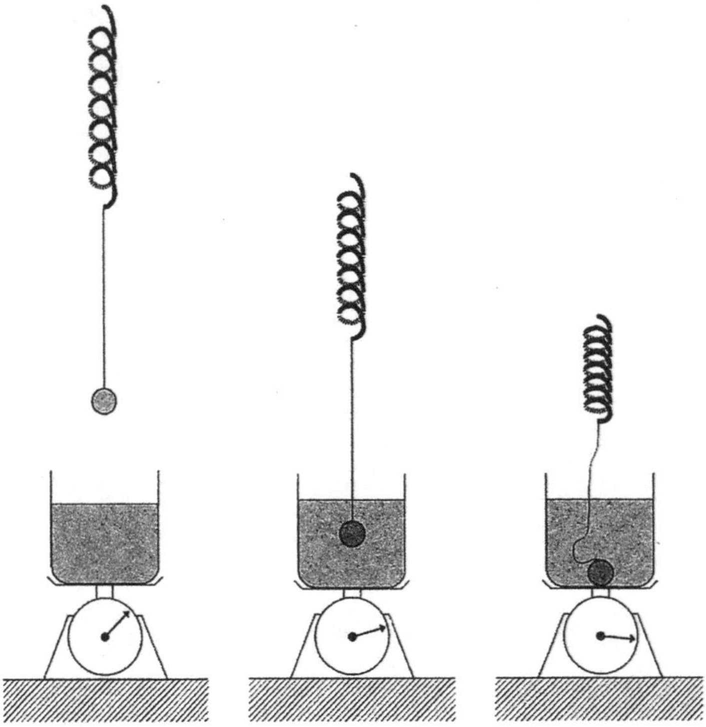

問７　おもりがビーカーの底につき，ばねＡがのびちぢみしていないとき，台ばかりの目盛りは何 g を示しますか。

問８　おもり全体が水中にあり，かつビーカーの底にふれていないとき，ばねＡの長さは 21.0 cm でした。このとき，台ばかりの目盛りは何 g を示しますか。

問９　古代ギリシャのアルキメデスは「水中の物体は，その物体がおしのけた水の重さに等しい大きさの上向きの力を受ける」ことを発見しました。いま，水の密度を 1 g/cm^3 とすると，このおもりの体積は何 cm^3 と考えられますか。

問5　エタノール分子（C_2H_5OH）1個を十分な量の酸素分子（O_2）を使って完全燃焼さ
ました。エタノール分子中の炭素原子（C）のすべてが二酸化炭素分子（CO_2）の材
に，水素原子（H）のすべてが水分子（H_2O）の材料に使われたとすると，二酸化炭
分子と水分子はそれぞれ何個ずつできますか。また，エタノール分子中の酸素原子（O
も二酸化炭素分子や水分子の材料に使われたとすると，完全燃焼に使われた酸素分子
何個ですか。

問6　メタノール分子（CH_3OH）の材料となっている水素原子（H）4 個，炭素原子（
1個，酸素原子（O）1個の中から2～6個を結合させて，いろいろな分子を作るとし
す。それぞれの原子の結合の腕を余らせないようにした場合，理論上，何種類の分子
作ることができますか。結合は単結合の他，二重結合や三重結合も可能とし，メタノ
ルを除いて答えなさい。ただし，下の例のように，上下や左右を入れかえたり，腕の
きを変えた構造は1種類として数えます。

【例】このような構造はすべて同じ分子と数える。

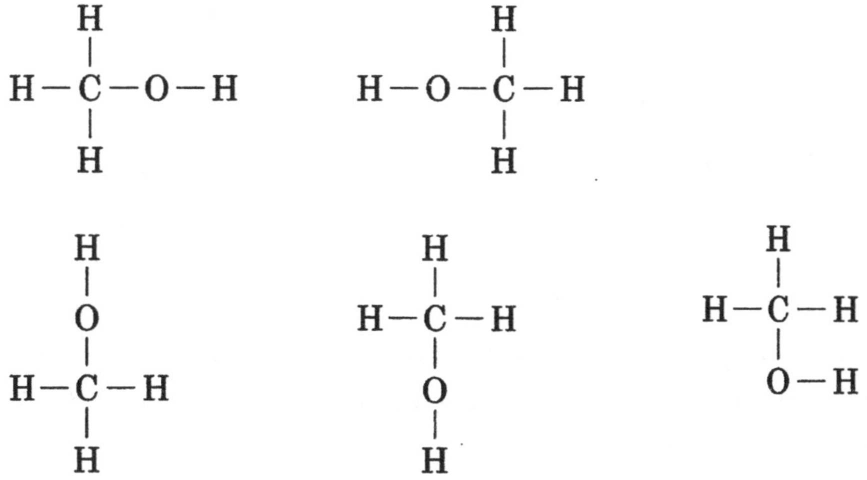

(1) 質量パーセント濃度が 70%のエタノール水溶液 100 g に含まれるエタノールは何 g ですか。

(2) 30 g の水の体積は何 cm^3 ですか。

(3) 70 g の純粋なエタノールの体積は何 cm^3 ですか。

(4) 上の(2)と(3)の液体を混ぜ合わせたとき，水溶液全体の重さは何 g ですか。

(5) 質量パーセント濃度が 70%のエタノール水溶液の密度は 0.87 g/cm^3 であることがわかっています。密度にもとづいて考えると，(4)の液体の体積は何 cm^3 ですか。

炭素のように，物質を作っている成分を「元素」といい，それぞれの元素ごとに決まった粒子（りゅうし）である「原子」が存在します。メタノールやエタノールは，炭素原子（記号 C で表す），水素原子（記号 H で表す），酸素原子（記号 O で表す）からなる物質で，次のような構造です。このように原子がいくつか結合しているものを「分子」とよびます。

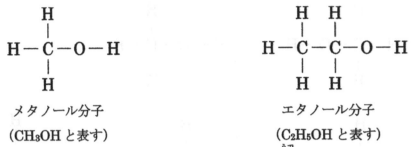

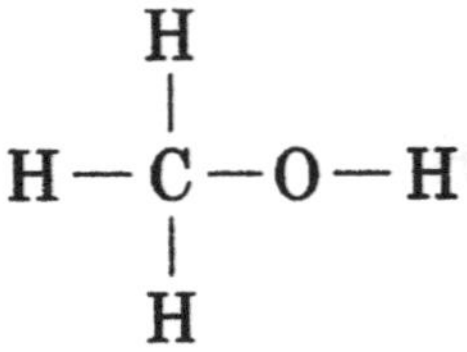

メタノール分子

(CH_3OH と表す)

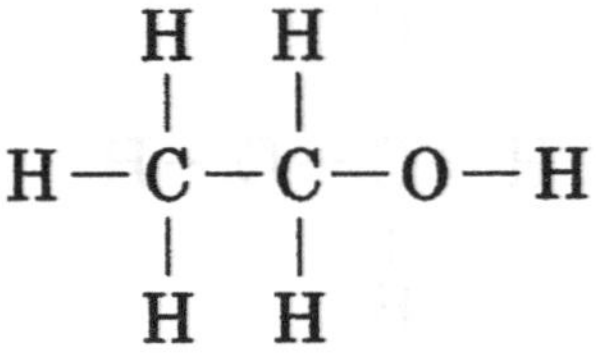

エタノール分子

(C_2H_5OH と表す)

この図のように，各原子はそれぞれ決まった数の「結合の腕（うで）」をもち，それぞれの腕で他の原子と結合することでいろいろな分子を作ります。アルコールは図に示したように，炭素原子の端（はし）に－O－Hという構造がついています。また，結合の腕の数は，水素原子（H）が 1 本，酸素原子（O）が 2 本，炭素原子（C）が 4 本です。

アルコールを酸素と反応（完全燃焼）させると，二酸化炭素と水ができます。それらの分子の構造は次のようです。

O＝O	O＝C＝O	H－O－H
酸素分子	二酸化炭素分子	水分子
(O_2 と表す)	(CO_2 と表す)	(H_2O と表す)

この図のように，酸素分子（O_2）は 2 個の O 原子が 2 本の腕で結合（二重結合）して，二酸化炭素分子（CO_2）は C 原子と O 原子が 2 本の腕で結合（二重結合）して，そして，水分子（H_2O）は H 原子と O 原子が 1 本の腕で結合（単結合）して，それぞれできたものです。このように原子同士は，1 本だけでなく 2 本，3 本の腕（三重結合）で結合することができます。ただし，構造の都合で 2 つの原子が 4 本の腕で結合することはできません。

[問題 2]　タカシ君とお父さんの会話文を読んで，あとの問いに答えなさい。

タカシ君：　「お父さん，この間，買ってもらった星座の本を読んで，1<u>たくさんの星座の名前を覚えた</u>よ。」

お父さん：　「そうか，そうか。お父さんが子どもの頃に人気があった，星座がモチーフのアニメがハリウッドで実写化されることもあるから，星座はまた子ども達の間で流行(はや)るかもなぁ。よし，じゃあ，どれだけ覚えられたか確かめるために，お父さんと星座名でしりとりをしてみよう。」

タカシ君：　「いいよ。じゃあ僕からね。ええと，『はと（座)』。」

お父さん：　「ほほう。はと座か。じゃあ，『とびうお（座)』。」

2 [□□□□] → じょうぎ → ぎょしゃ → やまねこ → 3<u>こと</u>
→ とけい → いっかくじゅう → うしかい → いるか → かみのけ
→ けんびきょう → 4 [うお] → おおかみ → みなみのさんかく
→ くじゃく

お父さん：　「タカシ，なかなかやるなぁ。『くじら（座)』。」

タカシ君：　「ら・ら・ら…ら，『ら』なんてないよ…。あ！『5<u>らしんばん</u>（羅針盤）（座)』！」

お父さん：　「すごいな。らしんばん座なんてよく知ってたね。でも，しりとりだから，最後に『ん』で終わっちゃったタカシの負けだな。」

タカシ君：　「あ，そうか！ くっそー，またやろうね。次は負けないからね。でも，星座の名前っておもしろい名前が多いよね。生き物の名前が多いのかと思っていたけど，らしんばん座とか，ろくぶんぎ（六分儀）座とかさ。お父さん，六分儀って何？」

お父さん：　「六分儀というのは，航海をするときに使うものでね（図 1），鏡の反射を利用して，船の上からでも太陽や星などの天体の高度（図 2）を簡単に測定できる装置なんだ。6<u>昔の人はこれを使って北極星などの高度を測定して，海上での自分の位置を調べていた</u>んだよ。」

図 1

図 2

問 1　下線部 1 について，国際天文学連合によって定められた星座の個数を，次のア～エから 1 つ選び，記号で答えなさい。

ア．68 個　　イ．78 個　　ウ．88 個　　エ．98 個

問 2　会話文中の 2 [□□□□] および 4 [うお] は黄道(こうどう)十二星座（星占いに使われる星座）です。これらについて次の問いに答えなさい。

問５　ヒトの血液をけんび鏡で観察すると，右の図のように見えました。下の血液の成分表を参考にして，からだの各部分に酸素を運ぶはたらきをもつ赤血球を**ア**～**エ**から１つ選び，記号で答えなさい。

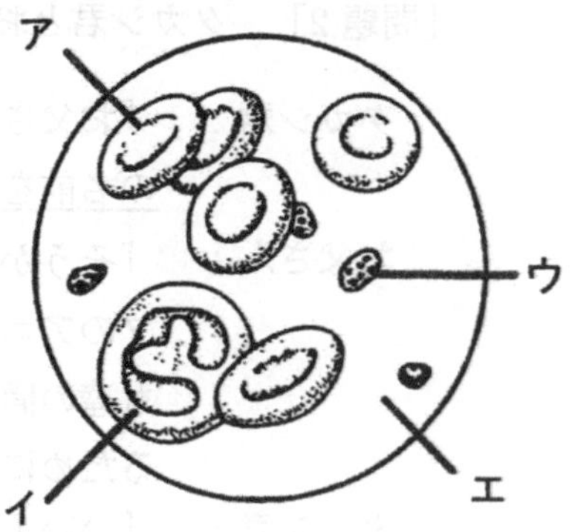

成分	特徴
血しょう	血液の液体成分で，必要な養分や二酸化炭素などの不要な物質をとかして運ぶ。
赤血球	真ん中がくぼんだ円ばんのような形をしていて，ヘモグロビンを含み酸素を運ぶ。
白血球	赤血球より大きく，体内に入った病原体をはい除する。
血小板	形は決まっていない。非常に小さく，血管が傷ついたときに出血を止める。

問６　新型コロナウイルスに感染すると，問３の器官が炎症（えんしょう）を起こし，この器官から赤血球に酸素が効率よくわたされず，酸素と結合しているヘモグロビンが減ってしまいます。酸素と結合しているヘモグロビンの割合を酸素飽和（ほうわ）度といい，この酸素飽和度によって新型コロナウイルス感染者は次の表のように，軽症，中等症１，中等症２，重症に分類されます。これについて，次の問いに答えなさい。

症状の重さ	症状の特徴
軽症	問３の器官に炎症は見られない。酸素飽和度は96%以上
中等症１	呼吸困難，問３の器官に炎症が見られる。酸素飽和度［あ］%～96%
中等症２	酸素投与（とうよ）が必要。酸素飽和度［あ］%以下
重症	集中治りょう室での治りょうや［い］の使用を検討する。

(1)　［あ］について，血液 100 mL 中には 15 g のヘモグロビンが含まれています。［あ］%の状態は，血液 100 mL 中のヘモグロビンが 18.7mL の酸素しか運べていない状態です。［あ］に入る整数を答えなさい。必要があれば，小数第１位を四捨五入すること。ただし，ヘモグロビン 1 g が運ぶことのできる酸素は最大で 1.34 mL です。

(2)　［い］について，［い］は患者（かんじゃ）の血液を体内からぬき出し，この血液から二酸化炭素を取り除き，赤血球中のヘモグロビンに酸素を取りこませて患者の体内にもどす医りょう機器です。この医りょう機器の名称を**アルファベット４字**で答えなさい。

中学第１次５

【作り方】

工程１：基本となる立体を図１のように８個つなげた立体を作る。

工程２：工程１でできた立体の上に基本となる立体を４個つなげて図２のような立体を作る。

工程３：工程１でできる立体をもう一つ作り，工程２でできた立体の上にのせて図３のような立体を作る。

図1

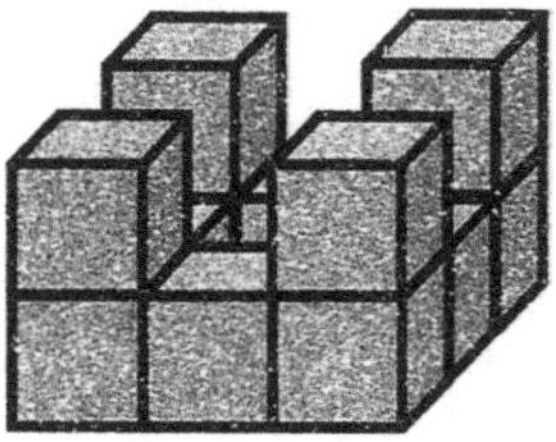

図2

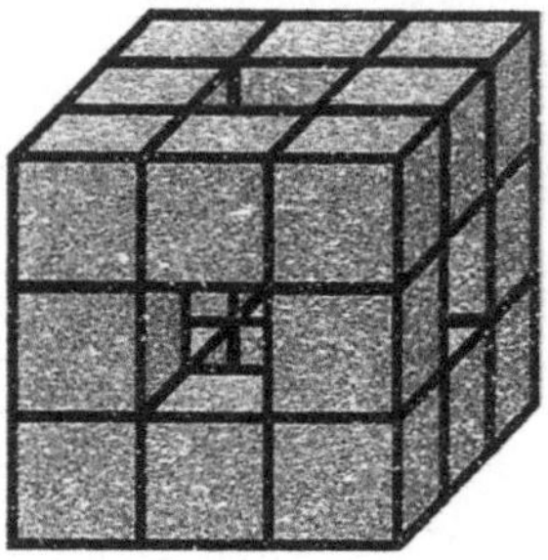

図3

（１）立体②は立体（＊）を何個使っていますか。

（２）立体①の表面積は何㎠ですか。

（３）立体②の表面積は何㎠ですか。

（４）立体③の表面積は何㎠ですか。

4

（1）$\left(\dfrac{1}{1\times3}+\dfrac{1}{3\times5}+\dfrac{1}{5\times7}\right)+\left(\dfrac{1}{2\times4}+\dfrac{1}{4\times6}+\dfrac{1}{6\times8}+\dfrac{1}{8\times10}\right)\div\dfrac{1}{20}$ を計算しなさい。

（2）2022 の約数は全部で 8 個あります。

① 8 個の約数の逆数を全て加えるといくつになりますか。

② 1 から 2022 までの整数のうち，2022 との最大公約数が 1 になるものは，全部でいくつありますか。

（３）ある段まで並べた図形のまわりにピンと張ったひもの長さが 768.56cm になりました。
半径 2cm の円は全部でいくつありますか。

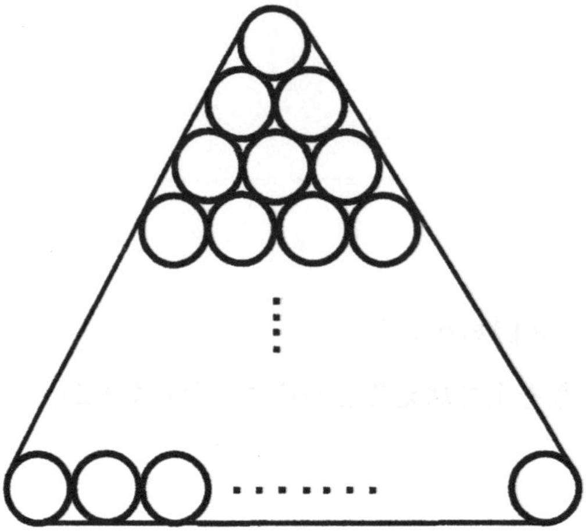

2

（1）同じ車両を何両か連結した電車A，電車B，電車C，電車D があります。8両編成の電車AがH駅に停車したとき，駅のホームの長さは76m 余り，12両編成の電車Bが停車したとき，駅のホームの長さは44m余りました。電車CはH駅のホームを13秒で通過し，駅のホームに立っている1人の人の前を6秒で通過していきました。しばらくして電車Cの先頭が，同じ方向に行く時速50.4kmの9両編成の電車Dの最後尾(さいこうび)に追いつき，その後、電車Cは電車Dを 完全に追いこしていきました。このとき，次の問いに答えなさい。ただし，車両と車両を連結している部分の長さや，人の横幅(よこはば)は考えないものとし，電車の速さはそれぞれ一定とします。次の問いに答えなさい。

① 1両の電車の長さは何m ですか。

② 電車Cは何両編成ですか。

③ 電車Cが電車Dに追いついてから，完全に追いこすまでに何秒かかりましたか。

（５）分子が１から100までの整数を１個ずつかけた数，分母が７を100個かけた数の分数は $\frac{1\times2\times3\times4\times\cdots\times99\times100}{7\times7\times7\times7\times\cdots\times7\times7}$ です。この分数をできる限り約分したとき，分母は７を何個かけた数になりますか。

（６）ある大会に参加した選手全体の平均得点は61.5点で，全体の25%にあたる75人が決勝に進みました。決勝に進んだ選手の平均得点が84点であったとすると，決勝戦に進めなかった選手の平均得点は何点ですか。

（７）下の図は，たて34cm，横37.68cmの長方形の紙に円柱の展開図を描(か)いたものです。この展開図を組み立ててできる円柱の体積は何cm³ですか。

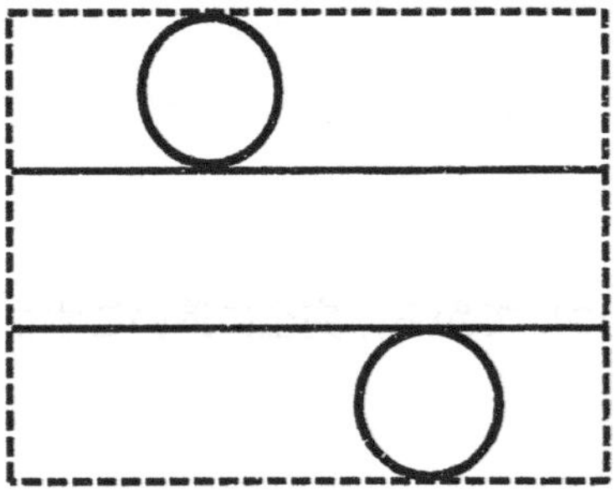

（８）$\frac{1}{2022}+\frac{2}{2022}+\frac{3}{2022}+\cdots\cdots+\frac{2022}{2022}$ を計算しなさい。

第一次入学試験問題

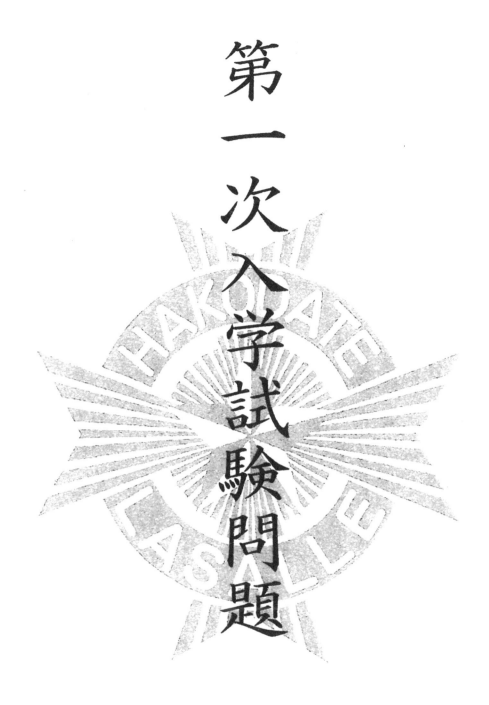

国語

(60分)

函館ラ・サール中学校

2021. 1. 8

〔問題二〕 次の文章を読んで後の問いに答えなさい。

「自分の価値感を大切にしたい」という思いは、今の若い人にはとりわけ強い。「自分なり」という言葉もよく使われる。

「とりあえずアタシ的にはオッケー」という言い方が流行った。これは、「公的」に対立する「わたくし的」というよりは、「自分なりの価値感では」ということだ。裏側に A タイショウ的な公的なものがあるわけではない。「自分なりの価値感だから、正しいとか間違っているとかいう問題じゃないでしょ」という逃げ道がつねに用意されている。論理的に他者とやりとりする可能性は、あらかじめ注意深く避けられている。

「わたしって、……な人だから」という言い方も同様だ。「わたしって、……な人だから」には、「わたしって……じゃないですか」と同じで、強要してくる［1］神経さがある。「私とつきあうなら、私がそういう性質をもっているんだってことくらい前もってわかっておいてもらわないと困る」とでも言われている気持ちになる。「私を不機嫌にしないように、私の価値感や嗜好をわかっていて」といった「自己の殿様化」が感じ(i)られる。

自分に対して「……な人」という、一見客観的に自分を見る能力があるかのように思わせながら、その実、まったく自己中心性をまる出しにしているだけである。客観的に尊重されるべき人物として自分を位置づけるけれども、たいていその内容は、あらためてとりあげるだけの価値や重要性があるほどのものではない。

こうした自己中心性を支えているのが、「価値感」という表記だ。正確には、「価値観」だ。しかし、現在は、この誤用がまかりとおって、十代の多数は「価値感」と書く。「感じる」ということを価値評価の基準にすると言えば聞こえはいいが、思考しないということでもある。

①<u>「価値感」の違いは趣味の違いに過ぎなくなる。</u>他者との対話のなかで価値観を問い直されるといった機会は、そもそも求められない。

対話がクリエイティブになりにくい原因は、ひとりひとりがクリエイティブに面白い見方ができずに同質的であることもちろんあるが、客観的な理解能力の低さにBキインしている部分も大きい。理解能力の低さは、客観性（間主観性）への信頼が薄いことからきている。

［2］必要な誤解から、筋違いの議論になっていって、「わかりあえない」「価値感がちがうから」といった短絡的な脆弱な結論に逃げる。その裏には、「人と人が完全に理解し合えるなんてできっこない」という生産的ではない相対化がある。

「自分なりの価値感」は、カプセルのように自己を保護してくれる。ウォークマンも携帯電話も、カプセルになる。

ウォークマンが登場したときには、多くの人が違和感を感じた。それは、公の場にプライベートな空間が持ち込まれた違和感であった。それまでの価値観からすれば、他人の目の前で自らの快適な世界にひとり閉じこもるのは、文字通り「傍若無人」な振る舞いであり、避けられるべき態度であった。人に対して閉じている態度をああもはっきり示されれば、たとえ他人同士であろうといい気はしない。

しかし、その「②傍若無人の構え」を前提として求め、Cジョチョウする快楽の道具は、一気に世界中に広まった。「ii袖ふれあうも多生の縁」という人間関係の考え方など、ここではまったく重視されない。あまりにも効率的な「他人に対して閉じた道具」であった。

スポーツなどの若いヒーローたちが、移動の際にファンや報道陣の前をウォークマンをつけて通り過ぎていくシーンはお馴染みだ。それが、「自分を大事にするクールなDカッコウよい態度」とされる。

しかし、期待している人に、「省エネ」的な態度を見せられると、その人間のスケール（器）が小さく感じられて、がっかりする。子どもがエネルギーを惜しみなく放出するように、おしげなく振る舞うことが祝祭的な気分をひき起こすのだ。人から見られていることを受け止めて人に見せる。「気」を受け止めて倍にして返していく。ほほえんだり、E会釈するだけでもいい。コミュニケーションと「気」は、そのたびに増幅していく。冷えて閉じた身体は、こうした増幅を起こしにくい。
「ムカツク」というのは、プライベート（私的）な領域を侵害されたときに、とくに起こる反応だ。自分とはあまり関係がないのに憤慨する、いわゆる義憤の感覚は、ムカツクにはない。ムカツクがしじゅう使われているということは、私的な世界が、こころを大きくしめてしまうようになっているということだ。
プライベートな快適空間をどれだけキープできるか。これが、時代をおおう大きな傾向である。電車の中にいるときも自室にいるときのように過ごしたい。自分の部屋で好きな音楽を聴いたり、気ごころの知れた仲間と電話で話したり、テレビゲームをしているときの快適さを、つねにキープするために、ウォークマンや携帯電話やポケットゲーム機器は強力な道具になる。
つるみ、群れて、異質なものはムカツクと排除しがちな背景には、「一人になる」のをことさら恐れる傾向がある。一人でいることによる充実感を学ぶべき時期というものがある。充実した一人の時間は、緊張感をもった友情関係とセットになっていることも多い。
一人きりになることに必要以上の恐怖感を持つので、絶えず誰かと携帯電話などでつながっていたくなる。「友だちは何人いるか」という質問を若い人にしたアンケート調査があった。その中に、友達の数が三〇〇人と答えるティーンエイジャーの女の子がいた。この数字は、彼女の携帯電話の最大メモリーだった。③これは、象徴的な答えではある。
好きな友だちとは、いつも話していたい。そうでない人とつき合わなければならないのは、うっとうしい。これが通用するようになってきた。
子どもが好き嫌いと関わりなくつき合わなければならない異年齢の人間の絶対数は、大幅に減った。これには、兄弟姉妹の数が少なくなったこと、核家族化が進んで祖父母と暮らす機会が減ったこと、味噌や酒を借り合うiiiような隣近所のつき合いが希薄になったことなど、さまざまな社会背景がある。
改めて言うまでもないことだが、兄弟姉妹という関係のあり方は、対人関係能力を鍛える。同じ兄弟姉妹でも、

「兄弟姉妹でなければあまり話もしていないだろうな」と思うほど趣味も価値観もちがうことは、よくある。友だち以上に、不思議な縁（えん）でつき合うことになっている。そうした人間同士が、いざこざもふくめて、もみ合いながら成長することで、人間関係能力はひじょうに鍛えられる。

だれでも実感があることだが、性格形成の要因の中で、兄弟姉妹構成は、抜（ぬ）きがたい役割（やくわり）を果たしている。第一子と親との関係の仕方と、それ以降（いこう）の子どもとは事情が相当異（こと）なる。たとえば、今は聞くことも少なくなったが、「末っ子は三文値が安い」ということわざがある。我慢（がまん）したり下を世話する経験が少なく、かわいがられるばかりで世間知らずでわがままなところがあるというような意味だ。

土居健郎が『「甘（あま）え」の構造』で言うとおり、日本社会には、うまく「甘える」ことができるかどうかが重要な意義を持つ特殊性（とくしゅせい）がある。総じて、第一子は、うまく「甘え」の技（わざ）をつかえずに損をすることが多く、末っ子は、「甘え」を人間関係上の武器としてうまく使いこなすことが多いと言われる。私は末っ子なので経験があるが、末っ子同士が出会うと、互（たが）いの「甘えの技」が透（す）け合って見えてしまう。

同学年の子どもでも、上に兄や姉、特に同性の兄・姉がいるかどうかで成長の条件は変わってくる。お姉さんが親との戦いの歴史の中でようやく勝ち取ってきた門限の延長（えんちょう）の権利（けんり）を、妹は労せずして手にいれる。テレビゲームの購入（こうにゅう）を親が反対している場合、第一子は、ねばりづよい交渉（こうしょう）を続けてようやくそれを手にいれるわけだが、第二子は、それをやる必要はない。幼稚園（ようちえん）には、第一子とそれ以外をクラス分けするところもある。

兄弟姉妹の数の減少は、次の世代になると、おじさん、おばさん、いとこの減少としてダメージを倍加させる。親との関係がしっくりこなくても、おじさんやおばさんと相性（あいしょう）がいい場合があって救いの場になることがある。兄弟姉妹の数が多い場合には、おじさんやおばさんの中に相当世の中の基準からはずれた人もいて、そういう人から、親からとは違う知恵（ちえ）を得ることもある。

親がたてまえを通すタテの関係とするなら、おじさん、おばさんは、ナナメの関係である。責任や期待が親よりはうすいので、気楽につき合うことができる。

指摘されることは比較的少ないが、幼少期、思春期などを通じて、「いとこ」の存在は、意外に大きな教育力、影響力をもっている。いい影響かどうかはわからないが、私の経験では、私が浪人して上京したために、その後親しいいとこが皆浪人して同じ予備校に行ってしまったということがある。

兄弟姉妹ほど日ごろぶつかり合うこともないので、素直に話し、耳を傾けることができる。いとこが何人もいる場合は、その中のだれかを基準とすることができる。あのいとこが入った高校へ行きたいというように自然に指針が見えることはあっても、兄弟姉妹と違って直接比べられるプレッシャーは少ない。

いとこの兄さんや姉さんは、「ナナメの関係性」のもっともFテンケイ的な形である。すくない子どもの数で丁寧に育てるという時代に入ったことは、社会の成熟の一種の必然でもあるし、必ずしも否定的に見る必要はないが、こうした④「ナナメの関係性」の大きな教育力を別の形で補う視点はもつべきであろう。

（齋藤孝『子どもたちはなぜキレるのか』ちくま新書より）

(一) ――線部A「タイショウ」、B「キイン」、C「ジョチョウ」、D「カッコウ」、F「テンケイ」を漢字に改めなさい。

(二) ――線部E「会釈」とありますが、これと「会」の読み方が同じものを次の中から一つ選び、記号で答えなさい。

ア 会場　イ 会合　ウ 会得　エ 会長

(三) 1 、 2 に入れるのに最も適当な漢字を次の中から選び、それぞれ記号で答えなさい。ただし同じ記号を繰り返し用いてはいけません。

ア 非　イ 不　ウ 未　エ 無

(四) 〰〰線部ⅰ「られる」、ⅲ「ような」と同じ意味・用法のものをそれぞれ後から一つ選び、記号で答えなさい。

ⅰ「られる」

ア 故郷(こきょう)の母のことが、案じられる。
イ 先生が、教室に入って来られる。
ウ それなら、ぼくにも考えられる。
エ 通学の途中(とちゅう)で、犬にほえられる。

ⅲ「ような」

ア その子は、天使のようなかわいらしさだった。
イ 君も、これからは少しまじめに勉強しような。
ウ うれしくて仕方がないような笑顔(えがお)を浮(う)かべる。
エ ぼくは、カレーのような辛(から)い食べ物が好きだ。

(五) 〰〰線部ⅱ「袖(そで)ふれあうも多生(たしょう)の縁(えん)」の意味として最も適当なものを次の中から一つ選び、記号で答えなさい。

ア 袖がふれあうようなささいなできごとも、これから起きる大きなできごとの前ぶれになることもあるということ。
イ 袖がふれあうような不愉快(ふゆかい)なできごとも、人と知り合うきっかけとして生かすようにしなければならないということ。
ウ 袖がふれあうようなちょっとしたできごとも、決して偶然(ぐうぜん)ではなく、何か深い縁があって起こるものなのだということ。
エ 袖がふれあうようなつまらないできごとも、実は多くの人と縁を結ぶことの大切さを表しているものなのだということ。

（六）——線部①『価値感』の違いは趣味の違いに過ぎなくなる」とはどのようなことを言っているのですか。最も適当なものを次の中から一つ選び、記号で答えなさい。

ア　「価値感」は、自分自身の好みを表す感覚的なものでしかなく、それが人によって違っているのは当たり前なのだから、互いに尊重しなければならないということ。

イ　「価値感」は、自分がどう感じるかということでしかないため、それが他人と違っていてもまったく問題にはならず、自分のものの考え方にも影響しないということ。

ウ　「価値感」は、「感じる」ということを価値評価の基準にしているため、それにとらわれすぎると「考える」ことの重要性がわからなくなってしまうということ。

エ　「価値感」は、自分が趣味とする世界の中だけで通用するものであるため、他人に理解されなくても、自分の趣味を楽しむのには何の影響もないということ。

（七）——線部②「傍若無人の構え」とはどのような態度のことですか。それを説明した次の文の□にあてはまる二十四字の表現を本文中から探し、最初と最後の五字を抜き出して答えなさい。ただし句読点も字数に含めます。以下の問題も同様です。

□ことによって、周囲の人を完全に無視する態度。

（八）——線部③「これは、象徴的な答えではある」はどのようなことを言っているのですか。最も適当なものを次の中から一つ選び、記号で答えなさい。

ア　友だちだと答えた数と携帯電話の最大メモリー数が同じということは、その女の子が抱く一人きりになることへの恐怖心の強さと、それを紛らすために電話をかけられるのが友だちだという考え方を表しているということ。

イ　友だちだと答えた数と携帯電話の最大メモリー数が同じということは、携帯電話のような機械を使わなければ友だちとしての関係を保つことができない今時の若者のあり方を表しているということ。

ウ　友だちだと答えた数と携帯電話の最大メモリー数が同じということは、電話がかけられる候補を増やして、一人きりになる恐怖心を抱かないようにしようという、その女の子の懸命な努力を表しているということ。

エ　友だちだと答えた数と携帯電話の最大メモリー数が同じということは、機械の性能に支配されて、たいせつな友だちの数さえも制限しなければならなくなった現代の若者の悲劇を表しているということ。

（九）――線部④『ナナメの関係性』の大きな教育力」を次のように説明しました。［　］に当てはまる表現を、指定の字数でそれぞれ本文中から抜き出して答えなさい。

「ナナメの関係」である「おじさん、おばさん」は［1（二十五字）］ができ、「いとこ」は、［2（十七字）］がないうえに［3（十三字）］も少ないので、素直に話すことや、意見に耳を傾けることができるので、それによって思いがけない知恵を得ることや、生き方の指針が見えることもあるということ。

〔問題二〕次の文章を読んで後の問いに答えなさい。

「僕（吉谷純一）」は、中学三年生の一学期、桜のようなイメージを持つカナハギさん（金萩恵理香）と出会った。彼女はクラスの中で幅を利かせている三浦のグループに属しており、無口で小心そうな「僕」は、そのグループの「パシリ」にされてしまっていた。その後、「僕」と同じ高校へ進学したカナハギさんは渋谷でスカウトされ、アイドルとしての活動を始めるのだが、「僕」を「パシリ」にしてこき使っていた過去を隠そうと考え、「僕」に口止めする。交換条件として、「僕」は空き地の瓦礫のなかにある桜を毎年見に来てくれるよう頼んだ。それは、「僕」が小学生のころに見つけて心を奪われ、カナハギさんと重ね合わせながらずっと見てきた思い出の桜だった。

花は今年も美しく咲いた。頭上に伸びる枝の先には、もう手が届きづらくなっている。去年、カナハギさんが花の蕊をいじっていたことを考えると、すごい成長だった。純粋に嬉しい。僕は咲いた花を見上げながら、自然に顔をほころばせていた。風が暖かい。この花の下でカナハギさんに会えると思うと、すごく幸福な気分だ。

君はきれいだ、カナハギさん。いつも堂々として見える。＊嫉妬深い女子の言うことなんてそのまま気にしないでいればいい。あいつらは君の価値がわからない愚か者なんだ。

彼女へ差し出す言葉を考えながら、僕は膝を抱えて少しうとうととした。花が五分咲きの夕方だった。

気が付くと、目の前に白い太腿があった。夢かな、と思ったけれど、顔を上げると、確かにカナハギさんが立っていた。ミニスカート姿で、正面から僕を見下ろしている。①<u>後ろには焼けるような夕焼け空があった。</u>

「……あ。来てくれたんだ」

目をこすりながら言った。逆光で、彼女の表情はよくわからない。

「忙しいのに、ありがとう。嬉し――」

立ち上がって尻を払ったところで、カナハギさんがこちらに手を伸ばした。僕の頭を抱くかのように、右手を顔の横に差し向ける。

思わず息を呑んだ。しかし次の瞬間、僕の頭の後方で、何か有機的なものが裂ける、めりっという音がした。

「むかつく……」

振り返ると、彼女の手が桜の枝にかけられていた。下にあるほうでは比較的細い枝が、根元から折られている。

やめて、と叫ぼうとしたけれども、「ふっ」という小さなかけ声とともに、枝が完全に折り取られるほうが先だった。

彼女は大きく手を振り上げた。反射的に腕で身をかばうと、桜の枝でAしたたかに打ちつけられた。

「なに、いい顔しちゃってんの。あんただって、あたしでいやらしい妄想してるくせに！」

避けようとしてかがんだけれど、遅かった。枝で打たれた腕の外側が、B□り□りと痛む。僕はその場にへたり込んで彼女を見上げた。

枝を持ったカナハギさんが僕の前にしゃがむ。それで初めて表情がわかった。彼女は、夕 a と同じような真っ赤な顔をして、唇を噛んでいた。目も眉も、C□り□りと音がしそうなほどつり上がっている。

「よくのうのうと『ありがとう』とか言えるよな。頭おかしいんじゃねーの？」

もう一打。今度はもろに頭に入った。ばしゃっ、と音がして、目の前に花びらが散った。

「ふざけんなよ。どいつもこいつも、②ひとのこと食い物にしやがって……」

Dうわごとのようにカナハギさんがつぶやく。

――ああ、全然大丈夫じゃなかったんだ。

僕は、自分が③カナハギさんを――カナハギさんの精神を――過大評価していたことを知った。いくら平気な顔で学校に来るからといって、彼女がこの特殊な状況に耐えられているわけではなかったのだ。学校のいじめも、水着やメイド服の仕事も。その職場でどんなつらいことがあるのか、僕には知る術がない。あまり考えたこともなかった。けれども、撮影会のぎこちない笑顔を思い出すと、ほんの少しはわかる気がする。

「もうこっち見んな！　写真も見んな！」
桜の枝での殴打は勢いを増していった。自分の身体に、無数の引っかき傷ができているのがわかる。明日にはみみずばれになるだろう。
「むかつく。ほんとみんなむかつく……」
枝が裸になってしまうと、カナハギさんはようやく腕を下ろした。枝も、その辺に転がしてしまう。頭を上げると、僕の周りを取り囲むように、花の残骸が散っていた。
カナハギさんは、肩を上下させて息を整えていた。その息の音だけが、しばらく聞こえていた。僕はさっきまで考えていた言葉をすべて失っていた。
花のにおいが強くたちこめる。暮れかけた陽が、彼女の髪のふちを金色に染めた。少し頬を上気させたカナハギさんは、険しい顔をしたままで、それでも美しかった。清潔感に満ちたまつげ。息の漏れる唇の紅色。にぎりしめたこぶしの、小さく飛び出た骨の頭。
彼女をきれいだと思うことが罪ならば、僕は確かに一級の罪人だ。
「ごめんなさい」
用意した言葉の代わりに、口をついて出たのはそれだった。
「ごめんなさい……」
すぐ前で、彼女が立ち上がるのがわかった。
「もう来なくていいよね？」
顔を上げてうなずきを返すと、カナハギさんは折った枝の切り口をそっと撫でてから立ち去った。
桜は切られると傷口から腐ってしまうことが多いのだという。「桜切るバカ、梅切らぬバカ」という言葉があるのを、あの一件のあとに園芸辞典で「桜」の項目をひいて知った。剪定さえも最小限にしなければいけないらしい。僕は慌てて、ナントカ促進剤という、傷口がふさがりやすくなる薬をホームセンターで探し、桜を手当てした。

その甲斐あってか、桜は元気だった。真夏には、葉がへんなりとしおれることがあって心配したけれど、夕立があれば次の日にはあおあおとしていた。

（豊島ミホ『花が咲く頃いた君と』より）

＊嫉妬深い女子＝芸能活動を始めたカナハギさんは、同じクラスの女子たちからいじめの標的にされていた。

（一）――線部A「したたかに」、D「うわごとのように」のここでの意味として最も適当なものを次の中から一つずつ選び、それぞれ記号で答えなさい。

A「したたかに」

ア　あちこちをすきまなく
イ　しつこく
ウ　相手よりも一枚上をいくように
エ　とても強く

D「うわごとのように」

ア　化け物にとりつかれたように
イ　悪い夢を見ているかのように
ウ　同じことを何度もくり返して
エ　特にだれに対してということもなく

（二）――線部B、Cの「□り□り」は、「わんわん」のように繰り返す音を含む単語です。それぞれの□にあてはまるひらがなの組み合わせとして最も適当なものを次の中から一つ選び、記号で答えなさい。

ア…〈Bも　Cか〉　イ…〈Bひ　Cき〉　ウ…〈Bみ　Cめ〉　エ…〈Bじ　Cち〉

(三) 本文中の a に入れるのに最も適当な漢字一字を本文中から探し、抜き出して答えなさい。

(四) ——線部①「後ろには焼けるような夕焼け空があった」とは、どのようなことを表していますか。最も適当なものを次の中から一つ選び、記号で答えなさい。

ア 「僕」がカナハギさんをいじめから守ってあげたいと強く思っていること。
イ 「僕」の言いなりになって服従させられていることに怒っていること。
ウ カナハギさんが、自分を取り巻く環境の変化にいらだちを感じていること。
エ カナハギさんに寄せる「僕」の思いがおさえきれないほどだということ。

(五) ——線部②「ひとのこと食い物にしやがって……」からうかがえるカナハギさんの状況として最も適当なものを次の中から一つ選び、記号で答えなさい。

ア 不特定多数の人々の話題となり、いつもだれかに注目されている。
イ たくさんの人々から好奇の目で見られ、都合良く利用されている。
ウ いくら仕事をして稼いでも、自分にはわずかなお金しか入ってこない。
エ 精一杯誠意を尽くしているのに、友人たちから相手にされない。

（六）――線部③「カナハギさんを――カナハギさんの精神を――過大評価していた」とありますが、それはなぜだったのですか。その理由を説明した次の文の［1］、［2］にあてはまる表現をそれぞれ答えなさい。ただし［1］は本文中から五字以内で抜き出し、［2］は漢字二字の熟語を自分で考えて答えなさい。

「カナハギさんは、学校や職場でいくら［1］があっても［2］としているから。」

〔問題三〕次の文章は、前問の本文の続きです。これを読んで後の問いに答えなさい。

「僕」はカナハギさんに言われたとおりに、メディアに登場している姿はおろか、学校ですれちがった時でさえも彼女を見ようとはしなかった。やがてカナハギさんはCMキャラクターにも起用されるような存在となっていった。

二月の空はからからと乾き、頬を切るような風が吹いていた。ビルの間で鳴るのか、多摩川で鳴るのか、ひょうひょうとものすごい音がする。

僕はポケットに手を突っ込んで目を閉じた。カナハギさんの姿がまぶたの裏に浮かぶ。それは今のところ切実なのだけれど、いつしか消えてしまうものであることが直感的にわかった。

空き地に行く頻度は減っていた。それでも日曜日には、ぶらぶらと桜を見にいってみた。この寒さだというのに、花の芽は確実に膨らんでいる。

僕は一度板塀の外に出て、桜のほうを見てみた。枝の先が、かすかに塀の上にのぞく。

今度春が来て、花が咲いた時、この道を通る人たちは瓦礫の中に立った桜の存在に気付くだろう。こんなところに、桜が咲いていると知ったら、みんなはどうするのだろう。塀の向こうから花見をするだろうか。板塀を取り払って瓦礫を片付けてしまうだろうか。それとも――。
いずれにせよ、僕だけの目に触れる桜でなくなるのは確実だった。
その年の桜は遅かった。三月最後の日になっても、まだ三分咲きというところだった。
それでも、板塀の外側から花を確認することはできた。もうそろそろ、近所の人間は桜の存在に気付いていることだろう。僕は中に人が居ないことを確かめてから、穴をくぐるようにしていた。
しかしその日、穴の向こうには人影があった。慌てて突っ込んだ頭を穴から抜こうとすると、向こうから呼び止められた。
「吉谷！」
――嘘。
桜の下に立っていたのは、カナハギさんだった。長い髪が夜風にさらわれて宙に舞う。いつか見た光景とかぶる、と思ったら、中三の春と同じだった。夜で、街灯と月明かりがぼんやりと花の色を浮かせている。カナハギさんの、肌の色も。
その場にかがんだまま、さっと目を逸らした僕に、カナハギさんの声が届いた。
「吉谷、ごめん。もう、『見んな』とか言わないから――」
そっと顔を上げる。カナハギさんがこちらを見て手招きした。
これは都合のいい夢なんだろうか。信じられないまま、僕はふらふらと瓦礫の間をぬって桜の下まで歩いていった。カナハギさんは立ったままじっと僕を見ていた。
僕たちは、桜の下に並ぶ。気付いたら同じタイミングで、花を見上げていた。
枝はもう、頼りなくなどない。少し色の薄い東京の夜空に向かって、しっかりと伸びて花をつけている。
彼女の横顔に目をやると、照れたように、頬が少し歪んでいた。どこかふてくされたようにも見えるのは、昔の面影を知っている僕だからだろうか。
しばらく無言の時間が続いた。カナハギさんは時々目を動かして、花のひとつひとつや、枝の分かれ目や、背景になったコンクリートの山などを見ているようだった。
　ふと、幹の途中に視線を留めた。小さく円形に、傷があった。僕が薬を塗った場所だ。カナハギさんはそこにそっと触れて言った。
「ごめん」
　それからかすかに苦笑いをして付け加える。
「……とかって、何言ってもムダか。吉谷にほんとにひどいことしたね、アタシ」
　こちらに向けられた彼女の目は、今まで見たことのないぬくみのようなものをたたえていた。僕はぽかんとして彼女を見た。
　目が合って、一瞬で感情が弾けた。欲望を見抜かれた時の燃えるような恥ずかしさ。放課後に三浦たちとつるみながらこっそりと見ていた時の憧れ。初めて中学の教室で目を合わせた時の確信——さまざまな色をした思いが心の隅まで飛び散って、最後に、この桜を見つけた日の静かな胸の高揚を思い出した。
　僕は黙って首を横に振った。
「まだアタシのこと好き？」
「好きだ」
　昔したやりとりを繰り返すと、カナハギさんは声を立ててははっと笑った。
「じゃあさ、肩車してくれない？」
「は？」
　聞き違いかと思った。しかし彼女は、ポケットに手を突っ込むと、桜の枝を見上げて言った。
「こんなに伸びてさー。もう傍で見られないから。ちょっと、押し上げてくんない？」
「いいの？」
　僕が訊くと、カナハギさんは「はい、しゃがんでー」と僕の背中を押した。素直にかがんだら「あほか！」と昔の調子で怒鳴られるんじゃないかとも思ったけれど、言われるままに腰を低くした。
「一瞬でいいからさ。あんた長くは保たなそうだし」

脚しっかり持ってよ、という声とともに、彼女の腿が肩を押した。僕は、胸の前にぶらさがった脚を、滑らないようにしっかりとつかむ。

「はい、せーのっ」

というかけ声とともに思い切って腰を上げた。どっと背骨に負荷がかかる。重っ、と思ったのは束の間で、僕はすぐに桜の甘い香りに胸を満たされていた。きゃーっと頭の上で黄色い声が上がる。

「近い。すごい」

彼女が花に向かって手を伸ばしたのがわかった。しゃらしゃらと夜風に吹かれた花びらが鳴る。

「この桜、多摩川沿いに移植すんだって。さっき通った時、近所の人が喋ってるの聞いて……最後に見なきゃって思って」

頭上でカナハギさんが話し出した。静かな声だった。

「吉谷に最初にこの桜見せられた時さ、きれいって思ったんだよね。④こんなきれいな木と、アタシのこと重ねてるなんて、びっくりした……」

僕は彼女の邪魔にならないように、視線だけ上げて花を見た。桜はどうしてこんなにきれいなんだろう。どうして、いつも、こんなにも僕を圧倒してくるんだろう。

「ねえ吉谷」

「うん？」

ありがとう、と耳元で彼女が言った。くすぐったくて危うくバランスを崩すところだったけれど、ぎりぎりでふんばった。

僕はこれからも毎年、桜の花を見るだろう。多摩川の河川敷に移植された、ひときわ若く、小さな傷のある、この木を探しにいくだろう。

花の色があんまりやさしいから、今にも泣いてしまいそうだ。

（豊島ミホ『花が咲く頃いた君と』より）

（七）——線部④「こんなきれいな木と、アタシのこと重ねてるなんて、びっくりした……」とありますが、〔問題二〕、〔問題三〕の本文には、桜とカナハギさんを重ね合わせて表現している部分がいくつか見られます。それぞれについて並べた次の表に関する設問、問1～問5に答えなさい。ただし、句読点も字数に含めます。

桜	カナハギさん
【問1】	心を傷つけられて、立ち直れないほどのダメージを受けてしまう。
真夏に葉がしおれるようなことがあっても、夕立があれば次の日にはあおあおとしていた。	元気がなくなるような出来事があっても、どこからか救いの手が差し伸べられて元気を取り戻せた。
【問2】	どうしようもない悪い仲間たちの中に加わっていたり、下品で強欲な大人たちの中で毎日を送っている。
寒い中でも花の芽は確実に膨らみ、枝の先は塀の上にまで伸びてきていた。	【問3】 様々な［Ⅰ］境にもめげることなく活動を続け、しだいに［Ⅱ］角を現すようになった。
【問4】［　　］、毎年その花で人々を魅了し続ける。	誰もが知るようなアイドルとして、芸能界で活躍し続ける。
花の色があんまりやさしいから、（僕は）今にも泣いてしまいそうだ。	【問5】

問1　表内のこの部分にあてはまる表現を、〔問題二〕の本文中の言葉を用いながら十五字以内で答えなさい。

問2　表内のこの部分にあてはまる表現を次の中から一つ選び、記号で答えなさい。

ア　空き地の瓦礫の中に立っている。　　イ　板塀に取り囲まれている。

ウ　甘い香りに満たされている。　　エ　街灯と月明かりに照らされている。

問3　表内の Ⅰ 、 Ⅱ にあてはまる漢字一字を、それぞれ考えて答えなさい。

問4　表内の　　　にあてはまる表現を、本文中の表現を用いながら十五字以内で答えなさい。

問5　「泣いてしまいそう」と感じている「僕」は、カナハギさんに対してどのように感じていましたか。本文中の表現を用いながら二十字以内で説明しなさい。

函館ラ・サール中学校　　　　第１次入学試験問題
２０２１．１．８　　　　　　算　　数（６０分）

・分数で答える場合は，それ以上約分ができない数で答えなさい。
・円周率は3.14とします。
・問題用紙，解答用紙，計算用紙は切り取って使用してはいけません。

1

（１）5＋8×{92－20÷5×(4＋6×3)}　を計算しなさい。

（２）153÷(28＋42÷7)×2＋16　を計算しなさい。

（３）ある整数を９で割った商を小数第一位まで求め，その小数第一位を四捨五入すると，30になりました。この整数はいくつ以上いくつ以下ですか。

（４）ノート50冊，消しゴム27個，えんぴつ143本を何人かの子どもにそれぞれ同じ数だけ分けたら，ノートは２冊不足し，消しゴムは１個あまり，えんぴつはちょうど分けることができました。子どもは何人ですか。

（3）ある中学校の生徒数について次のことがわかっています。

Ⓐ　1年，2年，3年はともに4クラスずつあります。

Ⓑ　中学校全体では，男子の人数は，女子の人数より女子の人数のちょうど60%だけ多い人数です。

Ⓒ　もし3年生が12人少なくて，1年生が6人多かったら各学年とも同じ人数になります。

Ⓓ　中学校全体では，歩いて登校する生徒は，それ以外の生徒のちょうど7割にあたります。

Ⓔ　1つのクラスの人数は，すべて35人以上60人以下です。

①　Ⓐ，Ⓔより中学校全体の人数は［ア］人以上［イ］人以下と考えられます。

②　中学校全体では男子の人数と女子の人数の比を最も簡単な整数の比で表すと
［ウ］：［エ］　になります。

③　Ⓒより中学校全体の人数は［オ］の倍数になります。

④　Ⓓより中学校全体の人数は［カ］の倍数になります。

⑤　中学校全体の人数を求めると［キ］人になります。

3 下の図のように，一辺の長さが 8cm の正方形ABCDとEG＝EF＝8cm の直角二等辺三角形EFGがあり，GDで辺が重なっています。辺ADと辺FGの交わる点をH，AGとCHの交わる点をIとします。また，三角形ABHの面積を20cm²とします。次の問いに答えなさい。

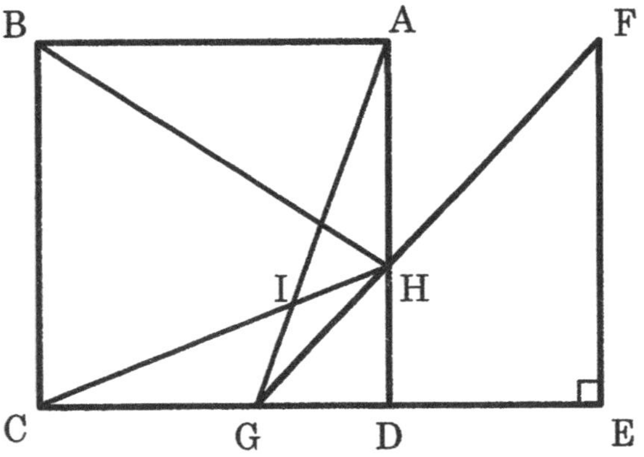

（1）三角形HBCの面積は何cm²ですか。

（2）三角形HCGの面積は何cm²ですか。

（3）三角形IGHの面積は何cm²ですか。

6 整数Aを7で割ったときの余りを［A］で表すことにします。
例えば，［3］＝3，［14］＝0 です。

（１）［1960＋1961＋1962＋……＋2020＋2021］はいくつになりますか。

（２）$[\underbrace{[A]+[A]+[A]+\cdots\cdots+[A]}_{23個}]=3$ となるような４桁（けた）の整数Aのうち，最大のものはいくつですか。

（３）$[\underbrace{[A]\times[A]\times[A]\times\cdots\cdots\times[A]}_{23個}]=2$ となるような３桁の整数Aをすべてたすといくつになりますか。

第1次入学試験問題

函館ラ・サール中学校
２０２１．１．８

理 科（４０分）

［問題1］　地球は地軸（北極と南極を結ぶ軸）を軸として1日に1回まわっています。これを地球の自転といいます。それと同時に，地球は太陽のまわりを約1年かけてまわっています。これを地球の公転といいます。

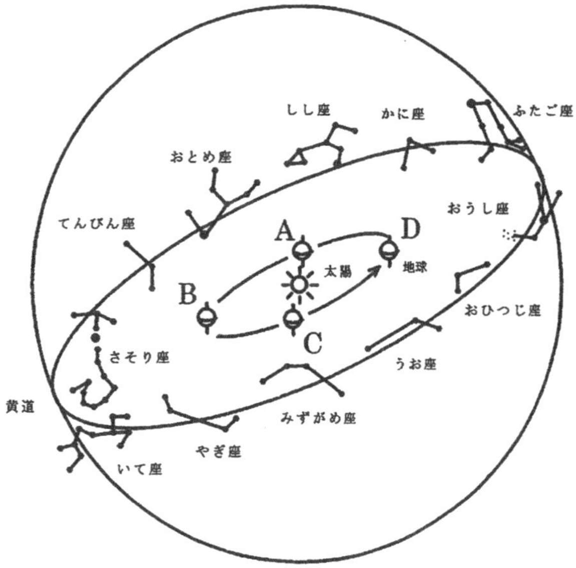

右の図のA～Dは，3月，6月，9月，12月頃のいずれかの地球の位置を表したもので，地球の地軸が上下を向くように，また，北極が上になるように描いています。地球の自転も公転も，地球の北極側から見ると反時計まわり（時計の針のまわる向きと逆まわり）にまわっています。さらに，公転する地球から見たとき，太陽と同じ方向にある12個の星座（黄道十二星座）を天球（宇宙を星がはりついた球のように考えたもの）上に表したものです。たとえば，Aの位置に地球があるとき，太陽とみずがめ座が同じ方向にあります。つまり日本で観察したとき，みずがめ座は正午に真南に位置します。また，地球は太陽の光の当たっている側が昼，当たっていない側が夜になるため，Aの位置の地球の真夜中0時にしし座が真南に位置します。

問1　地球を半径6400 kmの球体とみなし，地球が1回自転するのに要する時間を24時間とすると，地球の自転の速さは，赤道上において時速何kmですか。円周率を3.14として整数で答えなさい。必要があれば小数第1位を四捨五入すること。

問2　地球は太陽を中心とする半径1億5000万kmの円周上をちょうど365日かけて1周しているとします。これに関して次の各問いに答えなさい。

(1)　太陽を中心として，地球は公転軌道上を1日あたりおよそ何度進みますか。整数で答えなさい。必要があれば小数第1位を四捨五入すること。

問２　文章中の空らん［　う　］にあてはまるものを，次のア～キから１つ選び，記号で答えなさい。

ア．①　　イ．②　　ウ．③　　エ．①と②

オ．①と③　　カ．②と③　　キ．①と②と③

問３　下線部１について，下の図のような画像がインターネット上で取り上げられていました。この図のおかしなところを指摘した，タカシ君の

「新型コロナウイルスは，おにぎりの上では［　　　　　　　　］。」

という発言の空らんに入る言葉として正しいものを，次のア～エから１つ選び，記号で答えなさい。ただし，は新型コロナウイルスを表し，おにぎりを握った人以外は誰もおにぎりに触れていないものとします。

おにぎりを握った直後

２時間後

ア．２時間で２倍までしか増えないよ　　イ．２時間で３倍以上に増えるよ

ウ．２時間ですべてなくなるよ　　エ．増えないよ

【B．なぜ８割減？】

タカシ君の身のまわりでも，新型コロナウイルスの感染拡大によって新しい生活様式が加わったり，聞き慣れない言葉が増えた。マスクの着用や，「換気の悪い［　え　］空間」，「多数が集まる［　お　］場所」，「間近で会話や発声をする［　か　］場面」の３つの密をまとめた「三密」という言葉などはその典型的な例だろう。また，新型コロナウイルスの感染拡大に伴う緊急事態宣言が出され，「２最低７割，極力８割の接触削減」を求められた。

問４　文章中の空らん［　え　］，［　お　］，［　か　］にあてはまる言葉をそれぞれ**漢字２字**で答えなさい。

下線部２について，なぜ８割なのかを疑問に感じたタカシ君が，インターネットを使って調べてみたところ，『新型コロナ感染症，接触削減「８割必要」モデルで算出』という記事を見つけました（2020/4/25 2:00 日本経済新聞電子版 一部改変）。この記事の内容について，以下の各問いに答えなさい。

新型コロナ感染症，接触削減「８割必要」モデルで算出

日経サイエンス
2020/4/25 2:00

４月７日に政府は首都圏を中心とする７都府県に「緊急事態宣言」を出し，16 日夜には区域を全国に拡大した。感染の拡大を防ぐため，「人と人の接触機会を８割削減する」ことが強く求められている。この数値は，厚生労働省のクラスター対策班に所属する北海道大学の西浦博教授らが感染症の数理モデルによるシミュレーションに基づいて算出したものだ。

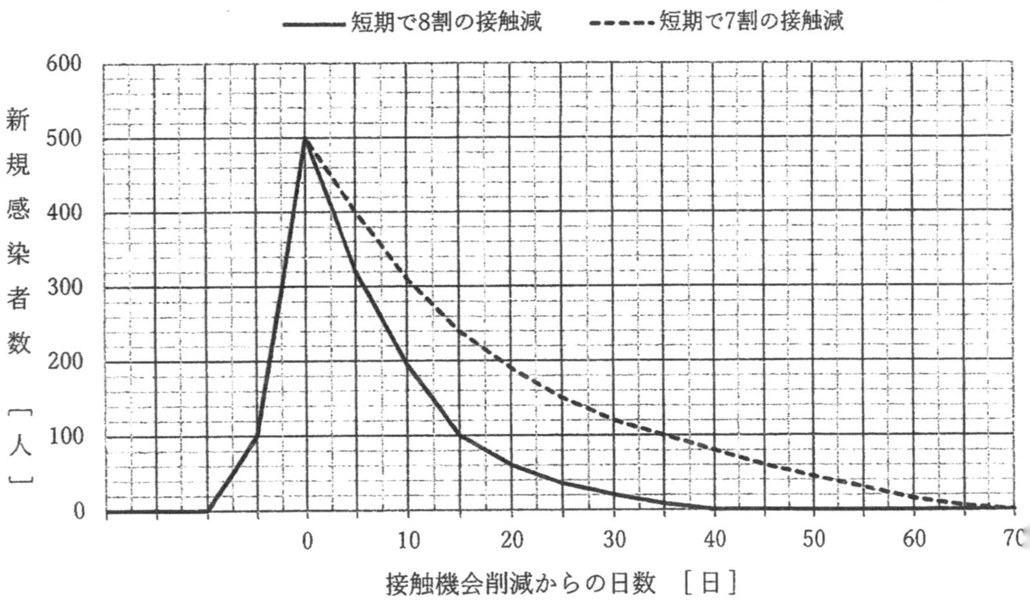

接触機会の削減の度合いと新規感染者数の推移を示したグラフ

なぜ「８割」なのだろうか。１人の感染者が何人に感染させるかを意味する「再生産数」を R とすると，「a 割」だけ接触を減らした場合に感染者１人から感染する人数は 0.1×(10−a)×R で表せる。流行を縮小するには，１人から感染する人数を１未満にす

〔実験6〕　実験5と同じように，今度はおじいさんの家のやかんの内側から取り出した粉末Yを用いて実験しました。しかし，ラサ夫君は用いる塩酸の体積を間違って55 mLにしてしまいました。この実験の結果は次のようになりました。

粉末Y [g]	0.4	0.8	1.2	1.6	2.0
気体[mL]	76	152	228	304	330

ただし，実験5と6で出てくる気体は，水溶液にはとけなかったものとし，また，粉末X・Yには，塩酸と反応して気体を発生するものは炭酸カルシウム以外にふくまれていなかったとして考えること。

問3　水溶液Aは何とよばれますか。**漢字3字**で答えなさい。

問4　水溶液Aを白くにごらせた気体は，次のア～サのうちの2つを混ぜることによっても得られます。その2つを選び，記号で答えなさい。

ア．亜鉛（あえん）　　イ．食塩　　ウ．銅
エ．アルミニウム　　オ．石灰石　　カ．二酸化マンガン
キ．水　　ク．過酸化水素水　　ケ．アンモニア水
コ．塩酸　　サ．水酸化ナトリウム水溶液

問5　地下にある石灰岩が溶けるようすを再現した実験は，実験1～実験4のどれですか。

問6　実験4の結果から，水溶液Aを白くにごらせた気体の水への溶け方は，水温が上がることでどうなると考えられますか。次のア～ウから1つ選び，記号で答えなさい。

ア．溶けやすくなる　　イ．溶けにくくなる　　ウ．溶け方は変わらない

問7　実験5で用いた粉末X 2.0 g中にふくまれる炭酸カルシウムは何gですか。小数第1位まで答えなさい。必要があれば，小数第2位を四捨五入すること。

問8　実験5で用いた塩酸50 mLとちょうど反応する粉末Xは何gですか。小数第1位まで答えなさい。必要があれば，小数第2位を四捨五入すること。

問9　実験6で，容器をもう1個用意し，55 mLの塩酸に粉末Yを2.4 gを加えたとき，何mLの気体が出てくると考えられますか。整数で答えなさい。必要があれば，小数第1位を四捨五入すること。

問10　粉末Yの炭酸カルシウムの純度は何%ですか。整数で答えなさい。必要があれば，小数第1位を四捨五入すること。

［問題 4］　金属に電流を流すと熱が発生することはよく知られており，これを利用したものを特に電熱線とよびます。この電熱線の 1 つにニクロム線があり，オーブントースターやこたつに応用されています。このニクロム線から発生する熱と電気の関係を調べるために次の実験を行い，あとに示す結果が得られました。

〔実験〕

操作 1：太さが同じで長さの比が A : B : C = 1 : 2 : 3 となるニクロム線 A，B，C，および，C と長さが同じで線の直径の比が C : D : E = 1 : 2 : 3 となるニクロム線 D，E を用意する。

操作 2：まわりに熱を逃(に)がさず熱を吸収しない容器 a を用意し，この中に 20℃の水 100 g を入れる。

操作 3：ニクロム線 A～E を，それぞれ別々にこの水の入った容器に沈(しず)め，電源装置につないで，電圧を一定にして 5 分間電流を流す。

操作 4：電流を流した後の水の温度をはかる。

〔結果〕

	A	B	C	D	E
水の温度［℃］	24.2	22.1	21.4	25.6	32.6

この実験に関する以下の問いに答えなさい。ただし，ニクロム線に電流を流す場合は，すべて電源装置につなぎ，操作 3 と同じ電圧を加えていると考えること。

問 1　ニクロム線 A を 20℃の水 200 g が入った容器 a に入れて 5 分間電流を流したところ，水の温度は 22.1℃になりました。では，20℃の水を 300 g に変えて同じ実験をした場合，水の温度は何℃になりますか。小数第 1 位まで答えなさい。必要があれば小数第 2 位を四捨五入すること。

問 2　ニクロム線 B を 20℃の水 100 g が入った容器 a に入れて 10 分間電流を流したところ，水の温度は 24.2℃になりました。では 20℃の水を 150 g に変えて 20 分間電流を流した場合，水の温度は何℃になると考えられますか。小数第 1 位まで答えなさい。必要があれば小数第 2 位を四捨五入すること。

問 3　ニクロム線 D を 20℃の水が入った容器 a に入れて 15 分間電流を流したところ，水の温度が 25℃になりました。D を入れた容器内の水の量は何 g であったと考えられますか。整数で答えなさい。必要があれば小数第 1 位を四捨五入すること。

函館ラ・サール中学校　　　　第１次入学試験問題
２０２１．１．８　　　　　　社　会（４０分）

［1］次のA～Dの文章を読んで、問いに答えなさい。

A. 飛鳥(あすか)地方や奈良地方に大きな都がつくられた時、日本は中国のような国を目指し、国のしくみを整えていき、それによって人々の暮らしも変わっていった。次の写真は、奈良時代に①聖武天皇のもとで政治をおこなっていた②長屋王(ながやおう)の食事と、一般(いっぱん)の人々の食事を再現したものである。写真を見ると、当時の貴族と一般の人々の生活の様子がわかる。当時の人々は、戸籍(こせき)によって朝廷(ちょうてい)に支配され、多くの税を納めなければならず、その負担はとても大きかった。

写真ａ

写真ｂ

（写真ａ・ｂとも「嵐山町(らんざん) web 博物誌」より）

問１　下線部①について、聖武天皇の時代の説明として**あやまっているもの**をア～エから１つ選び、記号で答えなさい。

ア. 唐(とう)の都の長安(ちょうあん)にならい、整えられた平安京で政治がおこなわれた。

イ. 都には朝廷が市場をつくり、食料品や日用品などが売られていた。

ウ. 朝廷の命令を各地に伝えるため、立派な道路が全国にはりめぐらされた。

エ. 朝廷は和同開珎(わどうかいちん)などの銭(ぜに)をつくったが、一般の人々はあまり使わなかった。

問２　下線部②について、右の資料は、長屋王の屋敷跡(やしきあと)から発見された木簡(もっかん)とその説明である。この木簡はどのように使われたのか。資料を参考に説明しなさい。

（資料：奈良文化財研究所 HP より）

長屋親王宮鮑大贄十編
（長屋王へのおくり物あわび）

問12　下線部⑪について、この時代には洋食も広まっていった。その影響で、江戸時代までは主に農作業に利用され食用にされることはなかったが、明治時代になり食用とされることにもなった動物を、右の図を参考にして答えなさい。

［2］次のA～Cの文章を読んで、問いに答えなさい。

A. この川は人吉盆地の山を源流として、①八代平野に流れ、八代湾に流れこむ熊本県内で一番長い河川です。昔は舟を使って荷物を運ぶことなどとてもできない流れでしたが、江戸時代に大がかりな開削事業が始まり、舟が運行できる川になった歴史があります。しかし、2020年7月初め、熊本県をおそった②記録的な集中豪雨により、この川の水系では、12か所ではんらん・決壊しました。この水害では65人の命が失われました。

B. この川は、長野県・山梨県・静岡県の3県を流れています。南アルプスの鋸岳を源流地として、駿河湾に到達しています。昔の（　③　）の国と駿河の国を結ぶため、水運用河川として使用されていました。万葉集でよまれていたり、源氏と平氏が戦ったりと歴史にはたびたび登場する川です。江戸時代の浮世絵師の④歌川広重は、この川の雪中の図をえがきしるしています。この川の上流釜無川の近くには、天竜川の源流である諏訪湖もあり、そこにひろがる⑤諏訪盆地では、古くから特色ある工業が発達しています。

C. この川は、米沢市にある吾妻山付近に源流があり、［　⑥　］県内を延々と流れて庄内町から酒田市に向かい、日本海に流れこむ長い河川です。100万年前に形成された川といわれており、沿岸の各市町村の歴史に深くかかわって現在にいたっています。⑦松尾芭蕉もこの川に縁があることで有名です。県内陸部と酒田市・日本海をつなぐ舟運でこの川は使用されていました。2020年7月末、記録的な豪雨により県内では⑧700棟の家屋が浸水の被害をうけましたが、死者は1人も出ませんでした。

問1　下線部①について、右の写真はこの平野でとれる農作物である。
この農作物は何の原料となっているか、答えなさい。

問２　下線部②に関連して、次の表は暴風、豪雨、洪水、高潮、地震、津波、火山噴火、その他異常な自然現象などによる被害をあらわしたものである。これをみて、あとの（１）～（３）に答えなさい。

自然災害による被害状況

	2013	2014	2015	2016	2017	2018(年)
死者・行方不明（人）	173	280	65	297	129	452
負傷者（人）	1,981	3,421	1,146	3,840	1,509	4,573
住宅被害（棟）						
全壊	264	367	123	9,286	366	7,441
半壊	2,328	1,145	7,264	36,709	2,294	14,852
床上浸水	7,000	7,512	2,930	2,375	5,632	8,566
耕地被害（千ha）	9.7	16.0	7.9	11.8	17.2	14.2
被害総額（億円）	3,659	3,923	2,810	17,553	5,994	（　X　）

（『日本国勢図会 2020/21』より作成）

（１）熊本城も大きな被害を受けた熊本地震をはじめ、地震による被害が大きかったのは西暦何年のことか、この表を参考にして答えなさい。

（２）**2013 年から 2017 年までの被害状況**を読み取った説明として正しいものをア～オから**すべて**選び、記号で答えなさい。

ア．住宅の全壊・半壊が最も多い年が、死者・行方不明者も最も多かった。

イ．死者・行方不明者が最も少ない年は、住宅の全壊・半壊を合計した数も最も少なかった。

ウ．耕地面積の被害が大きければ大きいほど、被害総額は大きくなっている。

エ．住宅の全壊が最も少ない年は、被害総額も最も少なかった。

オ．床上浸水が最も多い年は、耕地面積の被害が最も大きかった。

（３）表中の（　X　）にあてはまる 2018 年の被害総額として正しいと思われるものを、2013 年から 2017 年までの被害状況を参考にしてア～エから１つ選び、記号で答えなさい。

ア．3,784　　イ．4,867　　ウ．11,719　　エ．22,620

問３　（　③　）にあてはまる旧国名を、ア～エから１つ選び、記号で答えなさい。

ア．越中　　イ．美濃　　ウ．三河　　エ．甲斐

問４　下線部④について、この説明にあてはまる作品をア～エから１つ選び、記号で答えなさい。

ア

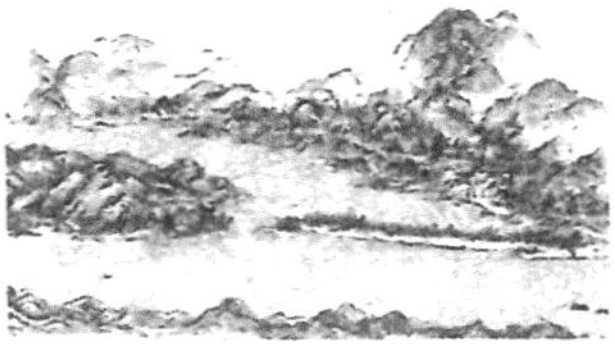

イ

ウ

エ

問2　下線部③について、2000 年から 2008 年の死亡者の数は年々増えているのに、このようになっているのはなぜか。これを説明した文Ｘ・Ｙ・Ｚの正誤の組み合わせとして正しいものをア～キから１つ選び、記号で答えなさい。

Ｘ．その間、出生数が上昇しているから。
Ｙ．その間、婚姻率（こんいんりつ）が上昇しているから。
Ｚ．その間、平均寿命（じゅみょう）が伸びているから。

ア．ＸとＹとＺ　　イ．ＸとＹ　　ウ．ＸとＺ　　エ．ＹとＺ
オ．Ｘ　　カ．Ｙ　　キ．Ｚ

問3　（　④　）にあてはまる語句を答えなさい。

問4　下線部⑤について、次の（1）（2）に答えなさい。

（1）この問題を何というか、漢字４字で答えなさい。

（2）この問題の背景にあるものの説明として**あやまっているもの**をア～エから１つ選び、記号で答えなさい。
ア．女性が社会ではたらくようになり、保育所に預けたい人が増えたから。
イ．核家族化（かくかぞくか）がすすみ、祖母や祖父が子育てをできなくなっているから。
ウ．保育士のはたらく環境（かんきょう）がよくないために、その確保が追い付いていないから。
エ．すべての保育園が幼稚園（ようちえん）といっしょになったため、保育施設の数が減ったから。

問5　下線部⑥について、この具体的な例として**あやまっているもの**をア～エから１つ選び、記号で答えなさい。
ア．老後の生活を保障するために、年金を支給する。
イ．所得の少ない人を助けるために、生活保護費を支給する。
ウ．感染症対策をするために、予防接種を実施する。
エ．安全と治水を確保するために、ダムをつくる。

問6　下線部⑦について、この制度を何というか、カタカナで答えなさい。

問7　表中の下線部⑧について、このなかで最も多くの割合を占（し）めるのは、がんである。この治療（ちりょう）に関する研究でノーベル医学生理学賞を受賞した人物として正しいものをア～エから１つ選び、記号で答えなさい。
ア．カズオ・イシグロ　　イ．本庶佑（ほんじょたすく）　　ウ．山中伸弥（やまなかしんや）　　エ．吉野彰（よしのあきら）

問8　表中の⑨には少子化に関する項目（こうもく）があてはまる。その語句を解答欄に合うように答えなさい。なお、⑨の 1950 年時は 3.65、1970 年時は 2.13、1990 年時は 1.54 である。

函館ラ・サール中学校
2021. 1. 8

第一次入学試験
国語 解答用紙
（60分）

受験番号	1				

※解答は、楷書ではっきりと記すこと。

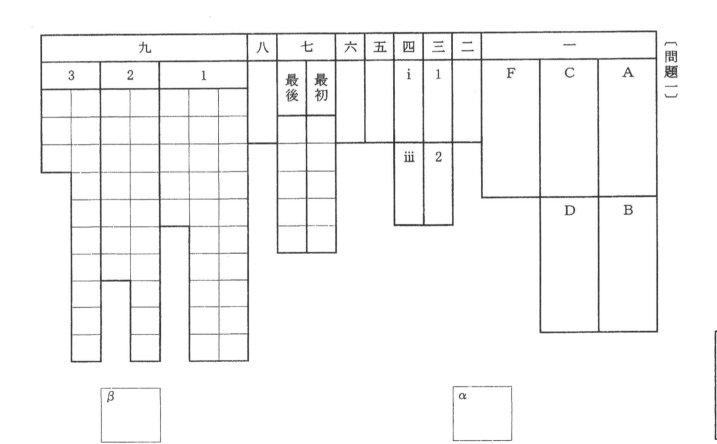

〔問題二〕

一					二	三		四		五	六	七		八	九		
A	B	C	D	F		1	2	i	iii			最初	最後		1	2	3

α

β

＊1

函館ラ・サール中学校

２０２１．１．８

算　数
解答用紙

受験番号 | 1 | | | |

1

(1)	(2)	(3)
		以上　　以下
(4)	**(5)**	**(6)**
人	cm²	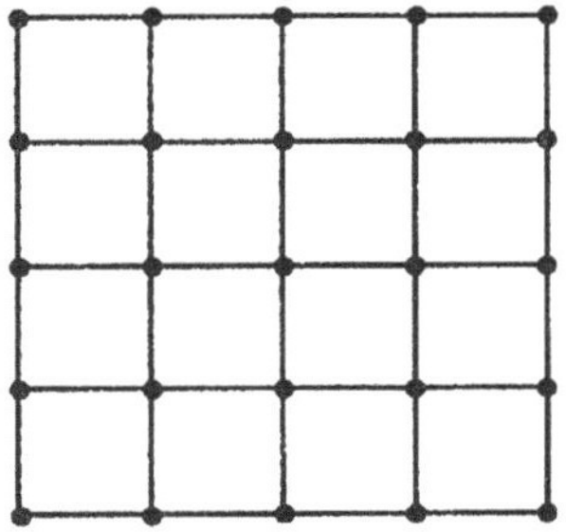

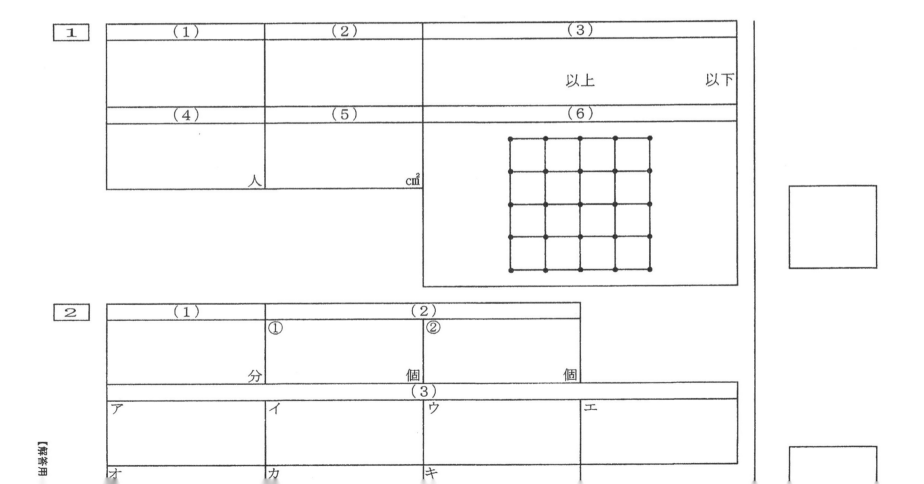

2

(1)	(2) ①	(2) ②	
分	個	個	
(3)			
ア	イ	ウ	エ
オ	カ	キ	

【解答用

函館ラ・サール中学校
2021. 1. 8

理　　科
解　答　用　紙

受験番号 | 1 | | | |

［問題 1］

問 1	問 2 (1)	問 2 (2)	問 3
時速　km	度	万 km	

問 4	問 5	問 6
座	座	座

問 7		問 8	
星	星座　座	星	温度が最も低い星

［問題 2］

問 1		問 2	問 3	問 4
あ	い			え

問 4		問 5	問 6	
お	か		く	け

【解答用

函館ラ・サール中学校
２０２１年１月８日

社　会
解　答　用　紙

受験番号 | 1 | | | |

［　1　］

問 1

問 2

問 3	問 4	問 5	問 6

問 7	問 8	問 9	問10	問11

問12

［　2　］

問 1	問 2 （1）	問 2 （2）

【解答用

問２（３）	問３	問４	問５

問６	問７

問８

［ ３ ］

問１	問２	問３

問４（１）	問４（２）	問５
問題		

問６	問７	問８
制度		率

※50点満点
(配点非公表)

km				

問5	問6	問7	問8	
実験		g	g	

問9	問10	
mL	%	

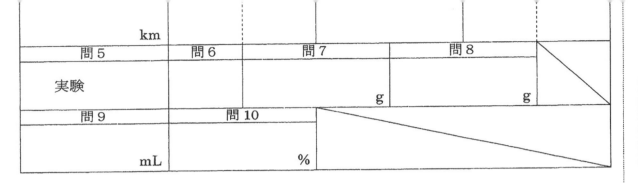

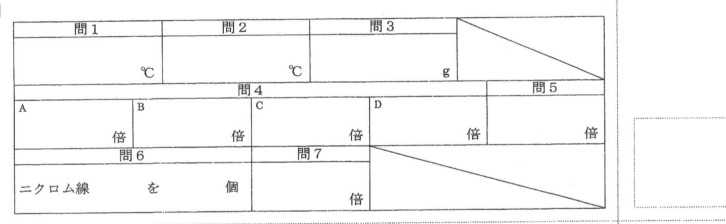

［問題4］

問1	問2	問3	
℃	℃	g	

問4				問5
A 倍	B 倍	C 倍	D 倍	倍

問6	問7	
ニクロム線　を　個	倍	

※50点満点
(配点非公表)

3

(1)	(2)	(3)
cm²	cm²	cm²

4

(1)	(2)
cm³	cm³

5

(1)	(2)	(3)
個		個

6

(1)	(2)	(3)

※100点満点
(配点非公表)

〔問題二〕・〔問題三〕

七					六		五	四	三	二	一
5	4	3	2	1	2	1					A
		I									
		II									D

β

α

＊2

＊計

※100点満点
(配点非公表)

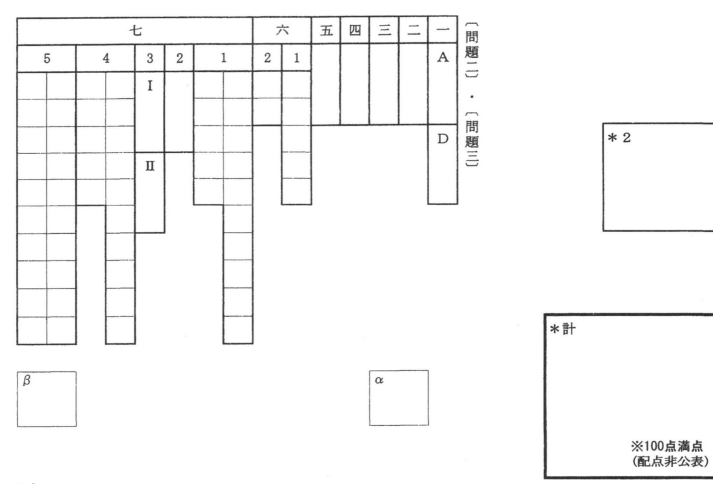

［3］ 次の文章を読んで、問いに答えなさい。

小学６年生のみなさんの多くは西暦2008年生まれであると思います。この年の８月８日、８という数字を好む開催国の首都（ ① ）でオリンピックが開催されました。

（ ① ）オリンピックが終わった翌月、（ ② ）では大銀行が経営破たんをしていました。世界経済の中心的な国である（ ② ）でおきた経済危機は世界を巻きこみ、2008年後半の世界経済は大変困難な状況になっていましたが、世界は何とかこの危機を乗り越えました。

今度は日本国内に注目してみます。③2008年は、日本人の人口が史上最も多かった年でした。次の表は2000年からいまにいたるまでの人口に関する資料です。わずかずつではありますが、2008年以降、人口は減少しています。日本政府は人口減少にともなう労働者の不足を、一定の能力が認められる（ ④ ）労働者に求め、その受け入れを拡大させていく方針ですすんでいます。

また、大きな都市では⑤子どもを保育施設に入所させたいけれども、受けいれてくれる所がないという問題が解消できていません。他にも高齢化の問題がすすんでいます。これにより⑥社会保障に関する支出が予算の中で最も多くの割合を占めています。この支出をおぎなうため、政府は国民が税や社会保険料をきちんと納めているかを把握できるように、⑦日本に住民票をもつすべての人が12ケタの番号をもつしくみをつくりました。

昨年からは新型コロナウイルス感染症の拡大という大きな困難に直面しています。2020年は、東京でオリンピックが開催されることになっていましたが、実現されませんでした。この先の私たちの未来はどのようになっていくのか、しっかりと向き合っていきたいものです。

西暦（年）	人口（万人）	出生数（万人）	千人に対する婚姻率	⑧死亡数（千人）	平均寿命（歳）		⑨
					男	女	
2000	12,693	119.1	6.4	962	77.72	84.60	1.36
2005	12,777	106.3	5.7	1,084	78.56	85.52	1.26
2008	12,808	109.1	5.8	1,142	79.29	86.05	1.37
2010	12,806	107.1	5.5	1,197	79.55	86.30	1.39
2015	12,709	100.6	5.1	1,290	80.75	86.99	1.45
2018	12,644	91.8	4.7	1,362	81.09	87.26	1.42

（『日本国勢図会（2019／20）』より作成）

問１ （ ① ）（ ② ）にあてはまる都市と国の組み合わせとして正しいものをア～エから１つ選び、記号で答えなさい。

ア．① ― 北 京　② ― アメリカ　　イ．① ― 北 京　② ― ドイツ
ウ．① ― ソウル　② ― アメリカ　　エ．① ― ソウル　② ― ドイツ

問5　下線部⑤について、この地域の工業の歴史を説明したものとして**あやまっているもの**をア～エから１つ選び、記号で答えなさい。

ア．戦前は富岡製糸場があったことから、生糸を生産する製糸業がさかんであった。

イ．戦後はカメラの部品や時計などを生産する、精密機械工業がさかんであった。

ウ．1980 年以降は、電子部品やプリンタなどの電気機械工業がさかんになった。

エ．現在は電気機械生産が海外に移り、医療器具などの超精密機械の生産をおこなっている。

問6　右のグラフは、Cの川の中流域の盆地で生産され、[⑥]県が全国１位の生産量をほこる農作物のものである。この農作物は何か、答えなさい。

（『日本国勢図会2020/21』より作成）

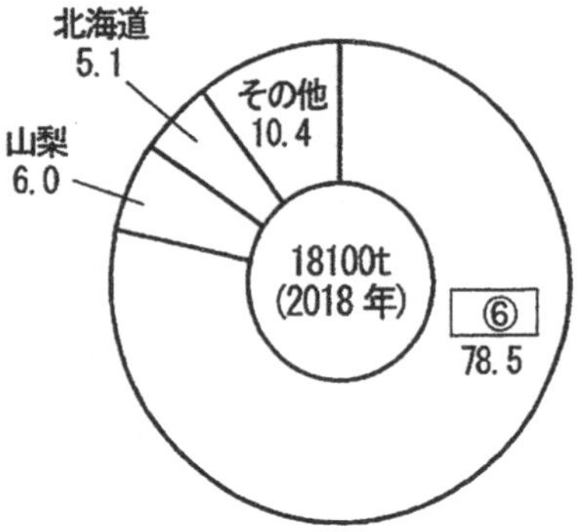

問7　下線部⑦について、この江戸時代の俳人は「さみだれを　あつめてはやし[　　]川」という句をよんだ。[　　]には、Cが説明している川の名前が入る。この意味として最も ふさわしいものをア～エから１つ選び、記号で答えなさい。

ア．小さな木々でも集まれば、この川周辺のように林になっていくものなのだなぁ。

イ．ゆたかな森をとおるこの川がそそぐ海は、海草が林のように育っていくのだなぁ。

ウ．梅雨の時期の雨を集めてきたように、この川は流れがはやいなぁ。

エ．台風が来ればいつも、木々がたおれてこの川を埋めつくすのだなぁ。

問8　下線部⑧について、次の表は2020 年におこったA川とC川の集中豪雨によるはんらんと、その状況に、気象庁や市町村が対応した時刻を示している。A川では６５人の命が失われたのに対して、C川では１人の死者もでなかった。A川のはんらんによって多くの人の命がうばわれた理由として考えられることを、この表から２点読みとって説明しなさい。

	警戒レベル４の発表	避難指示	川のはんらん	死亡人数
A川の流域	４：２０	５：１５	５：５０頃	６５人
C川の流域	１７：１５	１９：３０	２４：００頃	０人

※警戒レベル４とは、危険な地域から全員避難をするべきレベル

問7　下線部⑥について、この時代に日本に伝えられた外国の商品や文化として**あやまっているもの**をア～エから１つ選び、記号で答えなさい。

ア．ヨーロッパで使用されていた鉄砲(てっぽう)や火薬が、日本に伝えられた。

イ．中国で作られた生糸(きいと)などが、ヨーロッパ人によって持ちこまれた。

ウ．こしょうや薬など、東南アジアでとれた商品が日本に伝えられた。

エ．墨(すみ)の濃淡(のうたん)と金箔(きんぱく)を使って、人々の生活をえがく水墨画(すいぼくが)が日本に伝わった。

問8　下線部⑦について、ヨーロッパ人によって伝えられたキリスト教に関する説明として、**あやまっている**ものをア～エから１つ選び、記号で答えなさい。

ア．大名の中には、貿易をするためにキリスト教を保護するものもあらわれた。

イ．織田信長は、自分の領地内でキリスト教を布教することを禁止した。

ウ．日本に来た宣教師は、キリスト教を広めるため各地に教会や学校を建てた。

エ．キリスト教を広めるおそれのあるポルトガルは、のちに日本への来航を禁止された。

問9　下線部⑧について、長崎の料理を説明した文Ｘ・Ｙの正誤の組み合わせとして正しいものをア～エから１つ選び、記号で答えなさい。

Ｘ．ヨーロッパ人がもちこんだ砂糖を使って、コンペイトウやカステラが作られた。

Ｙ．中国の料理をもとに、野菜をたくさん使ったちゃんぽんが作られた。

ア．Ｘ－正　Ｙ－正　　イ．Ｘ－正　Ｙ－誤

ウ．Ｘ－誤　Ｙ－正　　エ．Ｘ－誤　Ｙ－誤

Ｄ．1853年に日本にやって来たアメリカの黒船によって、⑨江戸幕府は開国を迫られ、それまでの外交政策を変えることになった。その後、江戸幕府がたおされ明治政府が成立すると、⑩近代化のためのさまざまな政策が進められた。この時、西洋の文明が一気に日本に流入し、⑪当時の人々は積極的に西洋の文化を取り入れ、それらを日本文化に取(と)り込(こ)んでいった。

問10　下線部⑨について、日本の開国に関する次のできごとを時代の古い順にならべたとき、３番目に来るものを、ア～エから１つ選び、記号で答えなさい。

ア．薩摩藩や長州藩を中心とする軍隊と旧幕府軍の間で、戊辰(ぼしん)戦争がおこった。

イ．薩摩藩の武士が、通りがかったイギリス人をおそう生麦事件が発生した。

ウ．徳川慶喜は政権を天皇に返上し、約260年続いた江戸幕府は消滅した。

エ．江戸幕府とアメリカの使節ペリーの間で日米和親条約が結ばれ、下田と函館が開港された。

問11　下線部⑩について、明治時代におこなわれたできごとの説明として正しいものをア～エから１つ選び、記号で答えなさい。

ア．大久保利通は江戸幕府が結んだ不平等条約を、交渉の末改正することに成功した。

イ．西郷隆盛は自由民権運動の中で国会の開設をもとめ、憲法の制定にも協力した。

ウ．渋沢栄一は銀行など500以上の会社を設立し、日本の経済の発展に力をつくした。

エ．モースは日本美術のすばらしさをあらためて評価し、東京美術学校の設立に協力した。

問３　写真ａと写真ｂについて、長屋王と一般の人々の食事を説明した文Ｘ・Ｙの正誤の組み合わせとして正しいものをア～エから１つ選び、記号で答えなさい。

Ｘ．当時は、貴族も一般の人々も、はしとさじを使って食事をしていた。
Ｙ．貴族はご飯以外に、地方からおくられてきた特産品をおかずとして食べていた。

ア．Ｘ－正　Ｙ－正　　イ．Ｘ－正　Ｙ－誤
ウ．Ｘ－誤　Ｙ－正　　エ．Ｘ－誤　Ｙ－誤

Ｂ．平安時代の終わりごろになると、貴族にかわって武士が力を持つようになり、平清盛を中心とする平氏が政治をおこなった。これに対して関東で勢力を回復させた③源頼朝（みなもとのよりとも）は、全国に散らばっていた源氏の勢力を集めて平氏を滅ぼし、鎌倉（かまくら）にはじめて武士による幕府を開いた。幕府では、将軍は武士たちの土地所有を認めるかわりに、武士たちが幕府のために戦う関係が結ばれた。源頼朝は武士としてはじめて日本全国を支配した。
　３代将軍の源実朝が頭痛のため僧侶（そうりょ）にお祈（いの）りをお願いした時に、④栄西は良い薬として中国から持ち帰った茶を将軍にすすめ、これにより源実朝は健康を回復したといわれている。これ以降⑤武士の間で茶を飲む習慣が広まった。

問４　下線部③について、この人物に関する次の説明を時代の古い順にならべたとき、３番目に来るものをア～エから１つ選び、記号で答えなさい。
ア．平氏との戦いに勝利し、全国に守護と地頭を設置した。
イ．東北地方に大きな勢力をたもっていた、奥州（おうしゅう）の藤原氏を討伐（とうばつ）した。
ウ．関東で戦いをはじめ、その後、鎌倉で武士の政権のための準備を進めた。
エ．木曽（きそ）の源義仲（よしなか）や奥州の源義経（よしつね）など、各地の源氏と協力して戦いを進めた。

問５　下線部④について、栄西は茶のほかに中国から新しい仏教である禅宗（ぜんしゅう）を伝えた。この禅宗とは座禅によりさとりを開くことを目的とした宗派であった。この寺院として**あてはまらないもの**をア～エから１つ選び、記号で答えなさい。
ア．龍安寺（りょうあんじ）　イ．中尊寺　ウ．慈照寺（じしょうじ）（銀閣）　エ．鹿苑寺（ろくおんじ）（金閣）

問６　下線部⑤について、茶を飲む習慣は「茶の湯」として戦国大名たちの間に広まり、茶を飲む作法が決められていった。この作法をつくりあげた人物を答えなさい。

Ｃ．長崎は、⑥安土桃山時代から江戸時代にかけて、中国や東南アジア、ヨーロッパへの窓口の役割を果たした。⑦ポルトガル人やオランダ人、中国人との貿易を通じて、長崎は西洋文化と中国文化、日本文化が交流する場となり、日本・中国・ヨーロッパが同居する独特の文化が形成された。料理でも、⑧ヨーロッパ伝来のお菓子のほかに、中国料理も融合（ゆうごう）して、日本の郷土料理としては珍（めずら）しい味付けが特徴（とくちょう）となった。

この実験では，ニクロム線から発生する熱量は，ニクロム線の電流の流れにくさ（抵抗(ていこう)値）に反比例します。

問４　ニクロム線 A～D の各抵抗値は E の抵抗値の何倍ですか。それぞれ整数またはそれ以上約分できない分数で答えなさい。

問５　ニクロム線 D と比べて長さが４倍，直径が３倍のニクロム線 F の抵抗値は E の抵抗値の何倍ですか。整数またはそれ以上約分できない分数で答えなさい。

次に，ニクロム線 A を２つ並列につないだものを G とし，G を 20℃の水 100 g が入った容器に沈めて５分間電流を流したところ，水の温度が 28.4℃になりました。

問６　A～E いずれか１種類のニクロム線を何個か並列につないで 30℃の水 100 g が入った容器 a に入れて５分間電流を流したところ，水の温度が 40.5℃になりました。A～E のどのニクロム線を何個並列につなぎましたか。

問７　問６のニクロム線全体の抵抗値は E の何倍ですか。整数またはそれ以上約分できない分数で答えなさい。

ラサ夫：　「そういえば日本の多くのミネラルウォーターはカルシウムが少なめだって聞いたことがあるけれど，黒松内は違うの？」
おじいさん：　「どうやら地下には石灰岩がたくさんあるって話だよ。」
ラサ夫：　「ちょっと待って。石灰岩って主に炭酸カルシウムでできているんだよね。炭酸カルシウムは水にとけにくいはずだけど，不思議じゃない？」
お父さん：　「ラサ夫，するどいねぇ。炭酸カルシウムの性質について，あとで実験してみようか。ところでラサ夫，おじいちゃんの家のやかん，ふたを開けて内側を見てごらん。」
ラサ夫：　「うわっ！ 白い粉がびっしり付いている！ おじいちゃん，何これ？」
おじいさん：　「なんだろうね。これもあとで考えてごらんよ。」
ラサ夫：　「じゃあ，ちょっとけずって持ち帰るね。」

問１　ラサ夫君の家から黒松内町のおじいさんの家までの距離は何 km ですか。整数で答えなさい。必要があれば，小数第１位を四捨五入すること。

問２　次のア～カから，炭酸カルシウムをふくまないものを２つ選び，記号で答えなさい。
ア．ホタテの貝がら　　イ．重曹（じゅうそう）　　ウ．チョーク
エ．ニワトリの卵のから　　オ．大理石　　カ．水晶（すいしょう）

後日，ラサ夫君とお父さんは次のような実験をしました。
〔実験１〕　ラサ夫君のお父さんは，せんべいなどの袋（ふくろ）に入れられている乾燥剤（かんそうざい）の白い粉を注意深く水に溶（と）かし，その後しばらくしてから上澄（うわず）みだけを取り出して，無色透明（とうめい）の水溶液Ａを作りました。
〔実験２〕　ラサ夫君はこの水溶液Ａにストローで息を吹（ふ）き込むと，水溶液Ａは白くにごりました。
〔実験３〕　実験２の後，さらに息を吹き込み続（つづ）けると，水溶液Ａの白いにごりは消えました。
〔実験４〕　実験３の後，にごりが消えた水溶液Ａをガスコンロを用いて加熱すると，再び白くにごりました。
〔実験５〕　５個の容器に，あるこさの塩酸をそれぞれ 50 mL ずつ入れ，そこに炭酸カルシウムの純度が 90％の粉末Ｘを加えました。加える粉末Ｘの量をいろいろ変えてみて，出てくる気体の体積をはかると次のような結果が得られました。

粉末Ｘ [g]	0.4	0.8	1.2	1.6	2.0
気体[mL]	86	172	258	300	300

る必要がある。西浦教授はRを2.5と見積もった。4月上旬時点で爆発的な感染増加が進んでいた欧州(おう)各国のうち，平均的な増加傾向(けいこう)を示すドイツの再生産数だ。

この場合，$0.1\times(10-a)\times R$ の値が1より小さくなるaの値は［き］より大きいことがわかる。ここで，1日の新規感染者数が500人まで増えた段階から接触を減らす施策を講じることを考える。a＝［き］の場合にはその後も連日同じ人数の新規感染者が出るだけで，流行の拡大はいつまでも続く。a＝6.5なら新規感染者数は減少に転じるが，緊急事態宣言前の100人に減るまでには約70日以上かかる。だが，a＝7なら約［く］日間，a＝8なら約［け］日間で済む。

さらに，感染が起きてから検査で陽性が判定されるまでの間には，約2週間のタイムラグがある。従って，4週間で流行を縮小し，その効果を確認するためには，最低でも8割減を達成する必要があるのだ。

問5　文章中の空らん［き］にあてはまる数値を整数で答えなさい。必要があれば，小数第1位を四捨五入すること。

問6　文章中の空らん［く］，［け］にあてはまる数値をグラフから読み取り，それぞれ整数で答えなさい。

問題3］　函館に住む小学校6年生のラサ夫君は，夏休みにお父さんと函館の北に位置する黒松内町にあるおじいさんの家に遊びに行きました。以下はその時のラサ夫君とお父さん，おじいさんの会話です。これを読んで，あとの各問いに答えなさい。

ラサ夫：「やっと着いたね。函館からほとんどまっすぐの道を，休けいせずに2時間40分，車で走ったね。」

お父さん：「車のコンピュータによると，家を出てからおじいさんの家まで，平均時速は48.6 km/時だって。」

ラサ夫：「おじいちゃん，こんにちは。お久しぶり！」

おじいさん：「おぉ，ラサ夫，よく来たね。疲れたっしょ。のどがかわいてないかい？台所へ行って水を飲むといいよ。」

ラサ夫：「ありがとう。・・・・・・おじいちゃんの家の水はおいしいなぁ。」

おじいさん：「うちの水は井戸からくんでいる天然水だからね。このあたりの地下水は，カルシウムをたくさんふくんでいるらしいのさ。」

［問題 2］　以下のAおよびBの文章を読んで，あとの各問いに答えなさい。

【A.　ウイルスを殺菌(さっきん)!?】

ある商品のパッケージに「ウイルスを殺菌」というキャッチコピーが印刷されているのを見て，タカシ君は違和(いわ)感を覚えた。殺菌は菌を殺すと書く。ということは，ウイルスは菌なのだろうか。そして，ウイルスは生きているのだろうか。最近ニュースなどで₁新型コロナウイルスは細胞(さいぼう)からできておらず，主にタンパク質と，RNA という遺伝物質からなる『RNA ウイルス』であることを知った。そもそも菌とは何を表しているのだろうか。

図書館に行ってウイルスや菌について調べてみると，ウイルスは他の生物の生きた細胞に入り込(こ)み，その生物の力を使って増えることや，ウイルスはとても単純なつくりをしているので，食べたものを消化する胃や腸などが存在しないこと，菌について調べる過程で生物は大きく５つのグループに分けられることを知ることができた。生物が５つのグループに分けられるということをより詳(くわ)しく調べてみると，この５つのグループはそれぞれ界と呼ばれ，界にはライオンやモンシロチョウのなかまが属する［　あ　］界，アサガオやイヌワラビのなかまが属する［　い　］界，カビやキノコのなかまが属する菌界，アメーバやゾウリムシのなかまが属する原生(げんせい)生物界，細菌やシアノバクテリアのなかまが属する原核(げんかく)生物界があることが分かった。しかし，いくら調べてもウイルスはこの５つの界のどれにも属していなかった。ウイルスは生物ではないのだろうか。

家に帰ってきてから，生きているとはどういうことなのかについて図書館で調べるのを忘れていたことに気づいたタカシ君は，そもそも生物とはどのようなものなのかをインターネットを使って調べてみた。すると，生物とは以下の３つの条件すべてを満たすものなのだそうだ。

①　細胞からできており，体内と体外を分ける仕切りがあること。
②　栄養を摂取(せっしゅ)し，それを体内に吸収してからだをつくり，排出(はいしゅつ)物を体外に出すこと。
③　他種の生物の力を借りずに，自分たちだけで自分たちの子孫を残すことができること

この３つの条件のうち，［　う　］を満たしていないので，ウイルスを生物とよぶことはできないのではないだろうか。生き物でないものを殺すことはできないので，商品のキャッチコピーを見て感じた違和感は正しく，ウイルスを殺菌するという表現は間違っているのではないだろうかとタカシ君は思った。

問１　文章中の空らん［　あ　］および［　い　］にあてはまる言葉を**漢字２字**で答えなさい。

(2) 地球が1日あたりに進む公転距離(きょり)はおよそ何万 km ですか。円周率を 3.14 として，千の位以下を切り捨てて万の位までの整数で答えなさい。

問3 図の B の位置に地球があるとき，日本は何月ですか。次のア～エから選び，記号で答えなさい。

ア．3月　　イ．6月　　ウ．9月　　エ．12月

問4 図の A の位置に地球がある日，日本で星座を観察すると真夜中 0 時にしし座が真南に見えました。その2時間後に真南に見える星座は何ですか。図中の星座名で答えなさい。

問5 図の D の位置に地球がある日，日本で星座を観察すると真夜中 0 時におうし座が真南に見えました。その1ヶ月後の真夜中 0 時に真南に見える星座は何ですか。図中の星座名で答えなさい。

問6 ある日，地球から見ると太陽とさそり座が重なっていました。その日から毎日，太陽と星座の重なり方を調べたとき，太陽はいて座とてんびん座のどちらの方に移動していくように見えますか。星座名で答えなさい。

日本で夜空の星を観察すると，春には，北斗七星の柄(え)にあたる星から，「春の大三角」をつくる星の1つである，うしかい座のアークトゥルス，おとめ座のスピカをつなぐ「春の大曲線」を見ることができます。夏になると，天の川と「夏の大三角」を見ることができます。秋には「秋の四辺形」が頭上近くに現れます。そして，夜空が最もにぎわう冬には「冬の大三角」が見え，それを形つくる星の色が違(ちが)って見えるのがわかります。星の色が違って見えるのは，星の表面温度の違いによるもので，表面温度が低い方から順に，赤色→黄色→青色→青白色のように見えます。

問7 北の空の星で，一晩中，ほとんど動かないように見える星の名前を答えなさい。また，その星がふくまれる星座の名前を答えなさい。

問8 冬の大三角をつくる一等星の中で，最も明るく見える星の名前を答えなさい。また，表面温度が最も低いと考えられる星の名前を答えなさい。

5 2021個の電球があり，順に1，2，3，…，2021と番号がついている。最初，これらの電球のスイッチはすべてOFFである。これらの電球に対して次の操作を行う。

操作1：番号が1の倍数であるすべての電球のスイッチのONとOFFを切り替える。

操作2：番号が2の倍数であるすべての電球のスイッチのONとOFFを切り替える。

操作3：番号が3の倍数であるすべての電球のスイッチのONとOFFを切り替える。

操作4：番号が4の倍数であるすべての電球のスイッチのONとOFFを切り替える。

⋮

操作2021：番号が2021の倍数であるすべての電球のスイッチのONとOFFを切り替える。

（1）操作2が終わった時点で，スイッチがONになっている電球は何個ありますか。

（2）操作36が終わった時点で，番号36の電球のスイッチはONかOFFか答えなさい。

（3）操作2021が終わった時点で，スイッチがONになっている電球は何個ありますか。

４　次の問いに答えなさい。

（１）底面の半径が 2㎝ の円である円柱の右端（みぎはじ）と左端（ひだりはし）から，切り口が平行になるように体積が同じ立体を切り取って，下の図のような立体を作りました。この立体の体積は何㎤ですか。

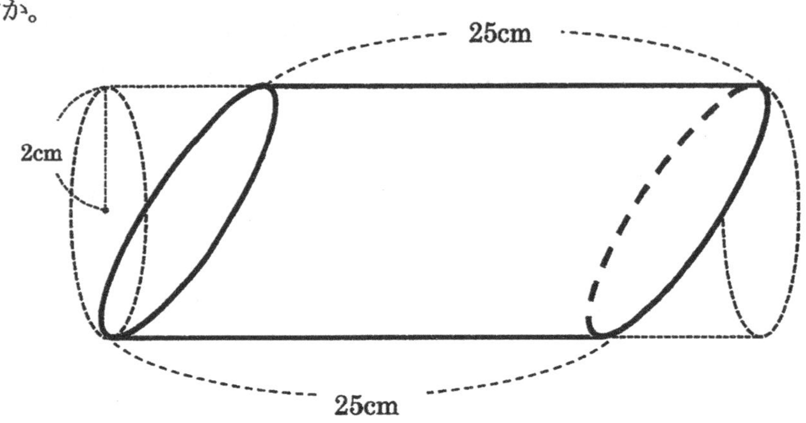

（２）底面の半径が 2㎝ の円である円柱の右端と左端から，切り口が平行にならないように体積が同じ立体を切り取り，図1 のような立体を作りました。これと同じ立体を 4 つ作り，それらを組み合わせて図2 のような立体を作りました。切り口の面はぴったりと重なっています。この立体を机に置き真上から見ると図3 のようになります。図2の立体の体積は何㎤ですか。

図1

図2

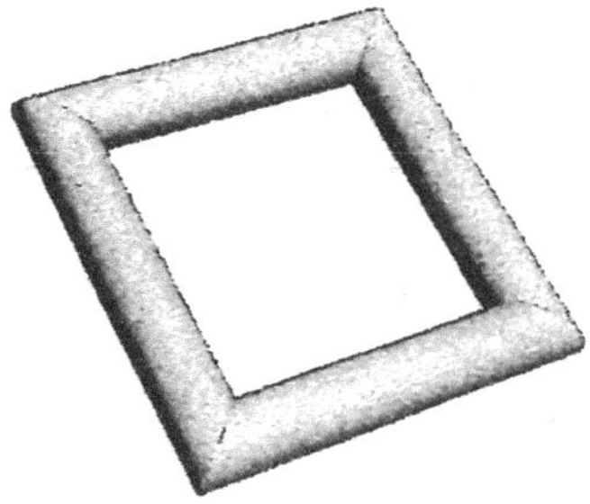

図3

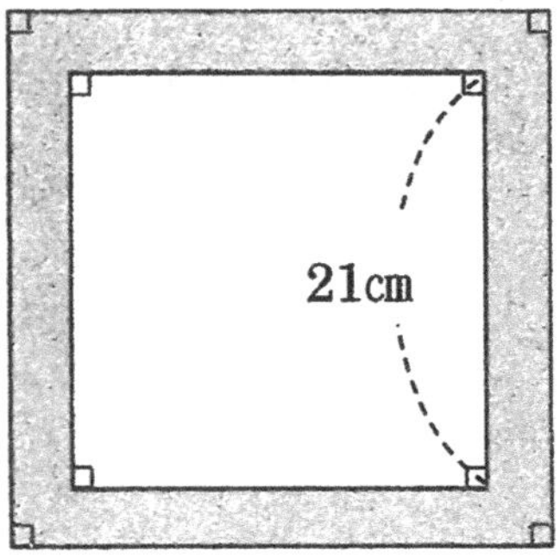

2

（1）ある映画館で，入場券の販売開始時刻には，すでに200人の行列ができており，販売開始後も1分間に1人の割合で入場券を買い求めるお客さんが行列の後ろに並んでいきます。そして，入場券販売窓口を一つにして入場券を売り始めると，ちょうど100分後に行列はなくなりました。もしこのとき，入場券販売窓口を2つにしていたら，何分で行列はなくなったでしょうか。ただし，どちらの入場券販売窓口も1人当たりにかかる時間は同じとします。

（2）大きさの違う三角形が30個あります。このうち，2 つの角が等しい三角形は 12 個あり，その中に 3 つの角がすべて等しい三角形は 4 個あります。また，直角を含む三角形は 20 個あります。次の問いに答えなさい。

① 直角二等辺三角形は最も多い場合でいくつありますか。

② 直角二等辺三角形は最も少ない場合でいくつありますか。

（5）1目盛りが10㎝である方眼に，点Eを中心とする円の一部である曲線ABを，点Fを中心とする円の一部である曲線BCを，点Hを中心とする円の一部である曲線CDを，点Gを中心とする円の一部である曲線DAをかきました。またEF，GHを直径とする円をかきました。斜（しゃ）線部分の面積は何㎠ですか。

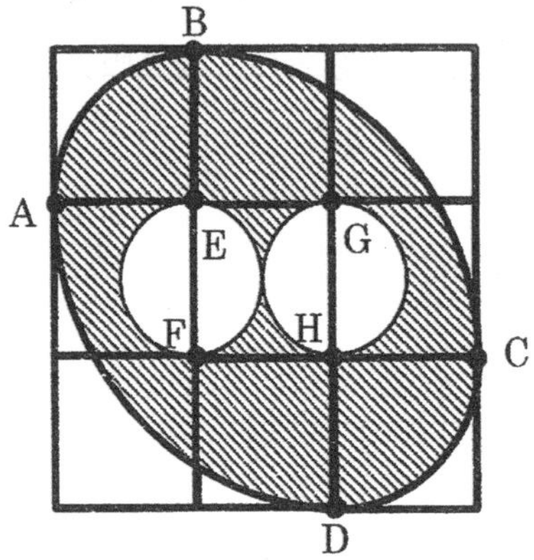

（6）下の図のように方眼に25個の点があります。4つの点を結んで，面積が10㎠の正方形を解答用紙の方眼にかきなさい。ただし，方眼の1目盛りは1㎝とします。（定規は使わなくてよい）

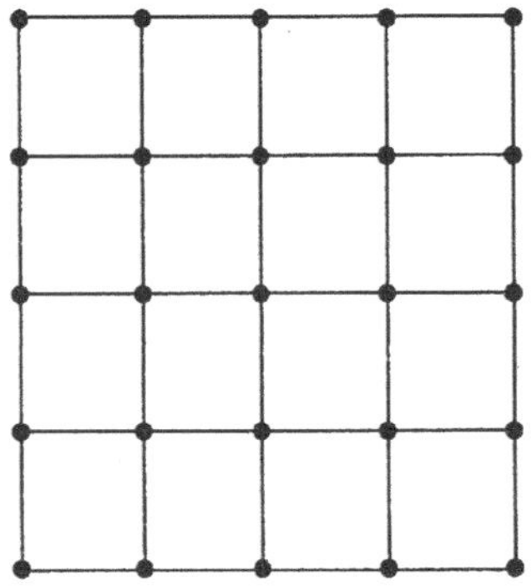

第一次入学試験問題

国語

（60分）

函館ラ・サール中学校
２０２０．１．８

2020(R2) 函館ラ・サール中
K 教英出版

〔問題一〕 次の文章を読んで後の問いに答えなさい。

表情がないと顔の魅力がなくなるのはなぜでしょうか。

表情の中では、笑顔が特に大切です。たくさんの人が並んでいる中で、笑顔は目に付きやすく、笑顔の顔は記憶されやすいといわれています。

それには脳の働きが関係しています。笑顔は、脳にとって報酬として働くというのです。1センジュツしたように、笑顔の顔と名前との記憶には、金銭的な報酬をもらうときに活動する、前頭葉にある眼窩前頭皮質が、記憶にかかわる海馬とともに働くのです。

笑顔が報酬となるのは、人の最大の特徴といえるものかもしれません。犬やイルカなど、動物に芸を教えこむ時のご褒美はえさとなりますが、人では違います。もちろん人間でも、ご褒美にご馳走してもらうこともありますが、その目的はご馳走よりも、周りにほめられることではないでしょうか。先生や両親などからほめられることが最高のご褒美（報酬）で、笑顔はその2エンチョウなのです。これは「[A]的な報酬」と呼ばれます。見知らぬ人に電車で座席を譲ってあげたり、道を教えて喜ばれること、そこで見た笑顔もご褒美となるのです。

では、笑顔の逆は、なんでしょうか。怒った顔は、笑顔と同様に素早く認識されます。たくさんの群衆の中で怒っている顔を見つけたら、危険人物として近づかない[B]です。避けなくてはいけない危険人物を記憶することは、生き抜く上では大切なことだからです。

より現実的な問題でいえば、近所でなんとなく不審な行動を取るような人、友達関係でも貸したお金が返ってこないような人、そんな油断のならない人物は後々損をこうむらないように、頭に入れておかねばなりません。そういうことから信頼感のない顔は、記憶しやすいといわれています。ただし、記憶する脳の仕組みが、笑顔とは違っています。顔や人物のネガティブな情報の処理や、社会的・精神的に傷つく感情の処理、そして罰の処理に関与するといわれる島皮質と記憶にかかわる海馬との相互作用があるといわれています。損をしないように脳が働いているかのようです。

自分の身体の一部であるはずの顔は、単なる身体の一部という枠をこえ、①周囲の世界と自分とをつなぐ、パイプ役となっているようです。

コミュニケーションの基本となる表情は、社会の中で生きていく上では欠かせないものですが、動物も表情を読み取ることができます。表情は、社会をつくる動物にも備わっているのです。ただし動物では顔ではなく、身体全体で情動を表現します。

イヌを飼っている人ならば、実感できるでしょう。吠えるイヌは、毛を逆立てて尻尾をたちあげています。身体を大きく見せて、怒りを表現しているのです。降参した方のイヌは、尻尾を丸めて足の間にはさみます。ひっくり返って、おなかを見せることもあります。自分の弱い部分を見せて、攻撃する意思がないことを示しているのです。このように表情は、イヌ同士の社会関係をつくるために利用されているのです。

イヌやネコが好きでよく一緒に遊んでいる人には、笑いの3キゲンを見つけることもできるかもしれません。息を荒らげて舌を出すイヌの口元はほころんでいて、そこに喜びが表現されているのです。猫も遊びがこうじて興奮すると、こうした表情を見せることがあります。

動物にキゲンを持つ表情表現は、人間では顔に集中するようになりました。表情は生まれつきで、世界共通といわれています。外国に行って言葉が通じなくても、ジェスチャーを使えば、意思の疎通ができます。それは感情表現が共通だからです。

悲しいときは涙を流して泣き、うれしいときはにっこり笑う……基本的な喜怒哀楽が表情で通じないとしたら、困りものです。

とはいえその一方で、表情にも文化差があることがわかりました。そもそも「郷に入っては郷に従え」ということわざがあるように、文化が変われば「振る舞い」も変わることは自明のことでもあります。ホームステイなどで海外の暮らしを体験してみると、ちょっとした違いを感じることもあるでしょう。特に欧米で暮らすとなると、いつもハイに演じ続けるしんどさを感じる人もいるでしょう。喜びは積極的に表現しなくてはいけない、知らない人でもすれ違ったらにっこり挨拶(あいさつ)をする、そんな習慣に疲(つか)れてカルチャーショックで引きこもってしまう学生もいると聞きます。

欧米と日本とでは、②表情をどう表出すべきかのルールが違うのです。プレゼントをもらったとき、テストでよい点を取ったとき、ポジティブな感情は大げさに表現するように、欧米では求められるのです。一方の日本では、自分だけが得したことを大っぴらに表現することを控(ひか)えます。周りの目を気にして、喜びを大げさに表現することを控える日本人の行動は、欧米では不審に思われてしまうことすらあります。まさしく異文化です。

マスコミの前で赤ん坊(あかんぼう)のように大泣きする議員が、話題になったことがあります。いい年をした大人が人前で恥(は)ずかしいと、日本人でも［ C ］を持ちますが、人前でネガティブな表現を自制する傾向(けいこう)が強い欧米では、さらにありえないこととして映ることでしょう。

このようなふるまいの違いだけでなく、相手の表情を見るとき、顔のどこに注目するかが、文化によって異なることもわかりました。先にも触(ふ)れたように、相手の表情を読み取る時、欧米人は顔をくまなく見るのですが、③日本人は相手の目に注目するのです。

これには、表情のつくり方の違いが影響(えいきょう)しているようです。欧米人の表情はどちらかというと意図的に大きく表現されますが、そうした場合、口に大きく表現されます。口角をしっかりと上にあげて大きく喜びを表現するのが、欧米人の表情のつくり方だとすると、目でにっこりと自然な表情をつくり出すのが、日本人です。

喜びを大げさに表現しない日本人の表情は、欧米と比べると動きが小さいのです。その小さい表情の変化を読み取るように、目に注目するのです。文化による見方の違いは、なんと一歳(さい)未満の小さいころから始まっていることもわかっています。

文化による洗礼は、とても早い時期に成立するのですが、遺伝子のかかわりも議論されています。攻撃を抑制(よくせい)する神経伝達物質であるセロトニンを運ぶ、セロトニン・トランスポーターの量が、日本人では特に少ない人が多く、アメリカでは逆に多い人が結構いるのです。セロトニン・トランスポーターの量が少なく不安の強いタイプは、日本人の特徴であるともいえるのです。

ピアノの発表会や試合や面接などで、大事な時にあがってしまった苦い経験は、誰でも一度はあることでしょう。しかしそれこそが、日本人の特徴なのです。

こうした人々を束ねる日本文化の特徴に、「相互協調的自己観」があるといわれています。他人との結びつきを優先し、協調性に重きをおき、社会的に逸脱することに対する恐れが強いのです。

その傾向は、「みんな［ D ］」という暗黙の前提で成り立つ中学校や高校で、より大きなプレッシャーとなっている可能性があります。学校生活や友達との関係で、思い当たることはありませんか。他人の目を気にして、自分の意見を曲げたことはありませんか。お昼を誰かと食べなくてはいけないプレッシャーを、感じたことはありませんか。友達と一緒に行動するのは安心ではありますが、度が過ぎると、苦痛となることもありましょう。その気がないのに一緒にトイレに行かなければならないとか、もらったメールにはすぐ返事をしなくてはいけない、そんな強迫観念を持ったことはありませんか。

これらは、日本人の大半を占める不安の高い遺伝子を持つ人々が、互いに不安を抱きあってつくりだした慣習なのかもしれません。それともあるいは、こうした慣習にあう不安の高い遺伝子を持つ人々が、日本の社会に適応しているのかもしれません。いずれにせよ、うまくいっているときは気持ちのいい協調的関係も、行き過ぎると互いに苦しめあったり、自分たちの基準に合わない④<u>異端を排斥してしまう</u>、そんな悪い傾向にも陥りがちなようにも思えます。時には、自分達の持つ特徴や慣習について、自覚してみる必要があるのかもしれません。

（山口真美『自分の顔が好きですか？「顔」の心理学』岩波ジュニア新書より）

（一）――線部1「センジュツ」、2「エンチョウ」、3「キゲン」を、それぞれ漢字に改めなさい。

(二) B、C に入れるのに最も適当なものを、次の中から一つ選び、それぞれ記号で答えなさい。

B…〈 ア だけ　イ こと　ウ よう　エ わけ 〉

C…〈 ア 劣等感(れっとうかん)　イ 悲壮感(ひそうかん)　ウ 屈辱感(くつじょくかん)　エ 拒否感(きょひかん) 〉

(三) A に入れるのに最も適当な語を、本文中から漢字二字でぬき出して答えなさい。

(四) ――線部①「周囲の世界と自分とをつなぐ、パイプ役となっている」とありますが、「パイプ役」はどのようなものですか。最も適当なものを次の中から一つ選び、記号で答えなさい。

ア 周囲の人々に不愉快(ふゆかい)な思いをさせたり損をさせたりすることがないように、自身の感情を正確に周囲へ伝える信号のような働きをするもの。

イ 感情を周囲に伝えるばかりでなく、周囲の人々と良好な関係を築いたり、相手がどのような存在であるかを判断したりするための情報源として役立つもの。

ウ ほめられたり感謝されたりする言葉だけではなかなか伝わってこない、周囲の人々の本当の気持ちに気づくきっかけとなる役割を果たしているもの。

エ 親しい存在に対しては笑顔を作ることで良好な関係を保ち、親しくない存在に対しては警戒(けいかい)する表情を作ることで衝突(しょうとつ)を避ける安全装置のような働きをするもの。

(五) ――線部②「表情をどう表出すべきかのルールが違う」とありますが、それはなぜですか。その理由として最も適当な表現を本文中から十字でぬき出して答えなさい。

(六) ――線部③「日本人は相手の目に注目するのです」とありますが、それはなぜですか。最も適当なものを次の中から一つ選び、記号で答えなさい。

ア 日本人には対人関係に不安を感じる人が多く、相手の感情を素早く読み取って衝突を避けようとするから。

イ　いい年をした大人が感情を大げさに表現するなど日本では珍しいことであり、日本人は驚いてしまうから。
ウ　日本人は幼いころから、大げさな感情表現よりも自然な形の控えめな感情表現をすることになじんでいるから。
エ　うわべをとりつくろった表情とは別のところから、日本人は親しい相手の本当の感情を読み取ろうとするから。

(七)　[D]に入れるのに最も適当なものを、次の中から一つ選び、記号で答えなさい。
ア　仲良し　イ　同等　ウ　公平　エ　友達

(八)　――線部④「異端(いたん)を排斥(はいせき)してしまう」とありますが、それはどういうことですか。その説明をした次の文の[Ⅰ]、[Ⅱ]にあてはまる表現を、本文中の語句を用いながらそれぞれ答えなさい。ただし[Ⅰ]は十字以内、[Ⅱ]は三十字以内とし、句読点も字数にふくめます。

[　Ⅰ　]人物を、[　Ⅱ　]している存在とみなして、仲間はずれにすること。

〔問題二〕 次の各問いに答えなさい。

(一) 次の①～⑤の□に適当な漢字二字を入れ、四字熟語を完成させなさい。

①□方正　②一期□　③□名分　④平身□　⑤□本願

(二) 次のひらがなの元になった漢字をそれぞれ一つずつ選び、記号で答えなさい。

①「や」…〈ア 矢　イ 也　ウ 屋　エ 夜〉

②「ゆ」…〈ア 有　イ 輪　ウ 夕　エ 由〉

③「よ」…〈ア 余　イ 世　ウ 与　エ 代〉

(三) 次の①～③の省略語をそれぞれ省略しない形で答えなさい。

①デジカメ　②マスコミ　③ハイテク

(四) 次の①～④の□にひらがなを一字ずつあてはめて、――線部の言葉をそれぞれ完成させなさい。

①や□□いところがないのなら、堂々としていればよい。

②友だちの方が良い点数だったと知り、ね□□□い気持ちをいだいた。

③思うように成績が上がらないのでも□□□い。

④先生に指図するとは、お□□□□いにもほどがある。

〔問題三〕 次の文章を読んで後の問いに答えなさい。

ディズニー時計の隣の置き時計も懐かしかった。

ピンク色の長方形で、窓の中には文字盤ではなく、数字が書かれた薄い板が三つ並んでいる。

パタパタ時計だ。

いちばん右側の板が一分ごと、真ん中が十分ごと、左側が一時間ごとに回転して、時を告げる。ひと昔前の駅や空港の時刻表示板を、置き時計にしたような1しろものだ。妙な言い方だが、デジタル時計のアナログ版。これが出た当時は、針の時計とはひと味違う、新時代の製品に思えたものだ。ほどなく本物のデジタル時計にあっさり取って代わられたが。パタパタとプラスチックの板が動くから「パタパタ時計」。

高校生の頃には、私も自分の部屋で使っていた。父のお下がりだった。

マイホームを手に入れた代償に、父の通勤時間は片道二時間になってしまい、母より早く起きることも多かったから、両親は別々の目覚まし時計を使っていたのだ。勤務先が変わり、不要になったとかで「何度起こしても起きやしない」と母に叱られてばかりいた私が使うことになったと記憶している。そうか、私が父の時計を譲られたのは、二度目だ。

「それも懐かしいな。パタパタ時計ですよね」

「ああ、フリップ時計ね。それは女房が使っていたやつです。うちには時計だけは腐るほどあるのに、ずっとそればかり使っていてね。ああ、まだ動かせば動きますけど」

彼にとって、時計のコレクションは、家族のアルバムのようなものらしい。時計屋という職業だからこそ可能な贅沢なアルバムだ。

ふいに気づいた。

父と出かけた記憶があまりないのは、我が家のアルバムに父と一緒に写った写真が少ないからだ。少ないはずだ。父はいつもカメラを構えていたのだから。

「じゃあ、これは、お孫さんの生まれた日の記念じゃないですか」
骨董品の陳列コーナーのような品々の中では比較的新しい、アニメの美少女戦士が描かれた目覚まし時計を指さして言ってみた。うちの娘も幼い頃に欲しがったものだ。その娘も、来年の春、結婚する。
図星だろうと思ったのだが、返事がない。時計屋は手押し式のチリ吹きで時計の中の目には見えない埃を払っていた。
「申しわけない。お仕事中にべらべら喋ってしまって」
時計屋がようやく手を止めた。
「いえ、それも娘のです」
結婚して何年かのうちに生まれたのだとしたら、娘さんは五十過ぎのはずだ。別に大人が子ども用の時計を使っちゃいけないことはないが。
時計屋がチリ吹きの空気袋を押し、腕時計に小さな風を吹きつける。ため息をつくように。
「娘はいくつになっても子どものままでね。出産が長引いたせいで、脳にいく酸素が足りなくなったようなのです。まぁ、それで、ちょいとばかり、知的障害がありまして」
①<u>重くなってしまった空気を振り払うつもりで、私は愚鈍な男を装って尋ねる。</u>
「なんの記念日なんですか」
時計の針は、八時三十七分で止められている。成人式？　いや、成人式はないか。時計に描かれた美少女戦士は、私の娘が小学校にあがるかあがらないかの頃のアニメだから、いまから二十年ほど前の品のはずだ。
時計屋が父の腕時計を単眼鏡で見下ろしたまま、ぽとりと言葉を落とした。
「亡くなった時の時間です」
はぽ。
胸から鳩が飛び出した。
「障害は脳だけじゃなかったんです。生まれた最初から、長生きはできないって言われてました」

作業机で背を丸めながら喋っていたから、私にではなく、時計の中の小さな歯車に語りかけているかのようだった。

「生まれた時間を記憶するのなら、亡くなった時間も、覚えておかなくちゃね」

てんでんばらばらな振り子時計の音が、急に耳に戻ってきた。

　ちっちっちっちっ。

　　かちこちかちこち。

　てぃんくてぃんくてぃんく。

時計屋が小さな作業机から立ち上がり、ディズニー時計を手に取った。答える言葉を思いつけない私に、時計の2うんちくを披露する口調で語りかけてきた。

「ほら、こうして、時計の針を巻き戻せば、生まれる前に時間を戻せる」

ディズニー時計の裏側のつまみを回しはじめた。午前四時が、午前三時になり、二時になり、十二時に逆回りし、九時になったところで針を止めた。

「出産が長引くとわかった時、医者に言われたんです。『念のために帝王切開にしましょうか』と」

ディズニー時計の中の白雪姫の、永遠の笑顔を眺めながら、言葉を続けた。

「腹を傷つけるなんてやめてくれ。私、そう言ったんです。なんであんなこと言ってしまったんだろう。後から思えば、なんでもないことだったのに。女房は八つ年下で、私がいうのも何ですが、きれいな女でした。高級時計を手にしていた気分だったんでしょうね。ほら、いい時計は小さな傷ひとつで3だいなしになりますから」

ただ黙って聞いていた。時計屋も私の返事は期待していないようだった。②彼が話しかけているのは、たぶん、私ではないだろう。

私はパタパタ時計に目を向ける。奥にいると思っていた彼の奥さんと顔を合わせるように。表示されているのは、六時を少し過ぎた時刻だ。

作業机に戻り、歯磨きみたいなブラシで時計の裏側をこすりはじめた時計屋が、私がいることを思い出したようにぽつりと呟いた。
「女房はまだ生きています。たぶんね。フリップ時計に残してあるのは、ここを出て行った時刻です」
六時十七分。午前だろうか午後だろうか。
彼が夕方、外出から戻ったら奥さんがいなくなっていた。あるいは、朝起きたら奥さんの姿が消えていた。外へ出ていたのは奥さんのほうで、時計屋に別れを告げる電話をかけてきた時刻かもしれない。
どちらにしても、娘さんが亡くなった直後である気がした。
パタパタ時計は、逆回しができなかったはずだ。一分前に戻すためには、二十三時間五十九分ぶんを動かさなくてはならない。それでも彼はこの時計の時も巻き戻すのだろうか。
六時十七分の前に何か違う行動を取れば、別の言葉をかければ、奥さんが出て行かなかったかもしれないと夢想して。

「さて、終わりました」
時計屋が父の時計を手にして振り向いた。
「すみませんでしたね、こっちの仕事を先にやってもらっちゃって」
私が入ってきた時に修理していたのは、懐中時計だ。
「いや、これはお客さんのものじゃないのでね」
懐中時計の針は、柱時計と同じ十二時三十分すぎで止まっていた。
「ときどき取り出して、面倒を見てやらないと、本当に動かなくなっちまう。止めてあるのと、動かないのとでは大違いですから」
さっさと立ち去りたかったのだが、時計屋は、父の時計を人質にして、話をやめようとしない。
「これは私の親父が持っていたものです。空襲で亡くなりました。上の姉と一緒に。店も家も焼夷弾にやられちまって」

ちっちっちっちっ。

かちこちかちこち。

てぃんくてぃんくてぃんく。

「うちの親父も時計屋でね、ああ、これはさっき話しましたっけ。私は学徒動員で軍需工場に行っていて助かったんです。家へ帰ったら、もう何もかもが燃えてしまっていて。焼け跡のあちこちで時計がどれも勝手な時間を刻んでるんです。空襲の時間に止まっちまったやつ、運良く動き続けているやつ、途中で力尽きた針、分針だけがぐるぐるとんでもない速さで回り続けているのもあった。その時ですよ。私が気づいたのは。時計が刻む時間はひとつじゃない。この世にはいろいろな別々の時間があるってね。おかしいですかね」

私には曖昧に返事をすることしかできなかった。

「ああ……いえ、まあ」

請求された代金は、一万八千円。時計修理の4相場は知らないが、あまりな金額に思えた。失業中の私には痛い出費だ。使うあてがあった時計じゃない。いくらかかるか、最初に教えてくれれば良かったのに。

だが、財布にはぎりぎり支払えるだけの金が入っている。父の形見だと鼻息を荒くしていた私は、払わないわけにはいかなかった。

舐められたくない、という気持ちもあった。私が失業中であることをこの老人が知っているはずもないのに。

金を差し出した時に思い出した。

父がこの時計を買い、私の弁当がちくわと魚肉ソーセージになったのは、ちょうど父親が転職した頃だったことを。

新しい会社では、高い給料が貰えると皮算用していたのか、それとも新しい職場で舐められたくなかったのか。

あるいは経理ではない仕事ができると思って浮かれたのか。

法学部で弁護士をめざしていた父は、在学中に戦争へ行った。戦争が終わり、大学に復学したとたん、すべての法律が変わってしまった。平凡な会社の経理課長であり続けることに、満足していたわけではない父の心は、手の中に握りこめるほどありありとわかる。息子として。同じ男として。
だが、もう話を聞く機会はない。生きていたとしても、自分のことを話すのが嫌いな父は、答えなかったに違いないが。
「時計の針を巻き戻したいって思うことは、誰にでもあるでしょう」
私が答えるまで帰さない、という口調で時計屋が言う。今度は釣り銭を人質にされた。
誰かに話したかったのだろう。あるいは修理を待つ人間に、きっかけさえあれば、語り聞かせている話なのかもしれない。きっと話さずにはいられないのだ。自分の後悔を。自分には別の人生があったことを。
「あなたにだって、あるんじゃないですか」
時計屋が、自分の小さな世界に誘いこもうとするような笑顔を見せた。
③あると言えば、まさにいまがそうだった。
二カ月前に仕事を辞めたのは、定年を三年後に控えた私に、会社が突然異動を命じたからだ。私の会社の場合、夏場の異動は、通常はありえないことだ。入社以来、ずっと営業畑だった私に、庶務課へ行けと言う。
思いあたる節はおおありだった。私は新任の年下の局長としばしば対立していた。まだ四十代の彼が、古いつきあいのクライアントを5ないがしろにし、私には危ない取り引き相手に見える、ベンチャー企業にばかりプレゼンをしかけようとするからだ。上層部の覚えがめでたい局長は、煙たい私を目の前から消したかったのだろう。どうせあと三年だ。我慢することも考えた。娘の結婚式の時に、無職であるかもしれないことも躊躇する理由になった。
だが、正式に異動が通達された翌日、何度も夢想したとおりに、局長のデスクに辞表を叩きつけた。妻には「意地っ張り」と言われた。意地っ張りというより、親父譲りの見栄っ張りなだけかもしれない。
あれで良かったのかどうか、この齢でのまともな再就職が絶望的な状況であることを知ってしまった、いまの私の心は揺れている。情けないことに最近では、退職届を出さず、おとなしく庶務課に勤務している自分を夢想することもある。
④少し考えてから、私は時計屋に答えた。
「いえ、ありません」
それでも時計の針は前へ進むためにある。父から貰ったパタパタ時計のように。
「ふぅーん」
私の言葉を鼻息で吹き飛ばし、作業机に戻りかけた時計屋が振り返った。唇の片側を意地悪げにひん曲げて言う。
「ひとつ言ってもいいですかね」
「はい」
「その時計は、偽物ですよ」
やはり、父は父だ。知っていて使っていたのか、気づかずに使っていたのか、どちらにしても、私の父親には、おしゃれや高級品は似合わない。
「そうですか」
私の返事が、なにやら嬉しそうだったことに、時計屋が驚いた顔をした。それから小さな作業机に戻り、懐中時計を手に取って、また自分の時間の中に沈みこんでいった。

（荻原浩『海の見える理髪店』所収「時のない時計」より）

(一) ══線部1～5の意味として最も適当なものを後から選び、それぞれ記号で答えなさい。

1「しろもの」
ア 製品　イ 偽物　ウ 景品　エ 模型

2 「うんちく」

ア　長い年月をかけて収集した品々

イ　見事にきたえあげられた高い技術

ウ　十分にたくわえられた深い知識

エ　聴(き)く者に感動をあたえる語り

3 「だいなしに」

ア　代わりのないものに

イ　価値のないものに

ウ　大したことのないものに

エ　取るに足りないものに

4 「相場」

ア　ものごとを評価するときの目安

イ　法律にもとづいて決められる価格

ウ　世間一般(いっぱん)に定まっている値打ち

エ　一般常識として知っているべきこと

5 「ないがしろにし」

ア　手段にし

イ　無視し

ウ　大切に扱(あつか)い

エ　軽蔑(けいべつ)し

(二) ――線部①「重くなってしまった空気を振り払うつもりで、私は愚鈍な男を装って尋ねる」の説明として、最も適当なものを次の中から選び、記号で答えなさい。

ア 自分の質問が「時計屋」に悲しい記憶を思い出させてしまったことに気づいた「私」は、自分が鈍感で愚かな人間であることを思い知らされた。

イ 自分の言動によって「時計屋」を傷つけてしまったことを後悔している「私」は、話題を別の新しいものに変えて空気の転換を図ろうと思った。

ウ 自分の軽薄なおしゃべりのせいで「時計屋」が不機嫌になってしまったので、「私」は滑稽なことを言ってその場を和ませようとした。

エ 自分の誤解から会話の内容が深刻なものに変わったことでいたたまれなくなった「私」は、重苦しさを感じ取っていないふりをすることにした。

(三) ――線部②「彼が話しかけているのは、たぶん、私ではないだろう」とありますが、この時の「私」が「時計屋」について考えていたこととして、最も適当なものを次の中から選び、記号で答えなさい。

ア 「時計屋」はかつて妻や娘に対して取り返しのつかない過ちを犯してしまったことを悔やんでおり、そういう自分の思いをかみしめているのだと思っている。

イ 「時計屋」が自分の浅はかな考えによって家族を不幸にしてしまった過去をなぜ「私」に打ち明けているのか、その真意を推し量りかねている。

ウ 「時計屋」はかつての失敗を忘れられないつらさを聞いてもらえるだけで満足しているため、「私」に対して返事を求めることはないと考えている。

エ 「時計屋」は家庭を壊してしまったという罪の意識を抱えているが、それを告白したい本当の相手は家を出て行った妻なのだと推測している。

(四) ――線部③「あると言えば、まさにいまがそうだった」の説明として、最も適当なものを次の中から選び、記号で答えなさい。

ア　定年前に退職することになったいきさつを思い出した「私」は、可能なら過去に戻って上司との関係を修復し、会社に勤(つと)めたままで、娘の結婚式を挙げてやりたいと思っている。

イ　父の時計を修理している「時計屋」と話をしているうちに、「私」は自分の子供時代を思い出してしまったので、時計の針を巻き戻して、別の道を歩み直したいという思いに駆(か)られている。

ウ　相談しないで会社を辞めたことを批判されたのが原因となって妻との間に精神的な距離(きょり)ができたことを思い悩(なや)んでいる「私」は、なんとしても時間を戻したいと思っている。

エ　納得(なっとく)のいかない異動を理由に会社を辞職したのだが、失業したままの「私」は、今になって自分の行動は短絡的(たんらくてき)だったかもしれないと後悔し、二カ月前に戻りたいとも思っている。

(五) ――線部④「少し考えてから、～『ふぅーん』」から読み取れる「私」と「時計屋」の人生に対する向きあい方をそれぞれ二十字以内で答えなさい。ただし、句読点も字数にふくめます。

2020(R2) 函館ラ・サール中
K 教英出版

函館ラ・サール中学校　　　　第１次入学試験問題

２０２０．１．８　　　　　　算　　数（６０分）

- 分数で答える場合は，それ以上約分ができない数で答えなさい。
- 円周率は3.14とします。
- 問題用紙，解答用紙，計算用紙は切り取って使用してはいけません。

1

（１）$2\frac{2}{3}\div\frac{4}{5}+1.3\times0.5-3\frac{1}{3}$ を計算しなさい。

（２）$5-\left(\square\times8+\frac{1}{2}\right)\times\frac{1}{5}=1.1$ のとき，□ に当てはまる数を答えなさい。

（３）$32\times64+16\times128+8\times256+4\times512+2\times1024$ を計算しなさい。

（４）ある日，映画館に入った人数を調べたところ，中学生の数は大人（高校生以上とします）の数の$\frac{1}{3}$，小学生の数は中学生の数の$\frac{1}{2}$で，大人と中学生と小学生を合わせた数は720人でした。小学生の人数は何人ですか。

① 図1の直角三角形EBCで，辺BCと辺ECを2等分する点をそれぞれFとGとします。図2のように，点Fと点Gを通る直線でこの折り紙を切りました。残った斜（しゃ）線部分の折り紙を重なりがないように広げたときの面積は何cm^2ですか。

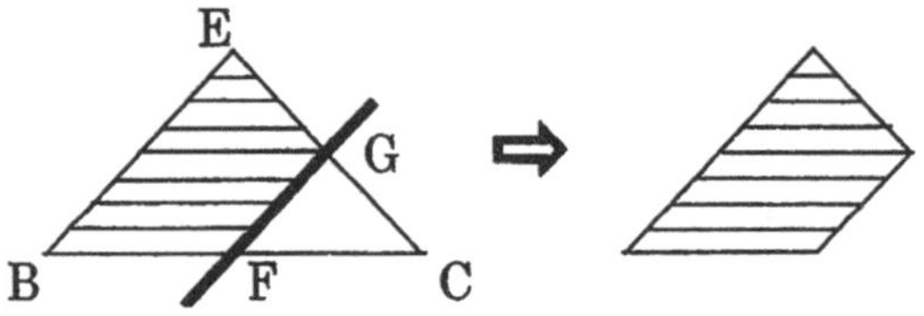

図2

② 次に図2の四角形EBFGで，辺EBを2等分する点をHとします。図3のように，折り紙を直線HFを折り目に折り，四角形EHFGをつくりました。さらに，辺EGと辺HFを2等分する点をそれぞれIとJとし，点Iと点Jを通る直線でこの折り紙を切りました。残った斜線部分の折り紙を重なりがないように広げたときの面積は，もとの正方形の折り紙の面積の何倍ですか。

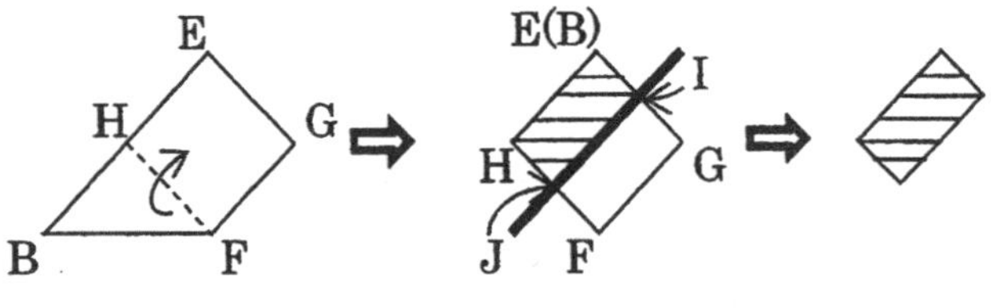

図3

3 下の図のような台形ABCDがあります。必要があれば，【参考】を利用して，次の問いに答えなさい。

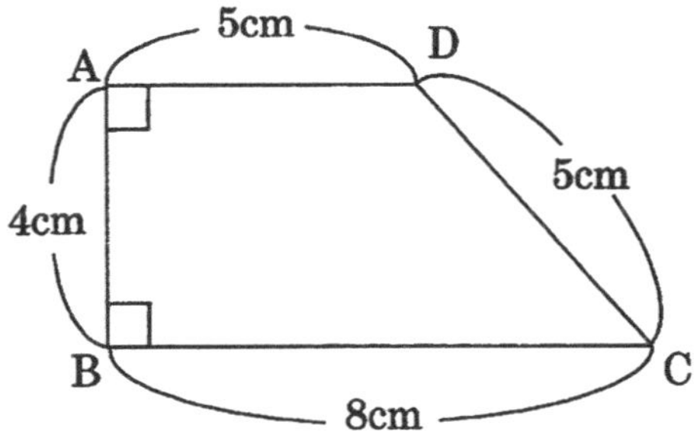

【参考】

円すいと円柱の底面の面積と高さがそれぞれ同じ場合，円すいの体積は円柱の体積のちょうど$\frac{1}{3}$になります。

（1） 台形ABCDを，直線BCを軸（じく）にして1回転させてできる立体の体積は何cm^3ですか。

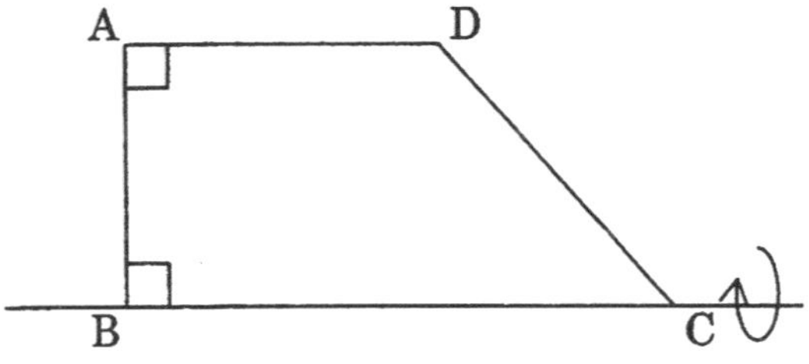

5 よく当たると評判の占(うらな)い師がいます。その占い師によれば，すべての人は以下のように決まる運命数によって分けられるといいます。

> ・生年月日（年は西暦）を8桁(けた)の整数とみて，その8桁の数をばらばらにした8つの数の和を計算する。
> ・この和が2桁の整数になるときには，さらにその2桁の数をばらばらにした2つの数の和を計算する。
> ・これを1桁の整数になるまでくり返し，その1桁の整数を運命数とする。
> ただし，1桁の整数が9になった場合は，運命数は0とする。

また，1桁の整数になる前までに，同じ数が並ぶ2桁の整数になったときは，この2桁の整数を第2運命数とよびます。

例えば，

・西暦2007年1月1日生まれの人は，20070101という8桁の整数とみて，

$2+0+0+7+0+1+0+1=11 \rightarrow 1+1=2$ となるので，

運命数は2，第2運命数は11です。

・西暦2007年11月7日生まれの人は，

$2+0+0+7+1+1+0+7=18 \rightarrow 1+8=9$ となるので，

運命数は0です。

（1）西暦2020年に生まれる人の第2運命数として考えられる最も大きい数はいくつですか。

（2）西暦1000年1月1日から西暦2020年1月8日までに生まれた人の中で，第2運命数として考えられる最も大きい数はいくつですか。また，その数を第2運命数とする人の中で，最初に生まれた人の生年月日を答えなさい。

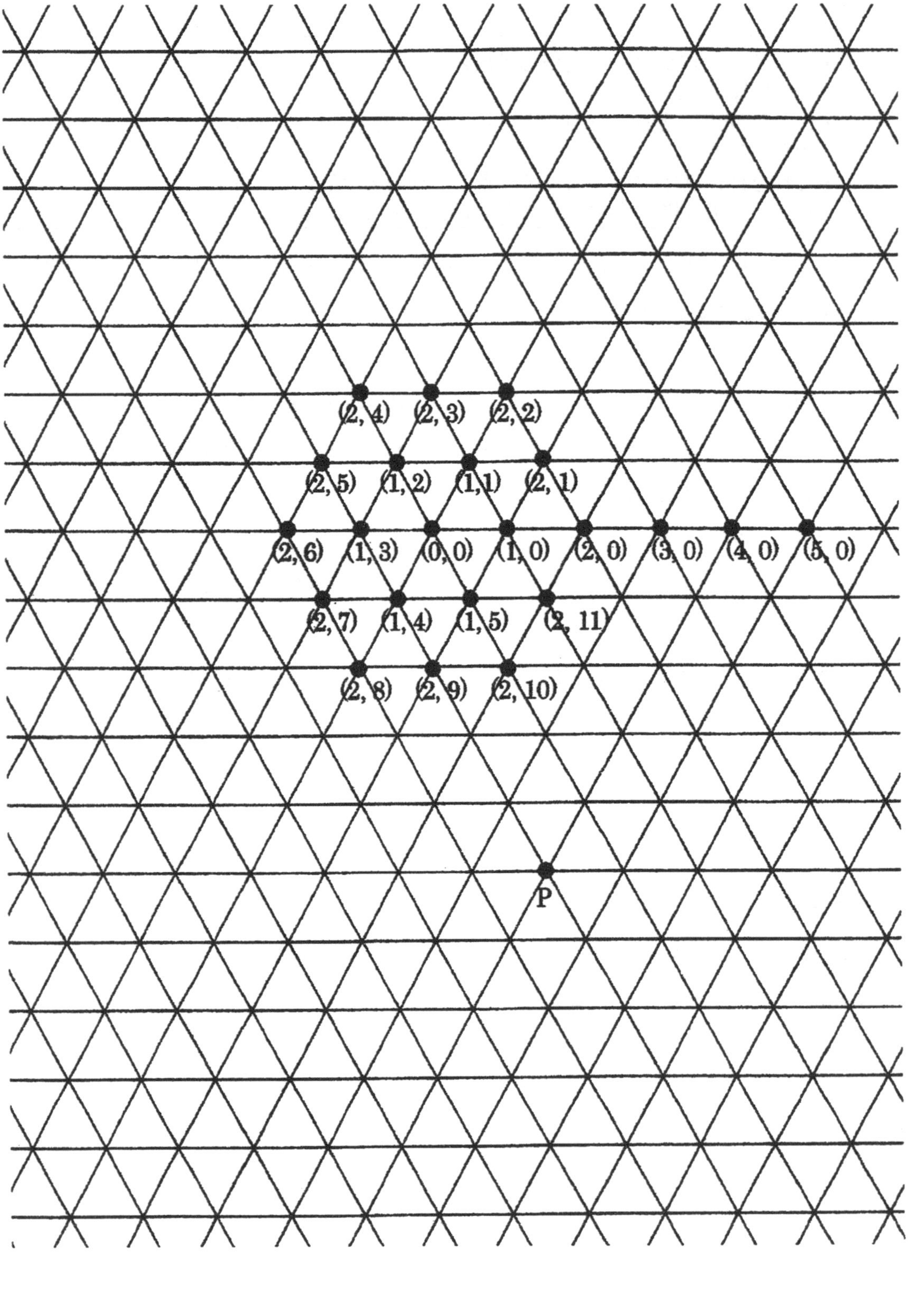
(2, 4)
(2, 3)
(2, 2)
(2, 5)
(1, 2)
(1, 1)
(2, 1)
(2, 6)
(1, 3)
(0, 0)
(1, 0)
(2, 0)
(3, 0)
(4, 0)
(5, 0)
(2, 7)
(1, 4)
(1, 5)
(2, 11)
(2, 8)
(2, 9)
(2, 10)
P

第１次入学試験問題

函館ラ・サール中学校
２０２０．１．８

理 科（４０分）

［問題 1］　函館（北緯 41°，東経 141°とする）に住む函館ラ・サール中学校のまさお君は，
学に通うお兄さんから，理科の天体の実験で使用するとう明な半球をもらいました。まさ
君は，夏休みの自由研究で，その半球を使って太陽の動きを観測することにしました。

〔観測〕

① 夏休みのある日，半球と同じ直径の円と東西南北の線をえがいた厚紙に，半球をテープではり付け，日当たりのよいベランダに厚紙と半球を東西南北が合うように置いた。

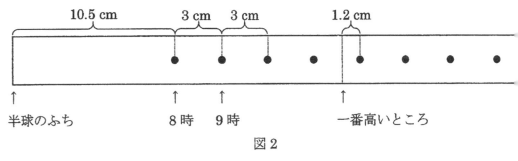

② サインペンを使い半球上に太陽の位置を 8 時から 15 時まで 1 時間おきに記録し，これらの点をなめらかな曲線で結び，その線を半球のふちまでのばして太陽の動いた経路とした（図 1）。

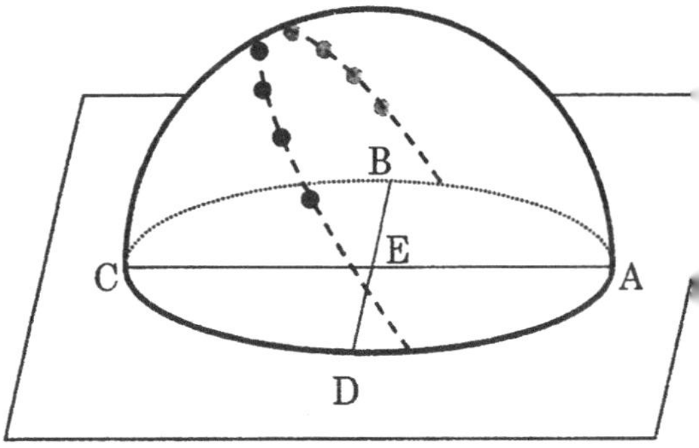

図 1

③ その後，上記②の線の上に紙テープを置いて点の位置を写し取り，半球のふちから 8 時の点までの長さ，各点の間，および，半球上で太陽が最も高い位置になった点最も近い点の間の長さを定規で測った。図 2 はその一部を拡大したものである。

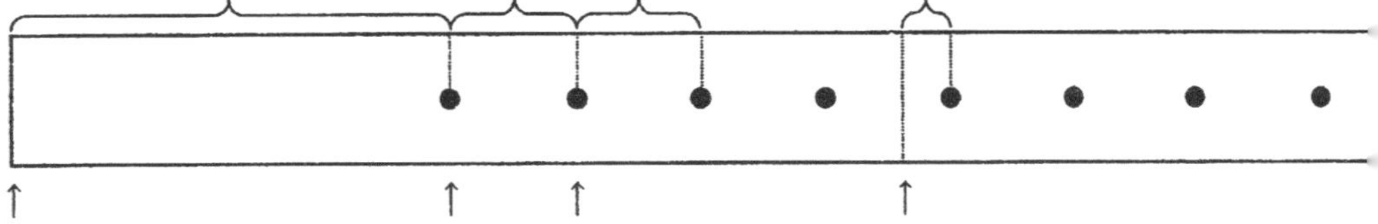

図 2

問 1　〔観測〕②において，半球に太陽の位置を正しく記録するための方法として，下の
の（　　）に，図 1 の A～E から適する記号を入れなさい。

**半球にサインペンをかざし，ペンのかげの先が（　　）に重なるところを探し，半
に印を付ける。**

問 2　図 1 の A はどちらの方角と考えられますか。東西南北のいずれかで答えなさい。

条件	AB 間の弦の長さ [cm]	弦の太さ（直径） [mm]	おもりの重さ [kg]
①	30	1	2.5
②	30	2	2.5
③	30	4	10
④	40	2	2.5
⑤	40	2	10
⑥	60	4	10
⑦	80	4	2.5
⑧	80	2	10

問５　音の高さと弦の太さの関係を調べるには，条件①～⑧のうちどの２つを比べればよいですか。

問６　音の高さとおもりの重さ（弦の張り具合）の関係を調べるには，条件①～⑧のうちどの２つを比べればよいですか。

表に示した条件①～⑧で弦をはじき，その音をパソコンで記録し観察したところ，同じ高さの音を出す条件が２組あり，その１組は②と③でした。また，⑥の音波の周波数は③の音波の周波数の半分（１オクターブ下の高さ）でした。

問７　同じ高さの音を出すもう１組は，条件①～⑧のうちどの２つですか。

問８　⑥の音波の周波数は①の音波の周波数の何倍ですか。次のア～オから１つ選び，記号で答えなさい。

ア．$\frac{1}{4}$倍　　イ．$\frac{1}{2}$倍　　ウ．１倍　　エ．２倍　　オ．４倍

［問題3］　植物は根から吸い上げた水をからだの各部分に行きわたらせるために，根から吸い上げ，茎へと押し上げる力（根圧），(あ)水が集まる力（凝集力），(い)気孔からの水の(う)蒸散を利用しています。これを調べるためホウセンカを用いて次の実験を行いました。

〔実験〕

① 葉の枚数や大きさ，茎の太さが同じ枝3本を水の中で切り，枝A～Cとした。

② 枝Aの葉にはワセリンをぬらず，枝Bの葉の表側と，枝Cの葉の裏側にはワセリンをぬり，気孔をふさいだ。

③ 枝A～Cをそれぞれ同じ量の水が入った同じ大きさの試験管にさし，水面に同じ量の少量の油を注いだ。

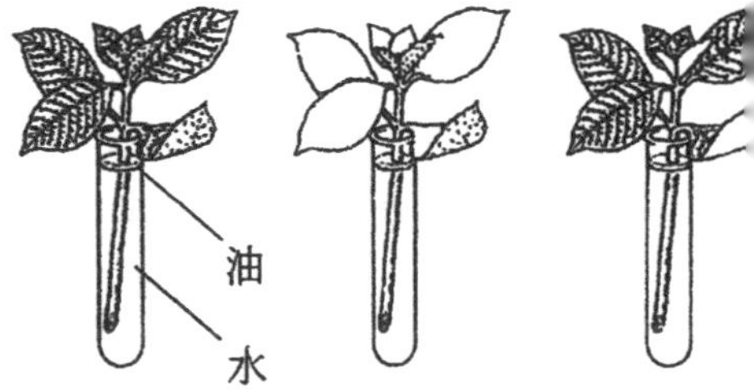

図1

④ ③でできた，枝A～Cをさしたそれぞれの装置（図1）の重さをはかった。

⑤ 枝A～Cをさしたそれぞれの装置を明るく風通しのよいところに数時間置いた後，それぞれの重さをはかり水の減少量を求めた。

問1　下線部(あ)について，〔実験〕において水が集まる力を保つために行った手順は①～⑤のうちどれですか。

問2　〔実験〕を行ったところ，右の表の結果が得られました。

(1)　表のa ～ cを大きい順に並べなさい。

表

枝	A	B	C
水の減少量［g］	a	b	c

(2)　茎からの蒸散量を表した次の式の空らん（え），（お）に ＋，－，×，÷ のいずれかを入れて計算式を完成させなさい。

茎からの蒸散量 ＝ b （え） c （お） a

問3　下線部(い)について，図2は葉の表面を顕微鏡で観察したスケッチです。

(1)　解答らんにある図の気孔をすべて黒くぬりつぶしなさい。

(2)　気孔について書かれた次の文の（　　）にあてはまる語句を，アとイから1つ選び，文を完成させなさい。

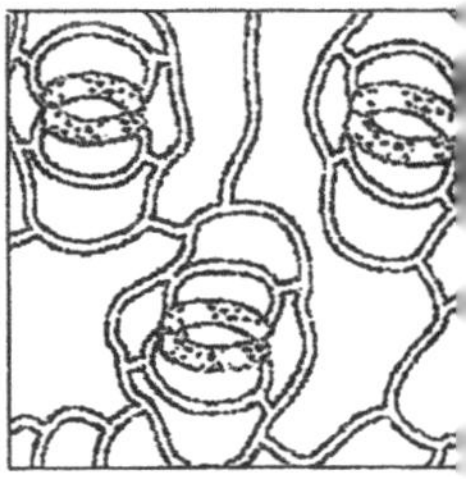
図2

多くの植物では，昼には気孔を（ア．開いて　　イ．閉じて）蒸散がさかんに行われ，夜には蒸散はほとんど行われない。

問5　アルミニウム 1.2 g とマグネシウム 1.4 g を混ぜ，十分な量の塩酸Xを加えたとき，発生する気体の体積は何 L ですか。整数で答えなさい。必要があれば小数第 1 位を四捨五入すること。

〔実験 3〕　アルミニウム，マグネシウム，銅のうち，2 種類または 3 種類の金属の粉末をある割合でよく混ぜ，粉末 C～E をつくりました。そして，A，C，D，E それぞれに，十分な量の塩酸 X や水酸化ナトリウム水溶液 Y を加え，発生した気体の体積を測定してまとめ，表 3 を作成しました。ところが，実験を終えた後に誤って表 3 に薬品をこぼしてしまい，C～E の金属の割合がわからなくなってしまいました。

表 3

	アルミニウムの重さ[g]	マグネシウムの重さ[g]	銅の重さ[g]	全体の重さ[g]	X を加えたときの気体の体積[L]	Y を加えたときの気体の体積[L]
A	1.5	3.0	0	4.5	5	2
C	[illegible]	[illegible]	[illegible]	5.0	5.5	4
D	[illegible]	[illegible]	[illegible]	7.0	8.5	6
E	[illegible]	[illegible]	[illegible]	10.0	9	4

問6　アルミニウム 1.0 g に，十分な量の塩酸Xを加えたときに発生する気体の体積を x [L]，十分な量の水酸化ナトリウム水溶液Yを加えたときに発生する気体の体積を y [L]とします。x と y の関係を正しく表しているものを，次のア～オから 1 つ選び，記号で答えなさい。

ア．$2\times x = y$　　イ．$3\times x = 2\times y$　　ウ．$x = y$　　エ．$2\times x = 3\times y$

オ．$x = 2\times y$

問7　粉末 D に含(ふく)まれるアルミニウムの重さ，マグネシウムの重さ，銅の重さを，それぞれ小数第 1 位まで答えなさい。必要があれば小数第 2 位を四捨五入すること。ただし，含まれていない場合は 0 と答えなさい。

函館ラ・サール中学校　　　第１次入学試験問題
2020．1．8　　　　社　会（40分）

［1］次のA～Eの資料を読んで、問いに答えなさい。

A．中国の歴史書『宋書』によると、日本は421年に王の讃が中国の宋に使者を送ったのをはじめとして、続いて珍・済・興・武の①5人の王が使者を送り、中国の皇帝から臣下として認められた。中国との交流で日本の王たちはあたえられる称号にこだわった。例えば、武は「昔から私の祖先は、自ら武具を身に着け、休むひまもなく戦ってまいりました。東は毛人を、西は衆夷を征服し、さらに海を渡って北方を平定しました。」と手紙を送り、皇帝から「使持節都督倭・新羅・任那・加羅・秦韓・慕韓・六国諸軍事・安東大将軍・倭王」の称号をもらった。もちろん、日本の王が実際に朝鮮半島の国々を支配したわけではないが、こうした称号をもらうことで日本の王が国際社会に関わることの正当性を国内外に示そうとした。当時の東アジアの各国は中国の皇帝からあたえられる称号でたがいに競い合い、その称号を利用して国内外の支配を進めようとした。

問1　下線部①について、この日本の王たちは右の図のような自らの権力の大きさを示す古墳をつくった。この古墳の中で最大のものは何か、答えなさい。

問2　資料Aの内容としてあやまっているものをア～エから１つ選び、記号で答えなさい。
ア．日本の王たちは、中国王朝と対立し勢力を競っていた朝鮮半島の国々とはことなり、中国の皇帝に使者を派遣し、国際社会で地位を高めようとした。
イ．日本の王たちは、世代が変わっても中国皇帝との関係を重視して使者を派遣し、中国皇帝の力を利用して国内の支配を強化していった。
ウ．日本の王たちは自ら軍隊を率いて国内の統一を進めて、日本列島内でその支配領域を広げていった。
エ．日本の王たちは、日本列島の支配権だけではなく、朝鮮半島の支配権についても中国皇帝からの承認を求めていた。

B．承久の乱に勝利をおさめた幕府は、後鳥羽上皇や上皇に味方した武士の荘園を取り上げ、②幕府側の御家人に荘園をわけあたえた。こうして幕府の支配は西日本にまでおよび、幕府の御家人と現地の人々の間で争いがおき、幕府は新たに任命した地頭の取り分を決めることになった。執権北条義時が亡くなると、その子の泰時が執権になり、新しい政治のしくみを整えた。執権を補佐する連署や重要な政策を決定する評定衆を任命し、執権の役割は将軍の補佐から政策を決定する幕府の中心的存在へと変化した。続いて、「御成敗式目」という法律集を定めた。これは御家人が関係す

問11　資料Eの内容に関する説明文X・Yの正誤の組み合わせとして正しいものをア～エから１つ選び、記号で答えなさい。

X．旧土佐藩の出身者は政府に対して国民の政治参加をもとめる運動を全国的に展開したが、政府はその要求には一切こたえずに要求を拒否し、全国でこの運動を弾圧した。 Y．政府は、伊藤博文に天皇中心の新しい政治体制の準備と憲法制定の準備を進めさせ、この憲法にもとづいて議会を開いたが、自由民権派は議員となって政府と対立した。

ア．X－正　Y－正　　イ．X－正　Y－誤
ウ．X－誤　Y－正　　エ．X－誤　Y－誤

［2］ 次の新聞記事を読んで、問いに答えなさい。

「マケドニア顔負け・日本の”やり過ぎ”地名とは」
一本来は広大な地域を指す名称を、小規模な自治体などが名乗る。そんなケースを、研究者の間では「僭称（せんしょう）地名」と呼ぶそうですね。辞書によれば、僭称は「身分を越えた称号を勝手に名乗ること」とあります。

兵庫県篠山（ささやま）市は今年５月、市名を（　①　）篠山市と改めます。市名を変えるには膨大（ぼうだい）な手間がかかり、合併（がっぺい）を除けば珍しいことです。報道によれば、原因は同市と接する「（　①　）市」があるとのこと。2004年に６町合併でできた自治体が（周辺地域一帯を指す）旧国名を名乗り、近年、「（　①　）の黒豆」「（　①　）栗」などとして有名な篠山市の産品が（　①　）市産と誤解されるなど、（　A　）力の低下に危機感を抱（いだ）いているそうです。旧国名の（　①　）は京都府内の一部を含むため、（　①　）市ができるときには京都府からも異議申し立てがありました。

５町の合併で02年に生まれた香川県「（　②　）市」も、同県の旧国名・（　②　）にちなみます。今や全国的な（　A　）になった（　②　）うどんの本場である丸亀（まるがめ）市や③坂出市は、内心穏（おだ）やかではないのでしょうか。

もし僭称地名の番付があったら、東西の横綱（よこづな）に挙げたいのは、岩手県の「（　④　）市」と鹿児島県の「南（　⑤　）市」です。ほかにも「四国中央市」、山梨県「⑥南アルプス市」など、挙げ始めたらきりがありません。特に（　④　）市について言えば、陸奥みちのくの異称（異なる呼び名）である（　④　）は今の福島、宮城、岩手、青森県と秋田県の一部に相当し、総面積は（　⑤　）とほぼ同じ。これを一つの自治体が名乗るのは、いかがなものでしょう。
（後略）

聞き手：室靖治（読売新聞東京本社メディア局編集部次長）
話し手：今尾恵介（日本地図センター客員研究員など）
（2019.3.18「読売新聞・オンライン」より一部改変）

問１　（　①　）にあてはまる語をア～エから１つ選び、記号で答えなさい。
ア．丹波（たんば）　　イ．山城（やましろ）
ウ．丹後（たんご）　　エ．因幡（いなば）

問２　（　②　）にあてはまる語を、ひらがなで答えなさい。（市名はひらがな表記のため）

問３　下線部③について、この市は橋によって本州と結ばれている。結ばれている本州側の県をア～エから１つ選び、記号で答えなさい。

ア．兵庫県　　　イ．岡山県
ウ．広島県　　　エ．山口県

問４　（　④　）にあてはまる語をア～エから１つ選び、記号で答えなさい。

ア．出羽（でわ）　　　イ．陸中（りくちゅう）
ウ．東北（とうほく）　エ．奥州（おうしゅう）

問５　（　⑤　）にあてはまる語を、漢字で答えなさい。

問６　下線部⑥について、この市の特産物でもあり、山梨県が全国有数の生産高をあげている農産物としてあてはまらないものをア～エから１つ選び、記号で答えなさい。

ア

イ

ウ

エ

問７　（　Ａ　）にあてはまる語を、カタカナ４字で答えなさい。

問３（　②　）にあてはまる数字を、答えなさい。

問４　下線部③について、衆議院の説明として正しいものをア～エから１つ選び、記号で答えなさい。

ア．２つの県を合わせ、そこから１人の議員を選ぶ選挙区がある。

イ．任期は６年だが半数を改選するため、３年に１度選挙がおこなわれている。

ウ．立候補できる年齢は４０歳以上からになっている。

エ．任期の途中で解散がなされることがある。

問５　（　④　）にあてはまる数字として最も近いものをア～エから１つ選び、記号で答えなさい。

ア．３０％　　イ．５０％　　ウ．６５％　　エ．８０％

問６　（　⑤　）にあてはまる語句を、答えなさい。

問７　下線部⑥について、今回の増税に関連する説明としてあやまっているものをア～エから１つ選び、記号で答えなさい。

ア．同じお弁当を買うにしても、イートインコーナーなどで食べるときは８％のままで、公園などで食べるときは１０％になる。

イ．低所得の人などを対象に、たとえば5000円分の商品券を4000円で購入（こうにゅう）できるような割安な商品券を発行した。

ウ．特定のお店でクレジットカードや電子マネーなど現金を使わずに支払うと、ポイントが値引きにつかえるしくみをつくった。

エ．今回の増税による税収は、認可された保育園や幼稚園の基本利用料を引き下げたり、無料にすることにも使われている。

問８　下線部⑦について、この説明として正しいものをア～エから１つ選び、記号で答えなさい。

ア．新しい首相を指名するために開く国会である。

イ．おもに予算を議決するために開く国会である。

ウ．内閣か国会議員の要求で開かれる国会である。

エ．参議院だけで開かれる国会である。

問９　下線部⑧について、この芸術祭が中止になった原因と最も関連の深い自由権の内容をア～エから１つ選び、記号で答えなさい。

ア．表現の自由　　イ．思想の自由　　ウ．デモ活動の自由　　エ．学問の自由

函館ラ・サール中学校
2020. 1. 8

第一次入学試験
国語 解答用紙
（60分）

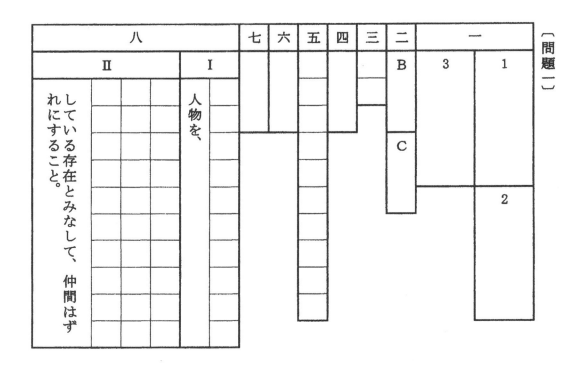

受験番号 | 1 | | | | |

※解答は、楷書ではっきりと記すこと。

［問題一］

一		二	三	四	五	六	七	八	
1	3	B						I	II
2		C						人物を、	していることを存在とみなして、仲間はずれにすること。

＊1

［問題二］

一			二			三			四			
①	③	⑤	①	②	③	①	②	③	①	②	③	④
									や	ね	も	お

【解答用

函館ラ・サール中学校

2020. 1. 8

算　数
解答用紙

受験番号 | 1 | | | | |

1

(1)	(2)	(3)	(4)
			人

(5)	(6)		
	A	B	C
%	個	個	個

2

(1)	(2)	
	①	②
km	cm^2	倍

3

(1)	(2)		(3)
	①	②	
cm^3	cm^3	cm^2	cm^3

4

(1)	(2)

【解答用

函館ラ・サール中学校
２０２０．１．８

理　　　科
解　答　用　紙

受験番号 | 1 | | | |

[問題 1]

問 1	問 2	問 3	問 4	問 5	問 6

問 7	問 8	問 9
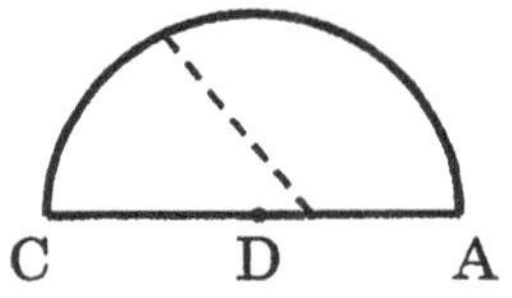	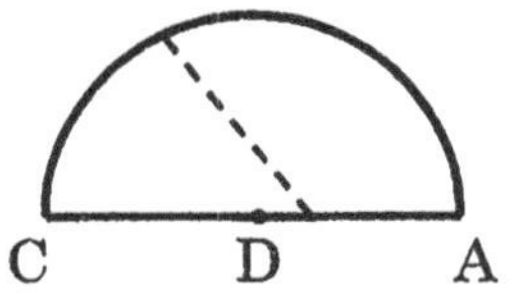	ア イ

[問題 2]

問 1	問 2	問 3	問 4	
Hz				

問 5	問 6	問 7	問 8

【解答用

函館ラ・サール中学校
２０２０年１月８日

社　会
解　答　用　紙

受験番号 | 1 | | | |

［ 1 ］

問１	問２		
問３	問４	問５	問６
関係			
問７		問８	問９
問１０	問１１		

［ 2 ］

問１	問２	問３	問４

【解答用

問８

［ ３ ］

問１（１）	問１（２）	問１（３）	
問２	問３	問４	問５

問６	問７	問８

問９

※50点満点
（配点非公表）

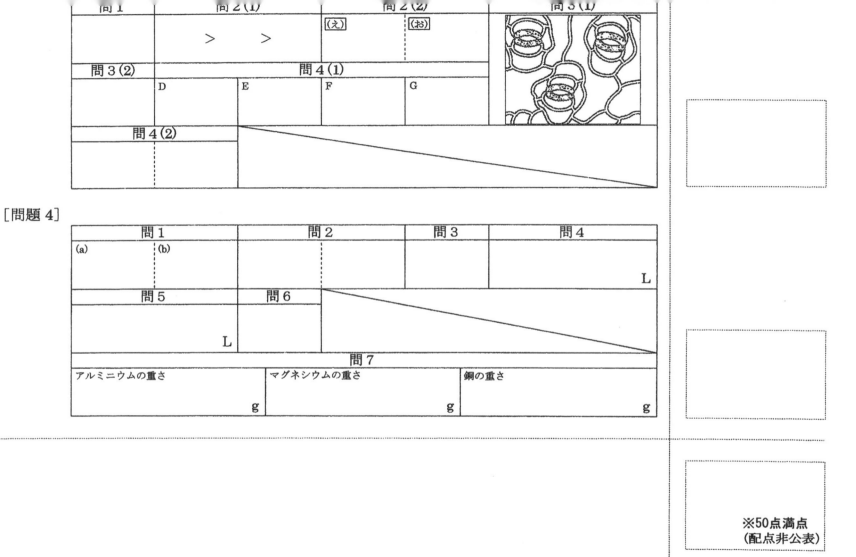

問1	問2(1)	問2(2)	問3(1)
	> >	(え) (お)	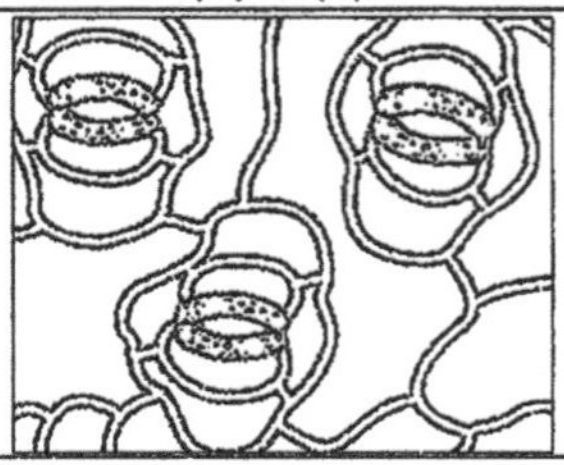

問3(2)	問4(1)			
	D	E	F	G

問4(2)	

［問題 4］

問1	問2	問3	問4
(a) (b)			L

問5	問6
L	

問7		
アルミニウムの重さ g	マグネシウムの重さ g	銅の重さ g

※50点満点
(配点非公表)

5

(1)	(2)		(3)
	第2運命数	生年月日	ア

(3)			
イ	ウ	エ	オ

(3)			
カ	キ	ク	ケ

6

(1)	(2)	(3)	
		① 回	② 回

※100点満点
(配点非公表)

い い い い

④ ②

＊2

〔問題三〕

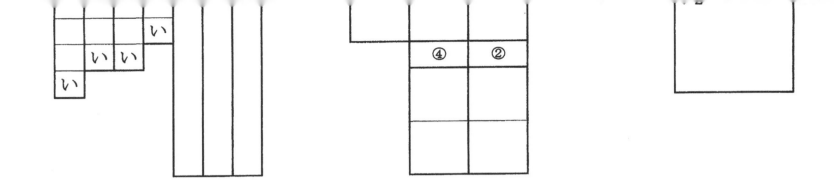

五		四	三	二	一				
時計屋	私				5	4	3	2	1

＊3

＊計

※100点満点
(配点非公表)

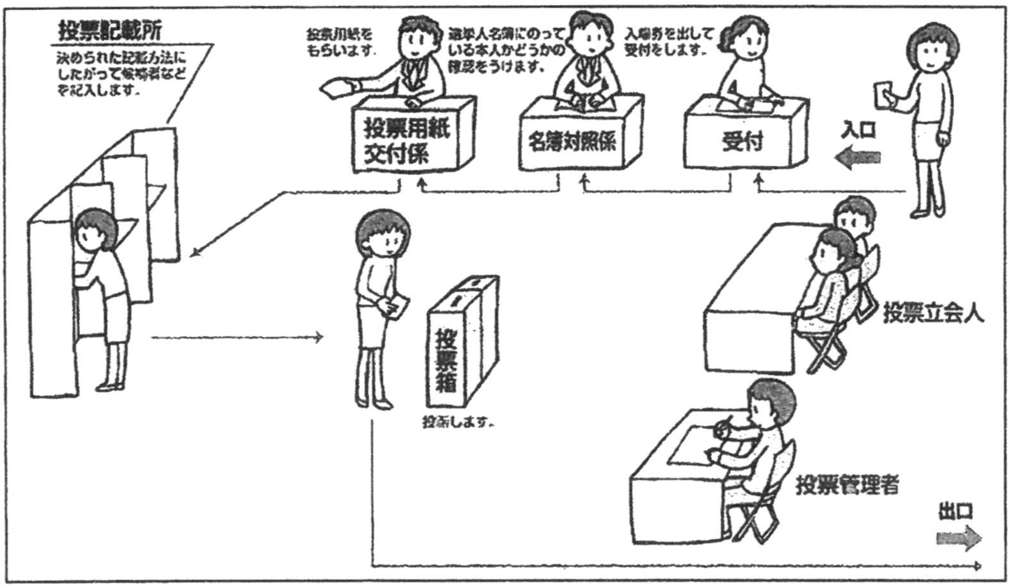

図２　現在の投票の流れ

問１　図１・２をみながら、（１）～（３）の問いに答えなさい。

（１）図１と図２をくらべたとき、投票のしかたは大きく変化している。それは現在の憲法第 15 条４に、次のような規定が設(もう)けられたからである。次の（　Ｘ　）（　Ｙ　）にあてはまる語句の組み合わせとして正しいものをア～エから１つ選び、記号で答えなさい。

> 第 15 条４　すべて選挙における投票の（　Ｘ　）は、これを侵(おか)してはならない。選挙人は、その選択に関し、公的にも私的にも（　Ｙ　）を問われない。

ア．Ｘ－公開　　Ｙ－罰則　　イ．Ｘ－秘密　　Ｙ－罰則

ウ．Ｘ－公開　　Ｙ－責任　　エ．Ｘ－秘密　　Ｙ－責任

（２）昨年７月の選挙における国内外の有権者数は１億６５８万人にのぼり、国民における有権者の割合は８０％以上であった。図１の時のこの割合はどれくらいであったか、最も近い数字をア～エから１つ選び、記号で答えなさい。

ア．１％　　イ．１０％　　ウ．２５％　　エ．４５％

（３）図２で、投票用紙交付係は１枚の投票用紙を渡している。しかし、昨年の参議院選挙は選挙区選挙用の投票用紙と（　Ｚ　）選挙用の投票用紙の２枚が渡され、有権者は２種類の投票をおこなっていた。（　Ｚ　）にあてはまる語句を、答えなさい。

問２　下線部①について、この審議の時の説明として正しいものをア～エから１つ選び、記号で答えなさい。

ア．国会議員だけではなく、一般市民からも提案できる。

イ．衆議院・参議院の両院が、それぞれが必ず過半数以上で賛成しないと制定されない。

ウ．法律案の審議(しんぎ)には、国会議員が全員出席していなければならない。

エ．法律案は国会議員だけでなく、専門家や利害に関わる人たちの意見を聞きながら審議する。

問８　このような僭称地名の多くは「平成の大合併」(2005 年ころがピーク）で生まれた。このような合併による市町村名変更の時、合併の実務に携わる人たちは、反対の声が上がって合併自体がつぶれるのを恐れた。その時、彼らがとった取り組みとしてあてはまらないものをア～エから１つ選び、記号で答えなさい。

ア.「さくら」、「みどり」など市町村名をひらがなにした。

イ. 自分の土地に訪れる観光客からアンケートをとり、その結果を反映した。

ウ. 対象エリアが広大な旧国名からとった。

エ. 有名な観光地名を市町村名に取りこんだ。

［３］次の文章を読んで、問いに答えなさい。

国会では、国民の暮らしに関わる①法律を制定したり、政治を進めるために必要な予算や政策について話し合いをしている。国の政治の方針を決める重要な集まりなので、慎重におこなうために話し合いは（　②　）歳以上の国民によって選出された③衆議院と参議院の２つの院で、それぞれおこなわれる。選挙は、わたしたちが政治に参加する重要な方法の１つである。しかし、昨年７月に実施された参議院議員選挙の投票率はおよそ（　④　）であり、国民の関心が高かったとはいえない。政府は投票時間を延長したり、投票日当日に旅行や仕事などで投票できない場合は、投票日よりも前に投票できる（　⑤　）を実施したり、仕事や旅行先で投票する制度をつくって工夫をしているが、原因はそれだけではなさそうである。

昨年１０月には⑥消費税が１０％へと引き上げられた。１０月に開かれた⑦臨時国会において野党議員からは、増税による経済への悪影響を指摘されていたが、与党は社会保障や子育て支援の費用をまかなうには消費税がふさわしく、今回は消費の落ち込みに対して十二分な対応をとっていると説明していた。また⑧国際芸術祭トリエンナーレ（愛知）に対して補助金を交付しないことを決定したことについても、野党議員から理由を問われる場面があった。

図１　第１回衆議院議員選挙のようす

D．3代将軍の徳川家光は、将軍在職中に幕府のさまざまな制度をととのえた。大名には、参勤交代を義務づけた。全国の大名は妻と子供を江戸の屋敷に住まわせ、大名自身は江戸と自分の領地を1年おきに往復した。このほか、江戸城や河川などの土木工事を命令するなど、いろいろな負担を課した。庶民に対しては、将軍よりも神の権威を強調する④キリスト教が広がることを警戒し、キリスト教信者でないことを確認する取り調べをおこなった。さらに⑤外国との交流を制限する鎖国体制を確立し、身分についての決まりも定めた。こうした江戸幕府のしくみは大きな変更もされず、幕府が倒れるまで引きつがれていった。幕府は、朝廷や公家に対しても監視を強め、法令を定めて天皇の仕事は学問や和歌などを学ぶこととし、譜代大名を京都において天皇の行動を監視した。さらに、全国の寺院に対しても幕府の支配を強化し、全国の寺社に対して上下関係をさだめさせた。

問7　下線部④について、江戸時代初期には九州でキリスト教の弾圧に対抗した民衆の一揆がおこった。この一揆を答えなさい。

問8　下線部⑤について、この時代に外国との交流が認められていた場所のうち、朝鮮半島との窓口となった場所として正しいものをア～エから1つ選び、記号で答えなさい。

ア．長崎　　イ．対馬　　ウ．福岡　　エ．下関

問9　資料Dの内容に関する説明文X・Yの正誤の組み合わせとして正しいものをア～エから1つ選び、記号で答えなさい。

X．幕府は大名たちの反乱をおそれ、城の修理を制限したり、1年おきに領地と江戸を往復させ、大名の経済力を弱めた。
Y．幕府は朝廷や寺社も統制し、天皇が政治に関わることを禁止したり、幕府が全国の寺社を支配する制度をととのえた。

ア．X－正　Y－正　　イ．X－正　Y－誤
ウ．X－誤　Y－正　　エ．X－誤　Y－誤

E．板垣退助や後藤象二郎などの旧土佐藩出身者は、大久保利通や伊藤博文など旧薩摩藩や旧長州藩の出身者が独占した「藩閥」政府を批判し、1874年に「民撰議院設立建白書」を提出し、納税者には政治に参加する権利があり、早く国会を開き、広く国民の代表を政治に参加させることを求めた。この建白書から、憲法の制定、国会の開設、地方自治の実現をとおして、憲法を土台に「立憲国家」をつくることを目的とした自由民権運動がはじまった。⑥この運動のもりあがりに危機感を持った政府は、法律を制定して運動をおさえこむとともにこの運動の要求を先取りした政治方針を打ち出すことで運動をしずめようとした。この運動の中、政府は憲法制定の準備とともに新しい身分である華族制度をさだめ、自由民権運動への対抗策や地方行政制度も整えるなど国家の体制をととのえて、1889年に大日本帝国憲法を発布した。翌年、第1回の衆議院選挙がおこなわれ、最初の帝国議会が開催され、旧自由民権派が進出した議会と「藩閥」内閣が激しく対立した。

問10　下線部⑥について、この運動と同時期に政府に抵抗する反乱が西日本を中心におこっていた。その中で最大であった反乱を、答えなさい。

る事件にだけ用いられる法律で、裁判を公平なものにするため、武士の間でのならわしにもとづいて定められた。例えば、「土地を実際に所有して２０年間がすぎれば、もともとの権利があってもなくても、その所有は認められる」というのもその１つであった。

問３　下線部②について、武士は将軍のために働き、将軍は武士の領地を守るという関係のことを何というか、答えなさい。

問４　資料Ｂの内容に関する説明文Ｘ・Ｙの正誤の組み合わせとして正しいものをア～エから１つ選び、記号で答えなさい。

Ｘ．幕府の裁判では判断する基準があいまいだったので、武士の社会でおこなわれていた慣習を裁判の基準とした。 Ｙ．この法律は、鎌倉幕府に従う武士のためにつくられたものであるが、武士だけではなく公家や僧侶もこの法律に従うことになった。

ア．Ｘ－正　Ｙ－正　　イ．Ｘ－正　Ｙ－誤
ウ．Ｘ－誤　Ｙ－正　　エ．Ｘ－誤　Ｙ－誤

Ｃ．③駿河（するが）と遠江（とおとうみ）にまたがる領地を支配した今川氏親（うじちか）は、国内でのもめごとに対応するため「今川仮名（かな）目録」という３３か条の法律を作った。最初の条文は「百姓（ひゃくしょう）が代々ずっと持っている土地を、地頭がかってに取り上げてはいけない」というもので、土地に関わる問題が多くおこっていたことがわかる。次に氏親が問題にしたのはけんかであった。「けんかをした者は、どちらが正しいかは関係なく、両方とも死罪（しざい）にする」と厳（きび）しく宣言した。借金返済をめぐる問題も多く、借金をかかえた人を救うために、一定の間、返済を先のばしする規則をもうけた。氏親の子の義元（よしもと）は、改めて「仮名目録追加」という２１か条の法律を定めた。ここには家臣たちの相続に関わる条文がふくまれていて、「家と領地はあとつぎの子ひとりにゆずって、その弟たちは少しずつ土地をあたえて兄に従わせるようにしなさい」という条文がある。

問５　下線部③について、この大名の支配した領地として正しい地域をア～エから１つ選び、記号で答えなさい。
ア．北陸地方　　イ．中国地方　　ウ．東海地方　　エ．近畿地方

問６　資料Ｃの内容に関する説明文Ｘ・Ｙの正誤の組み合わせとして正しいものをア～エから１つ選び、記号で答えなさい。

Ｘ．この大名の領国内で争いがおこった場合、大名はけんかの理由にかかわらずにどちらも罰することにしていた。 Ｙ．この大名は家臣の土地相続について、子供たちに平等に財産をわたしたら家が成り立たなくなるおそれがあったので、長男に多くをつがせることにした。

ア．Ｘ－正　Ｙ－正　　イ．Ｘ－正　Ｙ－誤
ウ．Ｘ－誤　Ｙ－正　　エ．Ｘ－誤　Ｙ－誤

［問題 4］　アルミニウム，マグネシウム，銅の粉末を用いて，次の実験を行いました。以下の実験では，水溶液(すいようえき)と反応する金属はすべて溶(と)けたものとします。

〔実験 1〕　アルミニウム，マグネシウム，銅の粉末に，十分な量の塩酸 X や水酸化ナトリウム水溶液 Y を加えて観察したところ，表 1 のようになりました。

表 1

	X を加えた	Y を加えた
アルミニウム	(a)	(b)
マグネシウム	気体が発生した	気体は発生しなかった
銅	気体は発生しなかった	気体は発生しなかった

問 1　表 1 の空らん(a)，(b)にあてはまる語句を，次のア，イからそれぞれ選び，記号で答えなさい。

ア．気体が発生した　　　イ．気体は発生しなかった

問 2　この実験で発生した気体の性質として正しいものを，次のア～オから 2 つ選び，記号で答えなさい。

ア．鼻を刺(さ)すようなにおいがある　　イ．空気より軽い

ウ．黄緑色の気体である　　エ．ものが燃えるのを助ける作用がある

オ．水にとけにくい

問 3　この気体の集め方として最適な方法を，次のア～ウから 1 つ選び，記号で答えなさい。

ア．水上置かん　　イ．上方置かん　　ウ．下方置かん

〔実験 2〕　アルミニウム，マグネシウムの 2 種類の金属の粉末を，表 2 の割合でよく混ぜ，粉末 A，B をつくりました。そして，それらに十分な量の塩酸 X を加え，発生した気体の体積を測定してまとめました。

表 2

	アルミニウムの重さ[g]	マグネシウムの重さ[g]	気体の体積[L]
A	1.5	3.0	5
B	3.0	4.5	8.5

問 4　マグネシウム 1.0 g に十分な量の塩酸 X を加えたとき，発生する気体の体積は何 L ですか。整数で答えなさい。必要があれば小数第 1 位を四捨五入すること。

問４　下線部(う)について，図３は晴れたおだやかな日の，ある植物の単位時間当たりの蒸散量および吸水量，照度（明るさの度合い），気温を測定し，１日におけるそれぞれの変化を模式的に示したグラフです。

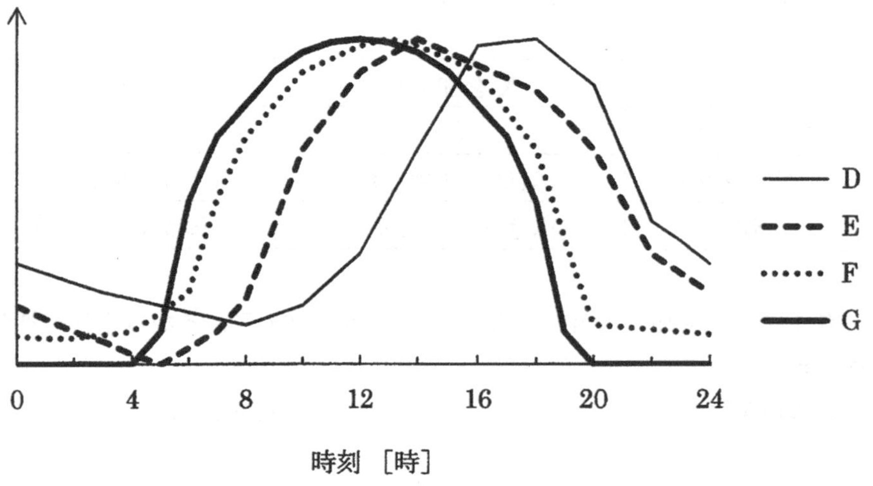

図３

(1)　図３のD～Gのグラフは何を表す曲線ですか。次のア～エからそれぞれ選び，記号で答えなさい。

ア．単位時間当たりの蒸散量の変化　　イ．単位時間当たりの吸水量の変化

ウ．照度（明るさの度合い）の変化　　エ．気温の変化

(2)　図３から考えられることとして正しいものを，次のア～カから２つ選び，記号で答えなさい。

ア．照度が低くなるにつれて，蒸散量，吸水量ともに急に減少した。

イ．午前中は，照度が高くなっても葉の水分の蒸発を防ぐため，蒸散量の増加はそれほど大きくなかった。

ウ．１日の中で蒸散量の変化は吸水量の変化より常に先におこっていた。

エ．蒸散量は，照度および気温の変化よりも後から変化するので，主にどちらの影響(えいきょう)を受けているかを予想することはできない。

オ．蒸散量は，気温よりも照度の変化に近いため，蒸散量の調節は，気温より光の影響を受けると予想される。

カ．吸水量は，蒸散量よりも先に変化するので，根から吸収がされた水分量が蒸散を調節していると予想される。

［問題 2］　和太鼓（わだいこ）の力強い演奏を聞くと，体がゆさぶられるように感じられます。これは，太鼓の皮の振動（しんどう）が空気をゆさぶり，その振動が私たちに伝わるからです。これを音波といいます。どのような音も音波として伝わります。そこで，音波について調べるために，ある音叉（おんさ）（一定の高さの音を出す道具）をたたいて，その音をマイクロフォンで集めてパソコンで記録し，観察したところ，図 1 のグラフが得られました。このグラフは，上下方向が空気の振動の大きさを表し，横方向は時間の経過を表しています。空気が 1 秒間に振動する回数を周波数といい，単位は Hz（ヘルツ）を使います。たとえば，100 Hz の音波は空気が 1 秒間に 100 回振動します。

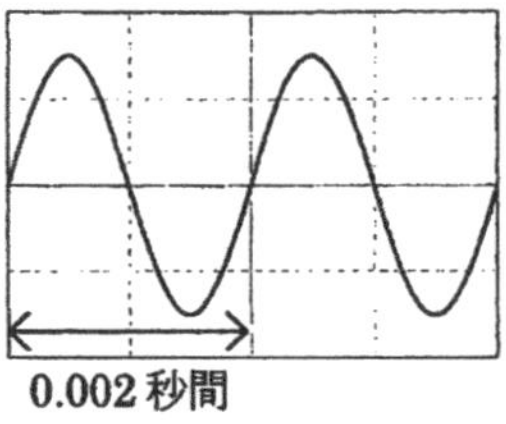

0.002 秒間

図 1

問 1　図 1 の音波は 0.002 秒間に 1 回振動しています。この音波の周波数は何 Hz ですか

他のいくつかの音叉をたたいて音を記録したところ，次のア～エのグラフが得られました。なお，グラフの目盛りはいずれも図 1 と同じです。

ア　　イ　　ウ　　エ

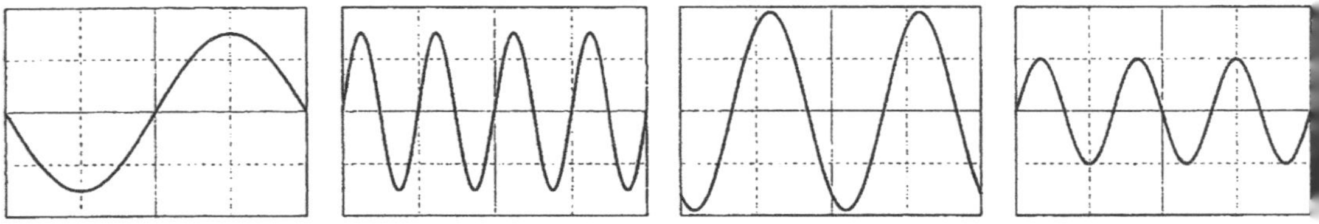

問 2　図 1 の音波と同じ周波数のグラフを，ア～エから 1 つ選び，記号で答えなさい。

問 3　音の大きさが最も小さいグラフを，ア～エから 1 つ選び，記号で答えなさい。

問 4　私たちは音波の周波数をその音の高さとして感じ取ります。では，図 1 の音波より低く聞こえる音のグラフを，ア～エから 1 つ選び，記号で答えなさい。

次に，図 2 のような 1 本の弦（げん）をぴんと張った楽器（モノコード）を使い，再び音波のグラフを観察します。室温を一定に保った室内に，同じ材質で太さの異なる弦と 2 種類のおもりを用意し，次の表にまとめた条件で弦の真ん中を軽くはじきます。

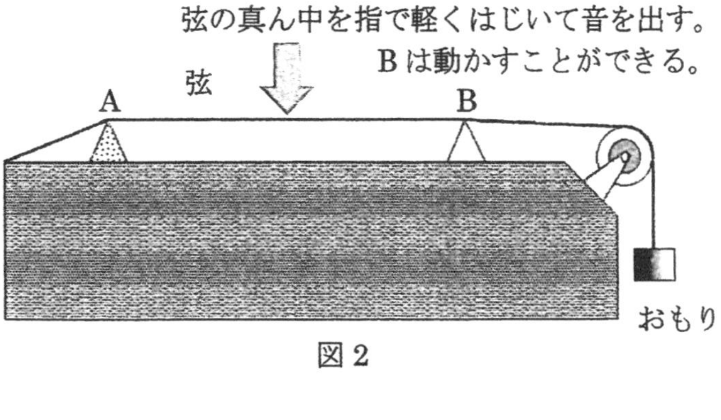

弦の真ん中を指で軽くはじいて音を出す。
B は動かすことができる。
弦
A
B
おもり

図 2

問３　観測結果より，この日，函館で太陽が半球の最も高いところを通過した時刻に最も近いと考えられる時刻を，次のア〜キから１つ選び，記号で答えなさい。

ア．11 時 20 分　　イ．11 時 35 分　　ウ．11 時 50 分　　エ．12 時 05 分
オ．12 時 20 分　　カ．12 時 35 分　　キ．12 時 50 分

問４　観測結果より，この日の函館の日の出の時刻に最も近いと考えられる時刻を，次のア〜オから１つ選び，記号で答えなさい。

ア．4 時 00 分　　イ．4 時 30 分　　ウ．5 時 00 分　　エ．5 時 30 分
オ．6 時 00 分

問５　観測結果より，この日，函館で太陽が地平線より上に出ていたのは，およそ何時間と考えられますか。最も近いものを，次のア〜オから１つ選び，記号で答えなさい。

ア．11 時間　　イ．12 時間　　ウ．13 時間　　エ．14 時間
オ．15 時間

問６　日本では，東経 135°の地点で太陽が最も高い位置を通過する時刻を正午とする標準時を使っています。このことから考えて，この観測を行った日に沖縄の那覇（北緯 26°，東経 127°とする）で同様の観測を行ったとすると，太陽が半球の最も高いところを通過する時刻は何時と考えられますか。問３のア〜キから最も近いものを１つ選び，記号で答えなさい。

問７　この観測を，函館で春分の日に行ったとすると，半球上にはどのような線が記録されると予想されますか。解答らんの図に書きこみなさい。ただし，解答らんの図は図１を横（D 側）から見たもので，点線がまさお君の観測記録です。また，答えは，点は必要なく線のみでよいものとします。

問８　まさお君が観測した日に，赤道直下で同様の観測を行ったとすると，半球上にはどのような線が記録されると予想されますか。解答らんの図に書きこみなさい。ただし，解答らんの図は図１を横（D 側）から見たもので，点線がまさお君の観測記録です。また，答えは，点は必要なく線のみでよいものとします。

問９　まさお君の観測のように，太陽が移動して見える理由を述べた次の文の（ ア ），（ イ ）に適当な語を**漢字２字**でそれぞれ入れなさい。

（ ア ）が一定の速さで約 24 時間の周期で（ イ ）しているため。

6 右の図のような正三角形のマス目があり，ある規則に従って，直線と直線とが交わる点の位置を2つの数の組で表します。最初，正三角形ABCの頂点Aは(0, 0)，頂点Bは(1, 0)，頂点Cは(1, 1)にあるとします。

この正三角形ABCを，

辺BCに関して折り返す操作を㋐

辺CAに関して折り返す操作を㋑

辺ABに関して折り返す操作を㋒

とします。例えば㋐㋒㋑の順に操作をしたとき，頂点Aは(2, 1)の位置にあります。

（1）図の点Pの位置を，(2, 1)のように答えなさい。

（2）はじめの状態から，㋐㋒㋑㋐㋒㋑㋐の順に操作したとき，頂点Aはどの位置にありますか。(2, 1)のように答えなさい。

（3）空らん①，②に当てはまる数を答えなさい。

はじめの状態から，「㋐㋒㋑㋐㋒㋑」の順の操作を［ ① ］回，「㋐㋑㋒㋐㋑㋒」の順の操作を［ ② ］回繰り返すと，頂点Aは(12345, 6789)の位置に移ります。

（3）この占い師は以下のような相性占いをします。

- 相性を占いたい2人の，生年月日（年は西暦）をそれぞれ8桁の整数とみて，その整数の和を計算する。
- この和を9で割る。
- 割ったときの余りが小さければ小さいほど相性はよい。また，それが0になった場合は最高の相性といえる。

この占いを知ったなおき君とりょう君が次のような会話をしています。空らんア～キに当てはまる数を答えなさい。また，空らんク，ケに当てはまるものを，次の中から選び，番号で答えなさい。

なおき：こんな占いがあったなんて知らなかったね。でも，8桁の整数どうしを足すのはちょっと大変じゃない？
りょう：うん，確かにね。何か楽する方法はないのかなぁ。8桁の整数について，少し調べてみようよ。
なおき：いいよ。とりあえず，8桁の整数の各位の数字を左から順に，A, B, C, D, E, F, G, H とするね。
りょう：このとき，8桁の整数は
ア×(イ×A＋ウ×B＋エ×C＋オ×D＋カ×E＋キ×F＋G)
＋A＋B＋C＋D＋E＋F＋G＋H
と表せるね。
なおき：あっ！　＿＿部分って，ア がかけられているから，絶対 ア で割り切れるよ。ということは，A＋B＋C＋D＋E＋F＋G＋H を ク は元の8桁の整数を ク と同じになるんじゃない？
りょう：そうだ！　じゃあ，同じように考えれば，運命数は元の8桁の整数を ク と同じだね。
なおき：そうだね。つまり，相性を占いたい2人の運命数の ケ を ク を考えても，同じ相性占いができるね。

ク：① ア から引いた差　② ア 個かけた積
③ ア 個足した和　④ ア で割った余り

ケ：① 和　② 差　③ 積　④ 商

4 整数Aを，余りが出ることなく，3で割り続けることができる最大の回数を【A】とします。例えば，810の場合は，810 → 270 → 90 → 30 → 10（→ 3余り1）と割り続けることができるので，【810】=4 です。

（1）X＝1964×1965×･･･×2020 とします。【X】はいくつですか。

（2）Y＝(1964＋1965＋1966)×(1965＋1966＋1967)×･･･×(2018＋2019＋2020) とします。【Y】はいくつですか。

（2）台形ABCDを，直線ABを軸にして1回転させてできる立体を考えます。

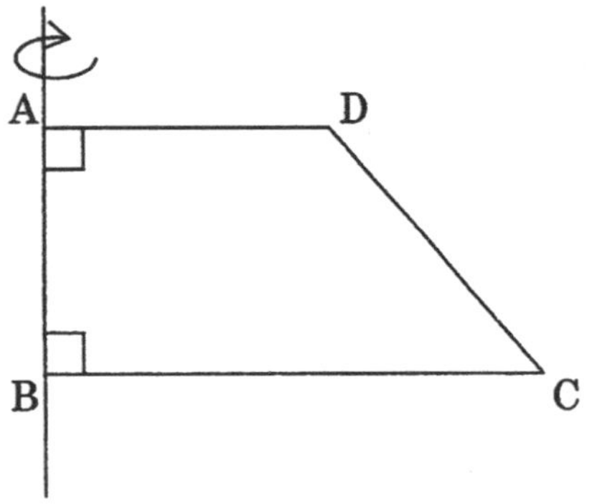

① 立体の体積は何cm^3ですか。

② 立体の表面積は何cm^2ですか。

（3）台形ABCDを，直線CDを軸にして1回転させてできる立体の体積は何cm^3ですか。

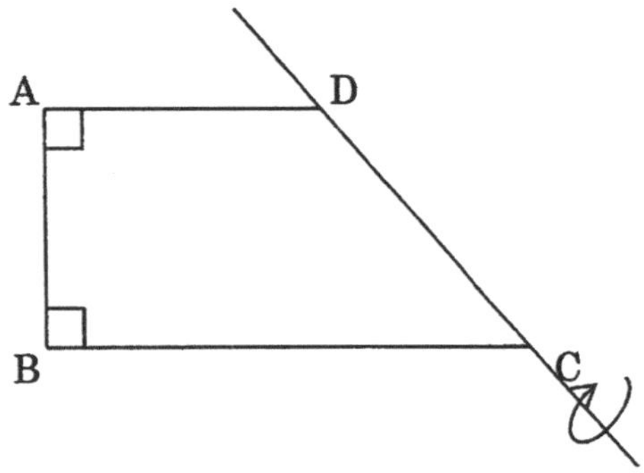

2

（1）駅から始まる1本道を，A君とB君は駅から，C君は駅より何kmか先の地点から，3人が同時に同じ方向に，それぞれが一定の速さで走り出しました。駅から7km先の地点でB君とC君が並び，駅から10km先の地点でA君とC君が並びました。また，駅から16.8km先の地点にB君が来たとき，C君は駅から14km先の地点にいました。このとき，A君は駅から何km先の地点にいましたか。

（2）図1のように，1辺が20cmの正方形の折り紙ABCDを，点線を折り目に2回折り，直角二等辺三角形EBCをつくりました。

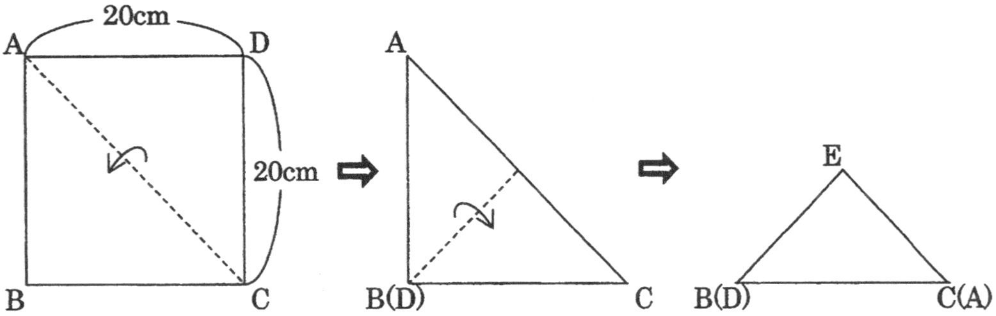

図1

（5）濃(こ)さが6.4%の食塩水が200gずつ入っているA, B, Cの3つの容器があり，次の操作をします。

① Bの中の食塩水に, さらに1.6gの食塩を溶かす

② Cの中の食塩水から100gの水を蒸発させる

③ ①と②の操作でできた食塩水をAの中の食塩水に混ぜる

このとき，③の操作後にAに入っている食塩水の濃さは何%ですか。小数第2位以下を切り捨て, 小数第1位まで答えなさい。

（6）次の表は3種類のおかしA, B, Cを何個かずつ買ったときの代金の合計です。

A	B	C	合計
24個	16個	4個	448円
12個	8個	6個	344円
30個	12個	9個	600円

この3種類のおかしを，100円でできるだけおつりが少なくなるように買うには，それぞれ何個ずつ買えばよいですか。ただし，消費税は考えず，A，B，Cのおかしはそれぞれ最低でも1個は買うものとします。